权威·前沿·原创

皮书系列为
"十二五""十三五""十四五"国家重点图书出版规划项目

连片特困区蓝皮书

BLUE BOOK OF
CONTIGUOUS DESTITUTE AREAS

中国连片特困区发展报告
（2013）

THE DEVELOPMENT REPORT OF CHINA CONTIGUOUS
DESTITUTE AREAS (2013)

武陵山片区多维减贫与自我发展能力构建

主 编／游 俊 冷志明 丁建军

社会科学文献出版社
SOCIAL SCIENCES ACADEMIC PRESS (CHINA)

图书在版编目（CIP）数据

中国连片特困区发展报告：2013：武陵山片区多维减贫与
自我发展能力构建/游俊，冷志明，丁建军主编.—北京：
社会科学文献出版社，2013.3（2022.5 重印）
　（连片特困区蓝皮书）
　ISBN 978 - 7 - 5097 - 4283 - 9

　Ⅰ.①中…　Ⅱ.①游…②冷…③丁…　Ⅲ.①山区经济 -
扶贫 - 研究报告 - 湖南省②山区经济 - 区域发展 - 研究 -
湖南省　Ⅳ.①F127.64

中国版本图书馆 CIP 数据核字（2013）第 023150 号

连片特困区蓝皮书

中国连片特困区发展报告（2013）
——武陵山片区多维减贫与自我发展能力构建

主　　编／游　俊　冷志明　丁建军

出 版 人／王利民
项目统筹／邓泳红　郭　峰
责任编辑／郭　峰　周映希
责任印制／王京美

出　　版／社会科学文献出版社·皮书出版分社（010）59367127
　　　　　地址：北京市北三环中路甲 29 号院华龙大厦　邮编：100029
　　　　　网址：www. ssap. com. cn
发　　行／社会科学文献出版社（010）59367028
印　　装／北京虎彩文化传播有限公司

规　　格／开本：787mm×1092mm　1/16
　　　　　印张：23.75　字数：387 千字
版　　次／2013 年 3 月第 1 版　2022 年 5 月第 3 次印刷
书　　号／ISBN 978 - 7 - 5097 - 4283 - 9
定　　价／79.00 元

读者服务电话：4008918866

连片特困区蓝皮书编委会

主要编撰者简介

游　俊　土家族，湖南吉首人。教授，硕士生导师。现任吉首大学党委书记，兼任中国民族史学会、中国民族学学会等学术团体副会长。主要从事民族历史、民族文化教学与研究，高校管理与研究工作，著有《湖南少数民族史》等多部学术专著，在《民族研究》《世界宗教研究》《中国高等教育》《中国高教研究》等学术刊物上发表论文 40 余篇。主持并完成国家社科基金项目和湖南省社科基金项目多项，获得国家级教学成果二等奖、湖南省教学成果一等奖、二等奖、湖南省"五个一工程"理论文章奖、湖南省哲学社会科学优秀成果奖二等奖等多项成果奖。

冷志明　湖南益阳人。教授，博士后，硕士生导师，博士生合作指导导师，教育部"新世纪优秀人才支持计划"人选，湖南省学科带头人，湖南省青年骨干教师，湖南省"121"人才工程人选，湖南省管理科学学会副会长。现任吉首大学商学院院长。主要从事区域协同创新、区域发展资源环境评价、贫困地区企业创新研究。主持国家社科、教育部人文社科等国家和省级项目 10 余项。获湖南省人民政府社科成果二、三等奖 2 项。在《地理研究》《经济学动态》《经济管理》等公开刊物上发表论文 60 余篇，出版专著、教材共 4 部。

丁建军　湖南衡东人。经济学博士。现任吉首大学商学院院长助理，湖南省西部综合开发研究会副秘书长，湖南省商业经济学会理事，中国区域经济研究网荣誉编辑。主要从事区域经济学、产业经济学、发展经济学以及连片特困区区域发展与多维减贫研究。主持国家社科、湖南省社科等项目多项，获湖南省人民政府社科成果奖二等奖 1 项（排名第二）。在《旅游学刊》《经济学动态》《经济地理》等公开刊物上发表论文 20 余篇。

摘　要

　　2012 年是中国连片特困区区域发展与扶贫攻坚深入推进的一年，也是武陵山片区"先行先试"的开启之年。在这一承前启后的关键时点，吉首大学"中国连片特困区（武陵山片区）区域发展与扶贫攻坚研究"课题组以"武陵山片区多维减贫与自我发展能力构建"为主题，编撰了首部中国连片特困区发展蓝皮书——《中国连片特困区发展报告（2013）》。

　　本书由总报告、综合评价篇、扶贫攻坚篇、区域发展篇、先行先试篇五部分组成。总报告全面总结了"先行先试"给武陵山片区带来的机遇与挑战，试点启动一年取得的主要进展，武陵山片区多维贫困与自我发展能力的现状、特征与趋势，以及加快推进片区多维减贫和自我发展能力培育的思路、对策及展望。综合评价篇在构建连片特困区多维贫困测度指标体系和自我发展能力评价指标体系的基础上，从片区整体、分片区和县市区三个空间尺度层面对武陵山片区2003 年、2007 年和 2011 年三个时间截面的多维贫困和自我发展能力状况进行了综合评价与时空演变分析，归纳了武陵山片区的多维贫困与自我发展能力特征及演变趋势。扶贫攻坚篇基于四个维度考察了武陵山片区的经济贫困、人类贫困、生态贫困和信息贫困的时序演变及内部空间分布特征，并分别探讨了相应的减贫思路与对策。区域发展篇则以自我发展能力构建为主线，从特色优势产业自我发展机理与路径、市场潜力测度与发展前景预测、经济地理时空演化与重塑以及软环境对比分析等方面对武陵山片区的产业能力、市场能力、空间能力和软实力培育进行了思考。先行先试篇通过对武陵山片区内具有代表性和典型性"先行先试"实践的个案剖析，归纳总结了跨域环境治理、专业村发展与减贫、跨省县域协作、民族团结创建与扶贫攻坚相互促进、生态旅游扶贫与发展等相关经验与启示。

　　关键词： 连片特困区　武陵山片区　多维减贫　自我发展能力　先行先试

Abstract

2012 is the year for further promoting regional development of China contiguous destitute areas in Anti-Poverty and also marks the beginning of Wulingshan area "Pilot". At the crucial moment which connect the past and future, the "China Contiguous Destitute Areas (Wulingshan area) Regional Development and Anti-Poverty" studying team of Jishou University, taking "Wulingshan Area Multidimensional Poverty Alleviation and Self-development Capacity Construction" as the theme, compiles the first Blue Book about China contiguous destitute area development—*The Development Report of China Contiguous Destitute Areas* (2013).

The report consists by five parts: the General Report, the Comprehensive Evaluation, the Anti-Poverty, the Regional Development and the Pilot. The General Report comprehensively summarizes the opportunities and challenges brought about by "Pilot" to the Wulingshan Area, the main progress made the first pilot year, the current situation, characteristics and trends of the Wulingshan Area multidimensional poverty alleviation and self-development capability, as well as the ideas, strategies and prospective of advancing multidimensional poverty alleviation and self-development capacity cultivation in the Wulingshan Contiguous Destitute Area. The Comprehensive Evaluation, based on constructing the multidimensional poverty measurement indicator system and self-development capacity evaluation and from the spatial level of whole region, sub-region and counties, this part conducts comprehensive evaluation and spatial-temporal evolution analysis to the conditions of the Wulingshan area's multidimensional poverty and self-development capacity evaluation in 2003, 2007 and 2011, then summarizing the characteristics and evolution trends of multidimensional poverty and self-development capacity of the Wulingshan Contiguous Destitute Area. The Anti-Poverty, based on the four dimensions of multidimensional poverty, observes and studies the temporal evolution and internal spatial distribution characteristics of the economic, human, ecological and information poverty in the Wulingshan Area, and then discusses the corresponding thoughts and countermeasures for poverty alleviation. The Regional Development, with the main line of self-development capacity construction, proposes thoughts for industry capacity, market capacity, spatial ability and soft power cultivation of the Wulingshan Area from the aspects of self-development mechanism and paths of industries with local advantages, potential market measurements and development prospect prediction, economic geography spatial-temporal evolution and remold, as well as soft environment comparative analysis. The Pilot, based on the analysis of representative and typical cases of pilot program, sums up the experience and inspiration of cross-regional environmental governance, professional villages' development and poverty alleviation, cross-provinces or -counties coordination, mutual promotion of creating national unity and making poverty alleviation breakthrough, poverty alleviation and development of ecological tourism and so on.

Key Words: The Contiguous Destitute Areas; Wulingshan Contiguous Destitute Area; Multidimensional Poverty Alleviation; Self – development Capacity; Pilot

武陵山片区简介

武陵山集中连片特困区（简称武陵山片区），地处湖南、湖北、重庆和贵州四省市交界处，包括71个县（市、区），其中，湖南37个县市区、贵州16个县市区、湖北11个县市、重庆7个县区。国土面积17.18万平方千米，2010年末，总人口3645万，其中城镇人口853万，乡村人口2792万，境内有土家族、苗族、侗族、白族、回族和仡佬族等9个世居少数民族。该片区集革命老区、民族地区和贫困地区于一体，是跨省交界面大、少数民族聚集多、贫

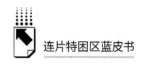

困人口分布广的连片特困区和经济协作区，也是中国首个编制区域发展与扶贫攻坚规划并率先启动区域发展与扶贫攻坚试点的连片特困区。

鉴于研究的需要，本书将片区内71个县市区按照行政区划和地理临近相结合的原则划分为7个分片区，各分片区及其所辖县市区如下。

(1) 湘西片区，即湘西州8县市，吉首、凤凰、保靖、古丈、永顺、龙山、花垣、泸溪；

(2) 怀化片区，即怀化市12县市区和益阳市安化县，中方、沅陵、辰溪、溆浦、会同、麻阳、新晃、芷江、靖州、通道、鹤城、洪江、安化；

(3) 邵阳片区，即邵阳市8县市和娄底市3县市，新邵、邵阳、隆回、洞口、绥宁、新宁、城步、武冈、新化、涟源、冷水江；

(4) 张家界片区，即张家界市4县区和常德市石门县，慈利、桑植、武陵源、永定、石门；

(5) 黔江片区，即重庆市7县区，黔江、丰都、石柱、秀山、酉阳、彭水、武隆；

(6) 铜仁片区，即铜仁市10县市区和遵义6县，铜仁、江口、玉屏、石阡、思南、印江、德江、沿河、松桃、万山、正安、道真、务川、凤冈、湄潭、余庆；

(7) 恩施片区，即恩施州8县市和宜昌市3县，恩施、利川、建始、巴东、宣恩、咸丰、来凤、鹤峰、秭归、长阳、五峰。

聚焦连片特困区，推进发展成果共享
（代前言）

游　俊*

2011年，《中国农村扶贫开发纲要（2011~2020）》正式颁布实施，标志着我国扶贫开发进入了新的历史阶段：扶贫开发从解决温饱为主要任务的阶段转入巩固温饱成果，加快脱贫致富，改善生态环境，提高发展能力，缩小发展差距的新阶段。这一阶段有两点显著变化。一是贫困标准大幅提高，达到2300元，并且明确提出"两不愁三保障"的多维目标；二是贫困瞄准优化调整，将11个集中连片特困区以及实施特殊政策的西藏、四省藏区和新疆南疆三地州作为国家新十年扶贫攻坚的主战场，更加关注片区的自我发展能力。展望未来，2020年共同富裕、全面建成小康社会目标能否如期实现，看点、难点和关键都在连片特困区。

一　连片特困区是新十年国家扶贫攻坚的主战场

本世纪第一个十年，中国农村扶贫开发取得了显著成效。2011年11月16日，国务院新闻办发表的《中国农村扶贫开发的新进展》白皮书郑重宣布：《中国农村扶贫开发纲要（2001~2010）》目标任务如期完成，中国农村居民的生存和温饱问题得到基本解决，中国提前实现了联合国千年发展目标中贫困人口减半的目标。然而，由于我国仍处于社会主义初级阶段，区域发展不平衡问题突出，制约贫困地区发展的深层次矛盾依然存在。随着贫困标准大幅提高，扶贫对象规模又增大，相对

---

* 游俊，吉首大学党委书记、教授，硕士生导师，中国民族学学会、中国民族史学会副会长，研究方向为民族历史与民族文化。

贫困问题更凸现，贫困格局呈现新的特征，绝对贫困人口在分布上呈现出向边远山区、民族聚居区、革命老区、省际交界区等区域集中的大分散、小集中态势。这些贫困人口集中区被称为集中连片特殊困难区，简称连片特困区。顺应这一客观现实的变化，中共中央、国务院颁发的《中国农村扶贫开发纲要（2011~2020）》明确将六盘山区、秦巴山区、武陵山区、乌蒙山区、滇桂黔石漠化片区、滇西边境山区、大兴安岭南麓山区、燕山—太行山区、吕梁山区、大别山区、罗霄山区等连片特困地区和已明确实施特殊政策的西藏、四省（四川、云南、甘肃、青海）藏区、新疆南疆三地州确定为中国未来十年扶贫攻坚的主战场。

六盘山区等 11 个集中连片特困区共涉及 19 个省（区、市）的 505 个县，区域面积 143.3 万平方千米，区域人口 2.28 亿人，其中乡村人口 1.96 亿。这些地区自然条件恶劣，生态环境脆弱，资源较为丰富，开发相对滞后。按照 2300 元的最新贫困标准，2011 年，我国的扶贫对象仍有 1.22 亿人，占农村户籍人口的 12.7%。其中，连片特困区的贫困发生率为 28.4%，比全国平均水平高出 15.7 个百分点，覆盖了全国 70% 以上的贫困人口。此外，11 个连片特困区的人均地区生产总值、人均地方财政一般预算收入、农民人均纯收入三项指标分别只相当于西部平均水平的 49%、44% 和 73%。

由于自然、民族、历史、政治等多种复杂因素的共同作用，一般的经济增长已无法带动连片特困区的发展，常规的扶贫手段也难以奏效。因而，创新扶贫开发和区域发展机制，实施连片特困区的集中连片开发，将连片特困区作为国家扶贫攻坚的主战场是未来十年国家扶贫战略的必然选择。2011 年，国务院扶贫办会同国家发改委率先制定了《武陵山片区区域发展与扶贫攻坚规划（2011~2020）》，国务院扶贫开发领导小组于 2011 年 11 月 15 日在湖南湘西州吉首市启动了武陵山片区区域发展与扶贫攻坚"先行先试"试点。2012 年，按照"先行试点、逐片制定扶贫开发规划、分期分批推进"的实施思路，国务院扶贫开发领导小组先后召开了乌蒙山区、秦巴山区、滇桂黔石漠化片区、六盘山区、滇西边境山区等片区的区域发展与扶贫攻坚启动会。2013 年 1 月 18 日，国务院召开了全国扶贫开发工作电视电话会议，正式启动实施大兴安岭南麓山区、燕山—太行山区、吕梁山区、大别山区、罗霄山区等最后 5 个片区的区域发展与扶贫攻坚规划。至此，全国 11 个集中连片特困地区的区域发展与扶贫攻坚规划全部启动实施，标志着全面建设小康社会决定性阶段的扶贫开发攻坚战全面打响。

二 连片特困区共享发展成果的关键 在于培育自我发展能力

《中国农村扶贫开发纲要（2011～2020）》明确提出，未来十年农村扶贫开发工作目标是"到2020年，稳定实现扶贫对象不愁吃、不愁穿，保障其义务教育、基本医疗和住房"。"两不愁、三保障"的发展目标强调了未来中国经济发展将更加注重转变经济发展方式和统筹发展，强调使经济发展惠及包括低收入人群在内的所有人。让发展成果惠及所有人的途径大体有两类：一是通过创造让所有人平等参与经济社会活动的机会，使人们在初次分配中共享发展成果；二是通过再分配，以税收、转移支付、补偿支付等方式由政府相关部门出面进行干预和调节。如果说，对于特定的个体而言，再分配是共享发展成果的有效方式的话，而对于特定的群体或区域而言，让该群体和区域参与经济社会活动、融入经济大循环，在初次分配中实现共享发展成果则更可持续。

长期以来，连片特困区深陷"贫困陷阱"和"梅佐乔诺陷阱"，[①] 在国家发展格局中遭遇"被遗忘、被边缘、被救济"的尴尬处境。虽然，在国家扶贫攻坚战略和西部大开发战略的支持和推动下，生存和温饱问题基本解决，但发展问题仍是制约其持续减贫和共享发展成果的瓶颈。微观层面，贫困个体的教育、住房、交通、信息、发展机会、生计资本等人类贫困问题相当严重；中观层面，片区内产业规模小、产业体系不健全、产业竞争力弱、市场容量有限、市场化程度低、空间格局不经济；宏观层面，片区经济未能融入区域经济、全国乃至全球大循环，既没有形成独立的经济体系，也没有

---

① "梅佐乔诺陷阱"是指在中央政府对落后地区给予高度重视、大量转移支付和资金投入下，促成了这些地区与其资源禀赋不相适应的经济增长方式和产业结构，导致就业不充分，收入分配不均等，虽然在一段时间里得益于投资因素，获得了一定的经济增长，看上去与其他地区的差距在缩小，但是，最终这个经济趋同的趋势并未得以持续，最终又回到了原来轨道上的现象。意大利南方和德国东西部之间，地区差距迄今继续存在，被称为欧洲的"两个梅佐乔诺"。资料来源：蔡昉：《谨防"梅佐乔诺陷阱"》，《中国改革》2010年第Z1期。

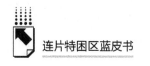

在区域、全国和全球分工体系中占据一席之地。缺乏自生能力是连片特困区区域性贫困的根源。

连片特困区跳出"贫困陷阱"必然需要外部的援助，而且应该是非常规的援助措施，如加大对连片特困区的投入和支持力度，中央财政专项扶贫资金新增部分主要用于连片特困区，集中实施一批民生工程，加快区域性重要基础设施建设步伐，加强生态建设和环境保护，促进基本公共服务均等化等。但又必须汲取以往"输血式"扶贫的教训，跨越严重依赖外部"输血"的"梅佐乔诺陷阱"，在"输血"的同时形成"造血"功能，着眼于长期的自我发展能力培育。如果说，通过外部援助缓解连片特困区当前的贫困局面是"治标"，那么，将外部援助有效转化为区域发展的支撑条件、动力源泉、要素积累则是针对连片特困区持久减贫的"治本"。显然，"标本兼治"才是实现连片特困区共享发展成果的有效途径，而培育区域自我发展能力的"治本"之策更为关键。

三 连片特困区的区域发展与扶贫攻坚
需要社会各界共同努力

连片特困区贫困成因的复杂性、贫困维度的多重性、贫困程度的纵深性、减贫效应的脆弱性等共同决定了连片特困区区域发展与扶贫攻坚任务的艰巨性。有力、有效、有序推进片区扶贫开发，既需要加强相关的理论研究，深化对片区扶贫规律性的认识，为片区扶贫实践提供针对性强、实用有效的对策建议，又需要动员、组织和整合社会各方资源积极投身于片区扶贫开发实践，使连片特困区区域发展与扶贫攻坚有充足的人、财、物等资源保障。而这都需要社会各界的共同努力。首先，各级政府、各相关部委是片区扶贫攻坚的推动者、规划者、组织者、协调者和监督者，应发挥主导作用；其次，片区内的贫困主体既是扶贫救济的对象，更是扶贫攻坚的主体，充分发挥贫困主体的积极性、能动性，让其参与扶贫攻坚实践是片区扶贫开发的必然要求；再次，非政府组织和企业在片区扶贫开发中也需担当更重要的角色，发挥组织的专业化优势和效能。特别地，企业不应将参与扶贫实践仅看作承担社会责任，而应以

"双赢"为目标推进面向连片特困区、面向低收入群体的创新，为贫困群体参与经济社会活动、分享发展成果创造机会，提供平台。

连片特困区的扶贫开发需要进一步强化专项扶贫、行业扶贫、社会扶贫"三位一体"的大扶贫格局，综合应用整村推进、雨露计划、产业开发、移民搬迁和综合治理等多种扶贫模式。专项扶贫的重点在于实施整村推进、以工代赈、产业扶贫、就业促进，对边远山区、民族地区、革命老区给予重点支持；行业扶贫要结合相关部门职责，加快连片特困区基础设施建设、能源和生态环境建设，为片区发展特色产业创造良好的发展条件；社会扶贫应继续加强定点扶贫工作，推进结对帮扶、东西扶贫协作，广泛动员企业和社会各界参与扶贫。2011年12月，片区联系单位工作会议确定了教育部、科技部、工业和信息化部、国家民委、民政部、国土资源部、住房和城乡建设部、交通运输部、铁道部、水利部、农业部、卫生部等12个部委作为11个连片特困区的对口联系单位；2012年6月，国家林业局启动了连片特困区林业扶贫攻坚规划编制工作；2012年7月，交通运输部发布了《集中连片特困地区交通建设扶贫规划纲要（2011~2020）》。

11个集中连片特困区虽然分散在全国多个省区，但大都处于边远山区、省际交界区、少数民族聚居区、革命老区，自然条件相对恶劣、交通相对闭塞、观念相对落后、行政分割相对严重，这些共同特征使得连片特困区的贫困形成机制和演变规律具有共性；同时，各连片特困区又因为地理区位、气候条件、资源禀赋、文化习俗、产业基础等条件的差异，使得各连片特困区在贫困成因、贫困分布和减贫对策等方面存在特殊性。因而，探寻影响各连片特困区贫困形成和演变规律的普遍性和特殊性，并为各连片特困区区域发展与扶贫攻坚献计献策也需要社会各界（尤其是各片区内社会各界）的积极参与和共同努力。

吉首大学作为地处中国连片特困区区域发展与扶贫攻坚"先行先试"试点区域——武陵山片区腹地的高校，理所当然应承担为连片特困区区域发展与扶贫攻坚献计献策的历史使命与社会责任。在国务院扶贫办、国家民委、国家发改委等部门的大力支持下，在社会科学文献出版社皮书出版中心的鼎力帮助下，我们在连片特困区区域发展与扶贫攻坚试点启动一周年之际，推出了连片特困区蓝皮书首册《中国连片特困区发展报告（2013）》。由于人力、物力、

财力以及时间等方面的限制，再加上连片特困区区域发展与扶贫开发尚处于试点和逐步启动中，蓝皮书首册以"武陵山片区多维减贫与自我发展能力构建"为主题，仅关注了"先行先试"区的扶贫开发实践。即便如此，本蓝皮书关于连片特困区普遍性因素的探讨对其他连片特困区仍有参考和借鉴意义。而在以后的各册中，我们将进一步拓展研究对象，通过与各连片特困区内相关研究机构、实践部门的合作，以《中国连片特困区发展报告》蓝皮书为平台，继续为连片特困区区域发展与扶贫攻坚尽一份心、出一份力。

最后，我们衷心希望《中国连片特困区发展报告》蓝皮书能够为关注和关心连片特困区发展的社会各界人士提供一个献计献策、智慧交流的平台，也诚挚邀请社会各界不吝赐稿。

目 录

₿Ⅳ　区域发展篇

₿Ⅴ　先行先试篇

皮书数据库阅读使用指南

CONTENTS

B I   General Report

B II   Comprehensive Evaluation

BⅢ Anti-Poverty

BⅣ Regional Development

BⅤ Pilot

总 报 告

General Report

B.1

多维减贫与自我发展：
在机遇与挑战中起航

——武陵山片区试点启动一周年回顾、反思与展望

冷志明 丁建军*

摘 要：

在总结武陵山片区"先行先试"一周年主要进展的基础上，本报告全面分析了该片区多维贫困各维度、自我发展能力各子系统的现状、特征和演变趋势，提出了在政府机构推动和主导下，充分发挥贫困主体和非政府组织机构的主观能动性，以片区规划为蓝本，借力外部援助、整合内部资源，在经济发展、公共服务和制度创新方面大胆"先行先试"，将短期"多维减贫"与长期"自我发展"能力培育有机结合，最终实现"区域发展带动扶贫开发，扶贫开发促进区域发展"良性互动的区域发展与扶贫

---

* 冷志明，博士，吉首大学商学院院长、教授，南开大学应用经济学博士后，研究方向为区域经济。丁建军，博士，吉首大学商学院教师，研究方向为区域经济与产业经济。

攻坚思路及对策。

关键词：

　　多维贫困　　自我发展　　先行先试　　武陵山片区

　　2011年11月15日，武陵山片区区域发展与扶贫攻坚启动会在地处武陵山腹地的湖南湘西土家族苗族自治州吉首市召开，标志着中国新十年连片特困区"扶贫攻坚"战正式打响。作为连片特困区区域发展与扶贫攻坚的试点区域——武陵山片区肩负着"先行先试，积累经验，为全国扶贫攻坚发挥示范引领作用"的历史使命。一年来，在国家扶贫办、发改委、国家民委的指导和督促下，武陵山片区各级政府围绕"两不愁，三保障"的扶贫攻坚目标，积极把握机遇，直面挑战，卓有成效地推进区域发展与扶贫攻坚工作。在区域发展与扶贫攻坚试点的启动之年，工作主要内容仍然是各项规划细化与落实、各项工作部署与相关组织构建、发展现状审视以及未来工作思路梳理与战略谋划。因而，在一周年之际，总结成绩是次要的，对现状的认知和未来谋划的思考更显重要。基于这一理念，本报告首先简要总结了武陵山片区"先行先试"面临的机遇、挑战以及起航之年的主要进展；然后基于各分报告的研究结论，重点分析了武陵山片区多维贫困与区域自我发展能力的现状、特征与趋势；最后结合《武陵山片区区域发展与扶贫攻坚规划（2011～2020）》（以下简称《片区规划》）以及片区内各级政府的实施规划，提出了武陵山片区实现多维减贫与自我发展的思路与对策。

一　机遇、挑战与起航

　　武陵山片区跨湖北、湖南、重庆、贵州四省市，是我国11个集中连片特困区中最先规划和启动区域发展与扶贫攻坚的片区，同时也是跨省交界大、少数民族聚集多、贫困人口分布广的连片特困区、重要的欠发达地区经济协作区。该区集革命老区、民族地区和贫困地区于一体，覆盖四省市边界区域的71个县市区。按照"区域发展带动扶贫开发，扶贫开发促进区域发展"的基本思路，该区被规划定位为"扶贫攻坚示范区、跨省协作创新区、民族团结模范区、国际知名生态文化旅游区以及长江流域重要生态安全屏障"。《片区规划》出台及试点工作正式启动，给武陵山片区的发展带来了前所未有的机遇和挑战，也激发了这个片区3645万人民加快发展的信心和激情。

（一）机遇

1. "四区一屏障"的战略定位为武陵山片区的区域发展指明了方向

长期以来，武陵山片区缺乏明确的发展方向与定位，特别是由于远离四省市中心城市，再加上自然条件相对恶劣、交通不便、思想观念相对落后，武陵山片区在改革开放后的30多年里逐渐衰落为"被边缘、被遗忘、被救助"的塌陷区。虽然西部大开发以来，国家及四省市加大了对片区发展的支持力度，特别是实施了大规模的基础设施建设，但整个片区在全国经济社会发展的空间布局中究竟扮演何种角色、处于何种地位仍不明确。《片区规划》首次对武陵山片区的发展定位明确表述为"四区一屏障"，这给武陵山片区未来的发展指明了方向。"扶贫攻坚示范区、跨省协作创新区、民族团结模范区、国际知名生态文化旅游区、长江流域重要生态安全屏障"的定位意味着武陵山片区在未来应加强区域合作、重点发展生态文化旅游产业、积极探索创新扶贫攻坚模式，实现扶贫攻坚、民族团结和生态保护的目标，最终扮演全国经济社会发展空间格局中"四区一屏障"的角色并承担相应的功能。

2. 国家级"试点"平台为武陵山片区提供了优越的外部发展环境

武陵山片区区域发展与扶贫攻坚上升为国家战略，并被确定为国家连片特困区区域发展与扶贫攻坚的"先行先试区"，这一"国字号"招牌无疑将给武陵山片区带来良好的外部发展环境。首先，区域的知名度将大幅提升，增强外界对武陵山片区的了解，特别是使其"富饶的资源"和"巨大的潜力"得到外界认同。其次，为推进武陵片区基础设施建设、产业发展、农村基本生产生活条件改善、就业与农村劳动力资源开发、公共事业和公共服务建设以及生态和环境保护等方面规划的实施，中央出台了财政、税收、金融、投资、产业、土地、生态补偿、帮扶等一揽子优惠政策，同时，四省市也给予了相应配套的优惠政策，这一系列优惠政策极大地改善了武陵山片区的投资和经济社会发展环境。再次，"先行先试"政策赋予了武陵山片区在上述优惠政策基础上更大的"创新空间"。片区内各级政府可以积极探索，创新出一系列符合本地实际又有助于推进"扶贫攻坚与区域发展"的政策、措施和模式，进一步改善片区发展的外部环境。

3. 权威的统一规划和强有力的外部监督有利于整合武陵山片区内部发展动力

武陵山片区内各区域自 20 世纪 80 年代以来，就开展了区域合作与交流。不过，在"行政区经济"主导的经济社会发展背景下，各区域的合作仅停留在一般性的信息交流等浅层次方面，部分合作甚至完全流于形式。《片区规划》作为国家层面的规划，要求武陵山片区积极探索跨省协作机制，而且，由国家扶贫办、国家发改委和国家民委三大部委指导、协调和监督各省市之间的合作。相对于之前片区内的交流与合作而言，《片区规划》对武陵山片区实行统一规划并由三个国家部委督促实施，权威性和强制性极大增强。一方面，片区内各级政府、普通民众对武陵山片区的认同感、合作的自觉性将明显提高；另一方面，片区内各区域合作领域将不断纵深化，产业、政策等关键领域的合作有望在国家部委的指导、协调和监督下加快实现。因此，武陵山片区内部合作与发展的动力将得到有效整合与增强。

（二）挑战

1. 缺乏"片区扶贫攻坚与区域发展"理论指导与经验借鉴

以连片特困地区作为扶贫开发的主战场，实现"区域发展带动扶贫开发，扶贫开发促进区域发展"是中国扶贫开发体制机制及方式的系统创新。一方面，关于片区扶贫的规律性、片区扶贫与区域发展的关系、片区扶贫的主要内容、保障措施等相关的理论研究十分有限，无法给武陵山片区的"区域发展与扶贫攻坚"实践提供理论指导；另一方面，作为连片特困区"区域发展与扶贫攻坚"的"先行先试"区域，没有任何经验可供借鉴，需要"摸着石头过河"，在探索和试错中不断推进。同时，连片特困区人力资本相对匮乏也在一定程度上制约了"先行先试"的能力。而连片特困区往往贫困成因相互交织、贫困构成关系复杂、贫困维度多元、贫困程度深且脆弱性强，这又增大了

"区域发展与扶贫攻坚"的难度。因此，"先行先试"既是武陵山片区推进"区域发展与扶贫攻坚"的重要机遇，同时也是其面临的最大挑战。

2. "行政区经济"本位主义传统对内部合作与资源整合的阻碍

武陵山片区跨四省市，涉及11个地州市，覆盖71个县市区。虽然"山同脉、水同源"使得片区在自然地理和地域文化方面具有很强的相似性，是一个相对完整的地理和文化区域，但长期以来为不同行政区划所分割，地方本位主义下的"行政区经济"发展模式导致片区经济"碎片化"，没有形成统一的市场和经济区。这种"地理区域""文化区域""行政区域"和"经济区域"关系的扭曲既是武陵山片区长期贫困的重要成因之一，也是制约武陵山片区未来十年"区域发展与扶贫攻坚"的重要障碍。"先行先试"的核心内容之一就是要创新跨省区域合作模式，突破"行政区经济"，最终形成统一的经济区。不过，现行政绩考核体制和长期以来形成的"行政区经济"本位主义传统难以在短时期内发生根本性改变，此外，虽然有国家三部委的外部监督，但产生"道德风险"的激励模式也没有完全改变。因而，"行政区经济"本位主义传统仍会对片区内部的深度合作与资源整合形成阻碍。

3. 武陵山片区深陷"贫困陷阱"对区域发展与扶贫攻坚常规政策效应的挑战

"冰冻三尺非一日之寒"，由于自然、历史、民族和政治等多方面的共同作用，武陵山片区深陷"贫困陷阱"，致使一般的经济增长已无法带动其发展，常规的扶贫手段也难以奏效。因而，要跳出"贫困陷阱"必然寻求一系列非常规的区域发展与扶贫攻坚政策。一方面，务必借助外部大规模的"推力"和"拉力"，这需要整合相对有限的外部资源作用到特定的产业和空间区位上，以"四两拨千斤"之势最大化外部援助的效用。另一方面，又必须理清贫困各维度之间的内在联系、各致贫因素的贫困生成机制、短期减贫与长期自我发展能力形成之间的联系，进而将外部扶贫攻坚援助内化为区域的自我发展"动力"。而需要哪些非常规性区域发展与扶贫攻坚政策、如何利用这些政策、如何将"外力"与"内力"有机结合起来最终转化为区域的自我发展能力，这些对于武陵山片区而言都是全新的课题，也是"先行先试"的一大挑战。

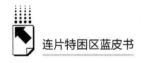

（三）起航

面对机遇和挑战，武陵山片区在过去的一年里已成功迈出了"区域发展与扶贫攻坚"试点的第一步，在以下几个方面取得了一定的进展。

1. 片区内各级政府的区域发展与扶贫攻坚实施规划相继出台，各项工作有序推进

响应启动会关于制定实施规划的要求，片区内四省市及各地级、县级政府以《片区规划》为蓝本，相继出台了各自具体的实施规划。首先，四省市政府制定了各省武陵山片区的实施规划，并召开了区域发展与扶贫攻坚推进会。如湖南省先后制定了《湖南省武陵山片区区域发展与扶贫攻坚实施规划》《推进湖南省武陵山片区创建民族团结进步示范区的实施意见》，并于2012年3月召开了扶贫工作推进会；重庆市针对重庆武陵山片区的旅游产业发展专门下达了《重庆市人民政府办公厅关于加快渝东南地区旅游业发展意见的通知》（渝办发〔2012〕124号）；贵州省则结合《片区规划》和《国务院关于进一步促进贵州经济社会又好又快发展的若干意见》（国发〔2012〕2号）出台了《关于加快创建全国扶贫开发攻坚示范区的实施意见》。其次，各地市级政府也先后出台了更为具体的实施规划。如湘西自治州出台了《湘西土家族苗族自治州扶贫攻坚规划（2011~2020）》，确定了"五区"建设目标、扶贫攻坚十大民生工程和重点产业项目等。恩施自治州、铜仁市、怀化市等武陵山片区核心区也都出台了各自的扶贫攻坚实施规划。此外，片区内各县市区的区域发展与扶贫攻坚实施规划也陆续得到批复。同时，为了扶贫攻坚与区域发展试点工作的有序推进，各级扶贫办、民委、发改委等部门展开了一系列检查和督促工作。

2. 国家民委派驻片区的联络员制度得以落实，形成了全覆盖的信息网络平台

2012~2016年，国家民委系统将选派约380名优秀干部和高级专业技术人员，分批到武陵山片区有关市州和县市区开展联络工作。2012年，已派驻联络员共计77名，建立了片区内各县市区联络员全覆盖的信息交流网络，并卓有成效地开展了调查研究、沟通协调和信息反馈等工作。派驻武陵山片区的联络员首先接受了为期5天的集中培训，然后深入片区内各县市区进行贫困调研，并以分片区（如湖南省武陵山片区、重庆市武陵山片区等）为单位定期进行交流与汇报。目前，各联络员以走访相关部门、乡镇、村寨、农户以及企业为重点，开展了一系列密集调研，形成了大量的调研报告。同时，各联络员还积极参与了各县市区扶贫攻坚实施规划的制定，在衔接实施规划与片区整体规划、指导民族团结进步创建活动等方面献计献策，如怀化片区联络员关于"鹤中洪芷一体化"的建议得到了湖南省实施规划采纳。此外，联络员之间常态化、及时化的纵向、横向信息交流，为下一步有效推进武陵山片区区域发展与扶贫攻坚提供了坚实的信息保障。

3. 多家武陵山片区研究机构挂牌成立，片区区域发展与扶贫攻坚研究热情高涨

2012 年 6 月 30 日，吉首大学"武陵山片区区域发展研究中心"正式揭牌，作为湖南省科技厅批复的省级研究平台将整合学校的科研力量全面展开武陵山片区区域发展与扶贫攻坚研究。与此同时，长江师范学院的"武陵山区特色资源开发与利用研究中心"、铜仁学院的"武陵山区民族文化研究中心"以及"教育部人文社科重点研究基地华中师大中国农村研究院武陵山区研究基地"、湖北民族学院"南方少数民族研究中心"、三峡大学"武陵民族研究院"等研究机构也积极开展了片区区域发展与扶贫攻坚相关研究。同时，各研究机构的交流与合作也不断增强。如 2012 年，片区内各主要研究机构联合举办了"武陵山片区特色经济及民族文化发展学术研讨会"（湖北恩施）、"首届武陵山片区发展高峰论坛——协同创新：武陵山片区发展的战略选择"（重庆涪陵）、"武陵山片区民族教育协作学术研讨会"（湖北武汉）、"2012 年湖南省西部综合开发研究会年会暨第五届湖南西部论坛"（湖南吉首）等学术研讨会，共同探讨武陵山片区区域发展与扶贫攻坚中的重大问题。此外，西南民族大学还充分发挥人才培养的优势，举办了"武陵山片区基层干部行政能力提升专题培训班"。总之，试点启动一年以来，片区内及周边各高等院校、科研机构参与片区区域发展与扶贫攻坚研究的热情极大提高，服务地方经济社会发展的形式也更加多样、更加务实。

4. 片区内交流与合作日益频繁，抱团发展的认识渐入人心

除了学界的交流日益频繁以外，政界和商界的交流与合作也在不断增强，而且越来越多的基层管理者认识到武陵山片区抱团发展的重要性。《武陵山龙山来凤经济协作示范区发展战略规划（2010～2020）》（国务院国函〔2011〕125号）得到批复，标志着龙山来凤一体化建设上升为国家战略，作为武陵山片区跨省合作创新的标志性成果，"龙凤一体化"开启了武陵山片区合作的新局面。

（1）大量跨行政区合作协议得以签署。如，2012年4月，贵州省和湖南省签署了《关于加强黔湘两省战略合作的框架协议》；2012年4月，湖北省恩施州宣恩县交通运输局与湖南省湘西州龙山县交通运输局签订了《共同加快武陵山连片特困地区出口公路规划建设协议》；2012年6月，湖南省和重庆市签署了《湖南、重庆两省市武陵山区各市州旅游合作协议》；2012年9月，湘西自治州与铜仁市结成友好市州，签署了《湖南省湘西自治州人民政府贵州省铜仁市人民政府友好市州战略合作框架协议》，怀化市则与贵州黔东南州签订了友好市州协议。

（2）各类官方联席会议继续推进。如，2012年5月，湘鄂黔渝边区县（市、区）政协工作联系会第28次会议、渝黔湘鄂部分县（市、区）人大工作联席会第44次会议分别在麻阳县和宣恩县召开。

（3）非政府组织机构合作也加快发展。2012年7月，武陵山供销合作协作会暨农产品展销会首届会议在重庆黔江举行，并确定以后每年召开1次；2012年9月，张家界、恩施、怀化、娄底、黔江、铜仁、湘西州7家广播电视台共同签署了《武陵山片区电广传媒协作体电视宣传合作协议》《武陵山片区电广传媒协作体广播宣传合作协议》《武陵山片区电广传媒协作体广告经营合作协议》，并发表了《武陵山片区电广传媒协作体共同宣言》。此外，由北京瑞武陵峰文化发展中心创建的首个武陵山片区网络平台——武陵网（iwuling.com）也进一步促进了片区的交流与合作，增强了片区内民众的认同感和归属感。

5. 片区内各级政府发展积极性明显增强，新一轮区域竞赛被启动

以GDP为核心指标的"政绩锦标赛"曾为推动我国区域经济发展做出了重要贡献，虽然，近年来其弊端不断暴露，该考核机制也多被诟病。不过，其作为地区经济发展的动力来源不容小觑，特别是对于连片特困区而言，县市区之间的适当竞争有利于充分发挥政府的主动性和创造性。长期以来，片区内各县市由于远离各自省域的经济增长中心，多种客观因素致使其在省域内的"政绩锦标赛"中不可能胜出，进而挫伤了片区县市政府经济社会发展的积极性和创造性。"区域发展与扶贫攻坚"试点启动后，武陵山片区一跃成为全国关注的焦点，片区各县市成为四省市、各地州市在"区域发展与扶贫攻坚"方面政绩锦标赛的重要战场，因而，各县市区政府有了更大的发展压力和动力。试点启动一年来，这一效应已初步体现。如，2012 年吉首市全面实施了"城市品牌建设"，以"城市品牌"为引领，通过基础设施带动、特色产业支撑、民生保障优化、生态环境促进武陵山片区核心增长极建设；重庆市彭水县则通过举办首届中国乌江苗族踩花节暨中国彭水水上运动大赛等系列重大节赛活动，力推生态旅游产业发展；宣恩县坚持"一村一品、一乡一业"的产业扶贫理念以及"整村推进扶贫开发达标"考核机制，仅 2012 年就新建了白柚、茶叶、药材等高效特色产业园 6 万余亩。

二 现状、特征与趋势

武陵山片区面临着前所未有的发展机遇，国家、其他连片特困区以及 3645 万武陵山片区人民也对"先行先试"寄予了很高的期望。然而，武陵山片区最大的区情是"贫困的多维性与自我发展能力弱"，能否把握机遇、迎接挑战，最终达到预期目标，关键在于直面现实、把握特征与趋势，进而因势利导。

（一）武陵山片区多维贫困的现状、特征与趋势

武陵山片区不仅经济发展水平落后，人均收入水平低，贫困发生率高、贫困程度深，而且教育落后、交通相对闭塞、住房质量不高、医卫条件较差、信息可达性不强、生态相对脆弱。因而，基于多维贫困的视角能更准确地把握武陵山片区的贫困现状、特征及趋势。

1. 经济贫困重心由贵州片区向湖南片区转移

2011 年，片区内人均 GDP 为 11858 元、农村人均纯收入为 4132 元，仅为全国平均水平的 33.8% 和 59.2%，按照 2300 元的最新贫困标准计算，贫困发生率达到 45% 左右，[①] 远远高出全国平均水平。近 10 年来武陵山片区整体层

[①] 由于缺乏武陵山片区整体的统计数据，该贫困发生率根据武陵山片区各地州市贫困发生率加权合成所得。

面经济贫困状况有所减轻，但减幅不大，而且贫困程度依然非常严重，在各贫困维度中，经济贫困是最为贫困的维度之一，经济贫困主导型县市区有 27 个。此外，片区内不同分片区、① 各县市区的经济贫困程度也存在较大差异。分片区层面，张家界片区和黔江片区的贫困程度相对较轻，湘西、铜仁和邵阳片区的贫困程度较深，怀化和恩施片区居中。从演变趋势来看，邵阳片区相对于其他片区而言经济贫困程度有所加深，铜仁片区则相对有所下降，而其他片区保持相对稳定。县市区层面，正安、沅陵、永顺、新邵、新宁、新晃、新化、务川、万山、通道、邵阳、桑植、麻阳、隆回、龙山、涟源、来凤、古丈、洞口、德江、道真、城步、安化等县市的经济贫困程度最深（三级贫困）。其中，湘西片区 3 个、怀化片区 5 个、邵阳片区 8 个、张家界片区 1 个、铜仁片区 5 个、恩施片区 1 个，三级贫困率分别为 37.5%、38.5%、72.7%、20%、31.3% 和 9.1%。黔江片区则没有县市区达到三级贫困。总体而言，从武陵山片区经济贫困的时空格局演变来看，经济贫困的重心由贵州向湖南转移，铜仁片区在 2003～2007 年经济贫困有所加重，但 2007 年后出现了大幅下降，而邵阳片区经济贫困明显加深。黔江片区的经济减贫效果最为明显，到 2011 年片区内所有县市区经济贫困都降到一级。张家界片区则相对稳定，4 个县市区一直为一级贫困。此外，恩施片区经济减贫效应也相对好于湘西、怀化和邵阳片区。可见，在过去的 10 年里，武陵山片区中湖南县市区的经济减贫效应落后于重庆、贵州和湖北所辖县市区。

2. 人类贫困由集中分布向分散集聚演变

本研究中，人类贫困又涉及教育贫困、健康贫困、交通贫困和住房贫困 4 个亚维度。相对于全国平均水平而言，武陵山片区在 2003～2011 年，人类贫困有了一定的改善，其中，交通贫困改善程度较大；其次是健康贫困和教育贫困；而住房贫困改善幅度不大，而且在 4 个亚维度中贫困程度最高。分片区层

---

① 各分片区的地理范围分别是：湘西片区即湘西州 7 县 1 市；怀化片区为怀化市 12 县市区加益阳市安化县；邵阳片区则包括邵阳 8 县市和娄底 3 县市；张家界片区涵盖张家界市 4 县区和常德市的石门县；黔江片区则包括重庆 7 县区；恩施片区包括恩施州 8 县市和宜昌市 3 县市；铜仁片区则包括铜仁市 11 县市区和遵义市 5 县市区。湖南因包括 37 个县市区，占武陵山片区 71 个县市区一半以上，故以地级行政为基本单元，结合距离临近原则将 37 个县市区划分为 4 个分片区。

面，铜仁片区的人类贫困最为严重，其次是邵阳和恩施片区，张家界片区和黔江片区的人类贫困程度相对最轻，怀化和湘西片区则居中。县市区层面，正安、余庆、印江、沿河、宣恩、新邵、新宁、新晃、新化、务川、通道、绥宁、思南、石阡、湄潭、隆回、江口、会同、古丈、凤冈、德江、道真、城步等县市区人类贫困程度最深（三级贫困）。其中，铜仁片区12个、邵阳片区6个、怀化片区3个、湘西片区1个、恩施片区1个，三级贫困率分别为75%、54.5%、23.1%、12.5%和9.1%，张家界片区和黔江片区则不存在三级人类贫困县。从人类贫困的空间格局演变趋势来看，总体上呈集中分布向分散集聚演变。2003年，人类贫困最为严重的县市区主要集中在铜仁片区以及酉阳、秀山、龙山、保靖、桑植一带，其他地区则为几个零星的分布点；2007年，铜仁片区及周边人类贫困集聚带略有调整，但另一个集聚区——安化、溆浦、新化、新邵和邵阳等毗邻县市区的人类贫困却在相对加深；2011年，伴随前两个集聚带的萎缩（特别是铜仁片区及周边集聚带），会同、绥宁、通道、城步和新宁毗邻县市区作为一个新兴的人类贫困集聚带逐渐形成。而张家界片区、黔江片区、恩施片区和湘西片区的人类贫困状况则总体上相对有所减轻，三级贫困县日趋减少。

3. 信息贫困减幅较大，空间分布由相对集中向分散集聚演变

2003～2011年，武陵山片区信息贫困有了较大改善，但总体贫困程度仍然较高，和经济贫困共同构成了片区贫困最严重的两个维度。而在片区内部，各分片区、各县市区的信息贫困程度也存在明显差异。分片区层面，铜仁片区的信息贫困最为严重，邵阳片区次之，然后，湘西、怀化、恩施、黔江和张家界片区的信息贫困程度依次递减。各县市区层面，正安、永顺、印江、沿河、新邵、新宁、新化、务川、松桃、思南、石阡、湄潭、隆回、龙山、利川、江口、建始、凤凰、凤冈、洞口、德江、保靖和安化等县市区是信息贫困最为严重的县市区，均为三级信息贫困。这些县市区中，铜仁片区占了11个（三级贫困率为68.75%），其次是邵阳和湘西片区，分别为5个（45.45%）和4个（50%），恩施片区2个（18.2%），怀化片区1个（7.69%），黔江片区和张家界片区都没有三级信息贫困县。在时空格局演变趋势上，信息贫困的时空演变格局和人类贫困大体相似，也是由相对集中分布向相对分散集聚分布演变。

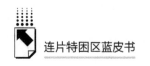

2003～2011 年，铜仁片区及周边县市区是三级信息贫困的主要集聚区，不过，这一片区的范围呈不断缩小的趋势。而安化、新化、隆回、洞口、新邵、新宁以及永顺、古丈、保靖两个信息贫困相对集聚区则有所增强。张家界、恩施、黔江和怀化片区的信息贫困则总体上相对减轻。

4. 生态贫困在各维度中相对最轻，且空间分布格局相对稳定

相对而言，武陵山片区虽然生态相对脆弱，但却是 4 个贫困维度中贫困程度相对最浅的维度。近 10 年来，总体上也有所改善，不过幅度较小。同样，在片区内部的各分片区和各县市区层面也存在着明显的差异。其中，分片区层面，铜仁、恩施和湘西片区的生态贫困相对严重，而张家界和怀化片区的生态贫困相对较轻，邵阳片区和黔江片区居中。各县市区层面，秭归、正安、玉屏、余庆、印江、沿河、新化、咸丰、务川、万山、通道、绥宁、松桃、思南、石阡、彭水、湄潭、建始、花垣、凤冈、德江、道真、城步、保靖和巴东等县市区的生态贫困最为严重，为三级生态贫困区。在这些县市区中，湘西片区 2 个、怀化片区 1 个、邵阳片区 3 个、黔江片区 1 个、铜仁片区 14 个、恩施片区 4 个，各自的三级贫困率分别为 25%、7.69%、27.27%、14.28%、87.5% 和 36.4%，而张家界片区不存在三级生态贫困县。在时空格局演变趋势上，相对于其他贫困维度而言，武陵山片区的生态贫困空间分布格局变化不大。2003～2011 年，铜仁片区及周边少数县市区（含湘西片区和黔江片区部分县市）一直是三级生态贫困集聚地，虽在三个时间截面上有一定的变动，但不明显。2003～2007 年，其他片区的三级生态贫困县只有 3～4 个，不过，2011 年，恩施片区、怀化片区和邵阳片区的交界处出现了两个相对较小的新三级生态贫困集聚区。张家界片区、怀化片区和邵阳片区则由于地势相对平缓，山地面积占比相对较低，总体上生态贫困相对较轻。

5. 综合贫困呈"一大三小"的"四足鼎立"分散集聚格局

2003～2011 年，武陵山片区的综合贫困程度有一定的下降，但相对于全国平均水平而言，其综合贫困程度仍然比较严重，这意味着武陵山片区扶贫攻坚的任务仍然相当艰巨。不过，虽然同是"难兄难弟"，但各分片区、各县市区的综合贫困程度也有差异。首先是分片区层面，铜仁、湘西和邵阳片区的综合贫困最为严重；其次是恩施片区和怀化片区，黔江片区和张家界片区则综合贫困程度最轻。县市区层面，正安、永顺、印江、沿河、新邵、新宁、新晃、新化、务川、通道、松桃、思南、石阡、隆回、龙山、来凤、江口、古丈、洞口、德江、道真、城步和安化等县市区的综合贫困最为严重，为三级综合贫困县市区。这些县市区中，铜仁片区 10 个、邵阳片区 6 个、湘西片区 3 个、怀化片区 3 个、恩施片区 1 个，各自的三级贫困率分别为 62.5%、54.54%、37.5%、23.07% 和 9.1%，黔江片区和张家界片区则都没有三级综合贫困县。此外，在片区内 71 个县市区中，经济贫困主导型县市区数量最多，为 27 个，占比 38.02%，人类贫困主导型、信息贫困主导型和生态贫困主导型县市区分别为 16、18 和 10 个，占比为 22.55%、25.35% 和 14.08%。时空格局演变趋势上，综合贫困总体呈现出"一大多小"的分散集聚格局。2003～2011 年，铜仁片区及少数周边县市区是三级综合贫困的最大集聚区，不过，这一集聚区的范围在逐渐缩小，而其他三个小集聚区的范围虽有所调整，但总体上呈扩大的趋势。2011 年，古丈、永顺、龙山和来凤，安化、新化、隆回、洞口和新邵，新宁、城步和通道组成的三个小集聚区和铜仁片区形成了武陵山片区综合贫困"四足鼎立"的局面。黔江片区、张家界片区以及恩施片区和怀化片区的大部分县市区则综合贫困相对较轻。

（二）武陵山片区自我发展能力的现状、特征与趋势

如果说"多维贫困"是武陵山片区贫困的外在表现，"自我发展能力"缺失则是武陵山片区贫困的内在原因。要实现"输血"式扶贫向"造血"式扶贫转变，以区域发展来实现持久脱贫，关键在于培育连片特困区的自我发展能力。本研究通过解构自我发展能力的 4 个子系统，分析了武陵山片区自我发展能力及各子系统的现状、特征及演变趋势。

1. 产业能力相对最强，较强县市区呈点、线分布，较弱县市区则相对集中

武陵山片区的产业能力在自我发展能力 4 个子系统中表现最好，近 10 年来有了较大的提高，不过，相对于全国平均水平而言，仍然很低，2011 年得分仅为 0.26。而产业能力子系统中，产业结构得分最高，产业能耗次之，产业效益最差，产业潜力虽较低，但提升较快。产业能力系统的这一内部特征反

映了武陵山片区旅游业、生活服务业、第一产业相对发达，第二产业发展相对滞后的总体产业状况。不过，片区内部各分片区、各县市区之间仍存在较大的差异。其中，分片区层面，产业能力较强的是张家界片区、黔江片区和湘西片区，其次为怀化片区，邵阳片区、恩施片区和铜仁片区的产业能力较差，特别是铜仁片区，其产业能力一直排在最后一位。县市区层面，正安、永顺、印江、沿河、新邵、新宁、新化、务川、绥宁、松桃、思南、石阡、邵阳、湄潭、隆回、龙山、利川、江口、建始、鹤峰、凤冈、洞口、德江、辰溪和巴东等县市区的产业自我发展能力得分最低。这些县市区中，铜仁片区 11 个、邵阳片区 7 个、恩施片区 4 个、湘西片区 2 个、怀化片区 1 个，各自在所在片区的占比分别为 68.75%、63.63%、36.4%、25% 和 7.69%。张家界片区和黔江片区各县市区的产业自我发展能力则都在中等以上。此外，从产业自我发展能力的时空分布来看，2003～2011 年，产业自我发展能力较强县空间分布较为分散，而且演变趋势也不够明朗。不过，产业自我发展能力较强县大都分布在各片区的地级行政机构所在的县市区及其周围。如黔江区、恩施市及其周边县市、铜仁市及周边县市（万山、玉屏）、吉首市及周边县市（凤凰、花垣）、张家界市及周边县市、怀化市及周边县市（中方、洪江）、冷水江和涟源市等。长阳、五峰和石门的产业自我发展能力也一直较强。而玉屏、万山、铜仁、凤凰、吉首、花垣、秀山、泸溪、沅陵、张家界、石门、五峰、长阳一线形成了武陵山片区产业自我发展能力较强县市区分布带。不过，2011 年，中间的泸溪、沅陵有所下降，出现了一定的塌陷。相对而言，产业自我发展能力最弱的县市区则相对比较集中，主要分布在铜仁片区、邵阳片区及与之交界的怀化片区部分县市、与宜昌交界的恩施片区部分县市以及恩施片区和湘西片区交界处部分县市。

2. 市场能力增幅最快，较强、较弱县市区连片分布特征明显

武陵山片区市场能力在自我发展能力的 4 个子系统中得分也相对较高，仅次于产业能力，而且增长幅度最大，排在第 1 位。不过，相对于全国平均水平而言，仍然很低，2011 年得分仅为 0.25。市场能力子系统内部，市场容量和市场化进程得分相差不大，前者在 2007 年之后发展较快，后者则相反，2007年之后基本保持不变。从各分片区的比较来看，张家界片区和黔江片区的市场能力仍然最强，铜仁片区和湘西片区最弱，邵阳、恩施和怀化片区居中，其中，恩施片区上升最快，邵阳片区则持续下降。各县市区层面，正安、永顺、沿河、宣恩、新宁、新晃、新化、务川、通道、松桃、思南、石阡、湄潭、麻阳、隆回、龙山、来凤、江口、古丈、凤冈、德江、道真、城步、辰溪和保靖等县市区的市场自我发展能力最弱。这些县市区中，铜仁片区11个、湘西片区4个、邵阳片区4个、怀化片区4个、恩施片区2个，各自在所在片区的占比分别为68.75%、50%、36.36%、30.76%和18.2%。张家界片区和黔江片区各县市区的市场能力仍然相对较强，都在中等以上。从市场能力的时空分布及其演变趋势来看，除了各地级行政机构所在县市区的市场自我发展能力较强以外，片状分布特征也较为明显。2003年，邵阳片区和怀化片区（特别是两者的交界处）、张家界片区以及恩施市及附近县市区是三个自我发展能力较强的连片区，不过，2007年后，邵阳片区和怀化片区交界处的市场自我发展能力明显相对下降。2007~2011年，黔江片区迅速崛起，成为武陵山片区内最大的市场自我发展能力较强县市集聚区，此外，怀化市、吉首市和铜仁市三者及其毗邻县市区正在逐渐形成市场自我发展能力较强县市集聚区，张家界片区的市场自我发展能力则一直较强。铜仁片区、恩施片区与湘西片区交界处则一直是市场自我发展能力较弱县市的集聚区。

3. 空间能力受自然地理与交通地位影响较大，总体有较大改善，但空间格局稳定

武陵山片区空间自我发展能力在2007年以后有较大程度的改善，这与近年来武陵山片区大规模的交通基础设施建设有关，不过由于大部分工程项目尚未竣工，目前相对于全国平均水平而言，仍然很低，2011年得分仅为0.19。空间能力子系统内部，城镇化得分相对较高；其次是交通通达性，区位条件得分最低，不过，相对于城镇化而言，交通通达性和区位条件2007年以后得分增速较快。从各分片区的对比来看，张家界片区和怀化片区的空间自我发展能力最强，这与其相对平缓的地形地貌以及拥有重要的交通枢纽密切相关，铜仁、恩施和湘西片区的空间自我发展能力相对较弱，邵阳片区和黔江片区居中，不过邵阳片区呈下降趋势，而黔江片区在2007年后有较为明显的改善，由第5位上升到第3位。各县市区层面，正安、余庆、印江、沿河、宣恩、溆浦、新宁、咸丰、务川、五峰、通道、绥宁、松桃、思南、石阡、湄潭、利川、建始、会同、鹤峰、凤冈、德江、道真、城步和巴东等县市区的空间自我发展能力最弱。这些县市区中，铜仁片区 12 个、恩施片区 7 个、怀化片区 3 个、邵阳片区 3 个，各自在所在片区的占比分别为 75%、63.6%、23.07% 和 27.27%。张家界片区、黔江片区和湘西片区的所有县市区在 2011 年空间能力都达到了中等及以上。从空间能力的时空分布及演变趋势来看，武陵山片区空间自我发展能力的空间分布随时间的变化不是十分明显，在相当程度上保持了基本稳定。同样，地级行政机构所在的县市区空间自我发展能力较强，部分县市区甚至呈现出明显的"孤岛"分布格局。如恩施片区中，恩施市的空间自我发展能力较强，而周边的县市空间自我发展能力都相对较弱。此外，张家界片区、怀化片区和邵阳片区由于其地势相对平缓的优势，空间自我发展能力也相对较强。铜仁片区、恩施片区和湘西片区则由于山地面积占比较高、地形复杂、生态相对脆弱，其空间自我发展能力相对较弱，虽然近 10 年来，各县市区都在大力发展交通、改善区位条件，但在片区内的相对地位没有明显的变化（除黔江片区变化较大以外）。

4. 软实力相对最弱、改善幅度有限，且空间分布相对稳定

武陵山片区软实力在自我发展能力 4 个子系统中得分最低，2011 年仅为 0.10，而且近 10 年来，提升幅度十分有限。在软实力子系统内部，区域影响力得分最高，这可能与武陵山片区旅游资源、生态资源、矿产资源等非常丰富有关。社会服务得分也有了较大提升。不过，教育与科技、金融服务两方面的得分几乎为 0，是武陵山片区软实力的主要制约因素。从各分片区的比较来看，软实力最强的为张家界片区和黔江片区，最弱的为铜仁片区和怀化片区，邵阳片区、湘西片区和恩施片区居中，而且近 10 年来，各片区的相对排位没有发生任何变化。各县市区层面，正安、沅陵、余庆、永顺、印江、沿河、宣恩、溆浦、务川、通道、思南、石阡、湄潭、麻阳、龙山、利川、靖州、江口、建始、会同、洞口、德江、道真、辰溪和保靖等县市区的软实力最弱。这些县市区中，铜仁片区 11 个、怀化片区 7 个、湘西片区 3 个、恩施片区 3 个、邵阳片区 1 个，各自占所在片区的比例为 68.75%、53.84%、37.5%、27.3% 和 9.09%。张家界片区和黔江片区各县市区的软实力则均达到中等以上。从软实力的时空分布及演变趋势来看，2003～2011 年，武陵山片区各县市区软实力的空间分布也相对稳定。黔江片区、张家界片区以及玉屏、万山、铜仁（碧江）、凤凰和吉首一带的软实力一直相对较强。通道、绥宁、武冈、邵阳一带在 2003～2007 年，软实力也相对较强，但 2007 年以后，有了明显的相对下降。此外，怀化鹤城区及周边、恩施市、冷水江和涟源以及长阳等县市区的软实力也相对较强。软实力相对较弱的县市区则主要分布在铜仁片区、恩施片区以及湘西、怀化和邵阳片区的交界处。

5. 自我发展能力提升较大，但仍然很低，且较强县市区空间分布较为分散

自我发展能力是上述 4 个子能力系统的综合集成。相对于全国平均水平而言，武陵山片区的自我发展能力仍然十分有限。但近 10 年来还是有了较大的进步，提升了将近 1 倍。其中，产业能力和市场能力一直具有相对优势，并且提升的速度也较快，而软实力最弱，空间能力次之。片区内各分片区、各县市区的自我发展能力存在一定的差异。其中，分片区层面，张家界片区和黔江片区的自我发展能力最强，湘西、怀化和邵阳片区居中，铜仁和恩施片区最弱。并且最强和最弱片区的排位相对稳定，而居中的 3 个片区则出现了明显的排位更替。各县市区层面，正安、永顺、印江、沿河、溆浦、新宁、咸丰、务川、通道、绥宁、思南、石阡、麻阳、龙山、利川、建始、会同、鹤峰、凤冈、洞口、德江、道真、城步、辰溪和巴东等县市区的自我发展能力最弱。这些县市区中，铜仁片区 9 个、恩施片区 5 个、怀化片区 5 个、邵阳片区 4 个、湘西片区 2 个，各自占所在片区的比例为 56.65%、45.5%、38.46%、36.36% 和 25%。张家界片区和黔江片区的自我发展能力则均在中等以上。此外，各县市区中空间制约型县市区的数量最多，为 37 个，占比 52.11%，产业制约型、市场制约型和软环境制约型县市区的数量分别为 8、12 和 14 个，各自占比为11.27%、16.90% 和 19.72%。可见，空间自我发展能力不足仍是武陵山片区最重要的制约瓶颈。从自我发展能力的时空分布及演变趋势来看，相对于 4 个子能力系统而言，自我发展能力整体的空间分布更为分散、变动程度相对更低。其特征可以归纳如下：（1）张家界片区的自我发展能力最强，也是唯一的一个全部县市区自我发展能力都相对较强的分片区；（2）黔江片区和怀化市鹤城区周边县市区的自我发展能力在逐渐增强，前者大体上为平稳发展，后者则主要发生在 2007 年以后；（3）玉屏、万山、铜仁、凤凰、吉首一带的自我发展能力一直相对稳定，不过随着怀化市鹤城区周边县市区自我发展能力逐渐增强，这两个自我发展能力相对较强县市集聚区正在连成一片，形成一个更大的自我发展能力较强县市集聚区；（4）邵阳片区的自我发展能力则呈整体相对下降的趋势，到 2011 年，仅有冷水江、涟源和武冈 3 个县市区的自我发展能力相对较强；（5）铜仁片区、恩施片区、怀化片区和邵阳片区交界处的自我发展能力整体较弱，特别是怀化片区和邵阳片区交界处，其自我发展能力较弱县市区范围近 10 年来呈扩大趋势；（6）各地级行政机构所在县市区的自我发展能力相对较强，且一直保持相对稳定。

三　思路、对策与展望

相对于"先行先试"的重大机遇和片区内各级政府、民众对"区域发展与扶贫攻坚"试点的高涨热情而言，武陵山片区"多维贫困"与"自我发展能力缺失"的现实显得有些过于"残酷"。如何将"残酷"的现实变成"美好"的前景，则需要有明确的发展思路和切实可行的举措。基于各分报告的研究成果，本课题组认为武陵山片区"区域发展与扶贫攻坚"可以借鉴以下思路与对策。

（一）思路

按照《片区规划》提出的"区域发展带动扶贫开发，扶贫开发促进区域发展"的连片特困区"区域发展与扶贫攻坚"指导思想，结合武陵山片区"多维贫困"与"自我发展能力缺失"的基本区情，本课题组认为武陵山片区区域发展与扶贫攻坚应遵循如下思路（见图 1），并处理好五组关系。

图 1 表明，武陵山片区"区域发展与扶贫攻坚"应在政府机构（不同层级政府）的推动和主导下，充分发挥贫困主体（BOP 群体）和非政府组织机构（NGO 机构）的主观能动性，以《片区规划》为蓝本，通过借力外部援助、整合内部资源，在经济发展、公共服务和制度创新方面大胆进行"先行

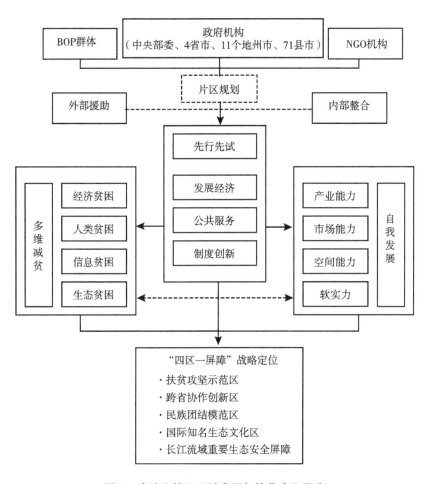

图1　武陵山片区区域发展与扶贫攻坚思路

先试"，将立足于短期"多维减贫"效应的扶贫攻坚举措与着眼于长远"自我发展"能力培育的区域发展战略有机结合起来，并实现两者的良性互动，即"区域发展带动扶贫开发，扶贫开发促进区域发展"，最终实现"四区一屏障"的战略定位，在全国经济社会发展空间格局中占据独特的地位。

具体地，在理解和实践上述思路时，必须处理好以下五组关系。

1. 政府机构、BOP 群体以及 NGO 机构之间的关系

作为扶贫攻坚与区域发展的共同主体，政府机构、BOP 群体和 NGO 机构应扮演不同的角色，发挥不同的作用。政府机构是"区域发展与扶贫攻坚"的组织者和推动者，这既是我国现行经济发展体制的必然要求，也是连片特困地区区情的客观需要。而且，不同层级的政府机构具体扮演的角色应有所差异，其中，中央部委（国家扶贫办、国家发改委、国家民委）承担规划、指导、协调和监督的职责，4省市政府及相关部门承担对中央部委负总责、对各地州市和各县市区的规划（实施规划）、指导、协调和监督负责，11个地州市及71个县市区则主要负责落实规划、具体组织和推动"区域发展与扶贫攻坚"的相关项目。其中，各县市区是规划的最终落实者。BOP群体则是"区域发展与扶贫攻坚"最主要和最直接的主体。长期以来，BOP群体仅被看做是"扶贫救济"的对象、"扶贫攻坚"的客体，忽视了其作为主体的身份。事实上，只有让占连片特困区人口总数中很大比重的BOP群体参与到经济发展中，分享经济社会发展的成果，并通过"干中学"或相关培训积累人力资本、生计资本，才能真正使其摆脱贫困、促进区域发展。NGO机构也是"区域发展与扶贫攻坚"的重要主体，其中，企业以及各种非营利性组织应在连片特困区的区域发展与扶贫攻坚中发挥更大的作用。一方面，应鼓励企业实行面向BOP群体的创新，通过开发BOP市场，在满足BOP群体的需求，实现减贫效应的同时促进片区的经济社会发展和企业盈利，真正做到"承担社会责任和追求盈利目标的统一"，进而激发企业进入贫困地区、建设贫困地区的热情；另一方面，应鼓励和协调各种非营利性组织参与片区的区域发展与扶贫攻坚，充分发挥其在相关方面的专业优势、组织优势，使其成为大扶贫格局中重要的"润滑剂"。总之，在片区区域发展与扶贫攻坚中应明确上述三类主体的分工与定位，充分发挥各自的最大效能。

2. 区域竞赛与区域合作之间的关系

中国改革开放以来地区经济快速发展的一条重要经验便是通过中央与地方"分权"激发了各地方政府经济发展竞赛的激情。虽然"唯GDP论"的"政绩锦标赛"制度如今多被诟病，但其积极性的一面仍不容忽视。作为连片特困区区域发展与扶贫攻坚规划的落实者，各县市区政府主观能动性的调动至关重要。通过优化现有的政绩考核和升迁机制，鼓励各县市区展开新一轮的"区域发展与扶贫攻坚"竞赛仍不失为激发各县市区政府积极性的重要举措。但是，另一方面又要谨防"以邻为壑""画地为牢"的区位主义和本位主义作祟，再次陷入"碎片化"的"行政区经济"格局中。因而，协调好区域竞赛与区域合作之间的关系就成了化解上述矛盾的关键。而区域竞赛与区域合作关系协调的根源仍是"分权"问题。具体而言，就是片区"区域发展与扶贫攻坚"中的"事权、财权"如何在各级政府之间进行配置以及"政绩考核"指标和方式如何选择的问题。按照契约理论中"剩余控制权应授予拥有更为重要的禀赋或信息一方"的原则，各级政府在"事权、财权"的分配中应将对激发各县市区积极性更为重要的"事权和财权"分配给各县市区政府，而将对实现区域合作更为重要的"事权和财权"留给上级政府，并在"政绩考核"时将 GDP 单一指标转化为"多维减贫与自我发展能力构建"的多维指标。当然，这只是区域竞赛与区域合作关系协调的大体思路，而具体的制度设计有待深入讨论。

3. 外部援助与内部整合之间的关系

武陵山片区深陷"贫困陷阱"，贫困范围的规模性、贫困程度的纵深性、贫困类型的多样性、贫困阶段的转移性、贫困原因的复杂性、贫困持续的长期性等都意味着没有外部援助不可能走出陷阱，而且需要非常规性的援助措施。但另一方面，"梅佐乔诺陷阱"告诉我们，如果仅仅依赖外部援助而没有建立起可持续发展的产业体系和自身发展激励机制，则这种发展不可能持续。可见，对于武陵山片区的"区域发展与扶贫攻坚"而言，必须处理好"外部援助"这种外力和"内部整合"这种内力之间的关系，实现借助外力走出"贫困陷阱"，形成内力避免掉入"梅佐乔诺陷阱"，最终走上持久脱贫与可持续发展的道路。具体地，在借助外部援助时，既要发挥各县市区的积极性和主观能动性，通过招商引资、承接产业转移等方式扩大经济总量，同时，又要作为整体向上级政府争取政策、改革试点权以及国家重大投资项目等，特别是应通过外部援助形成良好的经济社会发展环境，如基础设施相对完善、公共服务基本覆盖、产业平台基本搭建等；而在内部整合方面，则重点通过基础设施一体化、市场一体化、产业对接与规模化发展、政策协同等途径将"碎片化"的"行政区经济"格局融合成为统一的"经济区域"。虽然借助外部援助和内部整合各有侧重点，但两者并不割裂，如争取国家重大基础设施项目投资时应着眼于基础设施一体化建设。同样，应以一体化市场背景来招商引资和承接产业转移。

4. 多维减贫与自我发展能力培育之间的关系

"多维贫困"和"自我发展能力缺失"是武陵山片区的基本区情，两者在某种程度上存在互为因果的关系。多维贫困导致了区域自我发展能力缺失，自我发展能力缺失又进一步加深了多维贫困。同时，两者在"区域发展与扶贫攻坚"的目标层次上又是短期目标和长期目标的对应关系，多维减贫为短期目标，自我发展能力培育为长期目标。因而，在武陵山片区的区域发展与扶贫攻坚中，应处理好两者之间的关系。首先，武陵山片区应着眼于经济、人类（教育、健康、交通、住房）、信息和生态等多个维度的减贫，而且这一短期目标的实现主要通过外部援助来推动，具体包括贫困补助、基本公共服务均等化、定向"惠学"计划、基础设施建设、危房改造、生态治理等项目得以推动；其次，多维减贫措施又要与自我发展能力培育的长期目标有机地结合起来，在多维减贫的过程中逐步形成和积累产业、市场、空间和软实力等子系统的自我发展能力，最终形成片区可持续发展所必需的自我发展能力；最后，以区域自我发展能力来保障和巩固片区多维减贫的成果，最终实现片区的持久多维脱贫。

5. 多维贫困各维度之间及自我发展能力各子系统之间的关系

贫困的多维性和自我发展能力的综合性意味着武陵山片区"区域发展与扶贫攻坚"目标的多元性。因而，理清各子目标之间的关系对于实现最终目标有重要意义。首先，多维贫困4个维度——经济、人类、信息和生态贫困之间既相互联系又有明显区别，经济贫困可能导致人类贫困、信息贫困和生态贫困，但经济减贫并不必然带来其他维度也随之减贫。而且，在不同的县市区四类贫困的贫困程度会存在明显的差异，彼此之间的联系也会有差别，这意味着针对不同贫困维度、不同贫困维度主导的区域实施差别化扶贫攻坚对策将更有效率。其次，自我发展能力4个子系统——产业能力、市场能力、空间能力和软实力既彼此相互联系、相互影响，又各代表了不同的能力向度，对区域的自我发展起着不同的作用。同样，不同区域在不同能力子系统方面可能存在较大差异，制约区域自我发展的"能力短板"不同，就意味着区域自我发展能力培育的着力点应有所差异。有的放矢地拉长"短板"可以提升自我发展能力培育效率。再次，多维贫困各维度之间与自我发展能力各子系统之间也存在各种联系，如区域生态贫困可能导致区域空间自我发展能力不强，产业能力不强的区域经济贫困可能更为严重。因而，理清彼此之间的关系有助于将多维减贫与自我发展能力培育有机地结合起来。

（二）对策

基于上述思路，武陵山片区区域发展与扶贫攻坚的重点在于围绕"多维减贫"与"自我发展能力培育"两大任务模块，在经济发展、公共服务和制度创新方面"先行先试"。不过，对于这一宏大的系统工程，要列出详细的对策清单并不现实。故本报告仅从宏观层面着眼于长期目标提出几点思路性的对策建议。

1. 以"攻难点""补短板"的差异化政策提升区域发展与扶贫攻坚效率

武陵山片区在多维贫困和自我发展能力方面既有共性，又有差异性。71个县市区在多维贫困各维度和自我发展能力各子系统方面呈现不平衡态势，但对于多维贫困和自我发展能力这两个综合（指数）系统而言，任一（维度）子系统的相对滞后都会造成"短板效应"。因而，在武陵山片区多维减贫和自我发展能力培育实践中，只有根据各县市区的贫困主导类型（经济贫困主导型、人类贫困主导型、信息贫困主导型和生态贫困主导型）和自我发展能力制约类型（产业能力制约型、市场能力制约型、空间能力制约型和软实力制约型），采取有针对性的分类扶贫和发展政策，通过"攻难点""补短板"进而有效提升区域发展与扶贫攻坚效率。具体可以采取以下步骤：首先，构建武陵山片区多维贫困和自我发展能力测度和评价指标体系，综合测度和评价武陵山片区各县市区贫困维度、自我发展能力子系统的相对得分，并结合各贫困维度、各能力子系统之间的关系，识别各县市区的贫困主导类型和自我发展能力制约类型。其次，分别以贫困主导维度和自我发展能力制约子系统为横轴和纵轴，构建贫困主导——能力制约矩阵，并将片区 71 个县市区按照贫困主导——能力制约矩阵进行归类。最后，以《片区规划》及片区内各级政府的实施规划为依据，对不同类型的县市区制定相应的区域发展与扶贫攻坚政策。如，对于经济贫困主导且产业能力制约型县市区，区域发展与扶贫攻坚政策应重点给予产业扶贫政策支持，通过产业项目推进和产业能力培育实现其经济减

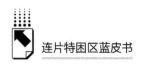
贫和拉长产业能力"短板";对于人类贫困主导和软环境制约型县市区则在区域发展与扶贫攻坚中应更加重视基本公共服务均等化的推进。综上,武陵山片区区域发展与扶贫攻坚应实施差异化政策,增强政策针对性,通过"攻难点""补短板"提高效率。

2. 以"域际战略产业链"和"共建产业园区"推动产业集聚和集群发展

产业能力既是区域自我发展能力的核心,也是经济减贫最主要的途径。因而,在片区规划中产业扶贫是最核心的模块。在武陵山片区的产业扶贫与产业自我发展能力培育中,需要回答的两个问题是"发展什么产业"和"如何发展"。其中,第一个问题对应的是产业选择问题,片区总体规划以及各级政府的实施规划已对这一问题进行了较好的回答。如旅游产业、特色农业、加工制造业(农林产品加工业、生物医药产业、矿产品加工业、机械工业)、现代服务业、民族文化产业等被作为武陵山片区未来十年重点发展的产业,也是产业扶贫的载体性产业。而且,各县市区已根据《片区规划》制定了明确的产业发展目录。因而,接下来关键在于回答"如何发展"的问题。鉴于武陵山片区上述产业总体相对分散、规模相对较小、竞争力和盈利能力不强、部分产业雷同且恶性竞争风险极强的现实,本课题组认为武陵山片区产业发展总体上应以提升产业盈利能力和竞争力为导向,走集聚和集群的规模化发展道路。具体来说,首先,应建立以旅游产业为主导的生态型现代产业体系。通过引进战略投资者将武陵山片区旅游产业打造成片区内各区域之间的"域际战略性产业链",整合片区丰富的旅游资源,引领片区产业一体化发展。具体做法可以是先各旅游景点圈内部整合,然后各旅游景点圈运营公司通过交叉持股等方式实现景点圈之间的对接与整合,最后以精品旅游线路项目运作的方式实现片区旅游产业发展的一体化。其次,特色农业方面则要加快推进"一村一品、多村一品""公司+合作社+农户"的专业化发展模式,以重点龙头企业带动特色农业的规模化发展。加工制造业方面,则应以"共建产业园区"的方式重点打造几个大型的工业园区,以其为载体实现加工制造业的集群发展。一方面,利税共享的"飞地型工业园区"发展模式既可以充分调动各县市区政府招商引资和发展工业的热情,又避免了各自为政导致的分散化,以及对环境可能造成的破坏。另一方面,加工制造业的集群发展可以充分发挥工业生产的规模经济和集聚经济效应，增强加工制造业的竞争力和盈利能力。现代服务业和民族文化产业的发展同样应以区域中心城市的现代服务业和民族文化产业园区为载体，实现集群发展。

3. 以整合"碎片化"市场、鼓励民营经济发展提升市场容量和市场化程度

市场能力主要包括市场容量和市场化进程两方面。根据 HME（母国市场效应）原理，经济会集聚于市场容量大的区域，并且形成大于本地市场需求规模的经济规模。武陵山片区经济贫困且自我发展能力缺失，一个重要的原因在于市场容量偏小、缺乏集聚力。因而，培育武陵山片区市场能力首先要挖掘其市场容量。具体而言，可以从以下几个方面着手：一是破除行政壁垒，整合片区市场。由于多省交界及行政区划经济的影响，武陵山片区市场是一个"碎片化"的市场。破除行政壁垒，可以将众多"碎片化"市场整合成一个具有 3645 万人口的统一大市场，能极大地提升片区的市场容量。二是通过加快城镇化进程和增加居民收入（尤其是农村居民收入），扩大片区居民的消费需求并提升其消费能力，进而增大片区的市场容量。三是提升片区的市场能力还需加快推进片区的市场化进程。武陵山片区文化中市场意识相对薄弱、企业家精神欠缺。因而，一方面应继续扩大与东部地区市场经济发展较好地区的文化交流，推崇企业家精神、鼓励创业，特别是要加大对 BOP 群体（如返乡农民工）的创业支持力度。另一方面，要充分利用"先行先试"的政策优惠，通过制度创新来鼓励民营经济发展。如创建各种类型的创业园区，鼓励大学生、民族文化传承人、下岗职工等各类社会群体进行创业，同时，以优惠的政策吸引东部沿海地区的民营资本、民营企业家进驻片区，如率先打破所有制歧视，允许民营资本进入能源、通讯等基础性行业等。总之，应通过不断提升民营经济在经济总量中的比重来推动片区的市场化进程，增强片区的经济活力。

4. 加快"六中心四轴线"＋"三圈一带"的快速交通网络状城镇体系建设

按照《全国主体功能区规划》，武陵山片区整体为限制开发区，而依据整体保护、点状发展的原则，片区又可以细分为重点发展区、农业生态区和生态保护区三大功能分区，三者占区域总面积的比重分别为 6%、18% 和 76%。可见，武陵山片区的可开发空间十分有限，如何在"先天不足"的条件下最大限度地挖掘空间自我发展能力是武陵山片区空间能力培育的核心。首先，以快速交通网络连接的网络状城镇体系是武陵山片区空间结构的现实选择。基于《片区规划》中"六中心四轴线"的空间结构规划，一方面要加快城镇化进程，鼓励人口向承载能力相对较强的 6 个中心城市及少数次级中心城市集聚，特别是对生态极其脆弱区域的居民应实施移民工程，同时，对于发展空间极其有限的区域应鼓励其人口和产业向承载能力强的区域，特别是中心城市转移（如建"飞地工业园"的形式等）。另一方面，要继续加大各中心城市之间的交通网络建设，增强其运载能力、缩短其通达时间，通过增大"流空间"来弥补"场空间"的不足。其次，应遵循武陵山片区经济活动空间分布演变的趋势，在"六中心四轴线"的总体空间结构上形成联系更为紧密的"经济圈"和"经济带"。具体来说，可以形成"三圈一带"空间发展格局。"三圈"分别是"铜吉怀"经济圈、"黔恩龙"经济圈和张家界经济圈，"一带"则为"铜吉张"经济带。其中，随着吉怀高速顺利通车、铜仁市经济重心继续向大兴转移，再加上"鹤中洪芷一体化"的推进、玉屏和铜仁城际轨道交通的开通，"铜吉怀"经济圈呼之欲出，① 该经济圈将成为片区内最早形成且实力最强的经济圈。"黔恩龙"经济圈也将随着"龙凤经济协作示范区"的推进而加快步伐。张家界经济圈则对应于张家界片区，目前贫困程度相对较低、自我发展能力相对较强，但内部的整合和一体化程度需要加强。"铜吉张"经济带则是指"玉屏—铜仁—凤凰—吉首—泸溪—沅陵—张家界—慈利—石门"一线，该线恰好对应武陵山片区地势相对平缓的峡谷带，经济基础相对较好。② 综上，武陵山片区空间能力培育的方向是鼓励人口、产业（种植业除外）向"六中心四轴线"，特别是"三圈一带"区域集聚，走紧凑型和空间集约型发展道路。这样，不仅可以提升空间自我发展能力，而且可以极大地降低生态贫困。

---

① 事实上，从武陵山片区自我发展能力的时空演变图可以看出，这一自我发展能力较强县市集聚区正在逐渐形成。

② 在武陵山片区自我发展能力评价及空间分布的时空演变分析中，我们发现该线上县市区总体的自我发展能力相对较强。

5. 以基本公共服务均等化和社会管理模式创新提升片区软实力

软实力是区域自我发展能力系统中最深层次的要素，它不直接表现为区域自我发展的某种具体能力，但对市场、空间以及产业自我发展能力都有着重要影响。武陵山片区软实力较弱表现为教育和科技落后、社会服务和金融服务不发达、区域影响力不强。提升武陵山片区的软实力关键在于以下四个方面：一是以"区域发展与扶贫攻坚"为契机，借助外部援助大力推进基本公共服务均等化，缩小甚至完全消除与发达地区在教育、医疗卫生、科技文化体育、社会保障等方面的差距。二是利用"先行先试"的优惠政策，积极创新社会管理模式，提高社会服务效率和水平，同时，积极鼓励民营资本进入金融体系、大力发展农村银行、全面推进小额信贷和农业产业保险等，最大限度地减少金融抑制对片区经济社会发展的影响。三是借助"先行先试"的国家级试验平台，提升武陵山片区的知名度和美誉度。特别是要将片区独特的资源优势、发展潜力和国家特殊的政策优惠（含自身的制度创新）积极向外推介，增强片区整体的吸引力和美誉度。四是积极推进片区各地政府政策的协同化、政务对接无缝化、公共服务一体化，形成片区内部良好的协作氛围和对外统一的区域形象。

（三）展望

《片区规划》给武陵山片区描绘了"四区一屏障"的美好蓝图，也给出了"两不愁、三保障"的发展目标和 10 项具体指标。① 不同于这些明确的规划目标，本报告仅对短期内武陵山片区经济社会发展的主要方面进行展望。

1. 在大规模投资拉动下经济将会出现更快增长

武陵山片区的区域发展与扶贫攻坚仍将依赖于投资拉动。其中，中央政府和各省市政府的项目投资仍是主要来源，这些项目将继续集中在重大基础设施建设、重大能源项目建设等方面。其次，国内外招商引资项目也是重要的投资来源。片区内各县市区将充分利用"先行先试"的政策优惠加大招商引资力度。不同于政府投资，这些投资将主要集中在片区内的优势产业和规划中重点

---

① 见《武陵山片区区域发展与扶贫攻坚规划（2011~2020）》第二章第四节，第 15 页。

发展的相关产业。其中，旅游产业、特色农产品加工业（含医药种植和加工产业）、民族文化产业以及矿产品加工业仍是国内外投资者的重点投资领域。在投资的空间布局方面，六个中心城市及其周边地区仍然是投资的重点区域，规划导向和现有发展基础是重要的影响因素。此外，"铜吉怀"经济圈、"黔恩龙"经济圈、张家界经济圈和"铜吉张"经济带组成的"三圈一带"区域将是投资的热点区域，其中，"铜吉怀"经济圈有望最早形成。伴随各类投资项目的实施，武陵山片区将会呈现更快的增长速度。

2. 基本公共服务水平将有较大幅度提升

基本公共服务均等化是减少人类贫困和提升片区发展软实力的重要举措，也是《片区规划》中扶贫攻坚的重要内容。可以预见，未来几年内中央和4省市政府将在交通设施、教育、医疗卫生、文化体育（民族特色体育）、就业培训、金融服务、社会保障（医疗保险和养老保险）等方面加大投入力度；同时，各级政府还将在片区内不同行政区之间、同一行政区的城乡之间的基本公共服务均等化和一体化方面加大投入和支持力度。因而，在大规模的外部援助和大扶贫格局的支撑下，武陵山片区的基本公共服务水平将会有较大幅度提升。

3. 片区内区域之间的合作将呈现新的局面

武陵山片区内部各级行政区之间的合作将不断深化。首先，《片区规划》赋予了片区进行跨省合作创新的历史使命，国家相关部委作为推动者、协调者和监督者，将对武陵山片区区域合作产生重要推力；其次，片区内各级政府以及普通民众日益认识到"抱团发展"对于区域发展与扶贫攻坚的重要意义，合作动机不断增强。因此，可以预见在未来几年内片区将呈现出区域合作的新局面。具体表现在以下几个方面：一是片区内部政府间合作将继续加强，并逐渐向关键领域推进。在合作形式上，各种政府间合作协议、各种类型的联席会议制度等将不断推广，半官方性质的片区合作委员会有望正式产生。在合作领域方面，将从一般性的信息沟通、基础设施建设等方面的合作向市场一体化、产业一体化、政策协同化、公共服务一体化等方面推进。二是片区内非官方的合作愈加频繁，影响力不断增强。首先，学界的合作与交流将常规化、制度化，讨论议题也将更加具体和务实，对片区政府的影响力也将越来越大；其次，片区内行业协会、专业合作社、企业、新闻媒体等非政府组织也将在区域合作中发挥更大的作用，并通过"共同的声音"在片区内外产生更大的影响。

4. 生态环境将进一步改善

武陵山片区被定位为"长江流域重要的生态安全屏障"。《片区规划》明确划定了生态安全保护区、地貌多样性保护区、动植物保护区和水源涵养保护区等35处。十八大报告将生态文明上升到"五位一体"建设的高度，中央和各省市政府将对上述重点生态功能区加大保护和治理力度。因而，未来几年内武陵山片区的生态环境将进一步改善。一方面，铜仁、张家界、恩施及渝东南地区的石漠化治理将加快推进，石漠化面积扩大趋势将得到有效遏制，石漠化区域生态功能将逐步恢复。① 另一方面，低碳县（区）试点示范建设、生态文明示范工程试点县建设、防护林和天然林保护工程、"绿色行动"拓展工程以及工业污染治理、防灾减灾体系建设等重点生态工程项目的不断推进将有效改善片区的生态环境，提升生态质量。

Multidimensional Poverty Alleviation and Self-development：Setting Sail under Opportunities and Challenges

—Review，Rethinking and Prospective of the first
Anniversary of the Wulingshan Area Pilot

Leng Zhiming   Ding Jianjun

Abstract：After reviewing the progress of the pilot in Wulingshan Area for the first year, the report analyzed the status, characteristics and evolution trends of each dimension of poverty and subsystem of the self-development capabilities

---

① 2012年11月21日，国家林业局在贵州省毕节市召开岩溶地区石漠化防治工作现场会上透露，截至目前，我国石漠化治理重点县增加到300个，而武陵山片区主要石漠化较严重的县市区都包括在内。

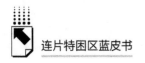

comprehensively, and then proposed the regional development and poverty alleviation thought and countermeasures as following, promoted and led by government, made good use of the initiative of the poor and the non-governmental organizations, followed the area planning, leveraged external assistance, integrated of internal resources, to be "Pilot" boldly on economic development, public services and institutional innovation, overall planning and all-round consideration of multidimensional poverty alleviation in the short-term and self - development ability cultivate in the long-term, ultimately, to make positive interaction between regional development and poverty alleviation by driving and promoting each other.

Key Words: Multidimensional Poverty; Self-development; Pilot; Wulingshan Contiguous Destitute Area

综合评价篇

Comprehensive Evaluation

B.2
连片特困区多维贫困测度指标体系构建

丁建军　黄利文*

摘　要：

连片特困区处于区域性贫困阶段、统计信息滞后的现实，使得当前应用较为普遍的多维贫困测度指标体系对连片特困区并不适用。以现有主要多维贫困测度指标体系为基础，本文构建了覆盖经济贫困、人类贫困、信息贫困和生态贫困4个维度，共包括51个指标的连片特困区多维贫困测度指标体系，并对各指标的考核办法进行了详细说明。

关键词：

连片特困区　多维贫困　测度　指标体系　考核

---

* 基金项目：国家社科基金项目（12CJL069）、教育部人文社科基金项目（11YJA790070）、教育部人文社科基金项目（12YJC790204）、湖南省重点社科基金项目（11ZDB072）和国家发改委项目“新时期集中连片特困区扶贫思路及对策研究”（2012－30－13）。
黄利文，硕士，吉首大学商学院教师，研究方向为区域金融。

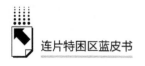
一　引言

《中国农村扶贫开发纲要（2011~2020）》指出未来10年扶贫攻坚的总体目标是："到2020年，稳定实现扶贫对象不愁吃、不愁穿，保障其义务教育、基本医疗和住房。贫困地区农民人均纯收入增长幅度高于全国平均水平，基本公共服务主要领域指标接近全国平均水平，扭转发展差距扩大趋势。"显然，这个"两不愁、三保障"的表述意味着我国减贫目标有了多元指向，并与当前国际上多维减贫的发展趋势一致。然而，长期以来，贫困被视为一维概念，仅指经济上的贫困。但即便如此，按照2300元的最新贫困线标准，武陵山片区、六盘山片区等11个国家集中连片特困区的贫困人口已占全国贫困人口总数的70%以上。事实上，这些连片特困区不仅收入低下，而且生态脆弱、教育落后、信息闭塞，若考虑贫困的多个维度，这些地区的贫困问题将更加严重。因而，要实现多维减贫的目标，集中连片特困区区域发展与扶贫攻坚任务十分艰巨。

为了准确识别连片特困区的多维贫困主体、多维贫困广度与深度，进而制定指向明确的反贫困对策，必然要求对连片特困区的多维贫困程度进行测度。遗憾的是，我国无论在多维贫困研究还是多维减贫实践方面都相对落后。多维贫困研究方面，引进和消化国际前沿研究成果仍是国内学者的主要工作。一部分学者对国外多维贫困研究的进展进行了介绍和评述（尚卫平等，2005；洪兴建，2005；陈立中，2006，2008；邹薇，2012；刘泽琴，2012；叶初升，2010，2011）；另一部分学者则应用或修正国外主要的多维贫困测度指数对中国及特定区域进行了多维贫困的实证分析（王小林，2010；胡鞍钢，2009，2010；李佳路，2010；罗小兰等，2010；蒋翠侠等，2011；邹薇，2011；陈琦，2012；郭建宇，2012；李飞，2012）。多维减贫实践方面，多维贫困理念普及程度有限，多维贫困测度尚未正式应用于我国扶贫实践。虽然在我国的贫困监测中，经济贫困之外的指标也有涉及，但贫困究竟包括哪些维度、各维度的临界值为多少、各维度的权重如何确定等均缺乏统一规范。针对连片特困区的多维贫困研究则更少，目前仅有陈琦（2012）应用英国牛津大学开发的AF

多维贫困测量方法对武陵山片区的多维贫困进行测度。

事实上，国外多维贫困测度方法及其指标在国内特别是连片特困区的应用中存在诸多局限。首先，应用较为广泛的 Watts 法、AF 法都以住户调查数据为基础，而连片特困区统计制度相对不完善、统计信息缺乏，大范围的住户调查数据更是十分匮乏，这无疑制约了上述方法的应用。其次，连片特困区的贫困依然是区域性贫困，以家户为研究对象进行扶贫的精准优势在区域性贫困阶段意义并不明显，相反，将乡村、县域、片区等为对象实行连片开发、整体推进效率更高，这也是国家未来 10 年针对连片特困区采取的扶贫攻坚战略。因而，构建适用于连片特困区较大空间尺度（片区整体、县域）的多维贫困测度指标体系和方法十分必要。

二 连片特困区多维贫困测度指标体系构建的原则

连片特困区是我国贫困人口的集聚区，这些区域尚处于典型的区域性贫困阶段。从我国 11 个集中连片特困区的空间分布来看，均分布在"老、少、边、山"区，不仅经济贫困、教育落后、生态脆弱、信息闭塞，而且统计机制不健全、统计信息较缺乏。一方面，加快连片特困区区域发展与扶贫攻坚迫切需要进行多维贫困的测度与分析；另一方面，统计信息缺乏又制约了以个体或家庭为对象的传统多维贫困测度指标体系的应用。因而，构建科学合理且适用于连片特困区多维贫困测度的指标体系就不可回避。为了实现科学合理且适用于连片特困区的总体目标，连片特困区多维贫困测度指标体系构建应遵循以下原则。

（1）全面反映连片特困区贫困特征的原则。连片特困区的贫困是典型的区域性贫困，而且"老、少、边、山"的区位分布导致了贫困具有多维特性，具体表现为经济贫困、生态贫困、信息贫困、教育贫困、健康贫困、住房贫困和交通贫困等。因而，连片特困区的多维贫困测度指标体系必须涵盖上述维度，以求尽可能全面地揭示连片特困区的贫困本质。

（2）更多地使用宏观统计信息资料原则。由于连片特困区的统计机制尚不健全、统计信息资料不够全面，特别是大规模的微观层面调查数据十分有限，若采用依赖于这类信息的指标无疑增大数据采集成本和难度，甚至完全不可行。因而，从现实性和可操作性出发，连片特困区多维贫困测度指标体系应尽可能选用依赖宏观统计信息的指标。此外，为了进一步降低对统计数据精确性的要求，在指标考核时可以借鉴陈立新等（2012）的对比打分法。

（3）凸显贫困相对性原则。贫困可以分为绝对贫困和相对贫困，消除绝对贫困固然很重要，但减少相对贫困则是更永恒的主题。连片特困区在全国范围内，无疑既是绝对贫困也是相对贫困区域，但在连片特困区内，又有相对贫困和相对富裕区域之分。为了提高区域扶贫攻坚效率，对连片特困区内不同程度贫困的区域进行识别及比较仍然十分重要。因而，在指标选择和指标考核时应选用体现贫困相对性的指标和方式。

（4）简明实用性原则。指标体系构建既要保障能全面揭示多维贫困本质，又要使指标体系相对简洁、易于推广应用。一方面，指标选择应该反映连片特困区各个贫困维度的大部分信息，否则，所得到的测度结果不可信；另一方面，指标选择又不能面面俱到，否则指标信息重复、指标体系过于繁杂，不便操作，大大降低指标体系的实用性。因而，在指标选择时需要反复斟酌、筛选，尽可能做到应选尽选、绝不多选。

（5）可比性原则。连片特困区的多维贫困具有历时性和空间性，时空比较客观要求测度指标体系具有可比性，具体表现在两个方面：一是在指标的口径、内涵上具有可比性；二是在不同的时间和空间范围内具有可比性。只有可比的评价指标，才能提供准确的信息资料，才能通过比较分析得出连片特困区多维贫困程度及差异的具体表现。

三 连片特困区多维贫困测度指标体系基本框架

基于连片特困区贫困"两不愁、三保障"的多维减贫目标以及自身的贫困特征，借鉴面向区域的多维贫困测度指标体系的构建思路，遵循上述连片特困区多维贫困测度指标体系构建原则，在对相关高校专家和政府（扶贫办等）、企事业等部门进行问卷调查、深度访谈的基础上，确定了连片特困区多维贫困测度指标体系（见表1）。该指标体系由4个维度和51个指标构成。下面，对 4 个维度的立意及其下设测量指标加以说明。

1. 经济贫困

长期以来，经济（收入）贫困被认为是贫困的唯一维度。虽然，随着贫困认识的深化，贫困已由一维拓展为多维，但经济（收入）贫困仍然是贫困概念中最基础的内容。该维度下设 11 个指标，分别是：以国家贫困线为依据的贫困发生率、贫困缺口指数、平方贫困缺口指数和以国际贫困线为依据的贫困发生率、贫困缺口指数、平方贫困缺口指数、收入基尼系数、恩格尔系数、人均社会商品零售总额、失业率、劳动力负担系数。其中，不同标准下的贫困发生率、贫困缺口指数、平方贫困缺口指数分别揭示经济贫困的广度和深度；收入基尼系数从收入分配的角度反映经济贫困；人均社会商品零售总额、恩格尔系数则从消费能力和结构层面揭示经济贫困；失业率、劳动力负担系数从收入来源方面反映贫困。

2. 人类贫困

人类贫困主要从人类自身发展受剥夺的角度来揭示贫困，涉及教育、健康、住房和交通 4 个方面，共涵盖 24 个指标，分别是：文盲率、初中以下教育程度人口比例、人均公共教育经费指数、人口平均受教育年限指数、中小学校师生比指数、高等教育毛入学率指数、婴儿死亡率、孕产妇死亡率、5 岁以下儿童体重不足者比例、新农合未覆盖率、每万人拥有卫生机构床位数、每万人拥有卫生技术人员数、新型农村养老保险未覆盖率、每千老人社会福利机构床位数、农村住房未达标率、自来水普及率、卫生厕所普及率、城市居民人均住房面积、城乡居民人均年生活用电量、农村非人力交通工具拥有率、未通公路乡村占比、每万人公共汽车拥有量（含农村公交）、农村主要道路硬化率、城市人均道路面积。其中，教育贫困指标 6 项，健康贫困指标 8 项（5 项分别针对婴儿、孕产妇、儿童和老人等特殊群体的健康状况），住房贫困指标 5 项，交通贫困指标 5 项。

3. 信息贫困

随着信息社会、知识经济时代的到来，信息及其使用信息的能力越来越重要。信息贫困定义为人们普遍缺乏获取、交流、应用和创造信息的能力，或者缺乏权利、机会和途径获取这一能力，是知识贫困的重要方面，也是 21 世纪新的贫困维度。连片特困区通常信息闭塞，信息贫困较为普遍。本指标体系中信息贫困维度下设7项指标，分别为：电视未普及率、广播未普及率、电话未普及率（含固定电话和移动电话）、互联网用户比例、人均邮电业务量、村级图书室覆盖率（含网络端口）、每万人图书馆数。这些指标主要从信息获取途径、信息使用情况两个方面反映信息贫困。

4. 生态贫困

由于生态环境不断恶化、超越其承载能力而不能满足生活在这一区域的人们的基本生存和生产需要，或因自然条件恶化、自然灾害频发而造成的人们基本生活与生产条件被剥夺的现象称为生态贫困，反映的是人们基本生存环境的剥夺。连片特困区多分布在生态脆弱的山区、干旱区，生态贫困较为严重。本测度指标体系在生态贫困维度下设9项指标，分别为：生态脆弱区人口比例、安全饮用水未覆盖率、人均水资源拥有量、人均耕地面积、人均森林拥有面积、沙（石）漠化面积比例、水旱灾高发区域面积占比、自然灾害发生率指数、环保投入占财政支出比重。

表1 多维贫困评价指标体系

序号	维度		序号	指标	单位
1	经济贫困		1	贫困发生率(国家贫困线)	%
			2	贫困缺口指数(国家贫困线)	%
			3	平方贫困缺口指数(国家贫困线)	%
			4	贫困发生率(国际贫困线)	%
			5	贫困缺口指数(国际贫困线)	%
			6	平方贫困缺口指数(国际贫困线)	%
			7	收入基尼系数	%
			8	恩格尔系数	%
			9	人均社会商品零售总额▼	元
			10	失业率	%
			11	劳动力负担系数	%
2	人类贫困	教育贫困	12	文盲率	%
			13	初中以下教育程度人口比例	%
			14	人均公共教育经费指数▼	%
			15	人口平均受教育年限指数▼	%
			16	中小学校师生比指数▼	%
			17	高等教育毛入学率指数▼	%

续表

序号	维度		序号	指标	单位
2	人类贫困	健康贫困	18	婴儿死亡率	%
			19	孕产妇死亡率	%
			20	5岁以下儿童体重不足者比例	%
			21	新农合未覆盖率	%
			22	每万人拥有卫生机构床位数▼	个
			23	每万人拥有卫生技术人员数▼	人
			24	新型农村养老保险未覆盖率	%
			25	每千老人社会福利机构床位数▼	个
		住房贫困	26	农村住房未达标率	%
			27	自来水普及率▼	%
			28	卫生厕所普及率▼	%
			29	城市居民人均住房面积▼	平方米
			30	城乡居民人均年生活用电量▼	度
		交通贫困	31	农村非人力交通工具拥有率▼	%
			32	未通公路乡村占比	%
			33	每万人公共汽车拥有量(含农村公交)▼	辆
			34	农村主要道路硬化率▼	%
			35	城市人均道路面积▼	平方米
3	信息贫困		36	电视未普及率	%
			37	广播未普及率	%
			38	电话未普及率(含固定电话和移动电话)	%
			39	互联网用户比例▼	%
			40	人均邮电业务量▼	件
			41	村级图书室覆盖率(含网络端口)▼	%
			42	每万人图书馆数▼	个
4	生态贫困		43	生态脆弱区人口比例	%
			44	安全饮用水未覆盖率	%
			45	人均水资源拥有量▼	立方米
			46	人均耕地面积▼	亩
			47	人均森林拥有面积▼	公顷
			48	沙(石)漠化面积比例	%
			49	水旱灾害高发区域面积占比	%
			50	自然灾害发生率指数	%
			51	环保投入占财政支出比重▼	%

注:▼表示逆指标。

需要说明的是，在表 1 的测度指标体系中没有列出各贫困维度及各指标分别对应的权重。虽然，当前多维贫困测度实践中主要采用等权重方法（如王小林和 Alkire，2010；UNDP-MPI 体系），但也有学者批评等权重赋权法过于武断（蒋翠侠等，2011；郭建宇等，2012）。不过，Alkire 和 Foster（2011）在比较各种赋权法之后发现，AF 法对权重选择不敏感。[①] 在面向区域的多维贫困测度指标体系中，胡鞍钢等（2009，2010，2011）也采用等权重法，叶升初等（2011）则在村级多维贫困测度指标体系中应用模糊隶属度法来确定权重。本指标体系并不规定各维度、各指标对应权重的确定方法，研究者可以根据自己的需要选择合适的方法。

四　多维贫困测度指标体系的考核办法

为了使本测度指标体系具有可操作性，现将各指标的考核及计算方法列表说明，如表 2 所示。

表2　多维贫困评价体系指标考核办法

评价对象	二级指标	考核内容及计算方法
经济贫困	贫困发生率（国家贫困线）	该指标反映贫困发生的广度,为最基本的贫困衡量指标。计算公式为:贫困发生率＝贫困人口数(收入或支出低于国家贫困线人口)/总人口数。考核时查阅当地统计部门相关资料: A. 贫困发生率为对比区域平均水平的 1.2 倍以上 B. 贫困发生率为对比区域平均水平的 1～1.2 倍 C. 贫困发生率为对比区域平均水平的 1 倍以下
	贫困缺口指数（国家贫困线）	贫困缺口指数又称贫困缺口率,是对贫困深度的测度,取值范围为[0,1],值越大,表明贫困越严重。计算公式为:贫困缺口指数＝平均贫困缺口/贫困线(国家贫困线)。考核时查阅当地统计部门相关资料: A. 贫困缺口指数为对比区域平均水平的 1.2 倍以上 B. 贫困缺口指数为对比区域平均水平的 1～1.2 倍 C. 贫困缺口指数为对比区域平均水平的 1 倍以下

[①] 方迎风（2012）的研究则认为，多维贫困关于测度方法、权重较敏感，等权重下的 AF 多维贫困被 Betti & Verma 权重下的 AF 多维贫困指数、Betti & Verma 权重下的 TFR 多维贫困指数、Cheli & Lemmi 权重下的 TFR 多维贫困指数严格占优，指出应在不同阶段以及不同扶贫目标下慎重选择多维贫困指数构造的权重及加总方法。

续表

评价对象	二级指标	考核内容及计算方法
经济贫困	平方贫困缺口指数 (国家贫困线)	平方贫困缺口指数是衡量贫困深度的又一指标,在权数的分配上偏重于更加贫困的人口。计算公式为:平方贫困缺口指数 = 所有贫困线以下人口的贫困缺口率平方和/总人数。考核时查阅当地统计部门相关资料: A. 平方贫困缺口指数为对比区域平均水平的 1.2 倍以上 B. 平方贫困缺口指数为对比区域平均水平的 1~1.2 倍 C. 平方贫困缺口指数为对比区域平均水平的 1 倍以下
	贫困发生率 (国际贫困线)	该指标反映贫困发生的广度,为最基本的贫困衡量指标。计算公式为:贫困发生率 = 贫困人口数(收入或支出低于国际贫困线人口)/总人口数。考核时查阅当地统计部门相关资料: A. 贫困发生率为对比区域平均水平的 1.2 倍以上 B. 贫困发生率为对比区域平均水平的 1~1.2 倍 C. 贫困发生率为对比区域平均水平的 1 倍以下
	贫困缺口指数 (国际贫困线)	贫困缺口指数又称贫困缺口率,是对贫困深度的测度,取值范围为[0,1],值越大,表明贫困越严重。计算公式为:贫困缺口指数 = 平均贫困缺口/贫困线(国际贫困线)。考核时查阅当地统计部门相关资料: A. 贫困缺口指数为对比区域平均水平的 1.2 倍以上 B. 贫困缺口指数为对比区域平均水平的 1~1.2 倍 C. 贫困缺口指数为对比区域平均水平的 1 倍以下
	平方贫困缺口指数 (国际贫困线)	平方贫困缺口指数是衡量贫困深度的又一指标,在权数的分配上偏重于更加贫困的人口。计算公式为:平方贫困缺口指数 = 所有贫困线(国际贫困线)以下人口的贫困缺口率平方和/总人数。考核时查阅当地统计部门相关资料: A. 平方贫困缺口指数为对比区域平均水平的 1.2 倍以上 B. 平方贫困缺口指数为对比区域平均水平的 1~1.2 倍 C. 平方贫困缺口指数为对比区域平均水平的 1 倍以下
	收入基尼系数	该指数反映地区的收入不平等程度,其值介于 0~1 之间。计算公式为:$Gini = A/(A + B)$,其中,A 为实际收入分配曲线和收入分配绝对平等曲线之间的面积,B 为实际收入分配曲线右下方的面积。考核时查阅当地统计部门相关资料: A. 基尼系数高于对比区域平均水平 B. 基尼系数达到对比区域平均水平 C. 基尼系数低于对比区域平均水平
	恩格尔系数	该指标是国际上通用的衡量居民生活水平高低的一项重要指标,一般随居民家庭收入和生活水平的提高而下降。计算公式为:恩格尔系数 = 食物支出金额/总支出金额。考核时查阅当地统计部门相关资料: A. 恩格尔系数高于对比区域平均水平 B. 恩格尔系数达到对比区域平均水平 C. 恩格尔系数低于对比区域平均水平

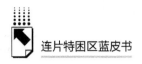

续表

评价对象	二级指标		考核内容及计算方法
经济贫困	人均社会商品零售总额▼		该指标是反映一定时期内人民物质文化生活水平高低的一项重要指标。考核时查阅当地统计部门相关资料: A. 人均社会商品零售总额低于对比区域平均水平 B. 人均社会商品零售总额达到对比区域平均水平 C. 人均社会商品零售总额高于对比区域平均水平
	失业率		该指标反映一定时期内全部劳动人口的就业情况,由于就业是收入的重要来源,故该指标也能一定程度地反映居民的收入水平。计算公式为:失业率=失业人数/(在业人数+失业人数)。考核时查阅当地统计部门相关资料: A. 失业率高于对比区域平均水平 B. 失业率达到对比区域平均水平 C. 失业率低于对比区域平均水平
	劳动力负担系数		劳动力负担系数是指家庭中不具备劳动能力的人口数与具备劳动能力且实际从事劳动的人口数之比,通常,劳动力负担系数大的家庭陷入贫困的可能性更高。计算公式为:劳动力负担系数=(14岁以下人口数+65岁以上人口数+14~65岁间丧失劳动能力的人口数)/15~64岁具备劳动能力且从事劳动的人口数。考核时查阅当地统计部门相关资料: A. 劳动力负担系数高于对比区域平均水平 B. 劳动力负担系数达到对比区域平均水平 C. 劳动力负担系数低于对比区域平均水平
人类贫困	教育贫困	文盲率	文盲率反映一个地区人们的受教育程度,指超过学龄期(12~15岁以上)年龄既不会读又不会写字的人在相应人口中所占比重。计算公式为:文盲率=12岁(或15岁)以上文盲人数/12岁(或15岁)以上总人口数×100%。考核时查阅当地统计部门相关资料: A. 文盲率为对比区域平均水平的1.2倍以上 B. 文盲率为对比区域平均水平的1~1.2倍 C. 文盲率为对比区域平均水平的1倍以下
		初中以下教育程度人口比例	该指标反映教育程度为初中以下的人口占总人口的比重。考核时查阅当地统计部门相关资料: A. 初中以下学历人口比例为对比区域平均水平的1.5倍以上 B. 初中以下学历人口比例为对比区域平均水平的1~1.5倍 C. 初中以下学历人口比例为对比区域平均水平的1倍以下
		人均公共教育经费指数▼	该指标反映考察区域与比较区域的人均公共教育经费之比,计算公式为:人均公共教育经费指数=考察区域人均公共教育经费/对比区域人均公共教育经费。考核时查阅当地统计部门相关资料: A. 人均公共教育经费指数为0.5以下 B. 人均公共教育经费指数为0.5~1 C. 人均公共教育经费指数大于1

续表

评价对象	二级指标	考核内容及计算方法
人类贫困	教育贫困	人口平均受教育年限指数▼	该指标反映考察区域与比较区域的人口平均受教育年限之比,计算公式为:人口平均受教育年限指数 = 考察区域人口平均受教育年限/对比区域人口平均受教育年限。考核时查阅当地统计部门相关资料: A. 人口平均受教育年限指数为 0.5 以下 B. 人口平均受教育年限指数为 0.5 ~ 1 C. 人口平均受教育年限指数大于 1
		中小学校师生比指数▼	该指标反映考察区域的教育软环境。计算公式为:中小学校师生比指数 = 考察区域中小学校师生比/对比区域中小学校师生比。考核时查阅当地统计部门相关资料: A. 中小学校师生比指数为 0.5 以下 B. 中小学校师生比指数为 0.5 ~ 1 C. 中小学校师生比指数大于 1
		高等教育毛入学率指数▼	该指标反映考察区域的教育质量和接受高等教育的机会。计算公式为:高等教育毛入学率指数 = 考察区域高等教育毛入学率/对比区域高等教育毛入学率。考核时查阅当地统计部门相关资料: A. 高等教育毛入学率指数为 0.5 以下 B. 高等教育毛入学率指数为 0.5 ~ 1 C. 高等教育毛入学率指数大于 1
	健康贫困	婴儿死亡率	婴儿死亡率指婴儿出生后不满周岁死亡人数同出生人数的比率,是反映某地区居民健康水平和经济社会发展水平的重要指标,特别是妇幼保健工作水平的重要指标。考核时查阅当地统计部门相关资料: A. 婴儿死亡率为对比区域平均水平的 1.5 倍以上 B. 婴儿死亡率为对比区域平均水平的 1 ~ 1.5 倍 C. 婴儿死亡率为对比区域平均水平的 1 倍以下
		孕产妇死亡率	孕产妇死亡率是指从妊娠开始到产后 42 天内,因各种原因(除意外事故外)造成的孕产妇死亡人数占相应人数的比率。该指标同样反映某地区居民健康水平、经济社会发展水平,特别是妇幼保健工作水平。考核时查阅当地统计部门相关资料: A. 孕产妇死亡率为对比区域平均水平的 1.5 倍以上 B. 孕产妇死亡率为对比区域平均水平的 1 ~ 1.5 倍 C. 孕产妇死亡率为对比区域平均水平的 1 倍以下
		5 岁以下儿童体重不足者比例	该指标反映某地区的居民营养和健康状况。计算公式为:5 岁以下儿童体重不足者比例 = 5 岁以下儿童体重不足者人数/5 岁以下儿童总人数。考核时查阅当地统计部门相关资料: A. 5 岁以下儿童体重不足者比例为对比区域平均水平的 1.5 倍以上 B. 5 岁以下儿童体重不足者比例为对比区域平均水平的 1 ~ 1.5 倍 C. 5 岁以下儿童体重不足者比例为对比区域平均水平的 1 倍以下

连片特困区蓝皮书

续表

评价对象	二级指标	考核内容及计算方法
人类贫困	健康贫困	农村合作医疗是由我国农民自己创造的互助共济的医疗保障制度,在保障农民获得基本卫生服务、缓解农民因病致贫和因病返贫方面发挥了重要的作用。新农合未覆盖率指某区域没有参与新农村合作医疗保险农民人数所占比率。考核时查阅当地统计部门相关资料: A. 新农合未覆盖率为对比区域平均水平的1.5倍以上 B. 新农合未覆盖率为对比区域平均水平的1~1.5倍 C. 新农合未覆盖率为对比区域平均水平的1倍以下
		新农合未覆盖率
		该指标反映所在区域卫生基础设施状况。考核时查阅当地统计部门相关资料: A. 每万人拥有卫生机构床位数为对比区域平均水平的0.5倍以下 B. 每万人拥有卫生机构床位数为对比区域平均水平的0.5~1倍 C. 每万人拥有卫生机构床位数为对比区域平均水平的1倍以上
		每万人拥有卫生机构床位数▼
		该指标反映所在区域医疗卫生质量状况。考核时查阅当地统计部门相关资料: A. 每万人拥有卫生技术人员数为对比区域平均水平的0.5倍以下 B. 每万人拥有卫生技术人员数为对比区域平均水平的0.5~1倍 C. 每万人拥有卫生技术人员数为对比区域平均水平的1倍以上
		每万人拥有卫生技术人员数▼
		该指标指反映所在区域的社会基本保障状况。计算方法为所在区域内没有参与新型农村养老保险的农民人数除以相应的总人数。考核时查阅当地统计部门相关资料: A. 新型农村养老保险未覆盖率为对比区域平均水平的1.5倍以上 B. 新型农村养老保险未覆盖率为对比区域平均水平的1~1.5倍 C. 新型农村养老保险未覆盖率为对比区域平均水平的1倍以下
		新型农村养老保险未覆盖率
		该指标反映所在区域的社会福利设施状况。考核时查阅当地统计部门相关资料: A. 每千老人社会福利机构床位数为对比区域平均水平的0.5倍以下 B. 每千老人社会福利机构床位数为对比区域平均水平的0.5~1倍 C. 每千老人社会福利机构床位数为对比区域平均水平的1倍以上
		每千老人社会福利机构床位数▼
	住房贫困	该指标反映农村居民住房的整体条件。具备如下四个条件之一的住房为未达标住房。四个条件分别是:地板是泥土;房顶材料是纸质或废弃材料;墙体材料是泥浆混合物、芦苇、纸板、金属或其他废弃材料;每个房间居住人数不低于2.5人。计算公式:农村住房未达标率 = 未达标住房数/住房总数。考核时查阅当地统计部门相关资料: A. 农村住房未达标率为对比区域平均水平的1.5倍以上 B. 农村住房未达标率为对比区域平均水平的1~1.5倍 C. 农村住房未达标率为对比区域平均水平的1倍以下
		农村住房未达标率

续表

评价对象	二级指标	考核内容及计算方法
人类贫困	住房贫困	**自来水普及率▼** 该指标反映所在区域居民住房用水便利性状况。考核时查阅当地统计部门相关资料： A. 自来水普及率为对比区域平均水平的 0.5 倍以下 B. 自来水普及率为对比区域平均水平的 0.5~1 倍 C. 自来水普及率为对比区域平均水平的 1 倍以上
		卫生厕所普及率▼ 该指标是反映所在区域居民的卫生设施状况的国际通用指标。考核时查阅当地统计部门相关资料： A. 农村卫生厕所普及率为对比区域平均水平的 0.5 倍以下 B. 农村卫生厕所普及率为对比区域平均水平的 0.5~1 倍 C. 农村卫生厕所普及率为对比区域平均水平的 1 倍以上
		城市居民人均住房面积▼ 该指标是衡量城市居民住房条件的重要指标之一。考核时查阅当地统计部门相关资料： A. 城市居民人均住房面积为对比区域平均水平的 0.5 倍以下 B. 城市居民人均住房面积为对比区域平均水平的 0.5~1 倍 C. 城市居民人均住房面积为对比区域平均水平的 1 倍以上
	交通贫困	**城乡居民人均年生活用电量▼** 该指标反映居民家庭电器设备的拥有和使用状况。考核时查阅当地统计部门相关资料： A. 城乡居民人均年生活用电量为对比区域平均水平的 0.5 倍以下 B. 城乡居民人均年生活用电量为对比区域平均水平的 0.5~1 倍 C. 城乡居民人均年生活用电量为对比区域平均水平的 1 倍以上
		农村非人力交通工具拥有率▼ 该指标反映农村居民交通工具拥有状况，其中，非人力交通工具主要包括摩托车、电动车以及汽车等机动车辆。考核时查阅当地统计部门相关资料： A. 农村非人力交通工具拥有率为对比区域平均水平的 0.5 倍以下 B. 农村非人力交通工具拥有率为对比区域平均水平的 0.5~1 倍 C. 农村非人力交通工具拥有率为对比区域平均水平的 1 倍以上
		未通公路乡村占比 该指标反映农村交通基础设施普及状况。考核时查阅当地统计部门相关资料： A. 未通公路乡村占比为对比区域平均水平的 1.5 倍以上 B. 未通公路乡村占比为对比区域平均水平的 1~1.5 倍 C. 未通公路乡村占比为对比区域平均水平的 1 倍以下
		每万人公共汽车拥有量（含农村公交）▼ 该指标反映公共交通设施状况。考核时查阅当地统计部门相关资料： A. 每万人公共汽车拥有量为对比区域平均水平的 0.5 倍以下 B. 每万人公共汽车拥有量为对比区域平均水平的 0.5~1 倍 C. 每万人公共汽车拥有量为对比区域平均水平的 1 倍以上

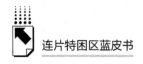

连片特困区蓝皮书

续表

评价对象	二级指标		考核内容及计算方法
人类贫困	交通贫困	农村主要道路硬化率▼	该指标反映农村交通基础设施的质量状况。考核时查阅当地统计部门相关资料: A. 农村主要道路硬化率为对比区域平均水平的 0.5 倍以下 B. 农村主要道路硬化率为对比区域平均水平的 0.5~1 倍 C. 农村主要道路硬化率为对比区域平均水平的 1 倍以上
		城市人均道路面积▼	该指标反映城市交通基础设施状况。考核时查阅当地统计部门相关资料: A. 城市人均道路面积为对比区域平均水平的 0.5 倍以下 B. 城市人均道路面积为对比区域平均水平的 0.5~1 倍 C. 城市人均道路面积为对比区域平均水平的 1 倍以上
信息贫困	电视未普及率		电视是农村重要的信息接收渠道,因而电视未普及程度在一定程度上反映了农村的信息贫困状况。计算公式为:电视未普及率 = 没有电视的家庭数/相应区域家庭总数。考核时查阅当地统计部门相关资料: A. 电视未普及率为对比区域平均水平的 1.5 倍以上 B. 电视未普及率为对比区域平均水平的 1~1.5 倍 C. 电视未普及率为对比区域平均水平的 1 倍以下
	广播未普及率		广播是农村传达和接收信息的重要工具,因而该指标也能在一定程度上反映农村的信息贫困状况。计算公式为:广播未普及率 = 没有安装广播的乡村数/相应区域乡村总数。考核时查阅当地统计部门相关资料: A. 广播未普及率为对比区域平均水平的 1.5 倍以上 B. 广播未普及率为对比区域平均水平的 1~1.5 倍 C. 广播未普及率为对比区域平均水平的 1 倍以下
	电话未普及率(含固定电话和移动电话)		电话作为最基本的现代通讯工具,其未普及程度直接反映了所在区域居民的信息贫困程度。计算公式为:电话未普及率 = 不拥有固定电话或移动电话的人数/相应区域总人数。考核时查阅当地统计部门相关资料: A. 电话未普及率为对比区域平均水平的 1.5 倍以上 B. 电话未普及率为对比区域平均水平的 1~1.5 倍 C. 电话未普及率为对比区域平均水平的 1 倍以下
	互联网用户比例▼		互联网是当前最全面和最高效的现代信息搜索、交流平台。互联网用户比例能有效反映所在区域的信息发达程度。计算公式为:互联网用户比例 = 互联网使用家庭数/相应区域家庭总数。考核时查阅当地统计部门相关资料: A. 互联网用户比例为对比区域平均水平的 0.5 倍以下 B. 互联网用户比例为对比区域平均水平的 0.5~1 倍 C. 互联网用户比例为对比区域平均水平的 1 倍以上

评价对象	二级指标	考核内容及计算方法
信息贫困	人均邮电业务量▼	邮电部门作为传统的信息交流载体,其业务量也能在一定程度上反映所在区域的信息交流密度。因而,人均邮电业务量也是重要的信息贫困衡量指标。考核时查阅当地统计部门相关资料: A. 人均邮电业务量为对比区域平均水平的 0.5 倍以下 B. 人均邮电业务量为对比区域平均水平的 0.5 ~ 1 倍 C. 人均邮电业务量为对比区域平均水平的 1 倍以上
	村级图书室覆盖率(含网络端口)▼	村级图书室是农村居民获取知识、信息的重要平台。该指标在一定程度上反映了农村的信息介入性。计算公式为:村级图书室覆盖率 = 建有村级图书室的乡村数/所在区域乡村总数。考核时查阅当地统计部门相关资料: A. 村级图书室覆盖率为对比区域平均水平的 0.5 倍以下 B. 村级图书室覆盖率为对比区域平均水平的 0.5 ~ 1 倍 C. 村级图书室覆盖率为对比区域平均水平的 1 倍以上
	每万人图书馆数▼	图书馆作为重要的文化和信息设施,每万人均拥有量反映了居民信息获取的便利性。考核时查阅当地统计部门相关资料: A. 每万人图书馆数为对比区域平均水平的 0.5 倍以下 B. 每万人图书馆数为对比区域平均水平的 0.5 ~ 1 倍 C. 每万人图书馆数为对比区域平均水平的 1 倍以上
生态贫困	生态脆弱区人口比例	生态脆弱区人口比例指考察区域内生活在生态脆弱区的人口占总人口的比重。该指标反映了所在区域居民的生态压力。考核时查阅当地统计部门相关资料: A. 生态脆弱区人口比例为对比区域平均水平的 1.5 倍以上 B. 生态脆弱区人口比例为对比区域平均水平的 1 ~ 1.5 倍 C. 生态脆弱区人口比例为对比区域平均水平的 1 倍以下
	安全饮用水未覆盖率	饮用水水源不是来自深度大于 5 米的地下水或水厂的家庭的比例即安全饮用水未覆盖率。该指标反映了居民的饮水贫困状况。考核时查阅当地统计部门相关资料: A. 安全饮用水未覆盖率为对比区域平均水平的 1.5 倍以上 B. 安全饮用水未覆盖率为对比区域平均水平的 1 ~ 1.5 倍 C. 安全饮用水未覆盖率为对比区域平均水平的 1 倍以下
	人均水资源拥有量▼	该指标反映所考察区域居民的水资源贫困状况。考核时查阅当地统计部门相关资料: A. 人均水资源拥有量为对比区域平均水平的 0.5 倍以下 B. 人均水资源拥有量为对比区域平均水平的 0.5 ~ 1 倍 C. 人均水资源拥有量为对比区域平均水平的 1 倍以上
	人均耕地面积▼	耕地是农村居民最重要的物质生计资本,人均耕地面积偏低通常与贫困高度相关。考核时查阅当地统计部门相关资料: A. 人均耕地面积为对比区域平均水平的 0.5 倍以下 B. 人均耕地面积为对比区域平均水平的 0.5 ~ 1 倍 C. 人均耕地面积为对比区域平均水平的 1 倍以上

续表

评价对象	二级指标	考核内容及计算方法
生态贫困	人均森林拥有面积▼	森林覆盖率是衡量生态环境好坏的重要指标之一,人均森林拥有面积在一定程度上反映了生态贫困的状况。考核时查阅当地统计部门相关资料: A. 人均森林拥有面积为对比区域平均水平的0.5倍以下 B. 人均森林拥有面积为对比区域平均水平的0.5~1倍 C. 人均森林拥有面积为对比区域平均水平的1倍以上
	沙(石)漠化面积比例	沙(石)漠化是生态恶化、生态贫困的重要表现,沙(石)漠化面积比例指所考察区域内沙(石)漠化面积占整个区域面积的比例。考核时查阅当地统计部门相关资料: A. 沙(石)漠化面积比例为对比区域平均水平的1.5倍以上 B. 沙(石)漠化面积比例为对比区域平均水平的1~1.5倍 C. 沙(石)漠化面积比例为对比区域平均水平的1倍以下
	水旱灾害高发区域面积占比	该指标反映所考察区域内水旱灾害的影响面,计算公式为:水旱灾害高发区域面积占比=水旱灾害高发区面积/区域总面积。考核时查阅当地统计部门相关资料: A. 水旱灾害高发区域面积占比为对比区域平均水平的1.5倍以上 B. 水旱灾害高发区域面积占比为对比区域平均水平的1~1.5倍 C. 水旱灾害高发区域面积占比为对比区域平均水平的1倍以下
	自然灾害发生率指数	该指标反映的是所考察区域遭受自然灾害的频繁程度,计算公式为:自然灾害发生率指数=所考察区域自然灾害发生频次/对比区域自然灾害发生频次。考核时查阅当地统计部门相关资料: A. 自然灾害发生率指数大于1.5倍 B. 自然灾害发生率指数处于1~1.5倍 C. 自然灾害发生率指数小于1倍
	环保投入占财政支出比重▼	该指标反映所考察区域对生态和环境保护的投入状况,通常环保投入大,生态环境得到改善。考核时查阅当地统计部门相关资料: A. 环保投入占财政支出比重为对比区域平均水平的0.5倍以下 B. 环保投入占财政支出比重为对比区域平均水平的0.5~1倍 C. 环保投入占财政支出比重为对比区域平均水平的1倍以上

注:表中,符合A项得1分;B项得0.5分;C项得0分。

五　结论与展望

分布在"老、少、边、山"区的连片特困区不仅经济贫困,而且教育落后、信息闭塞、生态脆弱，不仅贫困广度宽，而且贫困强度深。全面把握连片特困区的贫困特征，需要从多维和时空演化的视角进行定量测度、深度剖析。但由于连片特困区信息统计机制不健全、统计资料较缺乏，当前国际上应用较为广泛的多维贫困测度指标体系（如 UNDP-MPI）并不适用，而且，区域性贫困也要求多维贫困测度应更关注区域而不只是个体或家庭。因而，构建科学合理且适用于连片特困区的多维贫困测度指标体系十分必要。本书在回顾国际多维贫困测度实践、比较主要多维贫困测度指标体系的基础上，构建了包含经济贫困、人类贫困、信息贫困和生态贫困 4 个维度共 51 个指标的连片特困区多维贫困测度指标体系，并对各指标的考核办法进行了详细说明，为下一步定量测度连片特困区多维贫困奠定了基础。

虽然本测度指标体系是在深入访谈相关领域专家、政府部门（扶贫办、国家调查队）和企事业相关负责人的基础上，经过课题组团队成员反复斟酌、修订而构建的，但仍难免挂一漏万。特别是连片特困区相关统计信息缺乏对测度指标体系的构建和部分指标的考核造成了障碍。为了克服这一障碍，本测度指标体系基于贫困的相对性特征采用了对比打分法。这一方法一方面降低数据的精确性要求，另一方面也在一定程度上牺牲了贫困测度的敏感性。但从现实可行性来看，这一折中处理是比较合理的。不过，完善连片特困区的信息统计资料，加强区域多维贫困相关指标的监控应成为连片特困区各地统计部门、研究机构下一步工作的重点。

Constructing Multidimensional Poverty Measurement Indicator System of China Contiguous Destitute Areas

Ding Jianjun Huang Liwen

Abstract：The reality that contiguous destitute areas are in the regional poverty stage and the statistical information lag makes more common multidimensional poverty

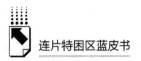

measurement indicator system not be suit for the contiguous destitute areas. After reviewing the major multidimensional poverty measurement indicator systems, this paper constructed a contiguous destitute area multidimensional poverty measurement indicator system which including 51 indicators that explain the economic poverty, human poverty, information poverty and ecological poverty, lastly, carried out a detailed description of the assessment methods of the indicators.

Key Words: The Contiguous Destitute Area; Multidimensional Poverty; Measurement; Indicator System; Assessment

B.3
连片特困区自我发展能力评价指标体系构建

冷志明*

摘　要：

　　客观评价连片特困区的自我发展能力需要一套科学合理、现实可行的评价指标体系。基于此，本文尝试性构建涵盖产业、市场、空间自我发展能力和自我发展软实力4个能力子系统、13个一级指标和62个二级指标的连片特困区自我发展能力评价指标体系，并对各指标的考核办法进行了详细说明。

关键词：

　　连片特困区　区域自我发展能力　评价指标体系　考核

一　引言

　　2010年7月，国家西部大开发工作会议强调"今后10年是深入推进西部大开发承前启后的关键时期，新形势下深入实施西部大开发战略，必须以增强自我发展能力为主线"。《中国农村扶贫开发纲要（2011~2020）》进一步确定了六盘山区、秦巴山区、武陵山区等11个连片特困地区和已明确实施特殊政策的西藏、四省藏区、新疆南疆3地州作为扶贫攻坚的主战场，并指出要"以扶贫开发促进区域发展，以区域发展带动扶贫开发"。可见，无论是西部

* 基金项目：教育部"新世纪优秀人才支持计划"基金项目、国家社科基金项目（12CJL069）、教育部人文社科基金项目（11YJA790070）、教育部人文社科基金项目（12YJC790204）、湖南省重点社科基金项目（11ZDB072）和国家发改委项目"新时期集中连片特困区扶贫思路及对策研究"（2012 - 30 - 13）。

地区还是集中连片特困区，未来 10 年最重要的使命都是自我发展能力的构建。同时，强调上述地区自我发展能力构建也是国家新 10 年实施区域协调发展战略的重要切入点和着力点，也标志着中央政府寄希望于西部地区、集中连片特困区在新的 10 年中实现由以输血为主的外源式发展（输血式扶贫）向以造血为主的内生型发展道路（造血式减贫）转变。考虑到大部分集中连片特困区都处于西部地区，而且集中连片特困区的自我发展能力更为薄弱，构建自我发展能力的任务更为艰巨，因而，准确把握集中连片特困区自我发展能力的现状，探索其演变规律，对加快集中连片特困区乃至整个西部地区自我发展能力构建都具有重要的意义。判断一个地区自我发展能力的高低，需要一个科学、合理的评价标准。因此，建立一套既符合连片特困区特殊区情，又具有可比性和前瞻性，能客观反映地区自我发展能力的评价指标体系，引导连片特困区政府树立科学的发展观，准确把握自我发展能力的内涵，自觉构建区域自我发展能力，提升扶贫攻坚效率，显得非常重要和紧迫。

二 连片特困区自我发展能力评价指标体系构建原则

目前，区域自我发展能力评价指标体系构建研究还十分有限。成学真等（2010）、郑长德（2011）进行了初步的探讨。不过，他们的研究都不针对连片特困区，而且，前者的 5 个子系统及部分指标的选择值得商榷，后者则仅仅采用人口平均受教育年限、人口平均预期寿命、总资产贡献率、一般预算收支比、综合科技进步指数 5 个综合性指标，难以真实反映区域的自我发展能力。事实上，区域自我发展能力是一个复杂的能力系统，具有综合性、相对性、动态性和开放性等特征。而且，作为连片特困区而言，其经济社会发展有着自身的客观规律，同时，连片特困区是国家未来 10 年扶贫攻坚的主战场，对其自我发展能力的评价应能为国家相关政策的制定、实施提供有效的决策依据及建设性建议。因此，连片特困区自我发展能力评价指标体系构建应遵循以下原则。

（1）目的性原则。连片特困区自我发展能力评价的主要目的在于客观反映连片特困区及其内部县市离实现自我发展的差距有多大，以及主要差距在哪里，为国家在连片特困区区域发展与扶贫攻坚中有的放矢地进行造血式扶贫提供参考。因而，在指标选择时应以这一目标为导向，确定指标的名称、含义及口径范围。

（2）综合性原则。区域自我发展能力是一个综合的能力系统，包括产业、市场、空间自我发展能力和自我发展软实力四个子系统，而且各个子系统相互联系、相互影响。因此，在构建自我发展能力评价指标体系时要将区域自我发展能力视为不可分割的有机整体，从而系统、全面地表达提升连片特困区自我发展能力的主题和本质特征。

（3）可比性原则。区域自我发展能力本身具有相对性和动态性特征，时空比较客观要求评价指标体系具有可比性，具体表现在两个方面：一是在指标的口径、内涵上具有可比性；二是在不同的时间和空间范围内具有可比性。只有可比的评价指标，才能提供准确的信息资料，才能通过比较分析得出连片特困区自我发展能力不足的具体表现。

（4）可操作性原则。指标的选择与建立虽然必须以理论为基础，但又要考虑实践的可行性，是理论和实践相结合的产物。前文中区域自我发展能力的理论分析表明，区域自我发展能力是一个复杂的能力系统。对于连片特困区而言，部分统计信息资料特别是准确的信息资料还很缺乏，因此，现实资料的可获取性是该指标体系构建的最大制约因素。不过，本文基于区域自我发展能力具有相对性这一特征，采用与对比区域进行比较进而确定得分的方法在很大程度上减少了资料缺乏的限制，提升了指标体系的可操作性。①

（5）简明实用性原则。指标体系构建必须对指标的全面性和指标体系的实用性进行权衡。一方面，指标选择应该反映区域自我发展能力各个子系统的大部分信息，否则，所得到的评价结果不可信；另一方面，指标选择又不能面面俱到，否则指标信息重复、指标体系过于繁杂，不便操作，大大降低指标体系的实用性。因而，在指标选择时需要反复斟酌、筛选，做到尽可能采用容易获得的、综合的、信息量大的指标。

---

① 该方法借鉴了陈立新、艾医卫《县域民生考核评价指标体系研究》（载朱有志等主编《湖南县域发展报告》，2012，第31~52页）一文中的指标考核办法。

三　连片特困区自我发展能力评价指标体系基本框架

遵循上述区域自我发展能力评价指标体系构建原则，结合连片特困区的实际情况（包括经济社会发展状况、目标以及现有统计信息资料等），在对相关高校专家和政府、企业等部门进行问卷调查、深度访谈的基础上，确定了连片特困区自我发展能力评价指标体系（见表1）。该指标体系由4个子系统，13个一级指标和62个二级指标构成。下面，对4个子系统各一级指标的立意及其依据的二级测量指标加以说明。

表1　连片特困区自我发展能力评价指标体系

序号	子系统	序号	一级指标	序号	二级指标	单位
1	产业自我发展能力	1	产业结构	1	第二产业占 GDP 比重	%
				2	第三产业占 GDP 比重	%
				3	第二、三产业的 GDP 占比	%
				4	产业结构偏离度▼	%
		2	产业经济效益	5	第一产业劳动生产率	%
				6	第二产业劳动生产率	%
				7	第三产业劳动生产率	%
				8	全要素生产率	%
				9	规模以上工业增加值增速	%
				10	非公企业占规模以上工业总产值比重	%
		3	产业能耗	11	单位地区生产总值能耗▼	吨煤/万元
				12	单位工业增加值能耗▼	吨煤/万元
		4	产业竞争潜力	13	每万人年新建企业数	个
				14	产业集群发展指数	个
				15	主导产业与资源禀赋的契合度	—
				16	产业品牌指数	—
				17	高新技术产业产值占比	%
2	市场自我发展能力	5	市场容量	18	人均 GDP	元
				19	人口规模	人
				20	人均社会零售商品消费额	元
				21	城镇人均可支配收入	元
				22	农村人均年纯收入	元
				23	城镇居民恩格尔系数▼	%
				24	农村居民恩格尔系数▼	%
				25	人均储蓄额	元
				26	城乡居民收入比▼	%

续表

序号	子系统	序号	一级指标	序号	二级指标	单位
2	市场自我发展能力	6	市场化进程	27	市场化指数	—
				28	市场开放度指数	—
				29	市场基础设施完善度	—
				30	专业化市场与电子商务平台建设	—
3	空间自我发展能力	7	城市化	31	城镇化率	%
				32	中心城市等级(在所在区域城市体系的相对地位)	—
				33	中心城市功能齐备性	—
				34	城镇专业化指数	—
		8	交通通达性	35	高速公路密度	千米
				36	二级公路密度	千米
				37	铁路密度	千米
				38	交通地位(枢纽节点等级)	—
		9	区位条件	39	离区域中心城市的时间距离▼	小时
				40	与区域内主要城市的加总距离▼	千米
				41	适宜开发土地面积占比	%
				42	环境承载力(生态脆弱性)	—
				43	气候适宜度	—
4	自我发展软实力	10	教育与科技	44	教育支出占 GDP 比重	%
				45	每万人高中以上教育机构数量(含高中、中专)	个
				46	科技经费支出占 GDP 的比重	%
				47	每万人 R&D 人员数量	人
				48	每万人研究机构数量	个
		11	社会服务	49	社会保障和就业支出占 GDP 比重	%
				50	医疗卫生支出占 GDP 比重	%
				51	环境保护支出占 GDP 比重	%
				52	财政自给能力指数	—
				53	行政效率	—
				54	行政服务便利性	—
		12	金融服务	55	人均全部金融机构存贷款总额	元
				56	金融网点分布密度	个
				57	中小商业银行入驻率	%
				58	银行存贷比▼	%
				59	保险深度	%
				60	保险密度	元
		13	区域影响力	61	知名度	—
				62	美誉度	—

注:▼表示逆指标。

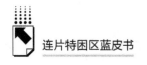

1. 产业自我发展能力子系统

该子系统由 4 个一级指标和 17 个二级指标构成。其中，产业结构、产业经济效益、产业能耗和产业竞争潜力为 4 个一级指标。产业结构指标主要揭示产业结构的合理化和高度化程度，下设 4 个二级指标，分别是第二产业占 GDP 比重、第三产业占 GDP 比重、第二、三产业占 GDP 比重和产业结构偏离度；产业经济效益则从产业的获利能力角度反映产业的自我发展能力，包括第一、二、三产业劳动生产率、全要素生产率、规模以上工业增加值增速、非公企业占规模以上工业总产值比重等 6 个二级指标；产业能耗主要从产业的能源消耗程度、可持续发展程度来反映产业的自我发展能力，下设 2 个二级指标，分别是单位地区生产总值能耗和单位工业增加值能耗；产业竞争潜力反映的产业相对于其他区域产业的竞争优势及其潜力，是产业自我发展能力的一个前瞻性指标，具体涵盖每万人年新建企业数、产业集群发展指数、主导产业与资源禀赋的契合度、产业品牌指数、高新技术产业产值占比等 5 个二级指标。

2. 市场自我发展能力子系统

该子系统由 2 个一级指标和 13 个二级指标构成。其中，一级指标市场容量从市场规模的角度反映市场自我发展能力。下设 9 个二级指标，分别是：人均 GDP、人口规模、人均社会零售商品消费额、城镇人均可支配收入、农村人均年纯收入、城镇居民恩格尔系数、农村居民恩格尔系数、人均储蓄额、城乡居民收入比；一级指标市场化进程则从社会分工和商品经济发展水平的角度反映市场自我发展能力，具体包括市场化指数、市场开放度指数、市场基础设施完善度、专业化市场与电子商务平台建设 4 个二级别指标。

3. 空间自我发展能力子系统

该子系统由 3 个一级指标和 13 个二级指标构成。3 个一级指标分别为：城市化、交通通达性和区位条件。其中，城市化主要从经济、人口以及要素的空间集中程度视角反映空间自我发展能力，具体包括 4 个二级指标，即城镇化率、中心城市等级、中心城市功能齐备性以及城镇专业化指数；交通通达性指标下设 4 个二级指标，分别是高速公路密度、二级公路密度、铁路密度和交通地位（枢纽节点等级）。这些指标从区域空间网络的视角揭示空间自我发展能力，区位条件则从土地、环境、气候等自然条件的角度反映空间自我发展能力，具体包括离区域中心城市的时间距离、与区域内主要城市的加总距离、适宜开发土地面积占比、环境承载力（生态脆弱性）和气候舒适度等5个二级指标。

4. 自我发展软实力子系统

该子系统由4个一级指标和19项二级指标构成。4个一级指标分别是：教育与科技、社会服务、金融服务和区域影响力。其中，教育与科技主要从人力资本、知识文化的视角反映区域自我发展软实力，该指标下设教育支出占GDP比重、每万人高中以上教育机构数量、科技经费支出占GDP的比重、每万人R&D人员数量、每万人研究机构数量等5个二级指标。社会服务则从政府服务以及社会环境的视角揭示区域自我发展软实力，具体包括社会保障和就业支出占GDP比重、医疗卫生支出占GDP比重、环境保护支出占GDP比重、财政自给能力指数、行政效率和行政服务便利性等5项二级指标。金融服务列为一级指标，主要是凸显金融发展在现代区域发展中的重要作用，下设人均全部金融机构存贷款总额、金融网点分布密度、中小商业银行入驻率、银行存贷比、保险深度和保险密度等6项二级指标。区域影响力则从综合声誉的角度反映区域自我发展软实力，下设知名度和美誉度2个二级指标。

需要说明的是，在表1的评价指标体系中没有列出各一级指标、二级指标分别对应的权重，研究者可以根据自己的需要选择合适的权重确定方法。

四 自我发展能力评价指标体系的考核办法

为了使本评价体系具有可操作性，现将各指标的考核及计算方法列表说明，如表2所示。

表2 区域自我发展能力评价体系的指标考核办法

评价对象	二级指标		考核内容及计算方法
产业自我发展能力	产业结构	第二产业占GDP比重	第二产业占比是反映工业化进程的重要指标,考核时查阅当地统计部门相关资料: A. 第二产业比重为50%以上 B. 第二产业比重为30%～50% C. 第二产业比重低于30%

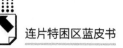

评价对象	二级指标	考核内容及计算方法
产业自我发展能力	产业结构	第三产业占 GDP 比重	第三产业的发展对其他产业,尤其是第二产业的发展有重要的促进作用,第三产业(特别是生产性服务业)的发展程度反映了所在区域产业发展的自生能力。考核时查阅当地统计部门相关资料: A. 第三产业比重为50%以上 B. 第三产业比重为30% ~50% C. 第三产业比重低于30%
		二、三产业的 GDP 占比	二、三产业占比是产业结构高度化的重要衡量指标。考核时查阅当地统计部门相关资料: A. 二、三产业比重为80%以上 B. 二、三产业比重为60% ~80% C. 二、三产业比重低于60%
		产业结构偏离度▼	该指标反映所在区域产业结构的合理性,由某一产业的就业比重与增加值比重之差来计算。一般来说,产业结构偏离度与劳动生产率成反比,即产业结构偏离度越高,劳动生产率越低,产业结构越不合理。考核时查阅当地统计部门相关资料: A. 产业结构偏离度低于对比区域 B. 产业结构偏离度约等于对比区域 C. 产业结构偏离度高于对比区域
	产业经济效益	第一产业劳动生产率	该指标反映第一产业的经济效益。计算公式为:第一产业劳动生产率 = 第一产业总产值/第一产业总就业人数。考核时查阅当地统计部门相关资料: A. 第一产业劳动生产率为对比区域的1.2倍以上 B. 第一产业劳动生产率为对比区域的1 ~1.2倍 C. 第一产业劳动生产率为对比区域的1倍以下
		第二产业劳动生产率	该指标反映第二产业的经济效益。计算公式为:第二产业劳动生产率 = 第二产业总产值/第二产业总就业人数。考核时查阅当地统计部门相关资料: A. 第二产业劳动生产率为对比区域的1.2倍以上 B. 第二产业劳动生产率为对比区域的1 ~1.2倍 C. 第二产业劳动生产率为对比区域的1倍以下
		第三产业劳动生产率	该指标反映第三产业的经济效益。计算公式为:第三产业劳动生产率 = 第三产业总产值/第三产业总就业人数。考核时查阅当地统计部门相关资料: A. 第三产业劳动生产率为对比区域的1.2倍以上 B. 第三产业劳动生产率为对比区域的1 ~1.2倍 C. 第三产业劳动生产率为对比区域的1倍以下

续表

评价对象	二级指标	考核内容及计算方法
产业自我发展能力	产业经济效益	全要素生产率	全要素生产率是衡量单位总投入的总产量的生产率指标,它为产出增长率超出要素投入增长率的部分。考核时查阅当地统计部门相关资料: A. 全要素生产率高于对比区域 B. 全要素生产率约等于对比区域 C. 全要素生产率明显低于对比区域
		规模以上工业增加值增速	该指标反映所在区域企业生产过程中新增加价值的增长速度。考核时查阅当地统计部门相关资料: A. 规模以上工业增加值增速高于对比区域 B. 规模以上工业增加值增速约等于对比区域 C. 规模以上工业增加值增速明显低于对比区域
		规模以上工业产值中非公企业产值比重	非公企业对盈利性更为敏感,规模以上工业产值中非公企业产值比重越高,通常意味着产业经济效益越高。考核时查阅当地统计部门相关资料: A. 规模以上工业产值中非公企业产值比重高于对比区域 B. 规模以上工业产值中非公企业产值比重约等于对比区域 C. 规模以上工业产值中非公企业产值比重明显低于对比区域
	产业能耗	单位地区生产总值能耗▼	该指标是衡量一个地区能耗水平的综合指标,通常以万元 GDP 消耗的能源(折算为标准煤)来计算。考核时查阅当地统计部门相关资料: A. 单位地区生产总值能耗低于对比区域 B. 单位地区生产总值能耗约等于对比区域 C. 单位地区生产总值能耗高于对比区域
		单位工业增加值能耗▼	该指标主要反映工业行业的能耗水平,计算公式为:单位工业增加值能耗 = 能源消耗总量(吨标准煤)/工业增加值(万元)。考核时查阅当地统计部门相关资料: A. 单位工业增加值能耗低于对比区域 B. 单位工业增加值能耗约等于对比区域 C. 单位工业增加值能耗高于对比区域
	产业竞争潜力	每万人年新建企业数	该指标反映所在区域产业发展活力。考核时查阅当地统计部门相关资料: A. 每万人年新建企业数高于对比区域 B. 每万人年新建企业数约等于对比区域 C. 每万人年新建企业数低于对比区域

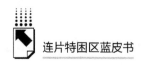

续表

评价对象	二级指标	考核内容及计算方法
产业自我发展能力	产业竞争潜力	**产业集群发展指数** 该指标反映所在区域产业集聚、集群发展的程度,通常集聚程度越高,规模经济越明显,产业竞争力越强。计算公式为:产业集群发展指数 = 产业集群数目 * 平均产业集群规模(产值)/GDP。考核时查阅当地统计部门相关资料: A. 产业集群发展指数高于对比区域 B. 产业集群发展指数约等于对比区域 C. 产业集群发展指数低于对比区域
		主导产业与资源禀赋的契合度 该指标反映所在区域主导产业发展的自生能力和可持续性,考核时比较所在区域主导产业与其资源禀赋的契合度: A. 完全契合(所有主导产业都符合当地的资源禀赋条件) B. 基本契合(50% 以上的主导产业符合当地的资源禀赋条件) C. 基本不契合(50% 以上的主导产业不符合当地的资源禀赋条件)
		产业品牌指数 该指标反映所在区域产品和产业的知名度和美誉度,计算公式为:产业品牌指数 = 品牌数目(省级以上名牌、注册商标和地理标记)/规模以上企业总数。考核时查阅当地统计部门相关资料: A. 产业品牌指数高于对比区域 B. 产业品牌指数约等于对比区域 C. 产业品牌指数低于对比区域
		高新技术产业产值占比 该指标反映所在区域产业的高新技术含量水平,计算公式为:高技术产业产值规模占比 = 高新技术产业产值/GDP。考核时查阅当地统计部门相关资料: A. 高技术产业产值占比高于对比区域 B. 高技术产业产值占比约等于对比区域 C. 高技术产业产值占比低于对比区域
	市场容量	**人均GDP** 人均 GDP 是衡量地区经济发展水平和人民生活水平的重要指标。考核时查阅当地统计部门相关资料: A. 人均 GDP 高于 2000 美元 B. 人均 GDP 在 1000 ~ 2000 美元 C. 人均 GDP 低于 1000 美元
		人口规模 这一总量指标主要反映地区的潜在消费和市场规模。考核时查阅当地统计部门相关资料: A. 人口规模大于 60 万 B. 人口规模处于 35 万 ~ 60 万 C. 人口规模小于 35 万

续表

评价对象	二级指标	考核内容及计算方法
市场自我发展能力	市场容量	人均社会零售商品消费额

评价对象	二级指标	考核内容及计算方法
市场自我发展能力	市场容量	**人均社会零售商品消费额** 人均社会零售商品消费额是衡量地区消费能力和消费水平的重要指标。考核时查阅当地统计部门相关资料: A. 人均社会零售商品消费额高于 800 美元 B. 人均社会零售商品消费额在 400~800 美元 C. 人均社会零售商品消费额低于 400 美元
		城镇人均可支配收入 城镇人均可支配收入是衡量城市经济发展水平和消费能力的重要指标,根据我国城乡收入比的平均值(约)3∶1 以及 2300 元的农村贫困线标准确定如下考核依据。考核时查阅当地统计部门相关资料: A. 城镇人均可支配收入高于 17250 元 B. 城镇人均可支配收入为 6900~17250 元 C. 城镇人均可支配收入低于 6900 元
		农村人均年纯收入 农村人均年纯收入是衡量农村经济发展水平和消费能力的重要指标,根据人均年纯收入低于 2300 元界定为贫困的标准,制定如下考核依据。考核时查阅当地统计部门相关资料: A. 农村人均年纯收入高于 5750 元 B. 农村人均年纯收入为 2300~5750 元 C. 农村人均年纯收入低于 2300 元
		城镇居民恩格尔系数▼ 恩格尔系数指食品支出占总支出的比重,该指标在一定程度上反映了居民的消费结构和消费能力。根据联合国粮农组织提出的标准以及中国城乡居民恩格尔系数之间的稳定关系,制定如下考核依据。考核时查阅当地统计部门相关资料: A. 城镇居民恩格尔系数低于 32% B. 城镇居民恩格尔系数处于 32%~42% C. 城镇居民恩格尔系数高于 42%
		农村居民恩格尔系数▼ 恩格尔系数指食品支出占总支出的比重,该指标在一定程度上反映了居民的消费结构和消费能力。根据联合国粮农组织提出的标准以及中国城乡居民恩格尔系数之间的稳定关系,制定如下考核依据。考核时查阅当地统计部门相关资料: A. 农村居民恩格尔系数低于 40% B. 农村居民恩格尔系数处于 40%~50% C. 农村居民恩格尔系数高于 50%
		人均储蓄额 人均储蓄额虽不直接代表消费能力,但是衡量潜在消费能力的重要指标。考核时查阅当地统计部门相关资料: A. 人均储蓄额为当年人均社会零售商品消费额的 1.5 倍以上 B. 人均储蓄额为当年人均社会零售商品消费额的 1~1.5 倍 C. 人均储蓄额低于当年人均社会零售商品消费额

续表

评价对象	二级指标		考核内容及计算方法
市场自我发展能力	市场容量	城乡居民收入比▼	该指标反映城乡发展差距,根据边际消费倾向递减规律,差距越大越不利于总体消费能力的提升。考核时查阅当地统计部门相关资料: A. 城乡收入比为1:1~2:1 B. 城乡收入比为2:1~3:1 C. 城乡收入比为3:1
	市场化进程	市场化指数	该指标反映所在区域的市场化程度,用非公有经济的贡献度来衡量。计算公式为:市场化指数 = 非公有经济总产值/GDP总产值。考核时查阅当地统计部门相关资料: A. 市场化指数高于0.7 B. 市场化指数为0.5~0.7 C. 市场化指数低于0.5
		市场开放度指数	该指标反映所在区域市场的对外开放程度,计算公式为:市场开放度指数 = 进出口贸易总额/GDP总额。考核时查阅当地统计部门相关资料: A. 市场开放度指数高于对比区域 B. 市场开放度指数约等于对比区域 C. 市场开放度指数低于对比区域
		市场基础设施完善度	该指标反映所在区域市场基础设施建设状况,用非露天马路市场占比来衡量。考核时查阅当地统计部门相关资料: A. 非露天马路市场占比高于0.7 B. 非露天马路市场占比为0.5~0.7 C. 非露天马路市场占比低于0.5
		专业化市场与电子商务平台建设	该指标反映所在区域现代市场建设与发展状况。考核时查阅当地统计部门相关资料: A. 同时拥有大型专业化市场和有影响力的电子商务平台 B. 拥有大型专业化市场或有影响力的电子商务平台 C. 两者都没有
空间自我发展能力	城市化	城镇化率	城镇化是衡量区域空间集中度和空间经济性的重要指标,同时也反映一个地区的经济和社会发展水平。根据城市化发展阶段和S形曲线规律,结合连片特困区实际,确定如下标准。考核时查阅当地统计部门相关资料: A. 城镇化率高于50% B. 城镇化率为30%~50% C. 城镇化率低于30%

续表

评价对象	二级指标		考核内容及计算方法
空间自我发展能力	城市化	中心城市等级（在所在区域城市体系的相对地位）	该指标反映所在区域在更大区域范围中的相对地位。考核时查阅当地统计部门相关资料： A. 中心城市为区域核心城市 B. 中心城市为区域次核心城市 C. 中心城市为区域内一般性城市
		中心城市功能齐备性	该指标反映中心城市自身的发展水平及服务整个区域的能力状况。考核时查阅当地统计部门相关资料： A. 中心城市功能齐备（兼具生产加工功能和服务功能，且服务功能完备） B. 中心城市功能基本齐备（兼具生产加工功能和服务功能，但服务功能不完备） C. 中心城市功能不齐备（只有生产加工功能或服务功能，且服务功能不完备）
		城镇专业化指数	该指标反映城镇之间的分工与合作关系，用专业镇占比来衡量。考核时查阅当地统计部门相关资料： A. 专业镇占比高于对比区域 B. 专业镇占比约等于对比区域 C. 专业镇占比明显低于对比区域
	交通通达性	高速公路密度	该指标反映所在区域的快速交通网络发展及中等距离交通通达性水平，用每平方千米高速公路里程数来衡量。考核时查阅当地统计部门相关资料： A. 高速公路密度高于对比区域 B. 高速公路密度约等于对比区域 C. 高速公路密度低于对比区域
		二级公路密度	该指标反映近距离交通通达性以及城乡交通网络发展水平，用每平方千米二级公路里程数来衡量。考核时查阅当地统计部门相关资料： A. 二级公路密度高于对比区域 B. 二级公路密度约等于对比区域 C. 二级公路密度低于对比区域
		铁路密度	该指标反映大规模客运和物流交通通达性，用每平方千米铁路里程数表示。考核时查阅当地统计部门相关资料： A. 铁路密度高于对比区域 B. 铁路密度约等于对比区域 C. 铁路密度低于对比区域
		交通地位（枢纽节点等级）	该指标反映所在地区在整个区域交通网络中的地位，用中心城市枢纽节点等级级别来衡量。考核时查阅当地统计部门相关资料： A. 一级枢纽节点（公路或铁路） B. 二级枢纽节点（公路或铁路） C. 一般交通节点（公路或铁路）

续表

评价对象	二级指标		考核内容及计算方法
空间自我 发展能力	区位 条件	离区域中心城市的 时间距离▼	该指标用时间距离反映与中心城市的远近程度。计算公式为： 离区域中心城市的时间距离 = 与中心城市的实际公路距离/每 小时100千米。考核时查阅当地统计部门相关资料： A. 离区域中心城市的时间距离小于2小时 B. 离区域中心城市的时间距离为2~4小时 C. 离区域中心城市的时间距离在4小时以上
		与区域内主要城市 的加总距离▼	该指标反映所考察区域在整个区域系统中的综合区位条件。 用该地区与各主要城市的公路（或铁路）加总距离来衡量。考 核时查阅当地统计部门相关资料： A. 与区域内主要城市的加总距离小于平均加总距离 B. 与区域内主要城市的加总距离约等于平均加总距离 C. 与区域内主要城市的加总距离大于平均加总距离
		适宜开发土地面积 占比	该指标反映所考察区域的自然地理条件状况，用平原、盆地和 丘陵面积之和除以总面积来计算。考核时查阅当地统计部门 相关资料： A. 适宜开发土地面积占比大于对比区域 B. 适宜开发土地面积占比约等于对比区域 C. 适宜开发土地面积占比小于对比区域
		环境承载力（生态 脆弱性）	该指标反映所考察区域的生态环境状况，结合国家主体功能区 规划以及各省区的实施规划来判断。考核时查阅当地国土规 划相关资料： A. 优化和重点开发区域 B. 限制开发区域 C. 禁止开发区域
		气候适宜度	该指标反映所考察区域的气候条件状况，用极端天气（自然灾 害）发生频率来衡量。考核时查阅当地统计部门相关资料： A. 极端天气发生频次低于对比区域 B. 极端天气发生频次约等于对比区域 C. 极端天气发生频次高于对比区域
自我发展 软实力	教育 与科 技	教育支出占GDP 比重	该指标反映所考察区域的教育投入力度。考核时查阅当地统 计部门相关资料： A. 教育支出占GDP比重比重高于对比区域 B. 教育支出占GDP比重约等于对比区域 C. 教育支出占GDP比重低于对比区域
		每万人高中以上教 育机构数量（含高 中、中专）	该指标反映所考察区域的教育发展水平。考核时查阅当地统 计部门相关资料： A. 每万人高中以上教育机构数量高于对比区域 B. 每万人高中以上教育机构数量约等于对比区域 C. 每万人高中以上教育机构数量低于对比区域

评价对象	二级指标		考核内容及计算方法
自我发展软实力	教育与科技	科技经费支出占GDP的比重	该指标反映所考察区域的科技投入力度。考核时查阅当地统计部门相关资料： A. 科技经费支出占GDP的比重高于对比区域 B. 科技经费支出占GDP的比重约等于对比区域 C. 科技经费支出占GDP的比重低于对比区域
		每万人R&D人员数量	该指标反映所考察区域的科研队伍状况或人力资本水平。考核时查阅当地统计部门相关资料： A. 每万人R&D人员数量高于对比区域 B. 每万人R&D人员数量约等于对比区域 C. 每万人R&D人员数量低于对比区域
		每万人研究机构数量	该指标反映所考察区域的科研发展水平。考核时查阅当地统计部门相关资料： A. 每万人研究机构数量高于对比区域 B. 每万人研究机构数量约等于对比区域 C. 每万人研究机构数量低于对比区域
	社会服务	社会保障和就业支出占GDP比重	该指标反映所考察区域对社会保障以及就业的支持力度。考核时查阅当地统计部门相关资料： A. 社会保障和就业支出占GDP比重高于对比区域 B. 社会保障和就业支出占GDP比重约等于对比区域 C. 社会保障和就业支出占GDP比重低于对比区域
		医疗卫生支出占GDP比重	该指标反映所考察区域对医疗卫生事业发展的支持力度。考核时查阅当地统计部门相关资料： A. 医疗卫生支出占GDP比重高于对比区域 B. 医疗卫生支出占GDP比重约等于对比区域 C. 医疗卫生支出占GDP比重低于对比区域
		环境保护支出占GDP比重	该指标反映所考察区域对环境保护和可持续发展的重视程度和支持力度。考核时查阅当地统计部门相关资料： A. 环境保护支出占GDP比重高于对比区域 B. 环境保护支出占GDP比重约等于对比区域 C. 环境保护支出占GDP比重低于对比区域
		财政自给能力指数	该指标反映所考察区域的财政收支状况以及社会服务能力改善的潜力。计算公式为：财政自给能力指数 = 财政收入/财政支出。考核时查阅当地统计部门相关资料： A. 财政自给能力指数大于对比区域 B. 财政自给能力指数约等于对比区域 C. 财政自给能力指数小于对比区域

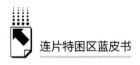

续表

评价对象	二级指标		考核内容及计算方法
自我发展 软实力	社会 服务	行政效率	该指标反映所考察区域的社会服务效率,可用交通事故指标、火灾事故指标或反贪情况进行衡量。考核时查阅当地统计部门相关资料: A. 行政效率高于对比区域 B. 行政效率约等于对比区域 C. 行政效率低于对比区域
		行政服务便利性	该指标反映所考察区域社会服务的便利程度与效率,可用行政事务是否实现集中办公来衡量。考核时查阅当地统计部门相关资料: A. 行政事务 90% 以上集中在行政大厅办理 B. 行政事务 60% 以上集中在行政大厅办理 C. 行政事务办理相当分散(未建立统一的行政事务中心)
	金融 服务	人均全部金融机构 存贷款总额	该指标反映所考察区域总体金融发展规模。考核时查阅当地统计部门相关资料: A. 人均全部金融机构存贷款总额高于对比区域 B. 人均全部金融机构存贷款总额约等于对比区域 C. 人均全部金融机构存贷款总额低于对比区域
		金融网点分布密度	该指标反映所考察区域金融设施、金融网点的普及状况,用每万人金融网点数来衡量。考核时查阅当地统计部门相关资料: A. 每万人金融网点数大于对比区域 B. 每万人金融网点数约等于对比区域 C. 每万人金融网点数小于对比区域
		中小商业银行入驻 率	该指标反映所考察区域金融发展的活力及竞争程度,用进驻考察区域的中小商业银行数占中国主要中小商业银行总数的比例来计算。考核时查阅当地统计部门相关资料: A. 中小商业银行入驻率大于对比区域 B. 中小商业银行入驻率约等于对比区域 C. 中小商业银行入驻率小于对比区域
		银行存贷比▼	该指标反映所考察区域的储蓄投资转化率以及区域为资金净流入地还是资金净流出地。计算公式为:银行存贷比 = 银行存款总额/银行贷款总额。考核时查阅当地统计部门相关资料: A. 银行存贷比小于1(资金净流入) B. 银行存贷比为 1~1.5(资金净流出,但不是十分严重) C. 银行存贷比大于1.5(资金净流出且较为严重)

续表

评价对象	二级指标		考核内容及计算方法
自我发展软实力	金融服务	保险深度	该指标反映所考察区域保险业总体发展规模,用保险费收入占GDP之比来衡量。考核时查阅当地统计部门相关资料: A. 保险费收入占 GDP 之比高于对比区域 B. 保险费收入占 GDP 之比约等于对比区域 C. 保险费收入占 GDP 之比低于对比区域
		保险密度	该指标反映所考察区域国民参加保险的程度以及保险业发展水平,用人均保险费额来衡量。考核时查阅当地统计部门相关资料: A. 人均保险费额比高于对比区域 B. 人均保险费额约等于对比区域 C. 人均保险费额低于对比区域
	区域影响力	知名度	该指标反映所考察区域被公众尤其是外界公众知晓的程度,以google 和百度引擎搜索该地名得到的平均信息量(单位:条)进行衡量。 A. 信息量高于平均水平 B. 信息量约等于平均水平 C. 信息量低于平均水平
		美誉度	该指标反映所考察区域被公众尤其是外界公众认可的程度,以该区域获得的国家级荣誉称号(如全国文明城市等)的数量(＋)和重大负面新闻数量(－)之和进行衡量。 A. 高于平均水平 B. 等于平均水平 C. 低于平均水平

注:表中,符合 A 项得 1 分;B 项得 0.5 分;C 项得 0 分。

五 结论与展望

未来十年,连片特困区是国家新一轮西部大开发战略和扶贫攻坚战略实施的主战场,而自我发展能力构建则是其目标导向。客观评价连片特困区的自我发展能力现状,找出主要差距,对国家实施连片特困区区域发展与扶贫攻坚战略,有的放矢地给予政策优惠与支持十分必要。而区域自我发展能力是一个复杂的能力系统,客观评价连片特困区自我发展能力现状及其动态演变并不容易。本书尝试构建了涵盖 4 个子系统、13 个一级指标和 62 个二级指标的连片

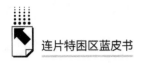

特困区自我发展能力评价指标体系，并对各指标的考核办法进行了详细说明，为下一步客观评价连片特困区自我发展能力奠定了基础。

不过，需要强调的是由于自我发展能力的定量研究尚处于起步阶段，缺乏相对成熟的评价指标体系和方法，此外，连片特困区统计信息不够健全也构成了重要的制约和障碍。因而，本评价指标体系难免存在纰漏。但我们希望本文能够起到抛砖引玉的作用，吸引更多的学者参与构建和完善自我发展能力评价指标体系，并敦促连片特困区相关部门更加重视统计信息资料完善。

Constructing Self-development Capacity Evaluation Indicator System of China Contiguous Destitute Areas

Leng Zhiming

Abstract: In order to evaluate the self-development capacity of contiguous destitute area objectively, we need a scientific and reasonable, realistic evaluation index system. This paper redefined and explained the concept of regional self-development capacity from four subsystems such as the self-development capacity of industry, market, space and soft power firstly, then, constructed a self-development capacity evaluation indicator system of contiguous destitute area which covers 4 subsystems, 13 first-class indicators and 62 second-class indicators. Finally, there was a detailed description of the assessment methods for each indicator.

Key Words: The Contiguous Destitute Area; Regional Self-development Capacity; The Evaluation Index System; Assessment

B.4
武陵山片区多维贫困与自我发展能力评价

丁建军　冷志明*

摘　要：

　　从片区整体层面、分片区层面和县市区层面以及 2003 年、2007 年和 2011 年三个时间截面对武陵山片区多维贫困和自我发展能力进行测度和评价，发现：（1）整体贫困程度仍然很深、自我发展能力十分有限；（2）各分片区的多维贫困和自我发展能力均存在差异；（3）各县市区的多维贫困和自我发展能力分级分类相对稳定；（4）贫困程度较深和自我发展能力相对较弱的县市区在空间分布上相对集中，贫困程度较浅和自我发展能力较强县市区的空间分布则相对分散。

关键词：

　　武陵山片区　多维贫困　自我发展能力　评价

一　引言

　　贫困的多维性以及自我发展能力缺失是连片特困区最基本的区情。《中国农村扶贫开发纲要（2011~2020）》中"两不愁、三保障"的减贫目标要求连片特困区必须重视多维贫困，并通过培育区域自我发展能力最终实现持久脱贫。因而，客观评价连片特困区的多维贫困与自我发展能力现状就成了连片特困区区域发展与扶贫攻坚的起点。不过，由于连片特困区统计信息相对匮乏、多维贫困和自我发展能力评价指标和方法尚不完善，连片特困区多维贫困和自我发展能力评

---

　　* 基金项目：教育部"新世纪优秀人才支持计划"基金项目、国家社科基金项目（12CJL069）、教育部人文社科基金项目（11YJA790070）、教育部人文社科基金项目（12YJC790204）、湖南省重点社科基金项目（11ZDB072）和国家发改委项目"新时期集中连片特困区扶贫思路及对策研究"（2012 - 30 - 13）。

价研究还十分罕见。[①] 本文以武陵山片区为例，尝试对这一难题进行探索性研究。首先，本文以前文构建的连片特困区多维贫困测度指标体系、连片特困区自我发展能力评价指标体系为蓝本，收集和整理了武陵山片区 71 个县市区的多维贫困（51 项）、自我发展能力（62 项）指标数据。其次，根据考核依据将原始数据转化为各项指标的得分。最后，选择综合集成的方法评价武陵山片区整体、各分片区以及 71 个县市区 2003 年、2007 年和 2011 年三个截面的多维贫困和自我发展能力状况，并对各空间尺度层面、多维贫困和自我发展能力的各个维度进行了多视角的综合比较，以期发现武陵山片区多维贫困与自我发展能力的时空演变规律。由于本文属于探索性研究，难免存在诸多不足。本研究的意义在于，一方面，能起到抛砖引玉的作用，以引发更多关于连片特困区多维贫困与自我发展能力评价的相关研究，不断完善评价指标体系和方法。另一方面，本文关于武陵山片区 71 个县市区多维贫困与自我发展能力的分级分类以及各空间尺度层面的时空对比分析对国家实施武陵山片区区域发展与扶贫攻坚规划具有参考价值。

二　武陵山片区多维贫困测度

（一）测度方法与数据来源

1. 测度方法

借鉴现有研究中面向区域的多维贫困测度文献（胡鞍钢等，2010；叶升初等，2011；王荣党，2006；胡业翠等，2008；袁媛等，2008）以及发展中国家（墨西哥、印度等）多维贫困测度实践，本文采用了主客观相结合的线性加权综合测度方法。具体地，该方法的步骤如下。

（1）收集和整理经济贫困、人类贫困（教育贫困、健康贫困、住房贫困和交通贫困）、信息贫困和生态贫困四个维度共 51 项指标的原始数据。[②]

---

① 关于连片特困区多维贫困测度的研究仅有一篇文献（陈琦，2012），而且该文献仅研究了武陵山片区整体一个时间截面的多维贫困状况，反映的信息量十分有限；而连片特困区自我发展能力研究的文献暂时没有发现。

② 由于县市区统计资料不完善，少数指标数据缺乏，本文采用该指标与其他指标的经验关系进行推算或从地方相关部门调研得到。由于采用了分类转化以及只对最终贫困状况进行分级分类比较，故数据的非精确性并不影响本文的研究结论。

（2）以各指标的原始数据为基础，依据多维贫困测度指标考核办法将原始数据转化为各指标的得分。

（3）确定各指标的权重。综合贫困四个维度的权重通过调查15位来自高等院校、研究所、扶贫办、民委和发改委的专家或工作人员综合确定。最终，经济贫困、人类贫困、信息贫困和生态贫困四个维度的权重分别确定为0.3、0.3、0.2和0.2。而四个维度内各指标则采用多维贫困测度国际实践中通常采用的等权重法。[1]

（4）线性加权。一般而言，对于指标的综合集成方法主要有加法模型和乘法模型，而它们各有优点，但适用范围不同。考虑到多维贫困各个维度之间在一定程度上既相互独立又具有线性补偿的特性，[2] 本文对多维贫困的测度采用线性加权法。即：

$$MPI = \sum_{k=1}^{n} W_k P_k, P_k = \sum_{i=1}^{m} w_i p_i$$

（5）分级判断。为了体现贫困的相对性本质特征，与得分转化过程中对比考核思路保持一致，并避免部分数据的非精确性以及得分转化过程中主观性对测度结果的影响，本文仅对各县市区（各分片区除外）多维贫困状况进行分级判断，而不对测度结果进行排名。

2. 数据来源

多维贫困测度对数据要求比较全面，而武陵山片区统计信息不完善使得数据收集成为本研究的主要难点。为了克服这一难点，本研究在数据收集和整理方面做了大量的工作。其中，具体的数据来源包括以下一些渠道。

（1）中国统计数据支持系统（ACMR）数据库。该数据库提供包括人口、就业、各产业产值、财政收支、医疗卫生等各县市经济社会发展的40项基本指标数据。

（2）湖南、湖北、贵州、重庆四省市统计年鉴以及国家统计年鉴（2004、

---

① 关于等权重法合理性的争论见本书 B.2。

② 如经济贫困和信息贫困反映的是贫困的不同侧面，具有一定的独立性，但信息贫困同样可以作为经济贫困的补充反映区域的贫困程度，具有线性补偿性。

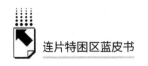

2008、2012），宜昌市、恩施土家族苗族自治州、邵阳市、常德市、张家界市、益阳市、怀化市、娄底市、湘西土家族苗族自治州、遵义市、铜仁市等地级市相关年份统计年鉴。

（3）武陵山片区71个县市区统计公报（2003年、2007年、2011年）。各公报来自于中国统计信息网统计公报栏。

（4）调研数据。对少数缺失数据通过走访地方统计局、扶贫办、民委和发改委等部门调查获取。

（二）测度结果

本文从武陵山片区整体、分片区以及县市区三个空间尺度对武陵山片区的多维贫困进行了测度和分级比较，并选择了2003年、2007年和2011年三个时间截面以考察不同空间尺度层面多维贫困的演变趋势。

1. 片区整体层面的多维贫困状况

武陵山片区跨湖南、湖北、重庆、贵州四省市，集革命老区、民族地区和贫困地区于一体，是我国跨省交界面大、少数民族聚集多、贫困人口分布广、贫困程度深的集中连片特困区。2011年，片区内人均GDP为11858元、农村人均纯收入为4132元，仅为全国平均水平的33.8%和59.2%，按照2300元的最新贫困标准计算，贫困发生率达到45%左右，[1] 远远高出全国平均水平。此外，城镇化率低于全国平均水平20个百分点，人均教育、卫生支出等也仅为全国平均水平的51%。片区海拔高，旱涝灾害、泥石流、雨雪冰冻等自然灾害易发，生态脆弱，泥石流和石漠化现象严重，土地贫瘠，人均耕地面积约为全国的60%。城乡差距高于全国平均水平，达到3.05:1。

具体地，图1、图2展现了武陵山片区多维贫困总体状况及其变动趋势。不难发现，从时间维度看，近10年来武陵山片区整体的多维贫困状况有所减轻，但减幅不大，而且贫困程度依然非常严重。其中，信息贫困和交通贫困下降幅度最大，这与近年来国家大力发展西部地区的基础设施，特别是交通设施建设密切相关。不过，经济贫困和住房贫困的减幅十分有限，交通改善的经济

---

① 由武陵山片区内各地州市的贫困发生率加权合成估算所得。

增长带动效应尚没有充分发挥。从贫困维度来看，经济贫困和信息贫困相对严重，人类贫困和生态贫困则相对较轻。特别地，虽然武陵山片区生态仍然脆弱，2011 年其值为 0.56，但在四个维度中其贫困程度最轻。进一步地，人类贫困的二级指标测度结果表明，除了住房贫困以外，教育、健康和交通贫困的改善较为明显，特别是交通贫困。目前，住房仍是武陵山片区人类贫困中最严重的贫困维度，而教育、健康和交通贫困程度相差不大。

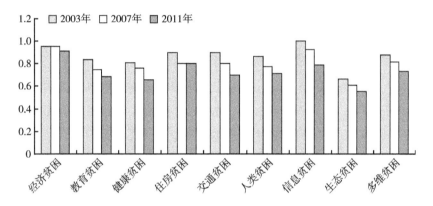

图 1　武陵山片区各贫困维度（含人类贫困的四个维度）变化趋势

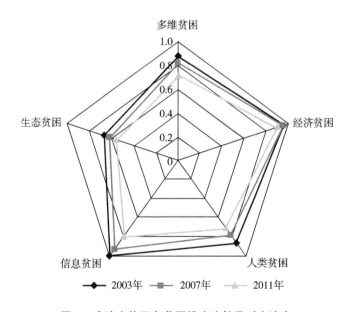

图 2　武陵山片区各贫困维度比较及时序演变

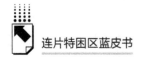

2. 分片区层面的多维贫困状况

武陵山片区虽然"山同脉、水同源",同属黔中文化区,但毕竟隶属于四个不同的省市,在经济社会发展及多维贫困方面必然存在一定的差异。为了进一步考察行政区划可能导致的多维贫困差异,本文将武陵山片区进一步分成7个片区进行考察,其中,湖南包括4个片区,其他三省市的县市区各包括1个片区。①

表1给出了7个分片区多维贫困程度的排名情况。不难发现,在7个分片区中,铜仁片区的人类贫困、信息贫困、生态贫困和综合贫困都最为严重,排名第1,而经济贫困维度2011年稍好于邵阳片区和湘西片区,排名第3。② 张家界片区人类贫困、信息贫困、生态贫困和综合贫困程度最轻,而经济贫困程度略高于黔江片区,排名第2。怀化片区各贫困维度的贫困程度大都排名第5、6位,属于贫困程度相对较轻的区域。此外,湘西片区和邵阳片区(除生态维度外)各贫困维度的贫困程度排名都相对靠前,属于多维贫困较为严重的地区。而黔江片区经济贫困、人类贫困、信息贫困和综合贫困的排名都相对靠后,贫困程度相对较轻,而且各贫困维度的减贫效应明显,特别是信息贫困和人类贫困的减贫幅度最大。恩施片区各维度贫困程度的差异较大,其中,生态贫困最为严重,排名第2,经济贫困排名相对靠后,但人类贫困则相对其他片区而言,改善程度有限,相对排名不断靠前,这表明恩施片区近年来对经济维度的贫困给予了足够的重视,但相对忽视了人类贫困和生态贫困的改善。需要强调的是,该测度结果与陈琦(2012)应用英国牛津大学开发的AF多维贫困测量方法测度的2010年武陵山片区内部多维贫困结果基本一致。

---

① 各分片区的地理范围分别是:湘西片区即湘西州7县1市;怀化片区为怀化市12县市区加益阳市安化县;邵阳片区则包括邵阳8县市和娄底3县市;张家界片区涵盖张家界4县区和常德市的石门县;黔江片个区则包括重庆7县区;恩施片区包括恩施州8县市和宜昌市3县市;铜仁片区则包括铜仁市11县市区和遵义市5县市区。湖南因包括37个县市区,占武陵山片区71个县市区一半以上,故以地级行政区为基本单元,结合距离临近原则将37个县市区划分为4个分片区。

② 铜仁片区经济贫困稍好于邵阳片区和湘西片区主要得益于其农村人均纯收入相对较高,这可能与较大的转移支付力度密切相关。

表1   武陵山片区各分片区多维贫困程度排名（2003~2011 年）

年　份	经济贫困			人类贫困			信息贫困			生态贫困			综合贫困		
	2003	2007	2011	2003	2007	2011	2003	2007	2011	2003	2007	2011	2003	2007	2011
湘西片区	1	2	2	2	2	5	4	6	3	4	4	3	2	4	3
怀化片区	5	5	4	6	5	4	5	5	4	5	6	6	6	5	5
邵阳片区	3	3	1	3	3	2	2	2	2	6	5	5	3	3	2
张家界片区	7	6	6	7	7	7	7	7	7	7	7	7	7	7	7
黔江片区	6	7	7	4	6	6	3	4	6	3	3	4	5	6	6
恩施片区	4	4	5	5	4	3	6	3	5	2	2	2	4	2	4
铜仁片区	2	1	3	1	1	1	1	1	1	1	1	1	1	1	1

注：1~7 表示贫困程度逐步减轻。

　　图 3 进一步直观地展现了武陵山片区 2003 年、2007 年和 2011 年 7 个分片区各贫困维度的差异及其演变趋势。三个雷达图表明，各片区各维度贫困的严重程度存在明显差异，在实施区域发展与扶贫攻坚战略时应该区别对待，有的放矢。湘西地区各维度贫困程度差异较大，一直以来都是经济贫困程度高于其他

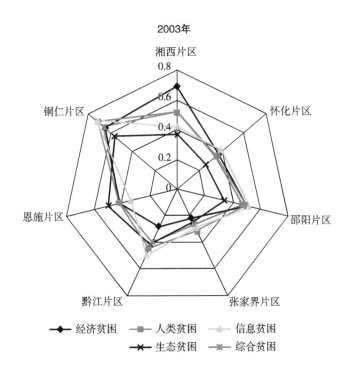

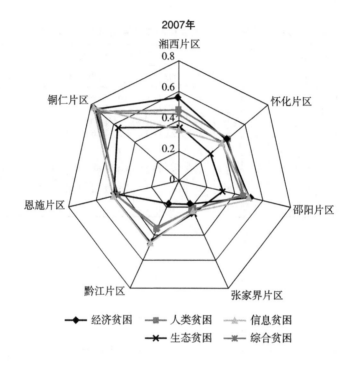

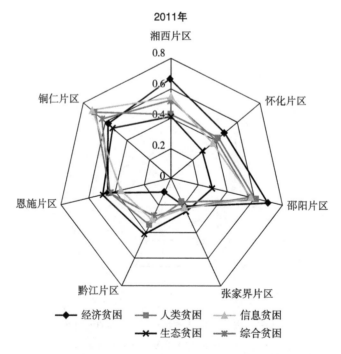

图3　武陵山片区各分片区多维贫困对比（2003、2007、2011年）

维度的贫困程度，生态贫困在四个维度中最轻，人类贫困和信息贫困居中，人类贫困略高于信息贫困。黔江片区和张家界片区则恰好相反，经济贫困程度一直低于其他维度的贫困，2011年张家界片区经济贫困与其他维度贫困的差距缩小，人类贫困甚至略低于经济贫困，基本实现了各维度的同步减贫。黔江片区则经济维度的减贫效应遥遥领先于其他维度的减贫效应。铜仁地区虽然生态贫困程度高于其他片区，但在该片区的四个维度中其贫困程度最轻，人类贫困和信息贫困最为严重，经济贫困程度居中。怀化片区和邵阳片区的生态贫困在四个维度中贫困程度最轻，其他三个维度贫困程度差异则呈扩大趋势。2007年以前，生态贫困以外的三个维度贫困程度差异不大，但2007年以后，经济维度贫困相对加剧，成为最严重的贫困维度。恩施片区则经历了各维度贫困差异先缩小后放大的过程。2003年，生态贫困最为严重，信息贫困最轻，人类贫困和经济贫困居中；2007年，四个维度的贫困程度基本相同；2011年，又重新返回2003年的状态。

3. 县市区层面的多维贫困状况

武陵山片区包括71县市区，按照"省负责、县落实"的扶贫责任机制，各县市区是片区区域发展与扶贫攻坚的空间载体。因而，深入考察县市区层面的多维贫困状况对落实区域发展与扶贫攻坚规划具有十分重要的意义。不过，县市区统计数据不够完善影响了多维贫困测度的精确性，故本文仅对各县市区的多维贫困状况进行分级判断。判断的依据为各维度贫困得分排在前1/3的县市区为三级贫困，排在中间1/3的为二级贫困，排在后1/3的为一级贫困。具体地，2003、2007、2011年71个县市区各贫困维度及综合贫困的分级结果见表2。

表2　武陵山片区县域多维贫困程度分级

	经济贫困			人类贫困			信息贫困			生态贫困			综合贫困		
年　份	2003	2007	2011	2003	2007	2011	2003	2007	2011	2003	2007	2011	2003	2007	2011
吉首	1	1	1	1	1	1	1	1	1	2	1	1	1	1	1
凤凰	2	2	2	2	2	2	2	2	3	2	1	2	2	2	2
古　丈	3	3	3	2	2	2	2	3	2	3	3	3	3	3	3
花　垣	3	2	2	2	1	1	1	2	2	3	3	3	2	1	2
保　靖	3	2	2	3	2	2	1	2	3	3	2	2	3	2	3
龙　山	2	2	3	3	3	3	3	3	3	2	2	2	3	2	3

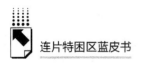

续表

年 份	经济贫困			人类贫困			信息贫困			生态贫困			综合贫困		
	2003	2007	2011	2003	2007	2011	2003	2007	2011	2003	2007	2011	2003	2007	2011
永 顺	2	2	3	2	3	2	3	3	3	1	1	2	2	2	3
泸 溪	3	2	2	3	2	1	2	1	2	1	1	1	2	1	2
通 道	3	3	3	3	2	3	3	2	2	2	3	3	3	3	3
鹤城区	1	1	1	1	1	1	1	1	1	1	1	1	1	1	1
洪 江	1	1	1	1	1	1	1	1	1	1	1	1	1	1	1
中 方	1	1	1	2	1	1	1	1	1	1	1	1	1	1	1
沅 陵	3	3	3	1	2	1	2	2	2	2	2	2	3	2	2
辰 溪	2	2	2	1	1	1	2	2	2	2	2	2	3	2	1
溆 浦	1	1	1	1	3	2	2	1	2	1	1	1	1	1	1
会 同	1	2	2	2	2	3	3	2	2	2	1	2	3	2	2
麻 阳	3	3	3	3	2	2	3	2	2	1	1	1	2	2	2
新 晃	3	3	3	1	2	3	2	2	2	1	1	2	3	2	3
芷 江	1	1	1	2	2	1	2	1	1	1	1	1	1	1	1
靖 州	1	1	2	1	1	2	2	1	1	1	1	1	1	1	1
安 化	3	2	3	2	3	2	2	2	3	2	2	1	2	2	3
新 化	3	3	3	3	3	3	3	3	3	2	3	3	3	3	3
涟 源	1	1	3	1	1	1	1	1	2	1	1	1	1	1	2
冷水江	1	1	1	1	1	1	1	1	1	1	1	1	1	1	1
隆 回	3	3	3	2	2	3	2	2	3	1	1	1	3	2	3
洞 口	1	1	3	2	1	2	2	1	3	1	1	1	1	1	3
绥 宁	1	1	1	2	2	3	2	2	2	2	2	3	1	1	2
新 宁	1	1	3	2	1	3	2	2	3	2	2	2	2	1	3
城 步	3	3	3	2	2	3	2	2	2	3	2	3	3	2	3
武 冈	3	3	2	2	1	2	1	2	2	2	1	1	2	2	2
新 邵	2	2	3	2	3	3	3	3	3	2	1	1	2	2	3
邵 阳	3	3	3	3	3	2	3	2	2	1	1	1	3	3	2
石 门	1	1	1	1	1	1	1	1	2	1	1	1	1	1	1
慈 利	1	1	1	1	1	1	1	1	1	1	1	1	1	1	1
桑 植	3	3	3	3	2	2	3	2	1	2	2	2	3	2	2
武陵源	1	1	1	1	1	1	1	1	1	1	1	1	1	1	1
永 定	1	1	1	1	1	1	1	1	1	1	1	1	1	1	1
丰 都	1	1	1	1	1	1	1	1	1	2	2	2	1	1	1
石 柱	2	1	1	1	1	1	2	2	1	2	2	2	2	1	1
秀 山	2	1	1	3	2	2	3	3	2	3	3	2	3	2	1
酉 阳	2	2	1	3	3	2	3	3	2	2	2	1	3	3	2

续表

年 份	经济贫困			人类贫困			信息贫困			生态贫困			综合贫困		
	2003	2007	2011	2003	2007	2011	2003	2007	2011	2003	2007	2011	2003	2007	2011
彭 水	2	1	1	2	2	2	2	3	1	3	3	3	2	2	1
黔 江	1	1	1	1	1	1	1	1	1	1	1	1	1	1	1
武 隆	1	1	1	1	1	1	1	1	1	1	2	2	1	1	1
恩 施	2	2	1	1	1	1	1	1	1	1	1	1	1	1	1
利 川	2	2	2	3	3	2	3	3	3	3	2	2	3	3	2
建 始	2	2	2	2	2	2	1	2	3	2	2	3	2	2	2
巴 东	2	3	2	2	1	1	2	2	1	2	2	2	2	2	1
宣 恩	2	2	2	2	3	3	2	2	2	2	2	2	2	2	2
咸 丰	2	2	2	2	2	2	2	2	3	3	3	3	2	2	2
来 凤	2	2	3	1	2	2	1	2	2	3	2	1	2	2	3
鹤 峰	2	2	2	2	2	1	1	1	1	1	2	2	2	2	1
秭 归	2	2	1	1	1	2	1	2	1	3	3	3	1	2	1
长 阳	1	1	1	1	1	1	1	1	1	2	2	2	1	1	1
五 峰	2	1	2	1	2	2	1	2	1	3	2	2	1	2	2
铜 仁*	1	2	2	1	1	1	1	1	1	3	2	2	1	1	1
江 口	2	3	2	2	3	3	3	3	3	3	3	2	3	3	3
玉 屏	1	2	1	2	1	2	2	1	1	3	3	3	2	2	1
石 阡	3	3	2	3	3	3	3	3	3	3	3	3	3	3	3
思 南	3	3	2	3	3	3	3	3	3	3	3	3	3	3	3
印 江	3	3	2	3	3	3	3	3	3	3	3	3	3	3	3
德 江	3	3	3	3	3	3	3	3	3	3	3	3	3	3	3
沿 河	3	3	2	3	3	3	3	3	3	3	3	3	3	3	3
松 桃	2	3	2	3	3	2	3	3	3	3	3	3	3	3	3
万 山	3	2	3	1	1	1	1	1	1	3	3	3	2	1	2
正 安	3	3	3	3	3	3	3	3	3	3	3	3	3	3	3
道 真	2	3	3	3	3	3	3	3	2	2	2	3	3	3	3
务 川	3	3	3	3	3	3	3	3	3	3	3	3	3	3	3
凤 冈	2	2	1	3	3	3	3	3	3	3	3	3	2	2	1
湄 潭	2	1	1	3	3	3	3	3	3	3	3	3	2	2	2
余 庆	1	1	1	3	2	3	2	2	2	3	3	3	2	2	2

注：① 需要特别说明的是，铜仁地区 2011 年进行了撤销铜仁地区设立地级铜仁市的行政区划调整（国函 [2011] 131 号文件），原来的县级铜仁市升格为地级市，其原辖区（不含茶店镇、鱼塘乡、大坪乡）设为碧江区，原万山特区和茶店镇、鱼塘乡、大坪乡一并划为新的万山区。考虑到统计数据的可得性，本研究仍沿用行政区划调整前的划分，即铜仁市指原县级铜仁市，万山区指原万山特区。后文同，不再赘述。

② 1、2、3 分别表示各县市区在片区内多维贫困的相对严重程度，数字越大，相对贫困程度越严重，级别越高。

从表 2 可见，各县市区的多维贫困状况具有两方面的特征：一是贫困分级相对稳定。在 2003 ~ 2011 年，大部分县市区的各维度贫困分级结果不变，仅有部分县市有所变化。其中，综合贫困程度明显加深的有永顺、安化、涟源、洞口、绥宁、新邵、来凤、秭归、五峰等 9 县市，而减轻的有保靖、沅陵、辰溪、会同、邵阳、桑植、石柱、秀山、酉阳、彭水、利川、巴东、鹤峰、玉屏、凤冈等 15 县市。二是贫困程度具有明显的地区差异性。表 3 给出了当前武陵山片区各维度及综合贫困最为严重的三级贫困县市区名单。不难发现，综合贫困方面，铜仁片区和邵阳片区最为严重，三级贫困率分别达到 62.5% 和 54.5%，① 而张家界片区和黔江片区三级贫困率为 0。经济贫困方面，邵阳片区、怀化片区和湘西片区相对严重，三级贫困率分别为 72.7%、38.5% 和 37.5%，黔江片区为 0。信息贫困方面，铜仁片区和湘西片区最为严重，三级贫困率分别为 68.7% 和 50%，黔江片区和张家界片区为 0。生态贫困方面，铜仁片区和恩施片区最为严重，三级贫困率分别为 87.5% 和 36.4%。

表3　武陵山片区各维度及综合贫困为三级贫困的县市区（2011 年）

贫困维度	县市区	备注
经济贫困	正安、沅陵、永顺*、新邵*、新宁*、新晃、新化、务川、万山*、通道、邵阳、桑植、麻阳、隆回、龙山*、涟源*、来凤*、古丈、洞口*、德江、道真、城步、安化*	湘西片区 3 个、怀化片区 5 个、邵阳片区 8 个、张家界片区 1 个、铜仁片区 5 个、恩施片区 1 个
人类贫困	正安、余庆*、印江、沿河、宣恩、新邵、新宁*、新晃*、新化、务川、通道*、绥宁、思南、石阡、湄潭、隆回*、江口、会同*、古丈、凤冈、德江、道真、城步*	湘西片区 1 个、怀化片区 3 个、邵阳片区 6 个、铜仁片区 12 个、恩施片区 1 个
信息贫困	正安、永顺、印江、沿河、新邵、新宁*、新化、务川、松桃、思南、石阡、湄潭、隆回*、龙山*、利川、江口、建始*、凤凰*、凤冈、洞口*、德江、保靖*、安化*	湘西片区 4 个、怀化片区 1 个、邵阳片区 5 个、铜仁片区 11 个、恩施片区 2 个
生态贫困	秭归、正安、玉屏、余庆、印江、沿河、新化、咸丰、务川、万山、通道、绥宁、松桃、思南、石阡、彭水、湄潭、建始*、花垣*、凤冈、德江、道真、城步*、保靖*、巴东*	湘西片区 2 个、怀化片区 1 个、邵阳片区 3 个、黔江片区 1 个、铜仁片区 14 个、恩施片区 4 个
综合贫困	正安、永顺*、印江、沿河、新邵*、新宁*、新晃*、新化、务川、通道、松桃、思南、石阡、隆回*、龙山*、来凤*、江口、古丈、洞口*、德江、道真、城步*、安化*	湘西片区 3 个、怀化片区 3 个、邵阳片区 6 个、铜仁片区 10 个、恩施片区 1 个

注：*表示该县由原来的二级或一级贫困向三级贫困转化，表明该县相对贫困状况有恶化趋势。

---

① 三级贫困率指分片区内三级贫困县市区数量占总县市区数量的百分比。

进一步地，本文根据 71 个县市区四维度贫困的相对严重程度将其划分为经济贫困主导型、人类贫困主导型、信息贫困主导型和生态贫困主导型四种类型。分类标准为：（1）比较贫困四个维度的得分，以得分最高维度作为分类的第一依据。（2）若有多个维度得分高于 0.5，则按照得分高低依次作为第二、三参考标准。具体分类如表 4 所示。

表 4　2011 年 71 个县市区贫困主导类型

类型	经济贫困主导型	人类贫困主导型	信息贫困主导型	生态贫困主导型
县市区	花垣	凤凰●	洪江	吉首
	古丈★▲	龙山●★	会同●▲	冷水江
	保靖◆	永顺★●	靖州	武陵源
	泸溪	鹤城◆	洞口	永定
	通道◆▲★	中方	新宁	丰都
	沅陵★▲◆	溆浦	新邵▲●	黔江
	辰溪	芷江	石门	武隆
	麻阳▲	安化★	石柱◆	鹤峰
	新晃▲★	涟源	秀山◆▲	秭归
	新化★▲◆	绥宁◆	西阳▲●	玉屏
	隆回★▲	慈利	彭水◆	
	城步★▲◆	宣恩★	利川▲●◆	
	武冈	五峰◆●	咸丰▲●●	
	邵阳★▲	石阡●★◆	长阳	
	桑植★◆	印江★●◆	思南●▲◆	
	恩施		松桃●▲◆	
	建始★◆			
	巴东★			
	来凤◆			
	铜仁			
	江口★▲◆			
	德江★▲◆			
	沿河★▲◆			
	万山◆			
	正安★▲◆			
	道真▲★◆			
	务川★▲◆			

　　注：县市名单后的符号表示其他得分高于 0.5 的贫困维度。其中，●表示经济贫困，▲表示人类贫困，★表示信息贫困，◆表示生态贫困。

　　表 4 显示，武陵山片区的贫困仍以经济贫困为主，经济贫困主导型县市区有 27 个。并且，经济贫困往往伴随着人类贫困、信息贫困和生态贫困。也就是

说，经济贫困是贫困的基础，虽然它不是贫困的唯一维度，但它对其他贫困维度有着重要影响。类似地，人类贫困主导型和信息贫困主导型县市区中也有不少县市同样面临着严重的其他维度贫困。而生态贫困主导型县市区基本对应于片区内相对发达或各维度贫困程度相差不大的中等发达县市。这意味着，对这些县市区而言，生态问题相对应得到更多的重视。此外，由表4可知，铜仁片区大部分县市区四个维度的贫困得分都超过0.5，其多维贫困程度为武陵山片区之最。

三 武陵山片区自我发展能力评价

（一）评价方法与数据来源

1. 评价方法

区域自我发展能力评价的相关文献还十分有限。成学真等（2010）和郑长德（2011）先后进行了探索性研究，不过前者仅仅构建了区域自我发展能力评价的指标体系，并不涉及具体的评价方法，后者的评价方法有较强的参考价值，但评价指标过于简单。因而，本文按照构建的区域自我发展能力评价指标体系，借鉴郑长德（2011）的思路，采用了主客观相结合的乘法加权综合评价方法。具体地，该方法的步骤如下。

（1）收集和整理产业、市场、空间自我发展能力和软实力四个子系统共62项指标的原始数据。[①]

（2）以各指标的原始数据为基础，依据区域自我发展能力评价指标考核办法（见第3章表2）将原始数据转化为各指标的得分。

（3）确定各子系统内指标的权重及合成方法。子系统内各指标多为平行指标，各指标的相对重要性不易判断，且彼此之间具有一定的线性补偿特性，因而，本文对子系统得分评价采用等权重的线性加权方法。即：

$$SDCI_k = \sum_{i=1}^{n} K_i/n$$

---

① 对少数缺失数据的处理采取多维贫困测度中原始数据缺失相同的处理方法。

其中，k 代表某一子系统，i 为该子系统下的评价指标。

（4）区域自我发展能力指数合成。考虑到区域自我发展能力各子系统之间并非简单的线性关系，其中，任一子系统的能力不足都可能对区域自我发展能力产生几何效应。因而，本文对区域自我发展能力指数采用乘法（几何）加权合成法。即：

$$RSDCI = \sqrt[4]{\prod_{k=1}^{4} SDCI_k}$$

（5）分类判断。类似地，区域自我发展能力具有相对性。为了体现相对性的本质特征，并与得分转化过程中对比考核思路保持一致，避免少数数据的非精确性以及得分转化过程中主观性对评价结果的影响，本文也仅对各县市区（各分片区除外）自我发展能力状况进行分类判断，而不对评价结果进行具体排名。

2. 数据来源

同样，区域自我发展能力评价涉及产业、市场、空间和软实力四个子系统，对数据要求比较全面，本部分数据的来源渠道与多维贫困原始数据的来源渠道一致，不再赘述。

（二）评价结果

和多维贫困测度类似，本部分对区域自我发展能力评价也基于武陵山片区整体、分片区以及县市区三个空间尺度层面，同时，为了深入分析各空间尺度层面区域自我发展能力的差异及特征，本文还对各子统的得分进行了分类比较，并选择了 2003 年、2007 年和 2011 年三个时间截面以考察不同空间尺度层面区域自我发展能力的演变趋势。

1. 片区整体层面的自我发展能力状况

武陵山片区是典型的欠发达省际交界区域，由于远离各省会城市且受行政区经济边界效应的影响，长期以来，处于经济社会发展的边缘，区域自我发展能力十分有限。进一步地，由于自我发展能力缺失，外部援助难以转化为内生发展动力，有限的经济发展要素甚至不断外流，如武陵山片区是资金和高素质

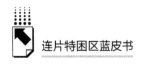

人才的净流出地，这又进一步削弱了区域自我发展能力。这种区域自我发展能力恶性循环，使得武陵山片区深陷"贫困陷阱"，难以跨越。

图4直观地反映了武陵山片区自我发展能力的基本状况及演变趋势。不难发现，武陵山片区整体的自我发展能力仍然十分有限，2011年，自我发展能力得分也仅为0.19。而从时间维度来看，自2003年来，武陵山片区的自我发展能力提升将近1倍，其中，产业和市场自我发展能力提升相对较快。可见，西部大开发十年来，国家对武陵山片区的大力投资与政策倾斜起到了较为明显的作用，而2007年以来，空间自我发展能力改善加快，这与近年来武陵山片区大规模交通设施建设密切相关。从区域自我发展能力的各子系统来看，产业能力和市场能力一直具有相对优势，并且提升的速度也较快；而软实力最弱，空间能力次之。

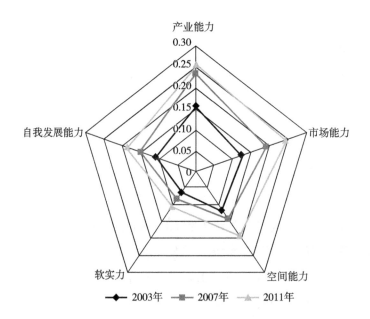

图4 武陵山片区自我发展能力的时序演变

图5进一步揭示了各子系统的内部结构状况。产业能力子系统中，产业结构得分最高，产业能耗次之，产业效益最差，产业潜力虽较低，但提升较快。产业能力系统的这一内部特征反映了武陵山片区旅游业、生活服务业、第一产

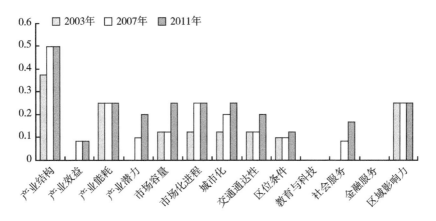

图5　武陵山片区自我发展能力各二级指标得分变化趋势及对比

业相对发达，第二产业发展相对滞后的总体产业状况。市场能力方面，市场容量和市场化进程得分相差不大，前者在 2007 年之后发展较快，后者则相反，2007 年之后基本保持不变。空间能力方面，城市化、交通通达性和区位条件三者的得分依次降低。不过，城市化得分自 2003 年以来逐步上升，而交通通达性和区位条件得分在 2007 年以后才有所提升，并且交通通达性的提升幅度大于区位条件改善。软实力方面，区域影响力得分最高，这可能与武陵山片区旅游资源、生态资源、矿产资源等非常丰富有关。此外，社会服务得分也有了较大提升。不过，教育与科技、金融服务两方面的得分几乎为 0。① 这意味着，教育与科技、金融服务是武陵山片区软实力的重要制约因素。

2. 分片区自我发展能力状况

武陵山片区 7 个分片区受发展基础、资源禀赋以及上级政府投资力度等方面的影响，其自我发展能力存在明显差异。本部分重点比较各分片区自我发展能力的差异。表5 给出了 7 个分片区自我发展能力整体及 4 个子系统的基本情况。不难发现，张家界片区的自我发展能力最强，而且各子系统也排名第 1。其次，黔江片区自我发展能力居第 2 位，不过，在 4 个子系统中，空间能力排名相对靠后，2007 年前排在第 5 位，2011 年上升到第 3 位。恩施和铜仁片区自我发展能力分别排在第 6、7 位，是自我发展能力最弱的片区。其中，铜仁

---

① 这是一种相对评价，得分为 0 意味着与全国水平相比，武陵山片区表现非常差。

地区 4 个子系统发展能力全部垫后。恩施片区的市场能力则发展很快，由 2003 年的末位上升到 2011 年的第 3 位，产业能力也有所上升，软实力则排在第 5 位。湘西、怀化和邵阳片区的自我发展能力相对变动较大，其中，邵阳片区自我发展能力相对不断下降，2003 年、2007 年和 2011 年分别位列 3、4、5 位，除了软实力排名相对不变外，其他 3 个子系统自我发展能力均有所下降，其中产业自我发展能力最弱。湘西片区自我发展能力有所上升，由 2003 年的第 5 位上升到 2011 年的第 3 位。其中，产业自我发展能力相对较强是主要原因。怀化片区自我发展能力曾在 2007 年有所下降，降到第 5 位，2011 年又重新上升，不过，总体自我发展能力中等，排在第 4 位。其中，该片区空间自我发展能力最强，排在第 2 位，但软实力最弱，在武陵山片区中仅好于铜仁片区。

表5　武陵山片区各分片区自我发展能力排序（2003～2011 年）

年　份	产业能力			市场能力			空间能力			软实力			自我发展能力		
	2003	2007	2011	2003	2007	2011	2003	2007	2011	2003	2007	2011	2003	2007	2011
湘西片区	3	3	3	6	4	6	4	4	5	4	4	4	5	3	3
怀化片区	4	4	4	4	6	5	2	2	2	6	6	6	4	5	4
邵阳片区	5	6	6	2	3	4	3	3	4	3	3	3	3	4	5
张家界片区	1	1	1	1	1	1	1	1	1	1	1	1	1	1	1
黔江片区	2	2	2	3	2	2	5	5	3	2	2	2	2	2	2
恩施片区	6	5	5	7	5	3	6	7	6	5	5	5	6	6	6
铜仁片区	7	7	7	5	7	7	7	6	7	7	7	7	7	7	7

注：1~7 表示自我发展能力逐渐减弱。

　　图6进一步直观地展现了武陵山片区内各分片区自我发展能力及各子系统之间的关系及其演变趋势。总体而言，产业能力子系统得分在各分片区中都相对较高，不过这种优势在慢慢缩小。从各分片区的比较来看，湘西片区和怀化片区产业自我发展能力与其他子系统能力的差距更大。市场能力的变化最大，2003 年，市场能力得分几乎在所有分片区的各能力子系统中得分最低，但到 2011 年，这一格局几乎发生了根本性变化，不少片区的市场能力得分在各子系统得分中排名第 1。具体地，下面对各片区不同子系统得分及演变趋势进行分析。湘西片区一直以来都是产业能力得分最高，其他各子系统能力得分

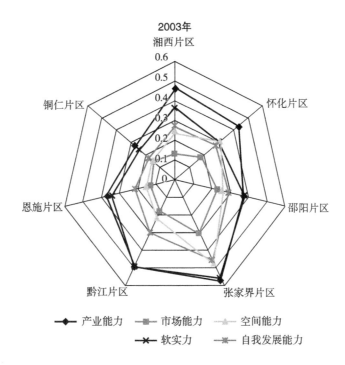

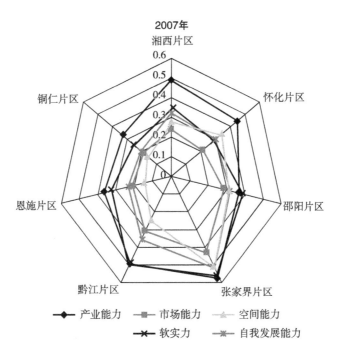

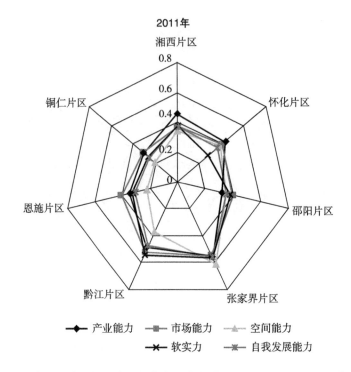

图6 武陵山片区各分片区自我发展能力对比（2003、2007、2011年）

则有较大变动，2003年和2007年，软实力得分高于空间能力和市场能力，不过差距越来越小，2011年，市场能力得分反超软实力和空间能力。怀化片区各子系统得分之间的关系及演变趋势大体与湘西片区一致，不同的是，空间能力得分排序相对靠前。此外，2011年软实力得分最低，并与其他各子系统拉开了差距。邵阳片区各子统得分的差距总体上小于湘西和怀化片区，2003年和2007年，软实力和产业能力得分较高，空间能力和市场能力得分相对较低。2011年，产业能力得分被其他子系统超越，特别是，市场能力得分由最低转变为最高。张家界片区市场能力得分一直为四个子系统中最低，产业能力和软实力在2003年和2007年得分较高且非常接近，2011年，空间能力得分反超，在4个子系统中得分最高。黔江片区各子系统得分差异较大，2003年和2007年，产业能力和软实力得分最高且两者几乎没有差异，但市场能力和空间能力得分较低。到2011年，市场能力得分迅速上升，接近软实力得分，位列第二，而空间能力得分则继续与其他子系统保持较大差距。恩施片区与黔江片区较为类似。2003 年和 2007 年，除了市场能力得分和空间能力得分两者的位置互换外，产业能力和软实力得分排序没有变化，产业能力得分最高，软实力得分次之。2011 年，市场能力得分最高，空间能力得分最低，并且与其他系统得分差距拉大。铜仁片区的自我发展能力在 7 个分片区中最低，各子系统得分的演变趋势与大多数分片区较为相似。2003 年和 2007 年，产业能力和软实力得分较高，不过，这期间两者的差距有所扩大，空间能力和市场能力得分较低。2011 年，市场能力和产业能力得分几乎相同，而空间能力得分仍与其他子系统存在较大差距。

3. 县市区层面的自我发展能力状况

类似地，考虑到县市区部分数据的非精确性对自我发展能力评价结果产生一定的影响。本部分也仅对武陵山片区 71 个县市区的自我发展能力以及各子系统能力得分进行分类判断。具体地，本文将各县市区划分为自我发展能力（包括各子系统能力）相对较弱、中等、较强三类。其中，得分排在前 1/3 的县市区为自我发展能力较强县市，得分排在后 1/3 的县市区为自我发展能力较弱县市，其他则为自我发展能力中等的县市。表 6 给出了武陵山片区自我发展能力及各子系统能力的分类结果。

表 6　武陵山片区县域自我发展能力分类

县市区	产业能力			市场能力			空间能力			软实力			自我发展能力		
年　份	2003	2007	2011	2003	2007	2011	2003	2007	2011	2003	2007	2011	2003	2007	2011
吉　首	3	3	3	3	3	3	3	3	3	3	3	3	3	3	3
凤　凰	3	3	3	2	2	3	2	2	3	3	3	3	3	3	3
古　丈	2	2	2	1	2	1	2	2	2	2	2	2	2	2	2
花　垣	3	3	3	3	3	3	2	2	2	2	2	2	2	2	2
保　靖	2	2	2	1	1	1	2	2	2	2	1	1	2	2	2
龙　山	1	1	1	1	2	1	2	2	2	1	2	1	1	2	1
永　顺	1	1	1	1	1	1	2	2	2	2	2	1	1	1	1
泸　溪	3	3	2	1	1	2	2	2	2	2	2	3	2	2	2
通　道	2	2	2	1	1	1	1	1	1	1	1	1	1	1	1
鹤城区	3	3	3	3	3	3	3	3	3	3	3	3	3	3	3
洪　江	3	3	3	3	3	3	3	3	3	3	3	3	3	3	3
中　方	3	3	3	1	1	2	3	3	3	2	2	2	3	3	3

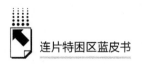

续表

县市区	产业能力			市场能力			空间能力			软实力			自我发展能力		
年份	2003	2007	2011	2003	2007	2011	2003	2007	2011	2003	2007	2011	2003	2007	2011
沅陵	3	3	2	2	2	2	2	2	2	1	1	1	2	2	2
辰溪	1	2	1	2	1	1	2	2	2	1	1	1	2	2	1
溆浦	1	2	2	3	3	2	2	2	1	1	1	1	2	2	1
会同	2	2	2	3	2	2	1	2	1	1	1	1	2	1	1
麻阳	2	2	2	1	1	1	3	3	3	1	1	1	2	2	2
新晃	2	2	2	1	1	1	2	2	2	2	2	2	2	2	2
芷江	2	2	2	2	1	3	3	3	3	2	2	2	2	2	3
靖州	2	2	2	2	2	2	3	2	2	2	2	1	2	2	2
安化	2	1	2	2	2	2	3	3	3	2	2	2	3	2	2
新化	1	1	1	2	2	2	1	1	2	1	2	2	1	1	2
涟源	3	3	3	3	3	3	3	3	3	3	3	3	3	3	3
冷水江	3	3	3	3	3	3	3	3	3	3	3	3	3	3	3
隆回	2	2	1	2	2	1	2	3	2	2	2	2	2	2	2
洞口	1	1	1	3	2	2	3	3	2	2	2	1	2	2	1
绥宁	1	1	1	3	3	2	1	1	1	1	1	2	1	1	1
新宁	1	1	1	3	2	1	1	1	1	2	2	2	1	1	1
城步	2	2	2	1	2	1	1	1	1	3	3	2	2	1	1
武冈	3	3	2	3	2	2	2	2	3	3	3	3	3	3	3
新邵	1	1	1	3	2	2	3	3	3	3	3	3	3	3	3
邵阳	1	1	1	3	2	2	3	3	3	3	3	2	3	3	2
石门	3	3	3	3	3	3	3	3	3	3	3	3	3	3	3
慈利	2	2	3	3	3	3	3	3	3	3	3	3	3	3	3
桑植	2	2	2	1	2	2	2	2	2	2	2	2	2	2	2
武陵源	3	3	3	3	3	3	3	3	3	3	3	3	3	3	3
永定	3	3	3	3	3	3	3	3	3	3	3	3	3	3	3
丰都	2	2	2	3	3	3	1	1	2	3	3	3	2	2	2
石柱	2	2	3	1	2	3	2	1	2	3	3	3	2	2	3
秀山	3	3	3	2	2	3	2	2	2	2	2	3	2	2	3
酉阳	2	2	2	2	2	3	2	2	2	2	2	2	2	2	2
彭水	2	2	2	1	3	3	1	2	2	3	3	3	2	3	3
黔江	3	3	3	3	3	3	3	3	3	3	3	3	3	3	3
武隆	3	3	3	3	3	3	3	3	3	3	3	3	3	3	3
恩施	3	3	3	3	3	3	3	3	3	3	3	3	3	3	3
利川	1	1	1	3	2	2	1	1	1	1	1	1	1	1	1
建始	1	2	1	2	2	2	1	1	1	1	1	1	1	1	1
巴东	1	1	1	2	2	2	1	1	1	2	2	2	1	1	1
宣恩	3	3	3	1	1	1	2	1	1	2	2	1	2	2	2
咸丰	2	2	2	1	1	2	1	1	1	2	1	2	1	1	1

县市区	产业能力			市场能力			空间能力			软实力			自我发展能力		
年　份	2003	2007	2011	2003	2007	2011	2003	2007	2011	2003	2007	2011	2003	2007	2011
来　凤	2	1	2	1	1	1	3	3	2	2	2	2	2	2	2
鹤　峰	1	1	1	1	1	2	1	1	1	2	2	2	1	1	1
秭　归	2	2	2	2	3	3	1	1	2	2	3	3	2	2	2
长　阳	3	3	3	2	3	3	2	2	2	3	3	3	3	3	3
五　峰	3	3	3	1	1	2	1	1	1	2	2	2	1	1	2
铜　仁	3	3	3	3	3	3	3	3	3	3	3	3	3	3	3
江　口	1	1	1	1	1	1	2	2	2	1	1	1	1	1	2
玉　屏	3	3	3	2	3	3	3	3	3	3	3	3	3	3	3
石　阡	1	1	1	2	1	1	1	1	1	1	1	1	1	1	1
思　南	1	1	1	2	1	1	1	1	1	1	1	1	1	1	1
印　江	1	1	1	1	1	2	1	1	1	1	1	1	1	1	1
德　江	1	1	1	1	1	1	1	1	1	1	1	1	1	1	1
沿　河	1	1	1	2	1	1	1	1	1	1	1	1	1	1	1
松　桃	1	1	1	2	1	1	2	2	1	1	1	2	1	1	2
万　山	2	2	3	2	1	2	3	3	3	2	2	2	3	2	3
正　安	1	1	1	2	1	1	1	1	1	1	1	1	1	1	1
道　真	2	2	2	1	1	1	1	1	1	1	1	1	1	1	1
务　川	1	1	1	1	1	1	1	1	1	1	1	1	1	1	1
凤　冈	1	1	1	1	1	1	1	1	1	1	1	2	1	1	1
湄　潭	1	1	1	2	2	2	1	1	2	1	1	1	1	1	2
余　庆	2	2	2	2	2	2	1	1	1	1	2	1	1	1	2

注：1、2、3分别表示各县市区在片区内自我发展能力相对较弱、中等和较强。

由表6不难发现，县市区层面的自我发展能力状况具有如下特征：一是各片区中心城市所在县市区的自我发展能力较强，而且相当稳定。如吉首市、鹤城区、永定区、武陵源区、恩施市、铜仁市和黔江区等，这些县市区大都为地级行政机构所在地，而行政主导的经济体制赋予了这些县市区特殊的发展优势，因而具有较强的自我发展能力。二是自2003年以来多数县市区的自我发展能力类别保持稳定，部分县市则有较为明显的变化。其中，湄潭、余庆、松桃、江口、五峰、彭水、秀山、石柱、新化、芷江等县市区的自我发展能力相对持续上升，而辰溪、溆浦、会同、麻阳、安化、城步、邵阳等县市区的自我发展能力相对持续下降。三是自我发展能力最弱的县市区在空间分布上存在较大差异（见表7）。以2011年为例，自我发展能力较弱县市区百分比最高的片区是铜仁和恩施片区，两者分别达到 56.2% 和 45.5%，而黔江和张家界片区县市的自我发展能力都在中等以上。四个子系统方面，产业自我发展能力较弱县市区主要集中在铜仁、邵阳和恩施片区，三者较弱县市百分比分别为 68.7%、63.6% 和 36.4%；市场能力较弱县市则主要分布在铜仁和湘西片区，两者较弱县市百分比分为 68.7% 和 50%；铜仁和恩施片区县市的空间自我发展能力总体较弱，分别有 12 个和 7 个县市区空间自我发展能力较弱，两者的百分比分别达到 75% 和 63.6%；软实力方面，怀化和铜仁片区自我发展能力较弱县市区比例最高，两者分别为 53.8% 和 68.7%。

表7　武陵山片区自我发展能力最弱的县市区（2011 年）

贫困维度	县市区	备注
产业能力	正安、永顺、印江、沿河、新邵、新宁、新化、务川、绥宁、松桃、思南、石阡、邵阳、湄潭、隆回*、龙山、利川、江口、建始*、鹤峰、凤冈、洞口、德江、辰溪*、巴东	湘西片区 2 个、怀化片区 1 个、邵阳片区 7 个、铜仁片区 11 个、恩施片区 4 个
市场能力	正安、永顺、沿河、宜恩、新宁*、新晃、新化*、务川、通道、松桃、思南、石阡、湄潭*、麻阳、隆回*、龙山*、来凤、江口、古丈*、凤冈、德江、道真、城步*、辰溪、保靖	湘西片区 4 个、怀化片区 4 个、邵阳片区 4 个、铜仁片区 11 个、恩施片区 2 个
空间能力	正安、余庆、印江、沿河、宜恩、溆浦*、新宁、咸丰、务川、五峰、通道、绥宁、松桃*、思南、石阡、湄潭*、利川、建始、会同*、鹤峰、凤冈、德江、道真、城步、巴东	怀化片区 3 个、邵阳片区 3 个、铜仁片区 12 个、恩施片区 7 个
软实力	正安、沅陵、余庆*、永顺、印江、沿河、宜恩*、溆浦、务川、通道、思南、石阡、湄潭、麻阳、龙山、利川、靖州*、江口、建始、会同、洞口*、德江、道真、辰溪、保靖	湘西片区 3 个、怀化片区 7 个、邵阳片区 1 个、铜仁片区 11 个、恩施片区 3 个
自我发展能力	正安、永顺*、印江、沿河、溆浦*、新宁、咸丰、务川、通道、绥宁、思南、石阡、麻阳*、龙山*、利川、建始、会同、鹤峰、凤冈、洞口*、德江、道真、城步、辰溪*、巴东	湘西片区 2 个、怀化片区 5 个、邵阳片区 4 个、铜仁片区 9 个、恩施片区 5 个

注：*表示该县自我发展能力近年来呈相对下降趋势。

进一步地，根据各县市区自我发展能力 4 个子系统得分的差异，我们将武陵山片区 71 个县市区划分为产业制约型、市场制约型、空间制约型和软环境制约型四种类型。具体划分标准为：（1）比较自我发展能力 4 个子系统的得分，以得分最低的子系统作为分类的第一依据；（2）若有多个子系统得分低于 0.5，则按照得分由低到高依次作为第二、三参考标准。具体分类如表8所示。

表8 2011年71个县市区自我发展能力制约类型

类型	产业制约型	市场制约型	空间制约型	软环境制约型
县市区	新化★◆▲ 涟源◆ 冷水江 洞口◆★▲ 新邵◆▲★ 邵阳▲◆ 武陵源 恩施	吉首 保靖★◆● 古丈★◆● 洪江 中方◆ 新晃★◆● 慈利●◆ 永定 黔江 铜仁 玉屏★ 凤冈★◆●	凤凰▲ 花垣◆▲ 泸溪▲◆● 通道◆▲● 会同◆●▲ 隆回◆●▲ 绥宁◆●▲ 新宁●▲◆ 城步▲◆● 武冈▲● 石门 丰都●◆ 石柱● 秀山▲◆ 西阳●◆▲ 彭水● 武隆 利川◆●▲ 建始●◆▲ 巴东●◆▲ 宣恩◆▲● 咸丰◆●▲ 鹤峰●◆▲ 秭归●◆ 长阳 五峰◆▲● 石阡▲●◆ 思南●◆▲ 印江◆●▲ 德江◆●▲ 沿河◆●▲ 松桃●◆▲ 正安◆▲● 道真◆▲● 务川◆●▲ 湄潭◆●▲ 余庆◆●▲	龙山●★▲ 永顺★●▲ 鹤城 沅陵★▲● 辰溪★●▲ 溆浦★●▲ 麻阳▲★● 芷江● 靖州★▲● 安化●▲★ 桑植★●▲ 来凤●▲★ 江口●▲★ 万山▲★

注：县市区名单后的符号表示其他得分低于0.5的子能力系统。其中，●表示产业能力，▲表示市场能力，★表示空间能力，◆表示软实力。

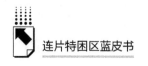

由表 8 可见，武陵山片区的自我发展能力主要受空间能力的制约，片区内共有 37 个县市区空间自我发展能力得分最低。而且，空间能力得分最低的县市区其他子系统的得分也不容乐观，其中，70% 的县市区其他 3 个子系统的得分也低于 0.5。这再次印证了"要想富、先修路""经济发展，交通先行"的观点。因此，当前及今后一段时期内加快交通等基础设施建设，改善区位条件仍是提升武陵山片区自我发展能力的第一要务。此外，软环境制约型县市区数量居第 2 位，主要分布在怀化片区，并且软环境较差的县市区其他子系统的得分也比较低，这意味着促进软环境建设，提升地区软实力得分，将有效增强怀化片区的自我发展能力。相对而言，片区内产业和市场制约型县市的比例不高，但这并不表明武陵山片区的产业和市场自我发展能力强，只是相对于其他子系统而言，这两个子系统有一定的比较优势。事实上，武陵山片区整体的自我发展能力还非常弱。本部分制约类型划分的意义在于提示政府及相关决策者，不同县市区制约其自我发展能力的首要因素存在差异，在提升区域自我发展能力时应实施差别化政策，增强政策效率。

四　武陵山片区多维贫困与自我发展能力时空演变分析

基于前文中武陵山片区多维贫困和自我发展能力的测度与评价结果，本部分重点分析两者的时空演变过程。具体地，本部分应用 GIS 软件绘制了 2003 年、2007 年和 2011 年 3 个时间截面武陵山片区 71 个县市区经济贫困、人类贫困、信息贫困、生态贫困和综合贫困以及产业能力、市场能力、空间能力、软实力和自我发展能力的空间分布图，具体如图 7、8 所示。

（一）多维贫困的时空演变分析

1. 经济贫困的时空演变

图 7 - a 对武陵山片区 71 个县市区经济贫困的时空演变过程进行了描绘。不难发现，总体而言，经济贫困的重心由贵州向湖南转移，铜仁片区在 2003~2007 年经济贫困有所加重，但 2007 年后出现了大幅下降，而邵阳片区经济贫困明显加深。黔江片区的经济减贫效果最为明显，到 2011 年片区内所有县市区经济贫困都

降到一级。张家界片区则相对稳定，所有县市区一直为一级贫困。此外，恩施片区经济减贫效应也相对好于湘西、怀化和邵阳片区。可见，在过去的近10年里，武陵山片区中湖南所辖县市区的经济减贫落后于重庆、贵州和湖北所辖县市区。

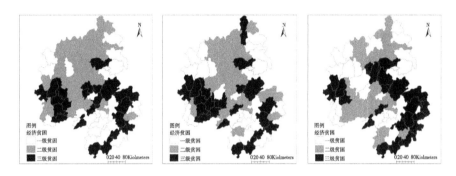

图7-a　经济贫困时空演变（2003~2011年）

2. 人类贫困的时空演变

武陵山片区人类贫困的空间分布从集中分布向分散集聚格局演变。如图7-b所示，2003年，人类贫困最为严重的县市区主要集中在铜仁片区以及酉阳、秀山、龙山、保靖、桑植一带，其他地区则为几个零星的分布点。2007年，铜仁片区及周边人类贫困集聚带略有调整，但另一个集聚区——安化、溆浦、新化、新邵和邵阳等五毗邻县市区的人类贫困却在相对加深。2011年，伴随前两个集聚带（特别是铜仁片区及周边集聚带）的萎缩，会同、绥宁、通道、城步和新宁五毗邻县市区作为一个新兴的人类贫困集聚带则逐步形成。2003~2011年，张家界片区、黔江片区、恩施片区和湘西片区的人类贫困状况则总体上相对有所减轻，三级贫困县日趋减少。

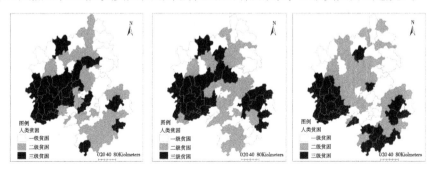

图7-b　人类贫困时空演变（2003~2011年）

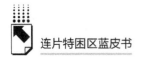

3. 信息贫困的时空演变

信息贫困的时空演变格局和人类贫困大体相似，也是由相对集中分布向相对分散集聚分布演变。图7-c对这一过程进行了描述。2003～2011年，铜仁片区及周边县市区是三级信息贫困的主要集聚区，不过，这一片区的范围呈不断缩小的趋势。而安化、新化、隆回、洞口、新邵、新宁以及永顺、古丈、保靖两个信息贫困相对集聚区则有所增强。张家界、恩施、黔江和怀化片区的信息贫困则总体上相对减轻。

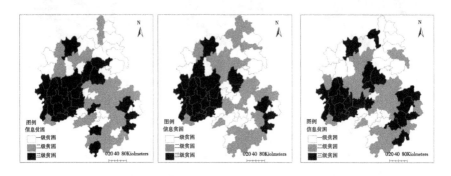

图7-c 信息贫困时空演变（2003～2011年）

4. 生态贫困的时空演变

如图7-d所示，2003～2011年，武陵山片区的生态贫困空间分布格局变化不大。近10年来，铜仁片区及周边少数县市区（含湘西片区和黔江片区部分县市）一直是三级生态贫困集聚地，虽在三个时间截面上有一定的变动，

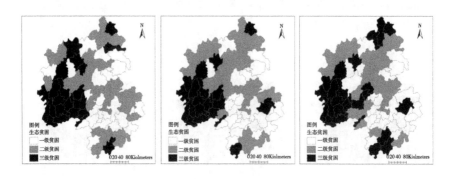

图7-d 生态贫困时空演变（2003～2011年）

但不明显。2003~2007年，其他片区的三级生态贫困县只有3~4个，不过，2011年，恩施片区、怀化片区和邵阳片区的交界处出现了两个相对较小的新三级生态贫困集聚区。张家界片区、怀化片区和邵阳片区则由于地势相对平缓，山地面积占比相对较低，总体上生态贫困相对较轻。

5. 综合贫困的时空演变

前面的分析仅从单一维度考察武陵山片区贫困的时空演变格局，事实上，考虑了多个维度的综合贫困指数及其时空演变更能反映武陵山片区贫困的时空特征。如图7-e所示，综合贫困也呈"一大多小"的分散集聚格局。2003~2011年，铜仁片区及少数周边县市区是三级综合贫困的最大集聚区，不过，这一集聚区的范围在逐渐缩小，而其他三个小集聚区的范围虽有所调整，但总体上呈扩大的趋势。2011年，古丈、永顺、龙山和来凤，安化、新化、隆回、洞口和新邵，新宁、城步和通道组成的三个小集聚区和铜仁片区形成了武陵山片区综合贫困"四足鼎立"的局面。黔江片区、张家界片区以及恩施片区和怀化片区的大部分县市区综合贫困相对较轻。

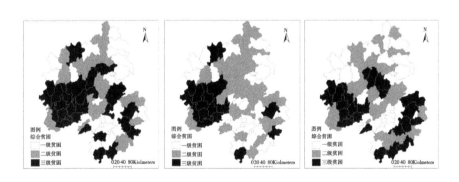

图7-e 综合贫困时空演变（2003~2011年）

（二）自我发展能力的时空演变分析

1. 产业自我发展能力的时空演变

图8-a对2003~2011年产业自我发展能力状况时空演变过程进行了描绘。不难发现，产业自我发展能力较强县市区空间分布较为分散，而且演变趋势也不够明朗。不过，产业自我发展能力较强的县市区大都分布在各地级行政

机构所在的县市区及其周围。如黔江区、恩施市及其周边县市、铜仁市及周边县市（万山、玉屏）、吉首市及周边县市（凤凰、花垣）、张家界市及周边县市、怀化市及周边县市（中方、洪江）、冷水江和涟源市等。其次，长阳、五峰和石门的产业自我发展能力也一直保持较强。此外，玉屏、万山、铜仁、凤凰、吉首、花垣、秀山、泸溪、沅陵、张家界、石门、五峰、长阳一线是武陵山片区产业自我发展能力较强县市区分布带，但2011年，中间的泸溪、沅陵有所下降，出现了一定的塌陷。相对而言，产业自我发展能力最弱的县市区则相对比较集中，主要分布在铜仁片区、邵阳片区及与之交界的怀化片区部分县市、与宜昌交界的恩施片区部分县市以及恩施片区和湘西片区交界处部分县市。

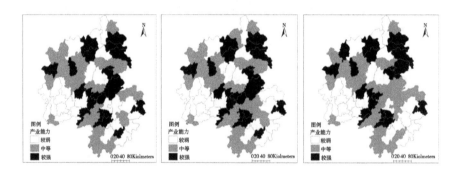

图 8 - a 产业能力时空演变（2003 ~ 2011 年）

2. 市场自我发展能力时空演变

相对而言，市场自我发展能力的空间分布呈现一定的连片性特征。如图8 - b 所示，除了各地级行政机构所在县市区的市场自我发展能力较强以外，片状分布特征也较为明显。2003 年，邵阳片区和怀化片区（特别是两者的交界处）、张家界片区以及恩施市及附近县市区是三个自我发展能力较强的连片区，不过，2007 年后，邵阳片区和怀化片区交界处的市场自我发展能力明显相对下降。2007 ~ 2011 年，黔江片区迅速崛起，成为武陵山片区内最大的市场自我发展能力较强县市集聚区，此外，怀化市、吉首市和铜仁市三者及其毗邻县市区正在逐步形成市场自我发展能力较强县市集聚区，张家界片区的市场自我发展能力则一直较强。铜仁片区、恩施片区与湘西片区交界处则一直是市场自我发展能力较弱县市的集聚区。

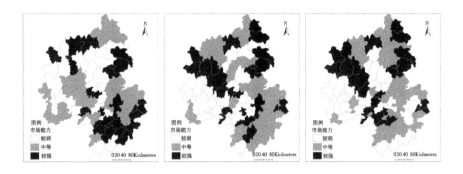

图 8 - b　市场能力时空演变（2003 ~ 2011 年）

3. 空间自我发展能力时空演变

由图 8 - c 可知，武陵山片区空间自我发展能力的空间分布随时间的变化不是十分明显，在相当程度上保持了基本稳定。同样，地级行政机构所在的县市区空间自我发展能力较强，部分县市区甚至呈现出明显的"孤岛"分布格局。如恩施片区中，恩施市的空间自我发展能力较强，而周边的县市空间自我发展能力都相对较弱。可见，行政权力对资源配置的影响在地级、县级层面仍然相当大。此外，张家界片区、怀化片区和邵阳片区由于其地势相对平缓的优势，空间自我发展能力也相对较强。铜仁片区、黔江片区和恩施片区则由于山地面积占比较高、地形复杂、生态相对脆弱，其空间自我发展能力相对较弱，虽然近 10 年来，各县市区都在大力发展交通、改善区位条件，但在片区内的相对地位没有明显变化。

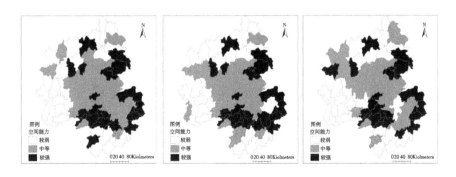

图 8 - c　空间能力时空演变（2003 ~ 2011 年）

4. 软实力的时空演变

2003~2011年，武陵山片区各县市区软实力的空间分布也相对稳定。如图8-d所示，黔江片区、张家界片区以及玉屏、万山、铜仁（碧江）、凤凰和吉首一带的软实力一直相对较强。通道、绥宁、武冈、邵阳一带在2003~2007年，软实力也相对较强，但2007年以后，有了明显的相对下降。此外，怀化鹤城区及周边、恩施市、冷水江和涟源以及长阳等县市区的软实力也相对较强。软实力相对较弱的县市区则主要分布在铜仁片区、恩施片区以及湘西、怀化和邵阳片区的交界处。

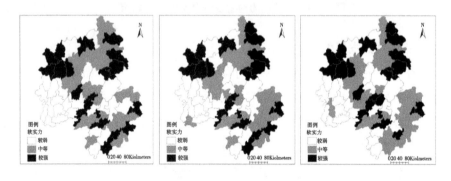

图8-d　软实力时空演变（2003~2011年）

5. 自我发展能力的时空演变

图8-a到图8-d分别从自我发展能力四个子系统层面对武陵山片区自我发展能力的时空分布状况进行了描绘。进一步，图8-e则从自我发展能力整体层面对其时空演变过程进行了刻画。不难发现，相对于四个子能力系统而言，自我发展能力整体的空间分布更为分散、变动程度相对更低。总体而言，具有如下特征：（1）张家界片区的自我发展能力在三个时间截面上都相对较强，也是唯一的一个全部县市区自我发展能力都相对较强的分片区；（2）黔江片区和怀化市鹤城区周边县市区的自我发展能力在逐步增强，前者大体上为平稳发展，后者则主要发生在2007年以后；（3）玉屏、万山、铜仁、凤凰、吉首一带的自我发展能力一直相对稳定，不过随着怀化市鹤城区周边县市区自我发展能力逐步增强，这两个自我发展能力相对较强县市集聚区正在连成一片，形成一个更大的自我发展能力较强县市集聚区；（4）邵阳片区的自我发展能力则呈整体相对下降的趋势，到2011年，仅有冷水江、涟源和武冈3个

县市区的自我发展能力相对较强；（5）铜仁片区、恩施片区、怀化片区和邵阳片区交界处的自我发展能力整体较弱，特别是怀化片区和邵阳片区交界处，其自我发展能力较弱县市区范围近10年来呈扩大趋势；（6）各地级行政机构所在县市区的自我发展能力相对较强，且一直保持相对稳定。

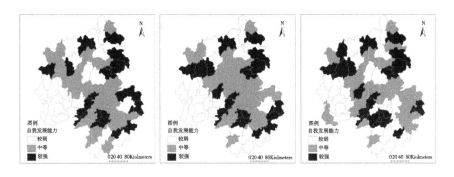

图8－e　自我发展能力时空演变（2003～2011年）

五　主要结论

　　本文在回顾为数不多的连片特困区多维贫困与自我发现能力研究文献的基础上，应用第二、三章所构建的多维贫困测度与自我发展能力评价指标体系，探索性地创建了一套连片特困区多维贫困测度与自我发展能力评价方法。进一步地，本文以武陵山片区为例，分别从片区整体层面、分片区层面和县市区层面以及2003年、2007年和2011年三个时间截面对其多维贫困和自我发展能力进行了测度和评价，并对贫困的各维度及综合贫困、自我发展能力各子系统及整体的时空演变过程进行了分析。通过多层面、多维度、时空比较等方面的全面分析，本文得到以下结论。

　　（1）近10年来，在国家扶贫开发和西部大开发等政策的支持下，武陵山片区整体层面的多维贫困程度有所下降，自我发展能力有所增强。但从横向比较来看，武陵山片区多维贫困程度仍然很严重，自我发展能力仍十分有限。具体地，多维贫困方面，经济贫困和信息贫困相对严重，人类贫困和生态贫困则相对较轻。人类贫困中，交通、教育和健康贫困改善较为明显，住房贫困最为严重。自我发展能力方面，产业和市场自我发展能力提升相对较快，而软实力最弱，空间能力次之。各子系统内部，产业结构得分最高，产业效益最差，产业潜力虽较低，但提升较快；市场容量和市场化进程得分相差不大；城市化、交通通达性和区位条件三者的得分依次降低；教育与科技、金融服务两方面的得分几乎为0，是武陵山片区软实力的重要制约因素。

（2）武陵山片区内部7个分片区在多维贫困和自我发展能力方面均存在一定的差异，而且近10年来，在贫困的各个维度、自我发展能力的各个子系统方面出现了分异和调整。多维贫困方面，张家界片区和黔江片区的综合贫困程度最低，铜仁片区、邵阳片区和湘西片区的综合贫困程度最深，怀化片区和恩施片区居中。此外，铜仁片区和湘西片区（2007～2011年人类贫困有了较大改善）的经济贫困和人类贫困最为严重；铜仁片区和恩施片区的生态贫困最为严重；信息贫困最严重的则是铜仁片区和邵阳片区。从动态演变的角度来看，邵阳片区和怀化片区的贫困程度相对加深，而黔江片区减贫效应最强。自我发展能力方面，张家界片区和黔江片区的自我发展能力相对较强，而铜仁片区和恩施片区最弱，湘西片区、怀化片区和邵阳片区则居中。各个能力子系统层面，铜仁片区都最弱，此外，恩施片区和邵阳片区的产业能力相对较弱，湘西片区、恩施片区（2011年除外）和怀化片区的市场能力相对较弱，空间能力相对较弱的则是恩施、黔江（2007～2011年有明显改善）和湘西片区，软实力方面，怀化片区和恩施片区相对较弱。从动态演变的角度来看，湘西片区自我发展能力上升较快，而邵阳片区下降明显。

（3）近10年来，武陵山片区71个县市区的多维贫困和自我发展能力分级分类相对稳定，只有近1/3的县市区有较为明显的级别和类型变动。首先，最为明显的特征是，各地级行政机构所在的县市区多维贫困程度最低、自我发展能力最强。而从贫困主导类型来看，经济贫困主导型县市区数量最多。其次，是信息贫困主导型和人类贫困主导型，生态贫困主导型县市区数量最少，而且经济贫困主导型县市区往往其他维度贫困程度也较深。自我发展能力方面，多于一半的县市区为空间制约型县市区。最后，数量递减的分别是软环境制约型、市场制约型和产业制约型。同样，空间制约型县市区其他子系统的制约也相对突出。这意味着在实施连片特困区区域发展与扶贫攻坚战略时，既要片区推进，也需分类指导、实行差别化对策和措施。

（4）武陵山片区多维贫困与自我发展能力的时空演变分析表明，贫困程度较深和自我发展能力相对较弱的县市区在空间分布上相对集中，而贫困程度较浅和自我发展能力较强的县市区的空间分布则相对分散。特别地，各地级行政机构所在地（即片区内中心城市所在地及周边少数县市）在三个时间截面上多维贫困程度较浅、自我发展能力较强，相当稳定。多维贫困类型和自我发展能力类型县市区虽在空间上并不完全重叠，但大体上相对一致。也就是说，多维贫困和自我发展能力的时空演变具有一定的偶合性。自我发展能力较强县市区其多维贫困程度相对较浅，反之反是（如铜仁片区）。因而，增强自我发展能力是实现多维减贫的关键。

Evaluation on Multidimensional Poverty Alleviation and Self-development Capacity of Wulingshan Contiguous Destitute Area

Ding Jianjun   Leng Zhiming

Abstract：From the spatial level of whole region, sub-region and counties, this paper has measured and evaluated the degree of multidimensional poverty and self-development capacity of Wulingshan contiguous Destitute Area in 2003, 2007 and 2011. The results showed that：（1）The multidimensional poverty was serious and the self-development capacity was very limited for the whole region；（2）The multidimensional poverty degree and self-development capacity existed difference among sub-regions；（3）The relative position of multidimensional poverty and self-development capacity between counties was relatively stable during 2003 −2011；（4）The counties which more destitute and self-development capacity more weaker were relatively concentrated in the spatial distribution, otherwise, the counties which less destitute and self-development capacity more stronger were relatively dispersion in the spatial distribution.

Key Words：Wulingshan Contiguous Destitute Area； Multidimensional Poverty；Self-development Capacity；Evaluation

扶贫攻坚篇

Anti-Poverty

B.5

武陵山片区的经济贫困与产业扶贫

周 伟 黄祥芳*

摘 要：

本文对武陵山片区的经济贫困及以往的扶贫政策进行了反思，认为武陵山片区缓解贫困、增强自我发展能力关键在于利用片区资源禀赋发展优势产业，而特色农业和旅游产业又是武陵山片区进行产业扶贫的不二选择，在武陵山片区促进第一产业（特色农业）与第三产业（旅游产业）的有机结合有利于该区域走低碳生态、全民共同脱贫致富的自生发展道路。

关键词：

经济贫困 产业扶贫 亲贫式发展

---

* 基金项目：国家社科基金《连片特困区统筹发展与多维减贫研究》（批准号：12CJL069）、《经济福利核算的理论基础及其公理化指标体系构建》（批准号：12XJL006）。

周伟，吉首大学商学院讲师，清华大学博士研究生，研究方向为福利经济学与经济增长。黄祥芳，吉首大学商学院讲师，北京林业大学博士研究生，研究方向为农业经济管理。

一 引言

贫困，特别是经济贫困，会产生一些重要的社会问题。长期以来，中国一直遭受普遍贫困的折磨。根据官方公布的农村贫困人口数据，1978 年中国农村贫困人口为 2.5 亿，而到了 2005 年，中国农村的贫困人口下降到 2365 万，贫困发生率仅为 2.5%。虽然中国政府在扶贫方面取得的巨大成绩得到了国际社会的普遍认同，但这并不意味着中国未来消除贫困的任务变得轻松。即使不考虑中国官方贫困线定得太低这一因素，中国农村的贫困人口下降趋势也不十分稳定。从经济发展的不同阶段看，贫困人口的快速下降发生于 20 世纪 80 年代上半期；而此后，农村贫困人口下降的速度则开始变慢，甚至出现了反弹。譬如，2005～2010 年，农村贫困人口从 2365 万人上升到 2688 万人，贫困发生率则从 2.5% 上升到 2.8%。

当然，按照新的人均纯收入 2300 元（基本达到每天 1 美元标准）的贫困线标准，2011 年底，中国的贫困人口规模仍然高达 1.28 每天亿人。[①] 毫无疑问，规模大、脱贫难的挑战在中国边缘山区体现得最为典型。在全面建设小康社会总体目标和扶贫开发新形势要求下，中央高度重视并决定把 14 个连片特困地区作为今后 10 年扶贫攻坚的主战场（在多个中央重要文件中提及）。由于武陵山连片特困地区的典型性可为全国扶贫攻坚发挥示范引领作用，中央决定在武陵山片区率先开展区域发展与扶贫攻坚的试点工作。因此，加强对武陵山连片特困地区贫困问题的研究，为扶贫攻坚提供理论和实践上的借鉴材料具有非常重要的意义。

二 武陵山片区经济贫困基本调查

武陵山片区是我国极度贫困地区之一，根据对其近三年经济贫困发生率的基本调查，可以明显看出该区贫困发生率高出全国水平很多（见表 1）。虽然

---

① 资料来源：《国务院扶贫办主任范小建详解 2300 元扶贫新标准》，2011 年 12 月 2 日，新华网，http：//news. xinhuanet. com/politics/2011 - 12/02/c_ 111212712. htm。

这其中有贫困线标准调整的原因，譬如，2011 年整体出现了贫困发生率高出往年较多的正常现象。但是在贫困标准没变的 2009～2010 年，湘西州与恩施州却出现了贫困发生率加剧现象，可见 2008 年经济危机后经济大环境的恶化增加了山区的脱贫难度，并使得返贫问题比较突出。[①] 当然，还有学者将武陵山片区的经济贫困现状概括为经济发展水平低、生态环境脆弱、基础设施薄弱、特色产业尚未形成规模、内生发展动力不强、公共服务供给不足等，但是这些概括与其说是武陵山片区经济贫困现状，还不如说是导致该片区经济贫困的原因，后文将着重对此进行分析。

表1 湘西州、恩施州、黔江区与铜仁地区贫困发生率情况

单位：%

贫困发生率	2009 年	2010 年	2011 年
全国水平	3.60	2.80	12.70
湘西州（与全国对比）	25.00（+21.4）	39.70（+36.9）	52.60（+39.9）
恩施州（与全国对比）	31.40（+27.8）	35.00（+32.2）	44.50（+31.8）
黔江区（与全国对比）	16.90（+13.3）	13.40（+10.6）	13.60（+0.9）
铜仁地区（与全国对比）	18.90（+15.3）	14.10（+11.3）	38.40（+25.7）

注：铜仁地区包括：铜仁市、江口县、玉屏县、石阡县、思南县、印江县、德江县、沿河县、松桃县、万山特区。图中数字前的 + 号表示高出全国水平。2011 年按 2300 元的新扶贫标准。
资料来源：各地统计年鉴、统计公报、扶贫简报及政府新闻网，部分数据经作者计算整理。

根据 2009 年数据显示，该片区贫困人口 575 万人，整体贫困发生率高达 22.67%，超全国平均水平 19.07%。在反映贫困程度的经济指标方面，2009 年武陵山片区人均 GDP 为 10147 元，仅相当于全国水平的 39.67%，农村恩格尔系数在 0.6 左右，人民生活处于温饱边缘。2010 年，该地区总人口 3645 万人，约占全国人口的 2.5%，其中乡村人口 2792 万人，贫困人口 301.8 万人，贫困发生率高达 11.21%，[②] 高出全国 7.41 个百分点。片区

---

① 从表 1 可看出武陵山片区的黔江区脱贫比较成功，其贫困发生率与全国水平的差距呈不断缩小的趋势。
② 数据来源于《武陵山片区区域发展与扶贫攻坚规划》，简称《片区规划》。除非特别说明，本文有关武陵山片区的数据均来自《片区规划》、武陵山片区所辖县市统计年鉴、统计公报、扶贫简报及政府新闻网，部分系作者计算所得。

人均地区生产总值（9263 元）和农民人均纯收入（3499 元）分别是全国平均水平的 33.76% 和 59.1%，与 2001 年的 37.3% 和 62.68% 相比，差距进一步拉大。片区内城乡居民收入比为 3.04∶1，城乡差距明显。地方预算内财政收入 153.8 亿元，占全国总量的 0.19%。城乡居民储蓄存款余额 2231 亿元，占全国总量的 0.74%。不难看出，上述经济指标远远低于全国平均水平的 2.5%。

再看 2003 年以来武陵山片区的时序数据，先按 4 省区划分片区，我们可以看到武陵山连片区在湖南、湖北、重庆和贵州境内的经济发展状况。从图 1 可看出，尽管近年来中国经济一直保持高速增长，人均 GDP 不断提高，但是不难看出武陵山各片区的人均 GDP 与全国人均水平差距越来越大。此外，从图 1 还可看出湖南、湖北和重庆片区发展状况极为相似，三片区内人均 GDP 走势自 2003 年以来几乎重合。贵州片区的人均 GDP 水平低于前三片区，趋势也更为平缓，因而可以认为贵州片区贫困程度更深。此外，从全国与武陵山片区内人均 GDP 的走势也可分析出近年来全国经济的高速增长对该片区的影响甚小，而 2003～2006 年该片区的平缓走势反映出该片区减贫步伐放缓，与这段时间内的中国整体减贫放缓相一致。

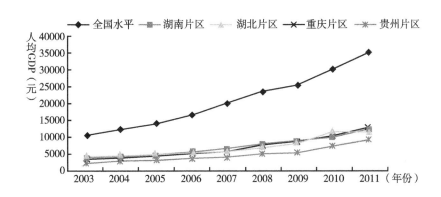

图 1　2003～2011 年全国与武陵山片区人均 GDP 比较

资料来源：各地统计公报。

如果将武陵山片区按 7 个小片区的原则划分，即可分为湘西片区、怀化片区、邵阳片区、张家界片区、恩施片区、铜仁片区和重庆的县市为黔江片区等

7 个片区，则武陵山片区的人均 GDP 与全国人均水平从图 2 可大致看出。尽管图 1 与图 2 在趋势上极其相似，但是武陵山 7 个片区的划分更能看出片区间的差异。从图 2 中可看出，铜仁片区（即为图 1 中的贵州片区）情况仍然最差，但张家界片区人均 GDP 超过黔江片区成为情况最好的片区，估计这与张家界片区的旅游经济迅速发展有关，因而可为产业扶贫的产业选择提供了可信的证据支持。

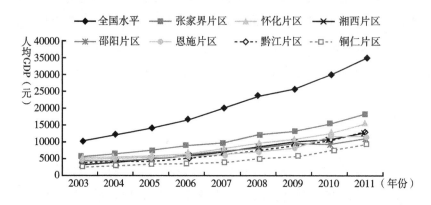

图 2 2003～2011 年全国与武陵山片区人均 GDP 比较

资料来源：各地统计公报。

当然，武陵山片区不管是按 4 个片区还是 7 个片区划分，从图 1、图 2 中均可看出贵州片区或铜仁片区在武陵山片区中的人均 GDP 最低，那么其贫困发生率怎样呢？从图 3 可发现，除了湄潭县、凤冈县与余庆县情况稍好外，该片区中其他县或特区的贫困发生率均高于 30%，最高的石阡县更是达到 43.4%，可见其整体贫困非常突出，大力发展经济的任务更为突出。

由于贫困人口主要集中在农村，从图 4 可看出，武陵山四省市片区农村人均纯收入皆低于全国水平，但基本与全国水平同步发展。从农村人均纯收入增幅程度来看，不论是全国水平还是武陵山内各片区水平在 2003～2006 年走势均较为平缓，进一步验证了这一时期整体减贫速度放缓。当然，也不难看出重庆片区农村人均纯收入高于其他 3 个片区，且有与全国水平之间差距越来越小的趋势，可见重庆片区的减贫成绩更为突出。

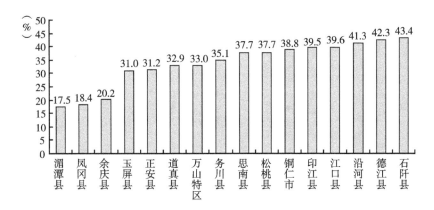

图3　2011 年铜仁片区贫困发生率

资料来源：各地统计公报。

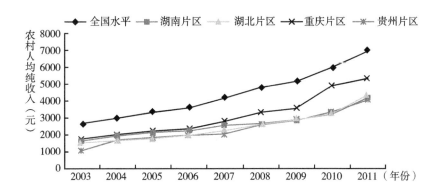

图4　2003～2011 年全国与武陵山片区农村人均纯收入比较

　　同样，按武陵山七片区划分对片区内农村人均纯收入的数据分析可知其趋势仍与四片区划分的趋势基本一致，当然，更细分的片区差距显示更为明显（见图5）。由于图4 中重庆片区就是图5 中的黔江片区，因而可见黔江片区农民纯收入自2006 年以来增速明显快于其他片区，特别是2009 年后明显好于其他片区。综合表1 中黔江片区的贫困发生率与其图2 中并非靠前的人均 GDP 可知，近年来黔江片区除扶贫工作取得显著成效外，收入分配更向农村居民倾斜，因此，黔江片区的亲贫式增长经验值得推广与借鉴。

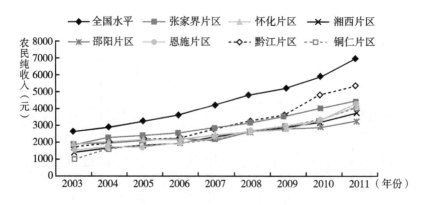

图5　2003～2011年全国与武陵山片区农村人均纯收入比较

　　当然，如果综合表1中2011年的贫困发生率数据与图4或图5中各片区2011年农村人均纯收入可推断，武陵山片区内居民的收入差距仍是令人担心的问题，人口的结构性贫困相当明显。理由是武陵山各片区在2011年的农村人均纯收入已远远高于2011年的贫困线标准，如果各片区的收入分配呈合理正态分布，则不会出现湘西州30.7%、恩施州44.5%与铜仁区38.4%的高贫困发生率，左边（即低于平均收入）的厚尾现象非常严重。可见，寻找产业扶贫使地区经济脱困的同时，还需要思考选择的产业能否使大量的贫困人口从中受益，从而寻找的产业需要具有改善收入分配的功能。

三　武陵山片区经济贫困原因分析

　　经济贫困无疑是个经济问题，因而导致贫困最直接的原因可归结为较低的经济发展水平。但是这两者之间本身在某种程度上可画等号，把经济贫困归咎于低的经济发展水平无疑是句有用的废话，有利于将对经济贫困的思考转化为我们熟悉的经济增长问题。从国家宏观层面来说，经济增长情况和贫困率发生情况之间有着很强的相关性，高经济增长伴随着贫困率的快速下降，而经济退步则伴随着贫困率的上升，从表1中经济危机后的2009～2011年贫困发生率的上升可印证这点。当然，也有很多国外和国际的证据，譬如，印度尼西亚的人均收入在1984～1993年增长了60%，1993年生活在贫困线的人口比例仅相当于 1984 年的 1/4，而在 1997～1999 年印尼发生危机期间，人均收入下降 12%，同时贫困率上升 65%。①

拥有世界 1/5 人口的中国和印度的经济快速增长对世界贫困人口的减少做出了巨大的贡献。② Summers-Heston 数据集（PWT5.6）表明，1980～1992 年中国的人均实际收入以年均 3.58% 的速度增长。根据 Quah（2002）的估计，在中国每天生活支出少于 2 美元的人口比例从 1980 的 37%～54% 下降到 1992 年的 14%～17%，而同时期中国的人口从 1980 年的 9.81 亿上升到 1992 年的 11.62 亿，中国的贫困人口从 1980 年的 3.6 亿～5.3 亿下降到了 1992 年的 1.58 亿～1.92 亿。中国和印度的经济增长伴随着大幅度的贫困人口减少，Dollar &Kraay（2002）的研究表明一个国家最贫困的 20% 人口的人均实际收入几乎与这个国家全部人口的人均实际收入同步变化。

因此，目前的主流理论已经取得共识，认为经济增长对缓解和减少贫困发挥着核心作用（Bourguignon，2004；Kraay，2006；胡鞍钢等，2006；汪三贵，2008）。如此看来，武陵山片区的贫困状况可归咎为该片区经济增长的乏力，③ 当然从上面对武陵山片区经济状况基本调查中也可证实这种观点的正确性。因此，在武陵山片区整体贫困的前提下，我们需要关注该地区的经济增长。现在的问题是，是什么原因使得武陵山片区无缘分享 30 多年来全国稳步高速增长的经济奇迹的蛋糕而无法解除最糟糕的诅咒呢？④

大多数学者将武陵山片区经济增长乏力归结为区位劣势，以及发展经济的基础条件不够。由于武陵山片区大多地处湘鄂渝黔四省区边界，又被群山围绕，发展工业经济⑤既没有腹地可依托，也得不到片区外周边经济体的辐射，因此武陵山片区的经济由于群山的地理屏蔽基本独立于全国经济。而经济基础

---

① 印度尼西亚的例子说明在经济增长率为正的国家，生活在贫困线下的人口比例有所减少，最强劲的经济增长伴随着最快速的贫困削减，同时贫困人口的脆弱性由此也可见一斑。

② 萨拉·伊·马丁（2002）认为特定时期拉丁美洲经济的增长对贫困人口的减少也起到了作用，而同时期非洲的负增长增加了贫困人口。

③ 从某种意义上讲，人均 GDP 的增加意味着穷人的收入提高，使得他们可以脱离贫困。

④ 发展经济学家 Ray（1998）说过经济贫困是最糟糕的诅咒，不仅说明了贫困是如此让人不快，同时也揭示了人类社会抵抗贫困的举步维艰。

⑤ 从发展经济学的角度来讲，只有工业的发展，才能突破增长的瓶颈，实现持续性的经济增长。

条件譬如土地资源的制约（如多山少地）限制了武陵山片区农业的发展，交通瓶颈①制约了武陵山片区内的交流，加上行政区划的分散与地区保护使得发展成果难以扩散到周边地区，因而武陵山片区好像是孤立于全国海洋的一片岛屿，而片区内的各个县市又像是彼此孤立的小岛，限制了人流、物流、信息流和资金流的交流与共享，很大程度上限制了武陵山区经济的发展。

总的来说，武陵山片区的经济贫困或经济增长乏力的原因可归纳为：发展基础差、发展能力低、发展机会少。如此看来武陵山片区经济贫困确在情理之中。因此，在全国共同奔小康的进程中，有学术、政坛两界人士提出武陵山片区的脱贫致富需要得到外界，特别是党中央、国务院的大力支持。但是从近年来的扶贫效果来看，中国政府的扶贫开发方式对消除山区经济贫困收效甚微。那么，为什么就不能找到一条符合武陵山片区区情的使得该地区自生发展的亲贫式发展之路呢？

四 政府扶贫政策的反思

武陵山片区是我国较早实施扶贫的地区之一，多次得到政府扶贫的特殊照顾，但是其贫穷落后的状况却不能从根本上得到改变。从现有相关文献看，虽有部分文献证实了（某项）扶贫政策的积极意义，但更多的研究者对于中国农村扶贫政策效果的检验并不乐观。Rozelle（2000）运用四川和陕西的数据详细分析了贫困率降低的原因，结果发现经济增长能够解释贫困率的绝大部分变化，政府的扶贫政策对缓解贫困几乎没有作用。Kraay（2006）将贫困的变化分解为经济增长的因素和收入分配的因素，发现经济增长因素解释了短期贫困变化的70%和长期贫困变化的95%。而Fan（2003）的实证研究则发现，由于目标瞄准机制的低效率以及对资金的错误使用，政府反贫困项目的减缓贫困效果一般都比较小，其中扶贫贷款对缓解贫困的作用最小。因此，相应的结论是，中国政府的农村反贫困政策本身效果实际上并不是太好（章元和丁绎镁，2008）。

---

① 武陵山区山势连绵，平地稀少，使得该地区交通运输尤为不便，仅有的省级或各级别水平的公路设施也相对简陋，很多村落和村民组之间没有道路相连。

　　既然扶贫政策的效果并不明显，那么我们自然需要关心的一个问题是：政府扶贫政策为什么没有发挥预期的效果？当然，如同治病一样，效果不佳的原因，要么是药不对症，要么是用法、用量有差错。扶贫政策效果不太好，原因也无非是这两种。章元和丁绎镁（2008）认为，扶贫资金的总量投入明显不足、有相当部分扶贫资金被挪用、扶贫资金并不能完全为穷人所用以及政府过多干预导致扶贫政策效率低下等是扶贫政策难以发挥预期效果的根本原因。换句话讲，他们认为扶贫政策之所以效果不太好，原因在于"药量"不足以及实施环节上出现了纰漏，而政策本身没有什么问题。

　　扶贫政策实施环节会出现纰漏诚然不假。但从20世纪90年代后期开始，中央政府已经开始大幅度提高了扶贫资金的力度，并加强了对扶贫资金的管理和监管，但为什么扶贫效果仍然并非所愿呢？由此可见，扶贫政策本身可能存在一些疑问或问题。一般来说，扶贫政策大致分为两类，即救济式扶贫与开发式扶贫，其区别主要在于"输血"与"造血"。总结回顾武陵山片区扶贫开发多年走过的路，总体上属于"输血式"扶贫。大家都知道，对于一个"造血"功能不足的有机体来说，间断性"输血"只能对病痛起到暂时缓解作用并削弱机体的"造血"功能。

　　因此，可以想象各级政府对武陵山片区间断性"输血"的结果，虽然政府为该片区的经济贫困投入了巨额资金，但是这种强调"输血"的转移支付扶贫方式虽在实现扶贫短期目标的同时，也可能削弱贫困农民诉求进行改变的动力，因而也就不可能形成长期有效能脱离贫困资助并顺利运行的良性循环。因此，针对目前政府的扶贫效果，很有必要反思目前实施的扶贫政策，需要将"输血"的扶贫政策转移到在国家的扶持下，以市场需求为导向，开发利用当地资源，发展商品生产和交换，解决贫困人口温饱，依靠科技进步，通过内生增长脱贫致富的"造血"政策上来。可以认为，忽视增强贫困地区"造血"功能，即忽视培育贫困地区的内生增长能力是政府反贫困政策失败的根本原因。

五　武陵山片区反贫困的思路

　　综上所述，思考武陵山片区如何跳出贫困陷阱、摆脱扶贫援助的路径依赖、实现内生增长就成为武陵山片区反贫困的思路。选择既能让经济快速增长又能让贫困人口普遍受益的产业自然成为首先考虑的问题。当然，武陵山片区反贫困思路既要将反贫困与山区的可持续发展相联系，即在可持续发展中消除山区贫困，保护国家重要的生态资源带，也需要遵循武陵山片区的区情与资源禀赋。譬如人力资本水平不高、山多地少、旅游资源丰富等因素来进行思考。当然这也是与《中国农村扶贫开发纲要（2011～2020）》中指出的思路相一致。①

既然自我发展能力是武陵山片区经济社会实现可持续发展的内生动力，而其自身能力建设必然依赖于增长极的辐射带动，否则，缺少产业和中心市场带动的贫困地区将很难产生可持续的发展能力。由此，有学者认为应选择特定的地理空间作为增长极，以带动武陵山片区的经济发展，并认为佩鲁在1950年所提出增长极理论适合武陵山片区的扶贫开发模式。譬如，童中贤等（2012）撰文详细阐述了武陵山片区中哪个城市可充当增长极。不管选择的增长极科学与否，本文认为，在武陵山片区通过培育城市增长极，从一个或数个"增长中心"逐渐向其他地区传导，最后通过推动空间经济发展来达到整体区域经济发展的战略在武陵山片区特有的经济社会大环境下既不现实也不可取。

前文提到武陵山片区犹如大海中一片比较集中的岛屿，其片区内部之间比较封闭，片区与外部相互隔绝，加之，片区内行政区划较为分散，地区性协作特别是跨省协作在现有体制下很难突破，"大扶贫""主战场"的开发布局难以形成，因此"以点带面"的增长极模式难以适用该片区，在固有的武陵山片区交通和信息等条件的约束下，短时间内不可能将发展成果通过增长极扩散到周边其他贫困地区。即使上述瓶颈可以突破，整个区域跨度大、面积广、贫困程度深，整体贫困、经济社会情况差异不大的武陵山片区内，②也难以找到一个区域充当所谓增长极的作用，而通过培育增长极以获取国家政策优惠与项目开发资金对别的区域不公平。因此，前面提到的培育增长极不是指城市增长极，而是指产业增长极。

---

① 新的扶贫纲要中再次把发展特色优势产业、提高内生增长能力摆到了很重要的位置。
② 武陵山区各地区之间在自然条件、传统文化、民族风俗、居式耕作、生活方式、经济基础、经济环境、市场条件、物质资源等方面均有密切联系，其经济发展速度、规模和产业布局十分相似。

既然培育产业增长极，有学者立即指出武陵山片区矿产资源丰富，譬如锰、锑、汞、石膏等矿产储量居全国前列。已探明的 70 余种矿产中组合配套优势明显。天然气储量达 30 亿立方米以上；湖北恩施的煤、铁、磷等矿产资源居全国前列，尤其是磷、硒资源分布广、含量高，享有盛誉；贵州省松桃县、重庆市秀山县、湖南省花垣县构成了中国锰矿的"金三角"，以"锰三角"著称，因此该片区应该发展资源型产业以拉动经济增长。持有此类观点的学者很显然是没有考虑发展资源型经济存在的三个弊端。首先是长期依靠丰富的自然资源获得增长，可能致使经济体丧失了内在创新动力，诱发荷兰病（The Dutch Disease），① 而当前全球经济危机下资源型经济代表的鄂尔多斯的衰败景象也值得鼓吹的学者警醒。其次是对生态环境的破坏，由于地方政府发展经济的迫切心情以及地方民众环保意识的相对淡薄，自然资源开发所带来的环境污染问题往往异常严重，譬如，"锰三角"造成环境的严重污染就是一个著名案例。要知道武陵山片区本身是国家生态环境安全的重要组成部分，是我国重要的生态屏障。战略地位异常重要。再次就是夸大了资源型经济对贫困的减缓作用。值得一提的是武陵山片区的多个地方发展资源型产业多年，贫困问题不但没有得到减缓，反而造成贫富差距加大，各种社会冲突加剧。当然其原因可归结为引入企业的带动效应有限以及自然资源的国有属性，因而这种发展模式除了对地方财政的贡献之外，对山区贫困家庭的收入提高作用有限，无助于山区贫困问题的根本解决，相反，贫困人口往往是由此产生的环境污染问题的最大受害者。

看来，如何选择产业以充当增长极以达到产业扶贫目的是一个需要严肃对待的问题，但总的指导思想是通过产业发展与消除贫困的互动机制以突破贫困的制约因素，兼顾经济、社会和生态的三大效益。因此，产业扶贫能从根本上解决武陵山片区贫困人口脱贫致富的长远之策。在新的历史发展机遇下，武陵山片区缓解贫困、增强自我发展能力关键在于利用片区资源禀赋发展优势产业，以及探索基于自我发展能力提升的产业转型可持续发展战略路径。

---

① 荷兰病是指经济发展过程中出现的某一初级产品部门或某一资源产业异常繁荣而导致其他部门衰落的现象。

六 武陵山片区产业扶贫的产业选择

武陵山片区产业扶贫的产业选择，无疑首先需要知道该片区大致的产业发展情况。三大产业的发展情况，从图6可知，武陵山片区内产业结构在2005~2011年符合三、二、一特征，第三产业发展最为强势，具有明显比较优势。当然，不熟悉的读者也会认为该区域的产业情况非常合理，达到了经济发展的成熟阶段，但事实上该片区的这种产业结构不是经济发展演变而来，而是由该地区的资源禀赋所决定。譬如第一产业，虽然和全国平均水平相比，第一产业偏高，但农民人均纯收入不到全国农民人均收入的一半，显然第一产业仍处于低级发展水平。而从图6可看出，第三产业与第一产业之间差距不断扩大，第三产业对第一产业的带动不强，由于旅游业是武陵山片区第三产业的核心和主体，可以推断出片区内的特色农业没有跟当地的旅游经济很好地结合起来。①

当然，近年来山区许多地方出现了可喜的山寨经济，但是其特色农业的发展还远远不能满足该地区旅游等第三产业发展的要求。在促进第一产业和第三产业联动发展的同时，要从生态产业创新中多做文章，助推扶贫开发的快速推进。一产在武陵山区不能丢，而且要和三产联动发展，通过一产带动农民增收致富，减贫脱贫。同时，充分依托武陵山区的生态资源优势，将生态产业与第一产业和第三产业结合起来，广泛建立适合高原高山地区种植的特殊作物，通过旅游窗口打响山区特色农业产品，并与东部沿海发达地区的大中型城市建立物流通道与物资对接，解决武陵山区生态种植不见效益和东部发达城市缺乏天然、绿色、无公害种植作物产品的矛盾。

相关研究表明，特色农业在扶贫开发中居于核心地位。"十一五"期间，特色农业发展在中国扶贫开发中发挥了重要作用。例如，西藏那曲地区自2006年以来，通过绒山羊产业、肉奶制品业、乡村旅游业、糌粑加工业等一

---

① 格申克龙指出，一国的经济越落后，其农业就越难为工业提供有效的市场，从而经济结构就越不平衡。本文认为，格申克龙所概括出的命题也适合武陵山片区的情况，只不过在武陵山区是第一产业与第三产业之间的情况。

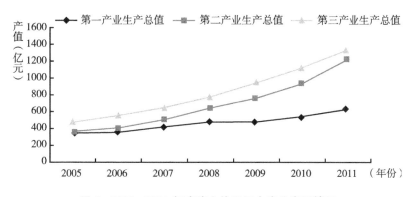

图 6　2005～2011 年武陵山片区三大产业发展情况

系列特色农业项目的开发，脱贫致富的成效非常显著。武陵山区应该寻找自己的特色产业，并形成主导产业，做大做强形成品牌，从而带动区域内居民创业，不断提高收入，改善生活环境，对于当前形势下的武陵山片区有着重要的战略意义。从扶贫的角度来看，当地特色农业的发展即保持了当地农业生产的特点，容易为百姓所接受，同时一旦特色品牌形成，对于当地也是一种宣传，有助于当地政府打好经济牌，增强政府的凝聚力，形成发展经济—脱贫致富—产业发展—提高知名度的良性循环。譬如，武陵山区的来凤县主抓"油桐、楠竹、茶叶、板栗"四大林果，实施产业扶贫，近几年来，全县建立农村专业合作组织 72 个，带动农户近 3.5 万户。而保靖县的黄金村 2012 年茶叶产值达 1000 多万元，农户种茶参与率为 100%，茶叶产业收入占总收入过半的农户比率为 100%。目前，黄金茶产业不仅实现了黄金村的脱贫致富，也带动了周边村镇的发展，真正达到"兴一项产业，脱一村贫困，富一方农民"的良好效果。

综上所述，武陵山片区具有发展特色农业的资源禀赋和先天条件，但需要从宏观、中观、微观多层次进行布局，积极扶持各种农民经济合作组织的建设，健全特色农业生产过程中的多方利益共享机制。依托原有的供销合作组织，吸纳各种新的专业合作社，充分发挥农民经济合作组织在联结农户、企业与市场中的桥头堡作用。鼓励农民专业合作社在城市社区设立直销店、连锁店，积极发展"农超对接"，通过多种方式（譬如旅游窗口）加大对特色农产品的营销力度。充分利用武陵山区资源丰富的优势，大力发展特色农产品的深加工，提高农产品的经济附加值，延长产业链，提升特色农业产业化程度，较好实现"产供销一条龙、贸工农一体化"，提升武陵山片区特色农产品的市场竞争力，扩大市场，获取效益，达到脱贫致富的效果。

再看旅游产业，武陵山片区拥有众多世界文化自然遗产、国家级自然保护区、国家森林公园、国家地质公园及众多的著名景点，既有绮丽的自然风光，又有悠远的民族文化历史和独具特色的民俗风情。因此，不论从资源优势与产业基础来看，武陵山片区发展旅游产业具有绝对比较优势。此外，武陵山区把"旅游产业"作为推动区域一体化的切入点和促进经济社会全面发展的先导产业，完善旅游发展规划体系，加快旅游景区开发，共同建设山水生态和民族文化旅游胜地贯彻了国务院国发〔2009〕41号文件《关于加快发展旅游业的意见》，也符合《中国农村扶贫开发纲要（2011～2020）》中指出的大力推进旅游扶贫的要求，在2011年10月国务院批复的《武陵山片区区域发展和扶贫攻坚规划》中将旅游产业和文化产业更是作为优势先导产业来发展。因而实施旅游产业扶贫战略具有明显的政策机遇。

更重要的是，旅游产业是一个高度复合型的产业。它涉及食、宿、行、游、购、娱等多个行业，同时与服务业、金融业、房地产业、邮电通讯业、特色农业（譬如观光农业）等也有着密不可分的联系，旅游业的发展需要这些产业的支撑和彼此间的协调，它对其他产业具有较强关联性，使之能带动这些产业的进一步发展，因而具有综合性、产业关联性强的特点。产业融合能使旅游产业与相关产业之间形成一种互动的优化组合，使整个产业系统的功能在共生中得到强化，这使旅游产业在带动相关产业发展、拉动经济的快速增长等方面起到非常重要的作用。

与特色农业相似的是，旅游业也是劳动密集型产业，就业门槛低，就业范围广，就业层次多，可吸纳大量新增劳动力以及因产业结构调整升级从第一产业和第二产业转移出的大量剩余劳动力，从而使片区内脆弱性贫困人口分享旅游产业发展的好处。可见，旅游产业的发展在增加区域内的人流、物流、资金和信息流流动的同时，又能为社会提供大量的就业机会，大量本地居民从事旅游业或相关行业，个人和家庭收入的增加，从而达到旅游产业扶贫与改善收入分配的效果。此外，基于生态文明建设要求和经济社会发展落后与生态环境脆弱共存的现实使得武陵山片区面临保护生态环境与加快经济社会发展的双重重任。旅游业有着"无烟产业"之称，具备低能耗、低污染、高效益的优势，在大力提倡低碳经济的今天，旅游业发展空间无疑更加巨大。

Economic Poverty and Alleviation through Industrial Development in Wulingshan Contiguous Destitute Area

Zhou Wei   Huang Xiangfang

Abstract：This paper has introspected the economic poverty and poverty alleviation policies for Wulingshan Contiguous Destitute Area firstly. Then, the author proposes that the crucial point for poverty alleviation and self-development capacity enhancement of Wulingshan Contiguous Destitute Area is to develop advantage industries by making good use of the resource endowment. And the characteristic agricultural industry and tourism industry are the best choices which good for poverty alleviation. In conclusion, it's a good suggestion to promote organic combination of the primary industry (such as the characteristic agricultural industry) and the tertiary industry (such as the tourism industry), because it is beneficial to develop environment friendly and inclusively in Wulingshan Contiguous Destitute Area.

Key Words：Economic Poverty; Poverty Alleviation through Industrial Development; Pro-poor Development

B.6
武陵山片区的人类贫困与
基本公共服务均等化

张琰飞　朱海英*

摘　要：

从教育、健康、交通和住房四个方面研究武陵山片区人类贫困的现状。结果显示，武陵山片区优质教育资源严重匮乏，医疗服务质量偏低，农村居民居住条件较差，农村地区交通设施落后。研究发现，基本公共服务不足和严重不均等已成为武陵山区片区人类贫困的重要原因，进行基本公共服务均等化是解决武陵山片区人类贫困的一个重要思路和方向。

关键词：

武陵山片区　人类贫困　评价　基本公共服务　均等化

一　引言

武陵山片区在过去30年的减贫工作中取得了巨大成就，区域教育、卫生、交通和住房等社会事业得到长足发展，全面实现"普九"，显示出跨越式特征。但是，武陵山片区基本公共服务严重不足，人均教育、卫生支出仅相当于全国平均水平的51%，教育和卫生等方面软硬件建设严重滞后。片区各县城乡差距明显，偏远地区居民的生活质量比较低，还存在上学难、就医难、饮水

* 基金项目："区域旅游发展与管理"湖南省高校科技创新团队支持计划项目（湘财教〔200870〕）；应用经济学湖南省重点学科建设成果；湖南西部经济研究基地资助项目；湖南省自然与文化遗产研究基地成果。
张琰飞，吉首大学商学院讲师，中南大学博士生，研究方向为区域经济与投资管理。朱海英，吉首大学商学院教师，西南财经大学博士生，研究方向为产业经济与财务管理。

难、住房差、出行不便和保障水平低等困难，扶贫工作还面临巨大挑战。

对于贫困的认识经历了由单一向多维转变的过程，Sen（1976）提出了用能力方法从功能的视角定义贫困的多维度理论。多维度贫困理论核心观点是，贫困不仅是收入的贫困，也包括获得安全饮用水，体面地出入公共场所，接受基本教育，使用道路、卫生设施等多个方面。多维度分析人类贫困的影响因素对于减贫实践具有较强的指导意义，如胡鞍钢等（2009）从理论上构建了贫困的多维分析框架，并明确提出人类贫困包括教育贫困、健康贫困、交通贫困及住房贫困等。实践证明，基本公共服务均等化是缩小城乡差距、地区差距和社会群体差距的重要举措，与国家减贫在战略目标、政策内容、行动举措和政策影响上具有很多共同之处，存在很强的内在逻辑一致性。因此，武陵山片区的扶贫工作必须与区域基本公共服务均等化结合起来，提高区域基本公共服务的支出标准和水平，为居民摆脱贫困提供切实的保障。

整体来看，从多维视角对连片贫困地区人类贫困问题的研究比较匮乏，从基本公共服务均等化的视角研究如何解决片区人类贫困的研究也比较少，本部分以武陵山片区为研究对象，从基本公共服务均等化的视角探索解决连片贫困地区人类贫困的途径以实现区域之间的协调发展，具有重要的理论意义和现实意义。

二 人类贫困构成、度量指标及数据来源

（一）人类贫困构成

人类贫困是指生存状况的贫困，缺乏基本的人类能力，如识字率低、营养不良、预期寿命较短、母婴健康水平低下和可预防性疾病危害等（联合国开发计划署，2000）。根据武陵山片区的实际，依据胡鞍钢等（2010）的界定，本部分将人类贫困分为教育、健康、住房及交通等四个贫困维度（见图1）。

1. 教育贫困

教育是提高人力资本的主要手段，受教育程度越低，则人的发展潜力越小。教育贫困是指由于家庭经济条件和观念等限制，适龄儿童无法完成九年义

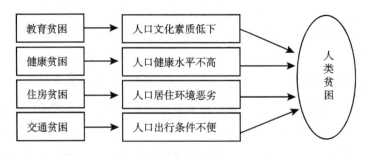

图1　多维人类贫困构成

务教育的现象，主要是指个体失去受教育机会，或者虽然在接受教育，但却处于非正常状况的一种社会现象。教育贫困包括两个维度：一是现有人口的受教育程度，主要是文化程度的问题；二是正在接受教育人口的受教育条件，包括区域的教育师资、教学设施和教育投入等方面。

2. 健康贫困

健康是人类发展的首要目标，也是每个人生存、发展的基础，涉及每个家庭的福祉。健康贫困是居民健康危险因素得不到有效控制或基本健康权利被剥夺的情况，包括投入和产出两方面，投入主要是区域的医疗卫生资源，产出主要是居民的健康水平。居民医疗卫生资源是卫生投入的物化形态，这在一定程度上可以反映区域基本医疗卫生服务的综合水平，将直接决定着该地区公众特别是病患者所能够享受到的医疗服务水平和状况。

3. 住房贫困

住房直接反映了居民的生活和生存环境，住房贫困属于权利贫困的一种，按照资产贫困的理论，住房贫困使居民难以形成有效的资本积累，将导致家庭长期陷入持续性贫困。住房贫困人口的住房面积通常比较狭小，难以获得现代化住房（即钢筋混凝土结构和砖木结构房），大多居住在土木房、毡房和茅草房中，无法使用自来水或者安全的饮用水。

4. 交通贫困

对于自然环境恶劣、相对封闭的欠发达地区，交通是扶贫的先行者。交通贫困导致居民居住区域严重缺乏公路等基础设施，基本交通权利被剥夺，发展权益受到极大制约。居民无法通过现代化公路出行，无法享受公交车等公共交通服务设施，不少农村地区尚未通公路，乡村道路硬化率低，甚至无法使用机动车，遇到大雨等自然灾害交通就完全中断，与外部的联系极为不便。

（二）人类贫困度量指标及数据来源

为分析方便，本部分按照行政管辖和区域的毗邻性，将武陵山片区划分为七个分片区，包括恩施分片区、湘西分片区、怀化分片区、张家界分片区、邵阳分片区、黔江分片区和铜仁分片区，具体划分依据与前文相同。人类贫困的测度包含教育贫困、健康贫困、住房贫困及交通贫困等四个维度，容量较大，每个维度可选择的指标较多。考虑到数据的可获取性，以前文构建的人类贫困多维评价指标体系为基础，并根据实际需要进行适当补充和删减，共选择21个指标进行分析（见表1）。

表1　武陵山片区人类贫困度量指标选择

指标维度	指标名称	数量
教育贫困	人均公共教育经费、中小学校生师比、高校分布数、万人在校大学生数、万人在校中学生数、万人在校小学生数	6
健康贫困	每万人拥有卫生机构床位数、每万人拥有卫生技术人员数、每万人社会福利机构床位数、新农合覆盖率、农村义务教育学生营养改善计划覆盖率、婴儿死亡率、孕产妇死亡率、5岁以下儿童死亡率	8
住房贫困	城市居民人均住房面积、农村居民人均住房面积、自来水普及率、卫生厕所普及率、城市人均年生活用电量	5
交通贫困	每万人公共汽车拥有量和城市人均道路面积	2

统计数据收集主要包括以下三种途径：第一，查阅相关的统计年鉴，包括区域的统计年鉴和统计公报，同时查阅各种专业的统计年鉴，包括教育、建设、交通、人口和农业年鉴等；第二，查阅网上的公开资料、年鉴资料和研究报告等，并从相关的新闻报道中搜索相关的资料；第三，利用区位优势，通过对武陵山片区相关县市的实地调查来收集数据，并通过相关人员向相关地区和相关部门索取相应的资料。

由于统计数据一般都按照行政区域的范围进行统计，为解决各分片区跨地级行政单位的问题，本部分先按照行政单位进行单独计算，然后再按照人口数量进行加权平均计算片区总体结果。考虑到人类贫困问题的核心在于人口的基本生活条件的问题，故以人口数量进行平均是合适的。以张家界片区为例，可以分别搜集张家界市和石门县的数据，然后按照张家界和石门县的人口数据进行加权平均，重庆市的 7 个县区则分别搜集 7 个县区数据，再按照人口数量进行加权平均。

三 武陵山片区人类贫困时序演变及对比分析

为体现结论的普遍性，便于分析区域内部的差异，本部分主要从相对贫困视角考察武陵山片区的人类贫困问题，故在评价中均以全国平均水平为标准水平进行比较分析。方法以描述性统计为主，按照人类贫困的四个维度分别进行分析。

（一）教育贫困时序演变及对比分析

根据相关文献，教育贫困主要体现在教育资源贫困和教育水平贫困，教育资源本质上是教育投入和基础条件，教育水平本质上是教育的产出和绩效。

1. 教育资源

教育资源是保证居民基本文化素养的基本条件，主要从人均教育经费、中小学校生师比和普通高等学校分布三个指标来分析。

（1）人均教育经费投入。人均教育经费投入是区域教育质量的基本保障，武陵山片区各分片区人均教育经费投入变化（见图2）。可以发现，武陵山各片区人均教育经费远远落后于全国平均水平，2005 年人均教育经费只有全国水平的 1/3，到 2011 年武陵山片区还没有一个片区的人均教育经费达到全国 2005 年的水平。从增长速度来看，武陵山片区教育经费投入增长有限，整体上差距与全国平均还在不断扩大，其中邵阳片区到 2011 年还只有 400 元左右。

（2）中小学生师比。中小学生师比是区域师资力量的重要标志，也是区域基础教育质量的重要保障。从武陵山片区各分片区中小学生师比变化图（见图3）来看，武陵山片区总体与全国平均水平差距不大。从区域差异上看，铜仁片区和黔江片区的生师比要明显高于全国水平，其中铜仁片区到 2011 年

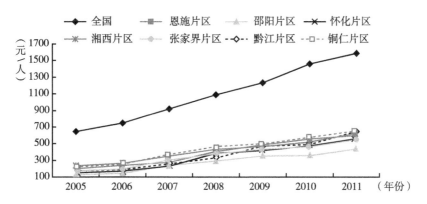

图2　武陵山片区各分片区2005～2011年人均教育经费变化

资料来源：各地区统计年鉴，经过作者整理和计算，部分数据为推算。下同，不再赘述。

还在20以上，师资力量较差；恩施片区、湘西片区和邵阳片区与全国平均水平差异较小，而怀化和张家界片区的师资水平已经超越全国平均水平，表明当地的基础教育质量得到了较好保障。从发展速度上看，武陵山片区各分片区中小学生师比在逐年下降，表明区域基础教育师资力量在不断提升。

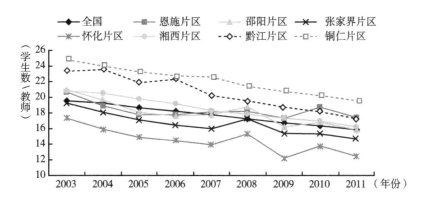

图3　武陵山片区各分片区2003～2011年中小学生师比变化

（3）普通高等学校分布。普通高等学校的分布情况也是区域高等教育质量的重要标志，资料显示当前武陵山片区高校整体严重偏少（见表2），只有12所（其中吉首大学分为吉首校区和张家界校区）且办学层次偏低，本科院校只有湖北民族学院、吉首大学、怀化学院和铜仁学院四所，其中只有吉首大学和湖北民族学院拥有硕士点，吉首大学 2012 年才获得"服务国家特殊需求人才培养项目"博士点，区域高级人才培养受到巨大的限制。同时，高校分布也不均衡，其中邵阳片区没有一所高校，黔江片区 2010 年 10 月才正式成立第一所公办高等院校。

表2　武陵山片区各分片区高校分布

分片区名称	高校名称	数量
恩施片区	湖北民族学院,恩施职业技术学院	2
张家界片区	吉首大学(张家界校区),吉首大学张家界学院,张家界航空工业职业技术学院	3
湘西片区	吉首大学,湘西职业技术学院	2
怀化片区	怀化学院,怀化医学高等专科学校,怀化职业技术学院	3
邵阳片区	无	0
铜仁片区	铜仁学院,铜仁职业技术学院	2
黔江片区	重庆旅游职业学院(2010 年 10 月成立)	1

2. 教育水平

万人在校学生数是教育规模和效果的重要体现，也是当地教育发展水平的重要标志，因此根据万人在校大学生数、中学生数和小学生数三个指标进行分析。

（1）万人在校大学生数。每万人在校大学生数是区域高等教育水平的重要体现，是高端人才培养能力的重要表现，武陵山片区各分片区 2003～2011 年万人在校大学生数变化见图 4，邵阳片区无高校，黔江片区在 2010 年刚成立高校，故未进行统计。从整体水平上看，武陵山片区万人在校大学生数一直未达到 80 人，其中铜仁片区到 2011 年刚突破 20 人。从增长速度上看，武陵山片区万人在校大学生数长期增长缓慢，而同期全国在校大学生数从 2003 年的 120 人增长到 2011 年的 200 人以上，武陵山片区与全国的高等教育水平差距呈现明显的剪刀差。

（2）万人在校中学生数。从武陵山片区各分片区 2003～2011 年万人在校中学生数变化（见图 5）可以发现，武陵山片区万人在校中学生数显著低于全国平均水平，说明中等教育水平与全国存在较大差距。从增长速度上看，在全国平均水平基本保持稳定的情况下，邵阳片区、怀化片区、湘西片区和张家界

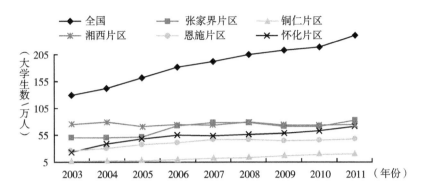

图4 武陵山片区各分片区2003~2011年万人在校大学生数变化

片区都出现了明显的下降趋势；铜仁片区和恩施片区的增长有一定的起伏，总体上变化不大，仍然处于较低水平；黔江片区出现明显上升，从2003年的500人左右上升到2011年的近700人。

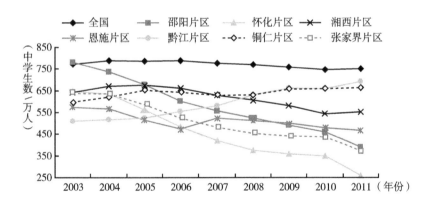

图5 武陵山片区各分片区2003~2011年万人在校中学生数变化

（3）万人在校小学生数。武陵山片区各分片区2003~2011年万人在校小学生数变化见图6。武陵山片区万人在校小学生数区域差异明显，其中湘西片区、铜仁片区和黔江片区明显高于全国平均水平，但是有一定的下降趋势；恩施片区下降明显，2003年与全国平均水平持平，2011年则低25%左右；邵阳片区则有明显的上升，到2009年开始与全国水平持平；而怀化片区和张家界片区基本稳定，但长期处于较低的水平，比全国平均水平低20%以上。虽然这可能与区域人口结构有一定关系，如老龄化的影响导致适龄小学生数量减少，但仍然体现出武陵山片区和全国平均水平的差距。

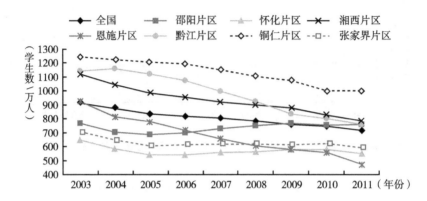

图6　武陵山片区各分片区2003~2011年万人在校小学生数变化

武陵山片区初级教育规模与全国平均水平差距不大，到2011年武陵山片区7~15岁适龄儿童在校率达到97%以上，已基本实现小学教育普及，成人文盲率下降到2%左右。但武陵山片区的教育投入与全国还有明显差距，特别是教育经费严重匮乏，优质教育资源严重匮乏，高等教育长期严重滞后，严重影响了人口文化素养水平，加剧了区域的扶贫难度。

（二）健康贫困时序演变及对比分析

健康因素是影响人类生存和发展的重要因素，直接影响到人类的生活质量，与教育因素一样，健康贫困也可从健康投入和健康水平两个层面进行分析。这些指标都是贫困评价的逆指标，水平越高表明贫困程度越高。

1. 健康投入

健康投入指标主要有每万人拥有卫生机构床位数、卫生技术人员数、社会福利机构床位数，以及新农合覆盖率和农村义务教育学生营养改善计划覆盖率等。

（1）每万人拥有卫生机构床位数。万人拥有卫生机构床位数是区域基本卫生硬件条件，直接影响到居民能否享受到基本的医疗卫生服务，武陵山片区各分片区2003~2011年万人卫生机构床位数变化见图7。从整体水平上看，除了湘西片区比较接近全国平均水平外，武陵山其他各分片区都显著低于全国平均水平，特别是邵阳片区和铜仁片区始终不足全国平均水平的一半，怀化和恩施片区也比全国平均水平低20%。从增长速度上看，恩施、张家界和黔江片区增长比较显著，特别是张家界片区2003年只有全国的60%左右，2011年已经接近全国平均水平。

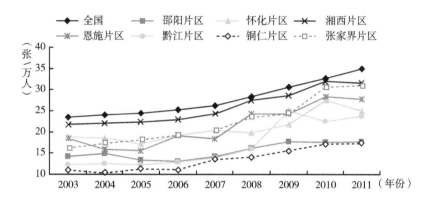

图7　武陵山片区各分片区2003～2011年万人卫生机构床位数变化

（2）每万人拥有卫生技术人员数。卫生技术人员是区域居民医疗的主要服务者，是居民能否获取医疗救助的主要保障，武陵山片区各分片区2003～2011年万人卫生技术人员数变化见图8。从整体水平上看，武陵山片区万人卫生技术人员数与全国平均水平有明显差距，显著低于全国平均水平，特别是邵阳片区、黔江片区和铜仁片区，到2011年还始终不足全国水平的一半，其他片区也只有全国水平的60%左右。从增长速度上来看，武陵山片区也有一定的增长，但是速度有限，长期在低水平徘徊，特别是铜仁片区增长缓慢，从2003年到2011年变化很不明显。

（3）每万人社会福利机构床位数。社会福利机构床位数是区域居民养老和救助等服务的重要保障，武陵山片区各分片区2003～2011年万人社会福利机构床位数变化见图9。整体上看，武陵山片区万人社会福利机构床位数低于全国平均水平，其中邵阳、怀化、张家界和铜仁片区到2010年还只有全国的一半。从增长速度上看，各个片区的差异较大，其中恩施片区不仅增长显著，且始终高于全国水平；怀化、黔江和湘西片区增长迅速，特别是湘西片区

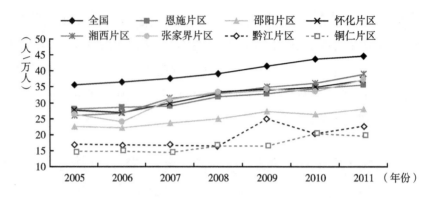

图8 武陵山片区各分片区2003～2011年万人卫生技术人员数变化

2003年尚不足全国平均水平的一半，2010年已达全国水平；邵阳、张家界和铜仁片区速度有限，长期在低水平徘徊。

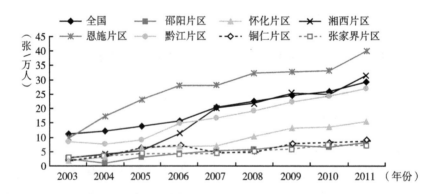

图9 武陵山片区各分片区2003～2011年万人社会福利机构床位数变化

（4）新农合覆盖率。新农合是区域农村医疗卫生体系的重大措施，其覆盖率是农村居民医疗救助体系完善和生活质量提升的重要体现，武陵山片区部分地区2005～2011年的农合覆盖率变化见图10。从整体水平上看，武陵山片区各地区的新农合启动较早，从2005年启动时的不足80%，到2011年已经达到95%以上，但与全国相比有一定的差距。从趋势上看，武陵山片区新农合覆盖率在逐年稳步提升。国家各级政府对武陵山片区新农合问题比较重视，农民的参与积极性也比较高，新农合覆盖率与全国水平基本持平，湘西地区还超过了全国平均水平。

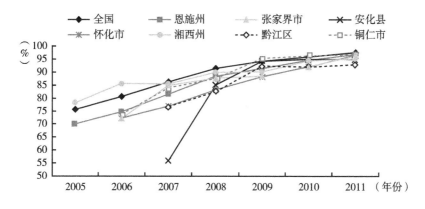

图 10　武陵山片区部分地区 2005~2011 年新农合覆盖率变化

（5）农村义务教育学生营养改善计划覆盖率。2011 年 10 月 26 日，国务院决定启动实施农村义务教育学生"营养改善计划"，相关资料显示，武陵山片区共有 64 个县成为首批试点地区（见表 3），占片区总数的 90%，其中恩施和黔江片区已实现全覆盖，并于 2012 年开始逐步实施，为区域儿童的健康成长提供了重要的保障。重庆市 2011 年开始已投入 10 亿元，涉及学校 5000 余所，惠及学生近 250 万人次。重庆的监测结果显示，2011 年底重庆市学生营养不良检出率明显下降，乡村男生和女生 7~15 岁年龄组营养不良检出率与2009 年相比分别降低了 4.96 和 4.56 个百分点，身高分别平均增长了 2.03 厘米和 1.82 厘米。

表 3　武陵片区各分片区农村义务教育学生营养改善计划国家试点县市名单

分片区名称	县区名称	数量
恩施片区	恩施州 8 县,宜昌市秭归县、长阳县、五峰县	11(11)
张家界片区	张家界市慈利县、桑植县,常德市石门县	3(5)
湘西片区	湘西州泸溪县、凤凰县、花垣县、保靖县、古丈县、永顺县、龙山县	7(8)
怀化片区	怀化市中方县、沅陵县、辰溪县、溆浦县、会同县、麻阳县、新晃县、芷江县、靖州县、通道县,益阳市安化县	11(13)
邵阳片区	娄底市新化县、涟源市,邵阳市新邵县、邵阳县、隆回县、洞口县、绥宁县、新宁县、城步县、武冈市	10(11)
铜仁片区	铜仁市 10 县,遵义地区正安县、道真县、湄潭县、凤冈县、务川县	15(16)
黔江片区	黔江区、酉阳县、秀山县、彭水县、武隆县、石柱县、丰都县	7(7)

资料来源：各地区新闻资料整理；括号内为片区县市总数。

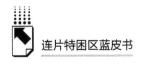
2. 健康水平

健康水平主要从婴儿死亡率、孕产妇死亡率和 5 岁以下儿童死亡率等衡量人类健康的传统指标展开。

（1）婴儿死亡率。婴儿死亡率是反映某地区妇幼保健工作水平的重要指标，武陵山片区部分地区 2003～2011 年的婴儿死亡率变化见图 11。从整体水平上看，武陵山片区各地区的婴儿死亡率水平比较低，铜仁和怀化和全国平均水平差异不大外，其他地区多数年份都显著低于全国平均水平，特别是吉首、黔江和张家界。从趋势上看，武陵山片区和全国平均水平一样，婴儿死亡率在逐年下降。

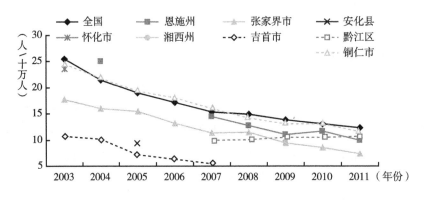

图 11 武陵山片区部分地区 2003～2011 年婴儿死亡率变化

（2）孕产妇死亡率。孕产妇死亡率是反映某地区妇幼保健工作水平的重要指标，武陵山片区部分地区 2003～2011 年的孕产妇死亡率变化见图 12。从整体水平上看，武陵山片区孕产妇死亡率水平大都比全国水平高，其中恩施、铜仁和张家界显著高于全国水平，但到 2011 年与全国差距已不大。从趋势上看，武陵山片区和全国水平一样，孕产妇死亡率在逐年下降，特别是铜仁、黔江和张家界下降明显，但整体上与全国水平还有不小差距。

（3）5 岁以下儿童死亡率。5 岁以下儿童死亡率是反映某地区儿童健康水平的重要指标，武陵山片区部分地区 2003～2011 年的 5 岁以下儿童死亡率变化见图 13。从整体水平上看，武陵山片区各地区的 5 岁以下儿童死亡率水平比较低，其中黔江、安化和涟源显著低于全国水平，张家界和恩施稍低于全国

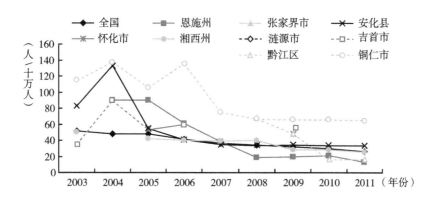

图 12 武陵山片区部分地区 2003～2011 年孕产妇死亡率变化

平均水平。从趋势上看，武陵山片区 5 岁以下儿童死亡率逐年下降，特别是恩施下降明显。

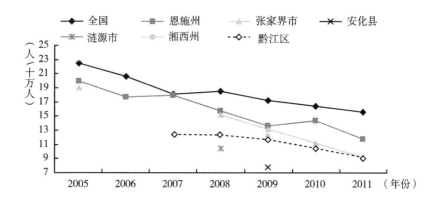

图 13 武陵山片区部分地区 2003～2011 年 5 岁以下儿童死亡率变化

武陵山片区卫生医疗条件正在逐步改善，到 2011 年每万人有医护人员近 11 人，拥有病床 13 张，所有乡镇都设立了卫生院，78% 的村建立了村级卫生室，新型农村合作医疗参合率达 90% 以上；农村低保覆盖面逐步扩大，2010 年全区共有 250 余万人享受低保。但由于武陵山片区的居民居住极为分散，武陵山片区的卫生服务能力和质量与全国具有明显差距。同时，调查显示武陵山片区城乡医疗差距较大，各乡镇卫生院的医疗设备和技术普遍比较落后，甚至最基本的辅助检查都不能做。

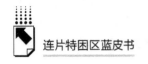

（三）住房贫困时序演变及对比分析

住房贫困主要体现在住房面积以及住房基本设施条件等方面，指标包括城市居民人均住房面积、农村居民人均住房面积、自来水普及率、卫生厕所普及率和城市人均年生活用电量等五个。

1. 城市居民人均住房面积

从武陵山片区各分片区2003～2011年城市居民人均住房面积变化（见图14）可以看出，武陵山片区城市居民人均住房面积从整体上与全国并无明显差距，其中张家界和湘西片区还显著高于全国水平。从发展趋势上看，与全国水平的稳定增长不同，武陵山片区各分片区的增长差异明显，但是总体在不断增长，到2011年各片区的城市居民人均住房面积与全国水平已经相差不大，邵阳、铜仁和怀化片区从2008年开始与全国水平基本持平。

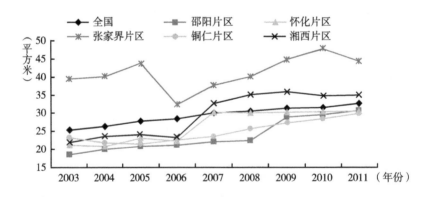

图14　武陵山片区各分片区2003～2011年城市居民人均住房面积变化

2. 农村居民人均住房面积

从武陵山片区各分片区2003～2011年农村居民人均住房面积变化（见图15）可以看出，武陵山片区农村居民人均住房面积从整体上与全国并无明显差距，除了湘西片区和铜仁片区外，其他片区均高于全国水平，特别是恩施和张家界片区显著高于全国水平。从趋势上看，武陵山各分片区农村居民人均住房面积增长有限，铜仁和湘西片区的农村人均住房面积长期低于全国平均水平，而黔江、邵阳和怀化与全国平均水平接近。

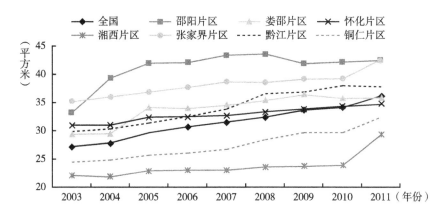

图 15　武陵山片区各分片区 2003～2011 年农村居民人均住房面积变化

3. 自来水普及率

自来水普及是解决居民饮水安全的重要措施,该指标反映所在区域居民住房用水便利性状况,武陵山片区部分区 2003～2011 年自来水普及率变化见图 16。从整体水平上看,湘西片区显著地高于全国平均水平,怀化片区自来水普及率与全国差距并不明显,而张家界和邵阳分片区则显著低于全国水平,比全国水平低 15%。从趋势上看,武陵山片区各分片区的自来水普及率也在稳步提升,但是与全国的差距并未显著缩小,特别是怀化片区长期发展迟缓。整体来说,武陵山片区不少地区的自来水普及率还比较低,居民的安全饮水条件还比较差。

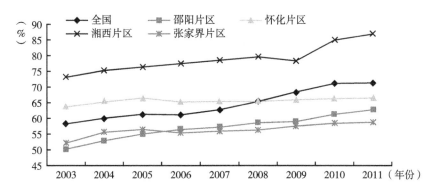

图 16　武陵山片区部分片区 2003～2011 年自来水普及率变化

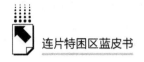

4. 卫生厕所普及率

卫生厕所普及率是农村地区居民健康的重要制约因素，是反映区域居民卫生设施状况的国际通用指标，武陵山片区部分片区 2003~2011 年卫生厕所普及率变化见图 17。从整体水平上看，除了张家界片区外，怀化、湘西和邵阳片区都显著低于全国水平，特别是湘西片区长期只有全国水平的 1/3。从趋势上看，张家界片区增长长期停滞，其他片区则实现了与全国水平一致的稳定增长，但是与全国水平的差距并未缩小。整体来说，武陵山片区卫生厕所普及率还比较低，农村居民的居住卫生设施与全国水平差距较大。

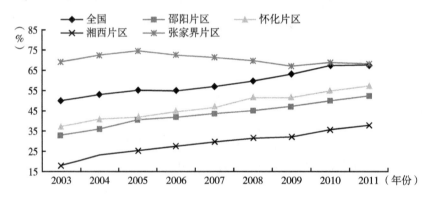

图 17　武陵山片区部分地区 2003~2011 年农村卫生厕所普及率变化

5. 城市人均年生活用电量

城市人均年生活用电量反映居民家庭电器设备的拥有和使用状况，武陵山片区部分片区 2003~2011 年城市人均年生活用电量变化见图 18。从整体水平上看，除了怀化片区外，张家界片区和邵阳片区显著低于全国水平，特别是张家界片区长期处于较低的水平，只有全国水平的 1/2。从发展趋势上看，怀化片区长期停滞，但并不低于全国平均水平，这与其工业化程度有关；其他片区则实现了一定的增长，但是与全国水平的差距并未缩小。但整体来说，武陵山片区居民电器设备的使用情况还比较低，只有全国水平的一半左右。

农村危房改造工程已成为改善农村居民居住环境的重要措施，并取得了重要成绩，武陵山片区现代房覆盖人口在不断增加，如凤凰县腊尔山完成了 1520 栋农村危房改造，解决了 6840 人的住房问题。建成农村人畜集中供水工

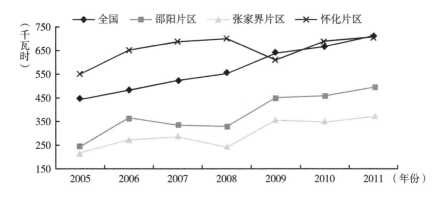

图18　武陵山片区部分片区2003～2011年城市人均年生活用电量变化

程37处，铺设输水管网1.45万米，5120人直接受益。但调查发现，在偏远地区泥土地面、植物和泥浆混合物墙体等未达标住房仍随处可见，不少居民甚至三代挤在50平方米的狭小住房中，自来水和卫生厕所更是无从谈起。如2011年凤凰县尚有68个村未解决人畜饮水问题，麻阳县尚有10.2万人饮水困难，鹤城区有5.9万农户存在饮水困难。虽然住房一般属于私人资产，但是在武陵山片区的特定情境下，住房作为农村基础设施具有一定的公共物品性质，需要由政府帮助提供。

（四）交通贫困时序演变及对比分析

交通一直是贫困地区实现脱贫的重要制约因素，交通贫困主要选择每万人公共汽车拥有量和城市人均道路面积两个指标进行分析。

1. 每万人公共汽车拥有量

公共汽车是居民日常出行的重要条件，该指标反映城市公共交通设施状况，武陵山片区2003～2011年每万人公共汽车拥有量变化见图19。整体而言，除怀化片区和恩施片区高于全国平均水平外，其他片区都显著低于全国水平，特别是铜仁片区长期处于较低水平，只有全国平均水平的1/3。从发展趋势上看，武陵山片区各片区差异较大，其中怀化片区起伏较大，张家界片区实现了比较稳定的增长，到2010年与全国水平持平；而恩施片区则增长迅速，在2009年显著高于全国平均水平；同期，黔江、邵阳和湘西片区则长期增长缓慢，与全国水平始终有一定的差距。

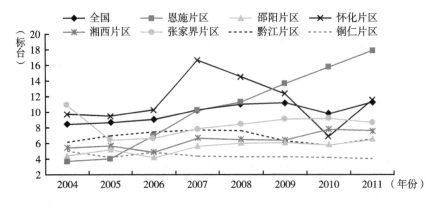

图19　武陵山片区各片区2003~2011年每万人公共汽车拥有量变化

2. 城市人均道路面积

城市人均道路面积是居民日常出行的重要条件，该指标也反映城市交通基础设施状况，武陵山片区2003~2011年城市人均道路面积变化见图20。从整体水平上看，除了张家界片区高于全国水平外，其他片区都显著低于全国水平，特别是铜仁片区长期处于较低水平，只有全国平均水平的1/3左右。从发展趋势上看，武陵山片区各片区虽然差异较大，但是总体在不断增长；其中张家界片区与全国水平增长一致，邵阳片区增长迅速，到2011年已经基本达到全国水平；湘西和铜仁片区长期增长缓慢，与全国的差距并未缩小；恩施、怀化和黔江片区虽然有一定的增长，但是与全国水平还有一定差距。

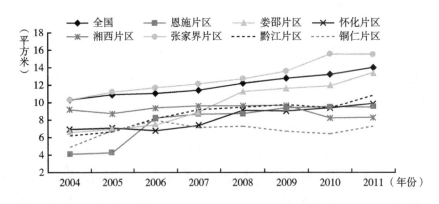

图20　武陵山片区各片区2003~2011年城市人均道路面积变化

近年来武陵山片区的交通条件改善较快。2012 年 3 月吉茶高速公路建成通车，2012 年 12 月吉怀高速全线贯通；2011 年中方县硬化 5 个行政村村组级公路 9.4 千米，维修村组级公路 15 条；凤凰县腊尔山修通了 41 条 91 千米的农村道路，完善了从乡镇到村、从村到组的交通运输网络。但相关统计表明，到 2011 年底武陵山片区仍然有 3% 的乡镇不通水泥路，40% 的行政村不通水泥路；相当多的乡村道路未实现硬化，特别是偏远的民族村寨，如凤凰县还有 85 个村只通简易公路，267 个自然寨未通公路，鹤城区有 5 个村未通水泥路。同时，农村摩托车普及率偏低，农村公交由于成本问题，覆盖率一直较低，难以缓解武陵山片区的农村交通贫困。

（五）人类贫困综合对比分析

综上可见，武陵山片区人类贫困四个维度的区域差异较大，为从整体上考察区域之间差距，本部分选择每万人医院卫生院床位数、每万人社会福利院床位数、每万人卫生技术人员数、中小学生师比、每万人在校中学生数、每万人在校小学生数、人均教育经费、城市人均道路面积、万人城市公交车标台、城市人均住房面积、农村人均住房面积、农村自来水普及率和农村卫生厕所普及率等指标，采用聚类分析方法分析武陵山片区人类贫困的空间分布特征。考虑到相邻年份聚类结果变化不大，本部分只选取了 2005 年和 2011 年两个截面进行分析。利用 SPSS 软件进行层次聚类分析的聚类树形图（见图 21 和图 22）对比发现，2005 年和 2011 年的聚类结果未发生根本变化，武陵山片区各分片区与全国平均水平的距离都比较远，说明片区整体上与全国的平均水平还有明显差距。

根据聚类结果可以将武陵山片区分为两个组，其中恩施片区、怀化片区、张家界片区和邵阳片区为一组，此区域各个分片区都位于武陵山片区的东部，可命名为东武陵；湘西片区、黔江片区和铜仁片区为另一组，此区域各个分片区都位于武陵山片区的西部，可命名为西武陵。可以发现，人类贫困程度具有明显的地理毗邻性，相似的自然、地理和人口环境，容易导致相似的贫困情形，因此，突破行政界线并按照人文地理环境进行扶贫开发非常必要。

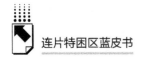

使用平均组间连接法得到的树状图（分层聚类分析）
重新标定距离的聚类合并

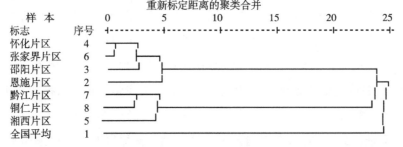

图21 武陵山片区各片区人类贫困综合评价层次聚类分析（2005 年）

使用平均组间连接法得到的树状图（分层聚类分析）
重新标定距离的聚类合并

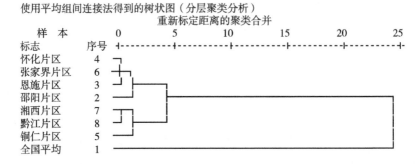

图22 武陵山片区各片区人类贫困综合评价层次聚类分析（2011 年）

数据分析发现，武陵山片区内部差距也比较明显，西武陵明显要比东武陵地区更加贫困。同时，2005 年和 2011 年各个片区之间的相对距离有所变化。从东武陵来看，怀化片区和张家界片区的距离未发生变化，但是与恩施片区的距离减小，而与邵阳的距离扩大；从西武陵来看，黔江与湘西距离在拉近，而与铜仁距离有所扩大。

四　武陵山片区人类贫困的原因探析

当前，武陵山片区的扶贫方式着眼于经济增长和增加扶贫对象的经济收入，未顾及基本公共服务供给的不足和非均衡化对致贫的深层次制约，从而影响区域扶贫效果的稳固性和持续性，造成区域贫困居民难以从根本上摆脱人类贫困。区域基本公共服务的非均等化，已成为导致武陵山片区人类贫困的重要因素。

（一）对基本公共服务均等化重视不够

武陵山片区人类贫困的原因除了区域经济发展不足、地理位置僻远、自然条件恶劣、人力资源不足等结构性因素外，对居民的基本公共服务提供不足，基本公共服务严重不均等导致人口生计不稳定、因病致贫和因灾返贫等因素开始成为贫困的重要原因，贫困人口内部的结构化和多元化特点也日趋明显。近年来，我国在贫困地区大力推行农村新型合作医疗制度、最低生活保障制度、新型农村养老保险制度、义务教育免费和义务教育营养午餐计划等政策，日渐成为贫困地区居民实现摆脱人类贫困的可持续途径。这些基本公共服务均等化措施的实施，充实和完善了原有的扶贫制度和模式，成为解决区域人类贫困的重要措施。但是，武陵山片区各级政府对于基本公共服务均等化的重要性认识不足，在开发式扶贫的实施中并未充分重视基本公共服务的均等化问题，严重影响了区域居民的脱贫问题。

（二）基本公共服务均等化管理体制不完善

当前，武陵山片区的扶贫工作更加综合和复杂，但是区域人类贫困的扶贫体制和机制还不完善，基本公共服务的提供能力不足，分布也极不均衡。首先，基层政府承担大多数的扶贫工作，但其财政自主权及财力又都极其有限，没有足够的能力提供完善的基本公共服务。其次，由于历史原因，武陵山片区的城乡二元格局造成基本公共服务资源分布不合理，医疗和教育等基础设施多数集中在城市，农村地区极度匮乏。同时，武陵山片区的不少偏远农村距离县城较远，加上交通设施不完善，偏远地区路网密度不够，导致县域范围内大多数居民需要花费很长的时间才能到达县城，不少县域一半以上的区域与县城时间距离在一小时以上。2012年11月支教老师曝出凤凰腊尔山地区营养餐严重缩水问题，暴露出当地公共政策执行中的混乱和无序，引发了对贫困地区儿童营养状况的广泛关注。

（三）基本公共服务均等化质量较低

政府出台了一系列措施以保障武陵山片区居民的基本公共服务，但是这些服务的总体质量不高，特别是教育和卫生服务质量长期持续偏低。武陵山片区教育投入配套严重不足导致区域高等教育质量严重落后于全国水平，高学历人口数量有限，使得区域长期发展能力不足，居民难以彻底摆脱贫困。武陵山片区卫生设施和卫生服务质量低下，待遇和发展前景问题导致高端卫生专业技术人员更加匮乏，居民遇到大病或疑难病症则无法得到及时有效的治疗，难以享受高质量的卫生服务。同时，武陵山片区居民点分散化，直接导致基本公共医疗和教育服务均等化水平很低，大部分居民到达最近的基本教育和卫生服务节点时间远高于其承受能力，部分居民的时间距离在两个小时以上。现有的各种扶贫制度设计，并未充分考虑到武陵山片区贫困的空间分布差异，以及致贫因素的空间分布差异，导致扶贫的质量一直不高。

（四）基本公共服务均等化保障措施不完善

武陵山片区在自然环境恶劣、经济落后、人口稀少、交通设施不完善和民族众多等因素的制约下，实现基本公共服务均等化的投入成本往往是发达地区的几十倍甚至更高，导致武陵山片区基础设施呈现"城密村疏"的发展格局，偏远地区实现基本公共服务均等化的目标面临巨大挑战。武陵山片区住房环境和质量严重落后于全国水平，当地居民长期为提高住房质量而努力，严重影响了生活质量的提升。偏远山区居民的居住分散而集中性差，自来水和卫生厕所等的建设成本比城市要高得多，这给区域现代化住房基础设施建设带来巨大的困难。不少农村居民居住环境恶劣，公路施工成本和危险系数更高，实现同样质量的公共服务需要比发达地区投入更多的资金，政府难以为农村居民出行提供应有的交通条件。

五 武陵山片区基本公共服务均等化措施

武陵山片区必须立足因地制宜、因时制宜地制定有针对性的公共服务均等化政策，从开发式扶贫转向"赋能式"综合扶贫，根据轻重缓急寻找区域基本公共服务的重点突破口，尽快实现武陵山片区基本公共服务均等化。

（一）树立区域基本公共服务均等化理念

（1）推进以基本公共服务为核心的服务型政府建设。各级政府必须强化政府的基本公共服务职能，通过体制、机制和制度创新不断提升基本公共服务均等化水平；各级政府要树立科学的服务理念，树立以公共服务为主导的民生执政理念。政府要积极调整和优化财政支出结构，不断向基本公共服务领域倾斜，向农村和偏远地区倾斜，逐渐建立起以公共服务为导向的财政支出体系。要不断加强政府预算管理，建立完善的预算制度，严格进行预算管理，降低行政管理费用支出，增强政府在公共服务领域投资的透明化和制度化，减少随意性。

（2）制定武陵山片区基本公共服务均等化的战略规划。要逐步统一武陵山片区不同省市的扶贫政策，逐步缩小基本公共服务在区域之间、城乡之间和社会群体之间的差距。进行整体性和系统性制度设计，打破城乡有别的公共服务结构，建立城乡统一的公共服务投资体制，使农村居民也能享受到均等的基本公共服务。武陵山片区要重点加强义务教育、基本医疗卫生服务、交通设施和住房等领域的基本公共服务建设，努力使居民实现学有所教、病有所医、老有所养、住有所居，通过多种途径实施城乡统筹发展战略，切实推进城乡基本公共服务均等化。

（3）整合各种资源，提高基本公共服务的供给能力。武陵山片区各级政府要采取措施发挥各方的主动性，通过多元化渠道实现区域基本公共服务的有效供给，实现基本公共服务均等化。政府要加强各部门和各层次之间的分工与协作，对武陵山片区各级政府在区域基本公共服务提供方面的财权和事权进行合理划分和清晰界定，形成权责一致的体制和机制，提升基层政府提供基本公共服务的能力和积极性；及时推进政府部门管理体制改革，克服政府职能相同或相近部门在基本公共服务上职能交叉导致的推诿现象，提高基本公共服务供给效率。

（二）完善区域基本公共服务均等化管理体制

（1）深化以基本公共服务均等化为目标导向的财政体制改革。中央政府要加大对武陵山片区的转移支付力度，实行有利于均等化的转移支付形式；规范专项转移支付的审批制度，注重发挥其对基本公共服务均等化的作用；要根据财政能力与公共服务匹配的原则，给予地方政府必需的财力，建立积极响应和责权明晰的管理制度；以公共服务均等化为导向，深化财政管理体制改革，逐步增强基层政府提供基本公共服务的财力保障，不仅要探索省直管县的财政体制改革，还要推进县乡财政体制改革，调整和规范县乡之间在提供基本公共服务中的财政关系。

（2）强化对农村基本公共服务的投资力度，加快健全城乡基本公共服务体系。应加快制度建设和完善步伐，重点解决社会保障体系覆盖不全和保障标准偏低等突出问题，整合武陵山片区多头管理的农村社会保障制度，建立动态监测体系，切实掌握农村需要社会保障人群的变化。完善公共服务的提供方式，特别要注意降低或消除服务门槛，确保贫困人口能从基本公共服务项目中充分获益。制度设计时应充分关注贫困人口对公共服务的可获得性，如对武陵山片区特殊贫困人群的基本医疗保险和救助制度要降低起付线和共付比例门槛。

（3）理顺政府间事权与财权的合理配置。根据农村基本公共服务的性质及受益面，合理界定中央和地方各自的责任和范围，要根据财权和事权相匹配的原则，赋予与各级政府供给责任相适应的财政权，特别要积极推进省直管县的财政管理体制改革，提升县域经济自主权及财政实力，增强其提供基本公共服务的能力。同时，要通过设置科学的激励机制推进各地区提高其城乡基本公共服务均等化水平，如对有效提高城乡基本公共服务均等化水平的官员给予更多的晋升机会，给予有效提升基本公共服务均等化水平的地区更多的财政权限。

（4）实现财力配置与扶贫制度创新相融合。没有相应制度的创新和改进，贫困地区的基本公共服务均等化供给也会低效，甚至是投入越多浪费也越多。因此，武陵山片区各级政府不能一味地要求增加基本公共服务支出的数量，更需要通过制度创新和强化监督，以优化支出结构来提高支出效率。科学确定基本公共服务建设中的重点投资领域是基本公共服务能否实现均等化的重要条件，因此武陵山片区要重点从缩小城乡差距和消除贫困层面入手。

（三）提升区域基本公共服务均等化质量

（1）建立基本公共服务多元化供给机制，大力拓展社会扶贫。在坚持政府主导与监管的原则下，探索基本公共服务多元化、多样化供给，充分发挥社会组织在提供基本公共服务方面的积极作用，建立基本公共服务供给的市场机制，提高公共服务质量。基础教育、医疗卫生等基本公共服务领域，都可以对传统的政府直接提供方式进行大胆改革，探索和创新有效的供给机制。武陵山片区要建立多元化的基本公共服务筹资体系，在县级以上政府建立调剂资金，重点投入经济落后、财力不足和贫困人口集中的区域，引导社会资源向武陵山片区倾斜。

（2）建立多方参与的基本公共服务利益表达和决策机制。通过基本公共服务的利益表达机制，使当地居民对基本公共服务产品的类型、偏好、缓急、数量和诉求等特征，都可通过一定渠道进行合理表达，并通过一定程序转变为政府决策的参考依据和行动目标。同时，要逐步建立政府行政承诺制度、听证制度、信息咨询制度等配套措施，确保基本公共服务的决策能够充分体现贫困居民的需求。

（3）明确标准和重点，实现基本公共服务均等化的规范化管理。在继续加强武陵山片区农村基础教育投入力度的同时，发挥区域高等教育在提升居民素质方面的作用，通过增加对职业教育和技能培训等投资以提高贫困人口参与经济活动的能力。关注武陵山片区的基本卫生设施质量，使居民能够享受到较好的卫生服务，最大程度消除因病致贫和因灾致贫问题。关注武陵山片区住房质量改善，重视推进农村家庭的改水改厕建设，统筹农村居住环境与扶贫项目实施，为农村居民提供安全饮用水和卫生厕所。关注农村交通设施的改善问题，加大投资力度，解决片区居民的基本出行和交通问题，增加农村居民与周边地区尤其是城市之间的交流。

（四）健全区域基本公共服务均等化的保障措施

（1）建立以均等化为目标的转移支付制度。要建立促进基本公共服务均等化的财政转移支付体系，充分考虑武陵山片区的人口因素、供给成本差异和民族因素以及其他外溢性因素，提高转移支付的实际效果。在保持纵向转移支付为主的同时，应对武陵山片区加强横向转移支付，使东部发达地区对武陵山片区的对口支援工作实现制度化，并利用武陵山片区的资源优势建立资源输出地与受益地之间的利益补偿机制。同时，政府要加强对各种专项转移支付资金的管理和监督，注重对资金使用效果的评估。

（2）完善基本公共服务的法律支持。要加强法律体系建设，将基本公共服务均等供给中的有益经验和做法以法律形式固定下来。要完善现有的义务教育、基本医疗卫生服务、交通服务和基本社会保障等领域的法律法规，形成较为完善而协调的基本公共服务法律体系；加快与基本公共服务相关的新法律法规的立法进程，使教育、医疗、养老和住房等相关公共服务项目有法可依，建立城乡、区域及不同群体间基本公共服务均等化的体制机制，明确各级政府、市场以及其他社会组织等在基本公共服务中的权责关系，并使公共财政纳入法制化轨道。

（3）推进基本公共服务均等化和国家扶贫战略的衔接。统筹扶贫开发的规划与基本公共服务均等化规划的重点与内容，实现基本公共服务均等化和扶贫开发方式的统筹协调，保持扶贫政策思路一致和扶贫投入时间同步，实现措施的合力效应。武陵山片区要做好基本公共服务均等化和国家扶贫标准的衔接。参考基本公共服务均等化的相关标准，及时调整区域扶贫标准，采用包括医疗、教育、住房和交通等基本公共服务需求在内的人类发展贫困概念，加强标准的衔接。

（4）增强基本公共服务均等化和国家扶贫体制机制协调。武陵山片区要更好地结合国家相关政策，形成政策合力，在实现贫困人口脱贫致富的关键领域发挥重要的引导作用。加强基本公共服务均等化项目与扶贫项目的统筹、整合与融合，强化协调机制建设，更好地发挥协同效力。对于功能相同和目标接近的专项项目，要加大整合力度，整合资源以提高整体效益，如在基本公共卫生服务均等化的项目设计中，完全可以将扶贫中的一些公共卫生支持项目直接援引过来，而不必再设新的专项。

六 结论与展望

在中央已经决定率先启动武陵山片区区域发展与扶贫攻坚试点的背景下，以基本公共服务均等化为核心探索解决武陵山片区人类贫困问题具有重要的现实意义。本部分将武陵山片区划分为七个分片区，并以全国平均水平为标准进行比较分析。对比分析显示，武陵山片区优质教育资源和高等级教育水平长期处于落后状态，居民的卫生条件与全国水平具有明显的差距，农村居民的居住质量和卫生设施环境较差，农村地区的通达性还比较差。聚类结果显示，武陵山片区人类贫困空间分布具有明显的地理毗邻性特征，因而突破行政界线，按照人文地理环境进行扶贫开发非常必要。基本公共服务不足和严重不均等已成为导致人类贫困的重要原因，因此武陵山片区实施基本公共服务均等化是减少人类贫困的重要思路和方向，具体可通过树立科学的理念、完善管理体制、提升扶贫质量和完善保障措施等途径来实现。

由于时间、条件和资料的限制，本部分也存在一些不足，需要在未来做进一步的研究。数据主要来源于统计资料，不少统计资料不够完整，更翔实的实地调查走访进行得较少，这需要在未来研究中强化。同时，考虑到研究的通俗性，主要通过描述性统计方法进行横向与纵向的比较分析，并未进行更加复杂和系统的评价，这也需要在以后研究中进一步完善。

Human Poverty and Equalization of
Basic Public Service in
Wulingshan Contiguous Destitute Area

Zhang Yanfei   Zhu Haiying

Abstract：The paper studied the status of human poverty in Wulingshan Contiguous Destitute Area from education, health, living conditions and

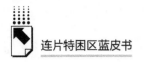
transportation. The results show that high-quality education resources are in severe shortage, and the medical facilities and quality are poor, and the rural residents' living conditions are very bad, and the transportation infrastructures in rural areas are very underdeveloped. We find that lack of basic public services and severe inequality are the important reasons for human poverty. Therefore, the basic public services equalization is an important idea and direction for human poverty alleviation in Wulingshan Contiguous Destitute Area.

Key Words: Wulingshan Contiguous Destitute Area; Human Poverty; Evaluation; Basic Public Services; Equalization

B.7
武陵山片区的信息贫困与信息扶贫

李 峰 周信君*

摘 要：

　　本文运用能体现信息化发展状况的典型指标考察了武陵山片区信息化发展的状况，并通过与其他相应地区的比较，对武陵山片区的信息化建设进行了客观的分析，结果显示，武陵山片区的信息化程度远远落后于相邻省市和国家平均水平，信息贫困已成为武陵山片区经济发展水平低下和地区贫困的主要原因之一。随后我们对武陵山片区信息贫困的成因进行了初步探讨，并在此基础上提出了信息扶贫的对策。

关键词：

　　武陵山片区 信息贫困 信息扶贫

自进入信息化时代以来，信息已经成为现代社会中使用最为广泛的词汇之一，它不仅在社会生活中频繁出现，而且在自然科学和社会科学的研究中也广泛采用，信息已成为现代生活中不可或缺的一部分。在信息时代，信息成了社会的重要战略资源，信息的获得与掌握是提高社会生产力、市场竞争力和取得经济成效的关键因素。

一 信息及信息贫困

信息作为一种客观存在，是物质形态及其运动形式的体现，普遍存在于自

---

* 李峰，吉首大学商学院讲师，中国社科院数量技术经济研究所博士后，研究方向为经济增长。
周信君，吉首大学商学院讲师，西南财经大学博士研究生，研究方向为财务管理与区域发展。

然、社会和人类思维活动之中。根据信息的产生和作用机制，信息可以区分为自然信息和社会信息两大类。自然信息是指自然界中的各种信息和人类生产的物质产品所产生的信息，是人类认识自然、改造自然不可缺少的因素。人类从认识反映自然现象和规律的信息开始，与科学研究相结合，通过信息识别、开发、组织和利用，促进社会生产与分工的发展，使社会运行更加有序化和高级化。社会信息是指人类各种活动所产生、传递与利用的信息，包括人—机作用信息、人—人作用信息等。由于人类一切活动都是在一定的社会条件下展开的，因此由人类社会活动所引发的各种信息皆属于社会信息的范畴。伴随科技进步和人类文明的发展，社会信息的内涵逐步延伸到社会生活的各个方面，因为社会信息可以消除社会系统的不确定性，确保社会在制度上、组织上的有序性。社会信息的产生、流通与利用是社会系统组织性的体现，是社会成员之间协调性与和谐性的反映。社会信息不仅制约着社会决策、规划、组织与管理作用的有效性，而且还制约着社会物质、能源与自然信息的科学开发与合理利用。

信息化是当今世界经济和社会发展的大趋势，在此过程中，通过大力发展信息产业和在全社会广泛应用信息技术，使社会经济形态由物质经济转向信息经济，把社会发展从工业社会推进到信息社会。信息技术强大的渗透性和信息资源应用的广泛性在推动经济发展、给社会生活带来便利的同时，也带来了信息时代新的贫困现象——信息贫困。信息贫困是指那些被剥夺了获取知识与信息能力和机会的人们，不能够参与创造和分享以知识为主的社会文明成果，其本质就是与现代化隔离、与对外开放无缘、与经济全球化无关，形成知识社会与信息社会的"落伍者"或"边缘化人群或地区"（胡鞍钢和周绍杰，2001）。信息化建设需要大量的资金投入，贫困国家和地区由于资金匮乏，信息基础设施不健全，信息技术落后，信息人才短缺，信息环境不良等因素，难以跟上信息技术的发展步伐，造成贫富差距加大。由此经济发达地区和富人成为信息化的最大受益者，而贫困地区和穷人不仅难以分享信息化的成果，而且越来越远离信息社会生活，陷入信息"边缘化"的困境，成为信息社会的弱势群体，导致信息越多的一方，占有的信息越多，成为信息富有者；信息越少的一方，占有的信息越少，成为信息贫穷者、落伍者。

因此，信息贫困是信息社会发展过程中由于经济发展水平上的差距，导致在信息基础设施普及、信息技术开发和应用以及信息获取、处理能力上产生差距而形成的一种新的社会贫困现象，是伴随信息革命和信息化浪潮出现的一种新的贫困类型。它的存在会导致和加剧国家之间、区域之间社会发展不平衡。

二　武陵山片区信息贫困现状

武陵山片区涉及湖北、湖南、重庆、贵州四省市的 11 个地（市、州）共71 个县（区、市），其中湖南 37 个县市区，贵州 16 个县市区，湖北 11 个县市区，重庆 7 个县市区。为便于分析，我们在本节中依据各区县所属的管辖和所处的位置将整个武陵山片区划分为 7 个区域，分别为湖南省的张家界区（包括张家界市和石门县）、湘西州区（湘西自治州管辖）、怀化区（包括怀化市和安化县）、邵阳区（包括邵阳的邵阳县、新邵县、隆回县、洞口县、绥宁县、新宁县、城步县、武冈市共计 8 个县市和娄底管辖的冷水江市、涟源市、新化县）；湖北省的恩施区（包括恩施州和宜昌市的秭归县、长阳县和五峰县）；贵州省的铜仁区（包括铜仁市和遵义市的正安县、道真县、务川县、凤冈县、湄潭县和余庆县）；重庆市的黔江区（包括黔江、酉阳、秀山、武隆、彭水、石柱、丰都）。

武陵山片区经济不发达、交通不便利和基础设施落后导致了该片区存在信息贫困，其主要体现为信息获取手段匮乏，下面我们分别从电话普及率、互联网普及率、人均邮电业务量、广播电视覆盖率等指标来讨论武陵山片区的信息贫困状况。

（一）武陵山片区信息基础设施状况

信息化建设硬件基础设施是信息化的客观物质基础，直接决定了信息化进程，是影响信息化水平的重要因素。三电工程中的电话（包括固定电话和移动电话）、电视、电脑等信息终端设备均属于信息化基础设施的典型代表。只有具备了必需的信息化工具设备，才有可能使信息技术得到普及应用，居民才有可能更多地获取和利用各种所需的信息资源，促进经济的活跃和发展。因此，通过互联网入户率、固定电话和移动电话拥有量、广播电视覆盖率等信息化基础设施指标的考察，可反映武陵山片区在信息化建设中硬件设备及信息工具的普及程度，揭示该地区存在的差距。

1. 电话普及率

电话不仅可以缩短人们之间的距离，还可以方便人与人的信息交流，其普及程度也可从某方面反映出人们信息获取的便利性。

我们对 2003 年以来武陵山片区总的电话普及率进行了考察，自 2003 年以来武陵山片区的电话普及率逐年提高，从 2003 年的 15.79 部/百人提高到 2011 年的 52.66 部/百人，9 年间累计提高了 3.33 倍，片区内的通讯基础设施得到了较大的改善。从武陵山片区的内部来看，各区的电话普及率在 2003～2011 年也呈现上升的态势，但各区的电话普及率水平不尽相同，其中：恩施区的电话普及率在 2003～2011 年改善的幅度最大，9 年间提高了 4.45 倍，到 2011 年每百人拥有的电话数达到了 70.32 部，年均电话普及率为 41.88 部/百人，在武陵山片区中为最高；张家界区虽然年均电话普及率比较高，仅次于恩施区，达到 41.43 部/百人，但考察期间电话普及率改善的幅度最小，9 年间仅提高了 2.58 倍；武陵山片区内电话普及率低于平均水平的区域包括湖南的邵阳区和贵州的铜仁区，年均电话普及率分别为 26.77 部/百人和 27.43 部/百人，分别低于武陵山片区的年均电话普及率 6.64 个百分点和 5.98 个百分点。

图 1 显示了武陵山片区及其内部各区电话普及率的变化趋势。从图中我们可以看到，在考察期内武陵山片区内的电话普及率均呈现出向上的态势，个别地区在 2008 年电话普及率出现有所下降或增速放缓的现象，这可能和全球金融危机的冲击有一定的关联。总体上看，武陵山片区的电话普及率在 2003～2011 年得到了较大的改善。

2. 互联网入户率①

互联网自 20 世纪 90 年代进入商用以来迅速拓展，已经渗透到经济与社会

---

① 由于缺乏地级市以及县级的网民数据，无法用互联网普及率（网民/总人口）来反映互联网的普及状况，我们用互联网接入用户占全部人口的比例来替代。

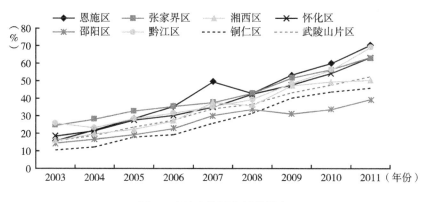

图1 武陵山片区电话普及率

注：电话普及率包括固定电话、小灵通和移动电话。

资料来源：各地区及各县逐年的统计公报，中国统计信息网 www.tjcn.org，数据经整理计算得到。

活动的各个领域，目前已经成为当今世界推动经济发展和社会进步的重要信息基础设施。互联网入户率是指互联网接入用户占全部人口的比例，反映了互联网在当地居民获取信息时的利用状况。

我们对2003年以来武陵山片区的互联网入户率进行了考察，自2003年以来武陵山片区的互联网入户率呈现上升的态势。2003年武陵山片区的互联网入户率仅为1.07户/百人，到2011年武陵山片区的互联网入户率上升到了4.34户/百人，9年间上升了3.05倍，互联网的使用得到了较快发展。其中，上升幅度最快的为铜仁区，上升了近50倍；上升幅度最小的为湘西区，仅为2.45倍。但同时我们也发现，虽然铜仁区的互联网入户率上升幅度最大，但其年均互联网入户率为武陵山片区最低，仅为0.87户/百人；而湘西区的互联网入户率上升幅度最小，但其年均互联网入户率为武陵山片区最高，达到3.7户/百人。另外，自2008年以来，张家界区的互联网入户率逐步超过了片区内的其他地区，成为武陵山片区互联网入户率最高的地区，到2011年达到了7.94户/百人。图2显示了2003年以来武陵山片区的互联网入户率的变化趋势。

从图2可以发现，整个片区的互联网入户率在考察期内呈现出上升的趋势，尤其是在2008年以后，片区内大部分地区的互联网入户率呈现加速上扬

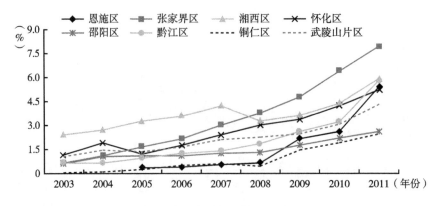

图2　武陵山片区互联网入户率

注：恩施区缺失2004年以前的数据。

资料来源：各地区及各县逐年的统计公报，中国统计信息网 www.tjcn.org，数据经整理计算得到。

的态势。如黔江区和铜仁区分别从2008年的1.88户/百人和0.47户/百人跃升到2011年的5.82户/百人和2.48户/百人。武陵山片区互联网的利用得到了较大的改善。

3. 广播电视综合覆盖率

广播电视作为传统的信息传播手段，具备了诸如信息传播、教育、服务以及娱乐等很多功能，在"三网合一"的趋势下，广播电视在信息传播领域中将发挥越来越重要的作用。

广播综合覆盖率是指在某地区范围内采用无线、有线、卫星等技术手段能够收听到包括中央、省、地市、县广播节目其中任意一套的人口数占地区总人口数的百分比，可用来反映该地区通过广播获取信息的便利程度。

我们对2003年以来武陵山片区的广播综合覆盖率进行了考察。自2003年以来武陵山片区的广播综合覆盖率呈现上升态势，覆盖率从2003年的70.09%提高到了2011年的88.25%，覆盖人口范围逐步扩大，广播基础设施得到了较大改善。从片区内部来看，各区广播综合覆盖率不尽相同，广播设施的建设和发展呈现较大差异，其中广播覆盖率较高的恩施区，年均覆盖率达到94.2%，而广播综合覆盖率较低的张家界区和湘西区，年均覆盖率仅分别为

63.94% 和 70.67%，高低相差近 30 个百分点，信息的广播传播基础设施有待于进一步改善。

图 3 显示了 2003~2011 年武陵山片区广播综合覆盖率的变化趋势。从图中可以发现，片区内各区的广播综合覆盖率呈现收敛的态势，广播综合覆盖率的差值从 2003 年的近 50 个百分点缩减到 2011 年的近 25 个百分点，整个片区的广播综合覆盖率逐步提高，得到了进一步改善。

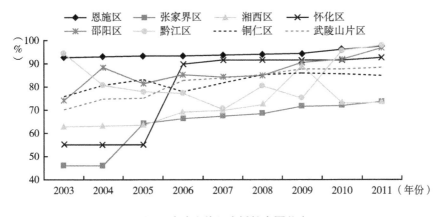

图 3　武陵山片区广播综合覆盖率

资料来源：各地区及各县逐年的统计公报，中国统计信息网 www.tjcn.org，数据经整理计算得到。

4. 电视综合覆盖率

电视综合覆盖率是指在某地区范围内采用无线、有线、卫星等技术手段能够收听到包括中央、省、地市、县电视节目中任意一套的人口数占地区总人口数的百分比，可用来反映该地区通过电视获取信息的便利程度。

我们对 2003 年以来武陵山片区的电视综合覆盖率进行了考察。武陵山片区的电视综合覆盖率自 2003 年以来逐步提高，覆盖率从 2003 年的 88.66% 提高到了 2011 年的 96.33%，覆盖人口范围逐步扩大，电视传播基础设施得到了较大的改善。片区内各分区的电视覆盖率相差不大，各区的年均电视综合覆盖率均在 90% 以上。电视传播基础设施建设在片区内得到了很好的保障。2003 年以来武陵山片区电视综合覆盖率的变化趋势如图 4 所示。

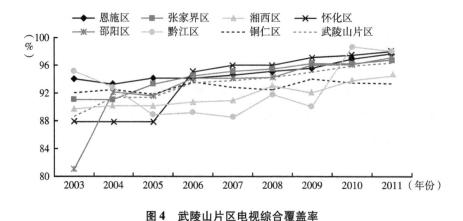

图4　武陵山片区电视综合覆盖率

资料来源：各地区及各县逐年的统计公报，中国统计信息网 www. tjcn. org，数据经整理计算得到。

5. 人均邮电业务量

邮电业务量是指以货币形式表示的邮电通信企业为社会提供各类邮电通信服务的总数量，是用于观察邮电通信业务发展变化总趋势的综合性总量指标。① 邮电业务量包括邮政业务总量和电信业务总量，反映了一个地区利用邮电通信来完成信息交换业务的总量和地区人均消费信息服务的水平，人均邮电业务量越大说明该地区消费信息服务的水平越高，该地区的信息化程度越高。

我们对2003年以来武陵山片区的电视综合覆盖率进行了考察。武陵山片区的人均邮电业务量从2003年的人均不足144.91元逐步提高，到2011年达到了人均669.56元的水平，9年间累计提高了3.6倍，片区内人均信息服务的消费量有了大幅提高。从武陵山片区内部来看，各区的人均邮电业务量在2003～2011年也得到了大幅提升。其中，提升幅度最大的是湖北的恩施州，从2003年的人均50.29元提高到了2011年的人均402.55元，9年间整整提高了7倍，居片区之首；而提升幅度最小的是重庆的黔江片区，从2003年的人均187.59元提高到了2011年的人均372.59元，提升幅度不足1倍。另外，虽然各区的人均邮电业务量在各年间得到了较大的提升，但各区的人均邮电业务量水平呈现很大的差异，2011年人均邮电业务量超过1300元的有张家界

---

① 《中国统计年鉴（2011年）》第十六部分主要统计指标解释，中国统计出版社，2011。

区、湘西区和怀化区，其人均业务量分别达到了1481.88、1370.54和1345.98元，其他各区均不足500元，呈现出典型的两极分化现象。这主要是由于张家界区和湘西州区得天独厚的旅游资源和这些年来旅游业的快速发展带动了信息通信业的消费，而怀化作为大西南的铁路交通枢纽，其庞大的客流、物流也带来了信息通信业的消费；其他各区的人均邮电业务量则由于其自身的地理位置和经济发展水平所限制而处于较低的水平。

图5显示了2003～2011年武陵山片区及其内部各区的人均邮电业务量的变化趋势。在考察期内武陵山片区及其内部各区的人均邮电业务量均呈现出增长态势，但同时我们也可明显发现片区内各区的人均邮电业务量呈现出典型的两极分化现象，同时期张家界区、湘西区、怀化区的人均邮电业务量远远高于其他各区，其差距呈现扩大趋势。

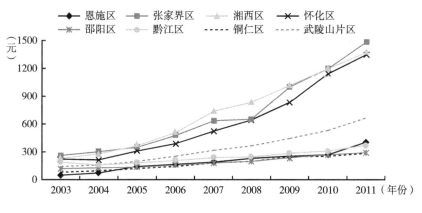

图5　武陵山片区人均邮电业务量

资料来源：各地区及各县逐年的统计公报，中国统计信息网 www.tjcn.org，数据经整理计算得到。

（二）武陵山片区信息化程度与其他地区的比较

在本部分，我们将对武陵山片区的信息建设与应用水平与其他地区进行比较，来分析武陵山片区与其他地区信息化程度的差距。由于武陵山片区地跨4个省市，其组成较为复杂，因此，我们的比较主要是在武陵山片区与各相邻省市以及全国平均水平之间进行。

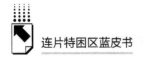

1. 电话普及率

我们对武陵山片区电话普及率与相邻省市及全国平均水平进行了比较。我们发现，无论是逐年的数据比较还是年均数据的比较，武陵山片区的电话普及率均低于相邻省市的电话普及率，也远远低于全国的平均水平，电信通信状况非常落后。2003 年，武陵山片区的电话普及率为 15.79 部/百人，仅为湖北、重庆的一半，为全国平均水平的四成不到；到 2011 年虽然片区内的电话普及率达到了 52.66 部/百人，但与相邻省市及全国平均水平的差距并未得到有效的改善，每百人拥有的电话数依然低于各相邻省市近 20 个百分点（贵州省除外，低于贵州省近 10 个百分点），低于全国平均水平 42.24 个百分点。图 6 显示了武陵山片区的电话普及率与其他地区的比较情况。

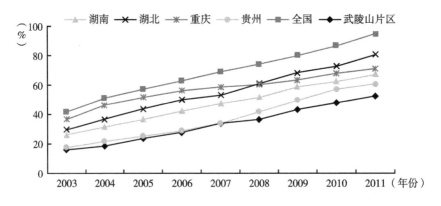

图6　武陵山片区电话普及率的比较

资料来源：国家、各省及武陵山片区各市县逐年的统计公报，中国统计信息网 www.tjcn.org，数据经整理计算得到。

从图 6 我们可以看出，2003 年以来武陵山片区的电话普及率一直低于各相邻省市的水平，与经济发展状况较好的省市如湖北、重庆相比，武陵山片区的电话普及率几乎仅为它们的一半，即使与经济发展状况较差的贵州省相比，其差距也从 2007 年之前比较相当的水平逐步拉大，到 2011 年武陵山片区的电话普及率低于贵州省近 10 个百分点；与全国平均水平相比，其差距则更为明显，仅为全国平均水平的 40% ~ 50%。

2. 互联网入户率①

通过对武陵山片区互联网入户率与相邻省市及全国平均水平的比较，我们发现，武陵山片区的互联网入户率除了与贵州省相当外，远远低于其他邻近省市及全国的平均水平。2003 年，武陵山片区的互联网入户率仅为 1.07%（即每百人中的互联网接入数为 1.07 户），同期湖南、湖北、重庆的互联网入户率分别为武陵山片区的 3 倍、2.8 倍和 2.96 倍，而同期的全国互联网入户率竟达到武陵山片区的 3.87 倍。到 2011 年这种差距虽然有所缩小，但互联网入户状况依然不容乐观，2011 年武陵山片区的互联网入户率达到 4.34%，低于邻近省市的互联网入户率，也远低于全国 12.02% 的平均水平。

图 7 直观地显示了武陵山片区互联网入户率与其他地区的差距。从图 7 可以看出，武陵山片区各年的互联网入户率一直处于比较落后的位置，而且随着时间的推移，武陵山片区的互联网入户率与邻近省市及全国平均水平的差距呈现出扩大趋势。可以说，武陵山片区互联网的发展远远低于其他相邻省市及全国平均水平。

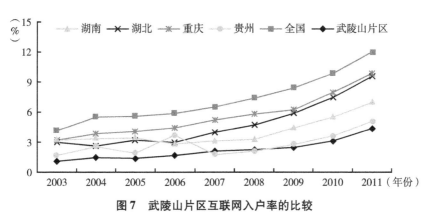

图 7　武陵山片区互联网入户率的比较

资料来源：武陵山片区的数据来自片区内各市县逐年的统计公报，中国统计信息网 www.tjcn.org，数据经整理计算得到；各省的数据来自各省的统计年鉴；国家层面的互联网入户数据来自工信部逐月的通信业主要指标完成情况。

3. 广播覆盖率

通过对武陵山片区广播覆盖率与相邻省市及全国平均水平的比较，我们发

---

① 由于缺乏地级市以及县级的网民数据，无法用互联网普及率（网民/总人口）来反映互联网的普及状况，我们用互联网接入用户占全部人口的比例来替代。

现，武陵山片区的广播覆盖率不仅远低于全国的平均水平，也低于相邻省市的平均水平。2003 年，武陵山片区的广播覆盖率为 70.09%，低于同期全国的平均水平 23 个百分点，与相邻的贵州相比，也低了 10 个百分点；到 2011 年，武陵山片区的广播覆盖率达到了 88.25%，虽然与贵州省的水平相当，但依然低于全国平均水平近 10 个百分点。

图 8 直观地显示了武陵山片区的广播覆盖率与其他地区之间的差距。从图中可以看出，2006 年以前，武陵山片区的广播覆盖率一直低于邻近省市和全国平均水平，其差距高达近 20 个百分点；2006 年以后，武陵山片区的广播覆盖率与贵州省的水平相当，但依然低于其他邻近省市及全国的平均水平。

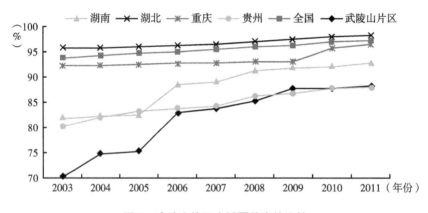

图 8 武陵山片区广播覆盖率的比较

资料来源：国家、各省及武陵山片区各市县逐年的统计公报，中国统计信息网 www.tjcn.org，数据经整理计算得到。

4. 电视覆盖率

通过对武陵山片区电视覆盖率与相邻省市及全国平均水平的比较，我们发现，武陵山片区电视传播基础设施得到了较快发展。2003 年，武陵山片区的电视覆盖率为 88.66%，虽然低于相邻各省市以及全国的平均水平，但差距并不是很大；到 2011 年，武陵山片区的电视覆盖率基本上与全国平均水平相当，并超过了贵州省的平均水平。信息的电视传播有了很好的保证。

图 9 直观地显示了武陵山片区的电视覆盖率与其他地区之间的比较。可以

看出，武陵山片区的电视覆盖率与相邻省市及全国平均水平相比，相差并不大，到 2011 年其差距最多仅为 2 个百分点，这说明电视传输的基础设施在武陵山片区得到了很好的普及和保障。

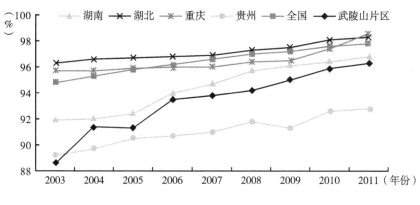

图 9　武陵山片区电视覆盖率的比较

资料来源：国家、各省及武陵山片区各市县逐年的统计公报，中国统计信息网 www.tjcn.org，数据经整理计算得到。

5. 人均邮电业务量

通过对武陵山片区的人均邮电业务量与其他地区及全国平均水平的比较，我们发现，武陵山片区的人均邮电业务量远远低于各相邻省市及全国平均水平。2003 年，武陵山片区的人均邮电业务量为 144.91 元，同期湖南省的人均邮电业务量为其 2.28 倍，湖北省人均邮电业务量为其 2.1 倍，重庆市人均邮电业务量为其 2.75 倍，就连经济比较落后的贵州省，人均邮电业务量也为其 1.95 倍，而同期全国的人均邮电业务量更是武陵山片区的近 4 倍之多。这种落后的状况直到 2011 年并未得到改善，相反还有加大的趋势。与 2003 年相比，2011 年武陵山片区的人均邮电业务量虽然增加了 3.6 倍达到了 669.56 元，但同期湖南省的人均邮电业务量扩大到其 2.6 倍，湖北的人均邮电业务量达到其 2.75 倍，重庆市人均邮电业务量增加到其 3.3 倍，贵州省的人均邮电业务量增加到其 2.5 倍，而同期全国的人均邮电业务量更是扩大到其 4.25 倍。武陵山片区的人均邮电业务的消费远远落后于相邻省市与全国平均水平。

图10显示了武陵山片区人均邮电业务量与其他地区的比较状况。从图中可以看出，与相邻省市及全国平均水平相比，武陵山片区的人均邮电业务量一直处于较低的水平，其增长趋势与相邻省市及全国平均水平相比也相对更加平稳，这使得武陵山片区的人均邮电业务量与其他地区及全国平均水平之间的差距逐年扩大，更加凸显出武陵山片区人均邮电业务消费落后和信息通信不发达。

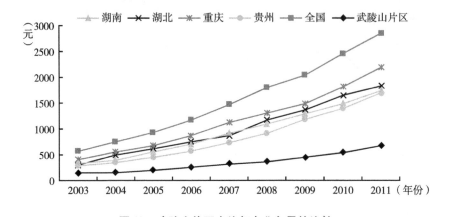

图10　武陵山片区人均邮电业务量的比较

资料来源：国家、各省及武陵山片区各市县逐年的统计公报，中国统计信息网www.tjcn.org，数据经整理计算得到。

通过以上比较可以看出，虽然经过多年的发展，武陵山片区的信息化建设取得了一定成效，但与其相邻省市及全国平均水平相比，依然存在较大的差距，无论是在电话普及、互联网入户、广播电视覆盖等信息交换的基础设施方面，还是在信息通信服务的消费方面都远远落后于相邻省市和全国平均水平，显示出信息基础设施的匮乏和信息通信服务消费水平的低下。这种信息化的低水平发展，严重制约了武陵山片区信息化的发展速度，使整个片区信息化水平十分落后。

武陵山片区信息化的滞后发展，使片区内居民尤其是农村居民无法通过方便、快捷的信息渠道及时获取与相关的有用信息，难以享受到信息化社会所带来的信息文明成果，日益成为信息社会发展的边缘群体，在承受经济贫困的同时又陷入信息贫困的困境。

三　武陵山片区信息贫困的成因分析

（一）武陵山片区信息贫困形成的地理因素

地理区位的不利和自然条件的限制是武陵山片区信息贫困的客观原因。武陵山连片贫困区地处武陵山脉，属湖南、湖北、重庆、贵州四个省市的交界处，属于多山峻岭地带。以湖南湘西州为例，武陵山脉由东北向西南斜贯全州，北部多山，全州境内有大小山峰 130 多座，地势由西北向东南倾斜。全州总面积 15486 平方千米，域内耕地零星分散，土层厚薄不一，山上山下气候变化明显，山南山北降水量差异显著，地层发育齐全，构造复杂多样，其中山地山原 12628.7 平方千米，约占全州总面积的 81.5%；丘陵 1599.6 平方千米，占全州总面积的 10.3%；平原仅为 635.2 平方千米，占全州总面积 4.1%；水域 247.2 平方千米，占 1.59%；岗地 379.4 平方千米，占 2.5%。这种多山峻岭的地质特征为武陵山片区信息化条件的改善带来了很多的困难。首先，多山的地理环境为片区信息基础设施的建设带来了不便。以湘西吉首市移动公司为例，地处山区的乡村基站所占比例为全部基站的 50% 之多，这些乡村基站施工时材料的运输、光缆的铺设以及基站架设的难度都要比城区或平原地区大得多，有的基站建设花费的财力和物力几乎达到了城区基站的 2 倍以上。其次，多山的地理环境为片区信息基础设施的维护也带来了较大的困难。据湘西州移动公司统计，由于电力供应的原因，2011 年 3 月一个月维护发电就达 8127 小时之多，而山区基站的维护发电就占了 80% 之多。另外，多山的地理环境为片区信息通信设施的使用也带来了一定的影响，尤其是对基站信号的覆盖范围造成了负面影响，使得在保证同等信号时不得不架设更多的基站。

（二）武陵山片区信息贫困形成的经济因素

经济的发展程度对地区的信息化建设也有着十分重要的影响。据美国旧金山湾区理事会 1999 年发表的研究结果显示，年收入低于 4 万美元的家庭上网率为 46%，而年收入 8 万美元以上的家庭上网率达到 81%；另外，中国的相

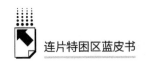

关研究如胡鞍钢和周绍杰（2001）同样也验证了经济发展水平是影响信息化程度的首要因素，这充分说明了经济条件对信息化的普及有很大影响。

武陵山片区地处武陵山脉，地形复杂，地表起伏较大，片区内相当大的地域范围不宜耕种，开发利用难度较大，而且山区普遍交通不便，对外交流也受到制约，以至于片区内经济发展水平落后，贫困人口较多。如片区内的湘西自治州，下属8个县市有7个县为国家贫困县，全州2011年的人均GDP仅为全国人均GDP的40%不到，为湖南省人均GDP的50%不到，经济发展状况十分落后。经济落后严重制约了地区信息化建设。首先，地区的经济发展水平对信息基础设施建设有着至关重要的影响，经济发展落后的武陵山片区各政府在解决本地区基本的民生问题之后，根本就没有太多的能力去承担信息基础设施建设；其次，武陵山片区落后的人均收入水平也制约着本地居民对各种信息服务的消费。这就使得武陵山片区居民尤其是农村居民在信息革命与网络革命中几乎被边缘化了，形成了武陵山片区的知识贫困和信息贫困人口。

（三）武陵山片区信息贫困形成的文化教育因素

教育水平与地区信息贫困的可能性成反比。胡鞍钢和周绍杰（2002）曾经指出，在发展知识为基础的新兴经济以及以信息技术改造传统经济的过程中，地区的经济发展水平和知识发展水平是影响信息普及水平的两个最主要因素，它们的累积贡献率为63.76%。同样，中国互联网络信息中心发布的《第30次中国互联网络发展状况统计报告》显示，2012年6月，54.8%的非网民不上网的原因是因为"不懂电脑和网络"，IT技能的缺失依然是阻碍互联网深入普及的最大障碍。因此，如果缺乏一定的文化素质和基本的信息设备操作技能，被边缘化的人群即使有了信息基础设施，仍然会被排除在信息革命之外。

武陵山片区横跨湖北、湖南、重庆、贵州四省市，集革命老区、民族地区和贫困地区为一体，是跨省交界面大、少数民族聚集多、贫困人口分布广的连片特困区，居民的受教育程度历来也居于全国落后地位。据2010年全国第六次人口普查数据，片区内的湘西自治州每10万人中具有大学学历的为5761人，具有高中教育程度的为10456人，远低于全国每10万人中大学文化程度的 8930 人和高中文化程度的 14032 人。武陵山片区居民的文化教育水平低下，给他们在接受新观念、获取信息、提高技能等方面带来较大的困难，使之难以摆脱信息贫困的束缚。

（四）武陵山片区信息贫困形成的体制因素

武陵山片区地处偏远山区，属国家西部地区，历来被国家的发展战略所忽视。新中国成立以后，为了彻底改变我国工业落后的局面，我国选择了优先发展重工业的经济发展战略和高度集权的计划经济体制，通过国家行政干预，动员和集中国内一切可以利用的资金、力量来发展重工业，国家投资集中于城市的重工业，对农业的投入十分有限，并通过工农业产品"剪刀差"政策牺牲农业和农民的利益来获取重工业发展所必需的资金，最终导致了工农业发展的巨大差异以及城乡二元经济结构。在这种大的政策环境下，原本经济基础薄弱的武陵山片区经济发展状况日益落后，成为国家贫困县的集聚地。改革开放以后，我国实行了东部沿海优先发展战略，国家投资的重点逐渐东移到东部沿海地区，使得东、西部地区社会经济发展的差距越来越大，资源进一步向东部集中，从而造成包括信息资源在内的资源分配严重不均。据亚太地区城市信息化合作办公室和中国计算机用户协会 2008 年共同编制和发布的中国城市信息化50 强名单中，上海和北京并列第一。东部沿海地区和城市拥有了众多的图书情报机构、信息网络中心、信息技术人才和信息发展资金，中西部欠发达地区则缺乏经济发展所必要的信息资源，进而导致了信息时代新的贫困现象——信息贫困。

进入 21 世纪以来，为了帮助西部地区提高信息化水平，减少西部地区的信息贫困，在国家有关部门、地方政府、科研单位以及企业的共同支持和相互配合下，实施了一系列的信息扶贫项目和行动，为西部地区信息化提供技术支撑，在西部地区逐步推广应用信息技术，大力发展信息产业，提高西部地区的信息化水平。虽然在这种大的政策环境下武陵山片区的信息化水平得到了逐年提高，但历史体制因素所造成的片区经济基础薄弱依然严重地制约着武陵山片区信息化建设的快速发展。

以上分析表明，造成武陵山片区信息贫困的因素不仅包含客观的地理因

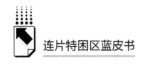

素，还包括很多社会因素。其中经济发展水平是影响武陵山片区信息贫困最重要的因素，其次是文化教育的普及和投入，这不仅关系到武陵山片区信息基础设施的建设，也关系到片区内居民接受信息的能力，对片区信息贫困有着至关重要的影响。

四 武陵山片区信息扶贫的对策

信息化建设对促进西部大开发、缩小各类信息差距和发展差距具有重要作用。信息、技术和知识具有明显的外溢性，信息获取的便利性有助于落后地区直接获得和利用这种外部性来分享各种技术与知识的收益，从而可以充分运用它们来实现某种形式的"追赶"。但迅速发展的信息网络革命既可能为落后地区带来一次跨越式发展机会，也可能使这些地区与发达地区的发展差距进一步加大，这取决于如何加快中西部地区信息基础设施建设，消除各类信息隔离所带来的信息贫困，使落后贫困地区能便利和低成本的获取各种信息通信服务，以便得到更多的发展机会。

信息扶贫是指政府和社会借助于信息技术的推广和信息活动的开展来解决信息贫困者的信息贫困以及由信息贫困导致的经济贫困的一种特殊的扶贫方式。为了帮助西部地区提高信息化水平，进入21世纪以来国家对西部地区实施了一系列的信息扶贫工作，取得了一定的成效，但我国地区间信息化差距依然存在。尤其在武陵山等连片特困地区，由于恶劣的地理环境、较为封闭的社会环境和自身经济发展水平的滞后等原因，信息贫困现象十分严重。因此，必须把握地区特征，有针对性地开展信息扶贫工作，具体对策有以下几方面。

（1）加快武陵山片区的信息基础设施建设，降低电信资费。武陵山片区的信息扶贫必须以信息基础设施建设为先行，这是开展信息扶贫工作的基础。"要想富，先修路"，信息基础设施建设即为信息化之路。目前武陵山片区的信息基础设施水平远远落后于相邻的省市和国家平均水平，要缩小武陵山片区信息化水平的差距，就必须加大计算机通信网络、移动通信网络、视听传媒网络等信息基础设施建设。同时，要把信息网络基础设施建设作为公共设施来对待，并确定与当地经济发展水平相适应的收费标准，让片区内更多的人有能力来使用，使通信网络更快、更便捷地进入企业和家庭，为片区经济发展做出贡献。

（2）突出教育的战略地位，加强信息化人才培养及信息知识普及。要保证武陵山片区信息扶贫工作的顺利进行，还必须大力提高片区人民的文化素质。地区信息化水平往往与居民的教育程度紧密相关。居民的受教育程度不仅直接影响到居民对信息通信设备的使用，而且还影响着人们的信息意识和信息素质。信息意识决定着人们捕捉、判断和利用信息的自觉程度。信息素质则是人们对信息认识能力的体现。受教育程度越高，信息意识就越强，信息素质也就越高，对信息的需求量也就越大；相反，受教育程度越低，其信息意识就越弱，获取信息的手段和能力也会越匮乏，往往不知道通过何种渠道去获取信息，最终导致信息贫困。

（3）大力促进武陵山片区的经济发展，为片区的信息化建设提供有力保障。要彻底消除武陵山片区的信息贫困，就必须大力发展地区经济。地区信息化水平往往与地区经济发展水平息息相关，一方面，地区经济发展水平越高，就会有更多的实力来进行信息基础设施投资建设，同时，地区经济发展水平越高，居民收入也会越高，居民就会具有更强的实力进行信息消费，对信息的需求也会增加，从而促进地区信息资源建设；另一方面，地区信息化程度越高，人们获取经济信息的手段和能力就会越强，也就越容易根据这些信息获取增加收入的机会，进而形成一个良性循环。相反，地区经济发展水平越低，地区信息基础设施建设就会越滞后，人们获取信息的手段和能力就会越匮乏，增加自身收入的机会就会大大减小，进而形成一个恶性循环，进一步加剧地区的信息贫困。因此，武陵山片区在进行信息扶贫的同时必须大力发展地区经济，这样才能彻底消除片区的信息贫困。

（4）政府应该制定中长期信息化发展战略规划，并且必须确保信息化发展规划的整体协调性和保持各项政策的连续性。武陵山片区信息扶贫的顺利实施必须要有政府的扶持与保证。信息基础设施的建设具有投资大、见效慢且周期长的特点。信息化的健康快速发展，不仅需要资金、技术和政策的投入，而且还需要保持政策的连续性。因此，应该尽快建立以政府投入为导向，以企业投入为主体，社会资本和外资广泛参与的信息化投资机制，为信息化建设提供

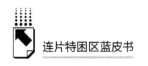
资金保障机制。在此基础上政府制定一定的战略规划，用各种规划和资金来保障，长期贯彻执行才可以保证信息化的健康快速发展，最终消除武陵山片区的信息贫困。

Information Poverty and Alleviation through Information Construction in Wulingshan Contiguous Destitute Area

Li Feng   Zhou Xinjun

Abstract: In this paper, we used typical indicators which embodies the level of information technology to examine the status of the information technology development of Wulingshan Contiguous Destitute Area, and we make a objective analysis to Wulingshan Contiguous Destitute Area's Information Construction by comparison with the corresponding region. The results show that the level of Wulingshan Contiguous Destitute Area's information technology lags far behind the level of neighboring provinces and the national average level. Information poverty has become one of the major causes of the region poverty and the low level of economic development in the Wulingshan Contiguous Destitute Area. Subsequently, we discussed the causes of Information poverty in Wulingshan Contiguous Destitute Area, and proposed some countermeasures of information poverty alleviation.

Key Words: Wuling Contiguous Destitute Area; Information Poverty; Information Poverty Alleviation

B.8
武陵山片区的生态贫困与生态扶贫

摘 要:

武陵山片区是一个集经济贫困与生态贫困于一体的区域,本文从生态环境与经济贫困两个维度分析武陵山片区生态贫困现状及其形成机理,提出了积极发展生态农业、生态工业、生态旅游业,建立有效生态补偿机制,严格控制新增人口数量等具体对策,以期促进生态文明建设,缓解或摆脱片区生态贫困,实现片区经济繁荣和社会和谐。

关键词:

武陵山片区 生态贫困 生态农业 生态工业 生态旅游业

一 引言

改革开放30多年来,我国保持了经济的持续快速增长,在教育、科技、文化、卫生等诸多方面取得了长足发展,但同时也付出了沉重的生态代价,粗放型的经济增长方式使得我国在短短20多年里就遭遇了西方国家100多年发展所遭遇的所有生态问题,资源日益枯竭,生态环境污染严重。迅速恶化的生态环境,造成了巨大的生态和经济损失,也使部分地区返贫率持续走高。因生态环境恶化导致的贫困问题越来越受到人们的关注,如何摆脱生态贫困,实现经济社会可持续发展已成为学者们研究的重要课题。

武陵山片区集经济贫困与生态贫困于一体,为了实现生态环境保护与社会经

---

* 基金项目:教育部"新世纪优秀人才支持计划"基金项目、国家社科基金项目(12CJL069)、教育部人文社科基金项目(11YJA790070)、湖南省重点社科基金项目(11ZDB072)。
邵佳,吉首大学商学院讲师,中南大学博士研究生,研究方向为资源与环境经济学。

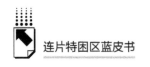

济协调发展，在扶贫实践中，应把生态环境建设与社会经济发展结合起来，走出一条立足区资源优势、依靠科技的生态扶贫道路，这样不仅有利于缩小地区间发展差距，实现片区贫困人口整体脱贫致富，也有利于促进片区生态文明建设和社会和谐。

二 生态贫困相关理论

（一）生态贫困的内涵

生态环境作为一种稀缺的经济资源，其稀缺的程度主要体现在生态承载力上，当一个地区由于环境先天的脆弱性，或者由于资源的不合理利用等人类活动引起生态负荷超过生态承载力时，就会出现生态赤字，生态环境恶化，进而阻碍该地区的经济社会发展，使经济贫困问题难以得到解决。这种因生态环境恶劣，或者生态环境恶化导致的贫困，我们称为生态贫困。

对于贫困问题，人们从经济学、社会学角度提出了经济贫困、知识贫困和能力贫困等概念。随着对贫困问题研究的不断深入，生态环境与经济贫困之间的关系问题越来越受到人们的关注，众多研究结果表明，生态问题与经济发展问题相互影响，相互交织，生态脆弱的地区一般是经济发展比较落后的贫困地区，而经济发展比较落后的地区一般也是生态问题比较突出的地区。

（二）生态贫困的特征

生态贫困具有复杂性、差异性、难恢复性和危害性等特征。首先，生态贫困具有复杂性特征。人类所生存的环境是一个开放、完整、复杂的生态系统，构成生态系统的要素众多，各要素间关系错综复杂，生态系统中任何一个价值链出现问题，将导致整个生态系统无法正常运行，甚至瘫痪。从生态系统本身的特征和导致生态贫困原因的角度，生态贫困具有复杂性的特征。其次，生态贫困具有区域差异性特征。不同地区，其生态环境特征各异，如在我国西北黄土高原区，其生态环境的特征表现为干旱少雨、植被稀疏、环境承载力低、水土流失严重等，而在青藏高寒区又表现为气候高寒、积温严重不足、生态环境严峻、自然灾害频繁。再次，生态贫困具有难恢复性特征。在生态贫困地区，或生态环境脆弱，生产条件恶劣，或自然资源稀缺，生活条件艰苦，人们生存都成问题，摆脱贫困就更谈不上了。即使依靠外力量的帮助暂时摆脱贫困，返贫率也是相当高的，难以恢复性是生态贫困的又一特征。最后，生态贫困具有危害性特征。生态环境是一个相互关联、相互影响的系统，如果某一地区生态环境不断恶化，得不到及时治理，在自然界力量的作用下，必然导致周边地区生态环境遭到严重破坏，进而使这些地区陷入生态贫困，造成生态贫困的范围不断扩大。

（三）生态环境与经济贫困之间的关系

在我国西部地区，生态环境脆弱性与经济贫困之间存在很大的耦合性。统计数据显示，生态脆弱县是贫困县的概率高达 69.9%，贫困县又同时是生态脆弱县的概率高达 74.7%。[①] 这充分表明，生态环境与经济贫困之间存在极为密切的关系。

1. 经济贫困直接或间接导致生态环境退化

在贫困发生程度较深的地区，由于经济发展严重落后，人们生态环境保护意识淡薄，人们为了生存，对自然资源进行掠夺性开发，不断地砍伐森林，开垦土地，开发自然资源来满足生产生活所需。过度资源掠夺，造成森林面积减少，水土流失、石漠化现象严重，最终导致资源瓶颈问题更加突出，生态环境持续恶化。

2. 生态环境退化反过来又进一步加剧地区贫困

持续恶化的生态环境又反过来制约贫困地区经济发展。一方面，退化的生态系统致使水土流失现象严重，土地变得更加贫瘠，人们的生存、生产条件变得更加恶劣，贫困人口更加贫困。另一方面，贫困地区自我发展能力不足，粗放、低度化的产业结构升级困难，资源掠夺式发展又成为不二之选，最终陷入了"粗放式开发—环境污染—生态退化—贫困—掠夺式开采—资源枯竭—更加贫困"的恶性循环。

三 武陵山片区生态贫困的现状及形成机理

武陵山片区是跨省交界面大、少数民族众多、贫困人口分布广泛的连片

---

① 杨蓉、米文宝、陈丽、郑佳：《宁夏南部山区的生态贫困与反贫困》，《水土保持研究》2005年第 2 期。

特困地区。片区平均海拔高、气候恶劣、旱涝灾害并存，泥石流、风灾、雨雪冰冻等频发，部分县市水土流失严重，土壤贫瘠，人均耕地面积仅为0.81亩，仅为全国平均水平的60%。《中国农村扶贫开发纲要（2001~2010)》实施期间，武陵山片区共确定了11303个贫困村，占全国的7.64%。片区内71个县（市、区）中有42个县是国家扶贫开发工作重点县，13个县是省级重点县。

（一）武陵山片区生态贫困现状

目前没有一套指标体系能综合反映某地区生态贫困的发生程度，本文基于生态贫困内涵，从生态与贫困两个维度评估武陵山片区生态贫困的发生程度。生态维度主要包括生态承载力与生态负荷两个指标，其中生态承载力由地区自然资源拥有量（如耕地资源、森林资源、水资源）及其分布情况所决定，而地区社会经济发展过程中自然资源利用情况（如GDP单位能耗）及其对自然环境的影响（如"三废"排放量）又决定了该地区生态负荷；贫困维度主要包括城乡居民人均可支配收入和城乡恩格尔系数两个指标，这两个指标与地区社会经济发展程度相关。

在此需要说明的是，在正文及所有图表中均以宜昌、恩施、邵阳、常德、张家界、益阳、怀化、娄底、湘西、重庆、遵义、铜仁分别代表湖南、湖北、贵州、重庆四省市71个划入武陵山片区的县市，并对各地区相关指标值按地区GDP权重或地区人口权重进行了适当处理，所用指标值能真实、合理地反映武陵山片区生态与经济发展情况。

1. 经济发展落后、贫困问题突出

武陵山片区经济发展落后，贫困问题依然十分突出，不仅片区内各地市的发展与全国其他地区的发展之间存在明显差距，而且片区内城乡之间的发展差距也非常明显。

2011年，全国城镇居民人均可支配收入为21810元，武陵山片区内各地市城镇居民人均可支配收入均低于该水平，在收入水平最低的益阳市安化县，其城镇居民人均可支配收入比全国平均水平低10872元，与城镇居民人均可支配收入水平较高的东莞、深圳、上海等地相比，差距更大，达到2万多元以上。

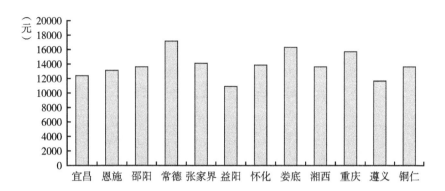

图1 2011年武陵山片区城镇居民人均可支配收入

资料来源：2011年各地区国民经济与社会发展统计公报。

2011年，全国农民人均纯收入为6977元，而武陵山片区内所有县、市的农民人均纯收入均远低于该水平，特别是益阳安化县的农民人均纯收入不足全国农民人均纯收入的50%。

表1 2011年武陵山片区农民人均收入

单位：元，%

城　市	人均纯收入	与全国农民人均纯收入比较（绝对值）	与全国农民人均纯收入比较（相对值）
宜　昌	3998	-2979	57.3
恩　施	3939	-3038	56.5
邵　阳	4373	-2604	62.7
常　德	5572	-1405	79.9
张家界	4093	-2884	58.7
益　阳	3150	-3827	45.1
怀　化	4280	-2697	61.3
娄　底	3951	-3026	56.6
湘　西	3674	-3303	52.7
重　庆	5422	-1555	77.7
遵　义	3728	-3195	54.2
铜　仁	4002	-2975	57.4

资料来源：2011年各地区国民经济与社会发展统计公报。

从片区内各地市的城镇居民恩格尔系数来看，除常德、张家界、铜仁外，其余地市的城镇居民恩格尔系数均高于全国平均水平36.3%，片区内农村恩

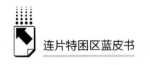

格尔系数都高于全国农村恩格尔系数 40.4%，且多数地市的城乡恩格尔系数之差在 10% 以上。

表2 2011 年武陵山片区城乡恩格尔系数

单位：%

城 市	农村恩格尔系数		城镇恩格尔系数	
	武陵山片区	与全国水平差距	武陵山片区	与全国水平差距
宜 昌	43.70	−3.3	38.42	−2.1
恩 施	51.40	−11.0	37.90	−1.6
邵 阳	52.50	−12.1	40.30	−4.0
常 德	42.90	−2.5	35.20	1.1
张家界	52.80	−12.4	35.10	1.2
益 阳	44.00	−3.6	39.40	−3.1
怀 化	56.20	−15.8	38.60	−2.3
娄 底	52.25	−11.8	36.70	−0.4
湘 西	60.10	−19.7	37.60	−1.3
重 庆	46.80	−6.4	39.10	−2.8
遵 义	45.60	−5.2	39.20	−2.9
铜 仁	47.60	−7.2	35.90	0.4

资料来源：2011 年各地区国民经济与社会发展统计公报。

2. 自然生态系统脆弱且承载能力低

武陵山片区土地资源丰富，但由于片区平均海拔高、气候恶劣、旱涝灾害并存，泥石流、风灾、雨雪冰冻等灾害频发，部分地区水土流失、石漠化现象严重，土壤十分贫瘠。目前，我国人均耕地面积为 1.38 亩，仅为世界平均水平的 40%，而片区内所有地市的人均耕地面积均低于全国平均水平，在耕地面积最稀缺的娄底、遵义、铜仁等地，其人均耕地面积仅为全国平均水平的 52.9%、60.1%、51.7%。

在森林资源方面，武陵山片区内森林覆盖率平均达 56%，片区内所有地市的森林覆盖率均远高于全国平均水平 20.36%，该片区作为国家区域性重要生态安全屏障区，可以说满目苍翠，空气清新，如森林覆盖率高达 67.16% 的张家界素有"扩大的盆景、缩小的仙山"的美称，而怀化也被称为"一座会呼吸的城市"，其森林覆盖率高达 68.6%。

表3   2011年武陵山片区人均耕地面积

单位：亩，%

城　市	各地市人均面积	与全国人均面积比较(绝对值)	与全国人均面积比较(相对值)
宜　昌	1.29	-0.09	93.5
恩　施	1.03	-0.35	74.6
邵　阳	0.93	-0.45	67.4
常　德	1.15	-0.23	83.3
张家界	1.01	-0.37	73.2
益　阳	1.08	-0.3	78.3
怀　化	1.02	-0.36	73.9
娄　底	0.73	-0.65	52.9
湘　西	0.89	-0.49	64.5
重　庆	1.05	-0.33	76.1
遵　义	0.83	-0.55	60.1
铜　仁	0.7	-0.68	51.7

资料来源：2011年各地区统计年鉴。

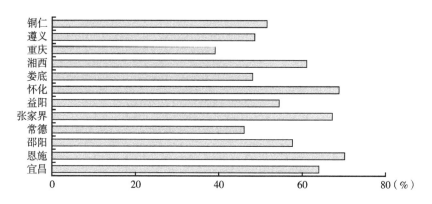

图2   2011年武陵山片区森林覆盖率

资料来源：2011年各地区统计年鉴。

在水资源拥有量方面，人均水资源拥有量是衡量地区雨水丰沛度的重要指标。据统计，中国人均水资源占有量只有2100立方米，仅为世界人均水平的28%，目前在全国城市中有约2/3缺水，约1/4严重缺水。在武陵山片区，除恩施、湘西、怀化等地外，其余地区人均水资源拥有量均不高，随着工业化进程的不断加快，水资源短缺形势同样日益严峻。水资源已成为制约片区经济社会持续发展的重要因素之一。

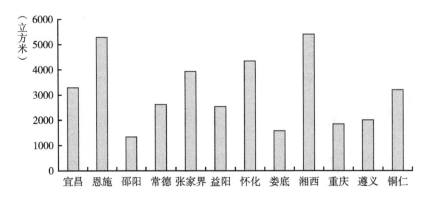

图3　2011年武陵山片区人均水资源拥有量

资料来源：2011年各地区水资源公报。

3. 自然资源利用效率低

在资源利用方面，单位GDP能耗是反映一个地区资源利用率的重要指标。能源消费构成、经济增长方式、产业结构、能源利用技术等都是影响GDP能耗高低的重要因素。2011年我国GDP总值471564亿元，排名已经稳居世界第二，仅次于美国，但单位GDP能耗却高达0.793吨标准煤/万元，是日本单位GDP能耗的7倍，美国的6倍，甚至是印度的2.8倍。与明显偏高的全国单位GDP能耗值相比，武陵山片区内所有地市的单位GDP能耗均高于该值，且大部分地市的单位GDP能耗是全国单位GDP能耗的2~3倍。单位GDP能耗反映了武陵山片区粗放的经济增长方式和能源消耗惯性未能根本扭转。

表4　2011年武陵山片区单位GDP能耗

单位：吨标准煤/万元，倍

城　　市	各地市单位GDP能耗	与全国单位GDP能耗比较 （绝对值）	与全国单位GDP能耗比较 （相对值）
宜　昌	1.8709	1.0779	2.4
恩　施	1.0462	0.2532	1.3
邵　阳	1.1690	0.3760	1.5
常　德	0.9370	0.1440	1.2
张家界	0.9010	0.1080	1.1
益　阳	1.0980	0.3050	1.4
怀　化	1.1820	0.3890	1.5

城　市	各地市单位 GDP 能耗	与全国单位 GDP 能耗比较 （绝对值）	与全国单位 GDP 能耗比较 （相对值）
娄　底	2.4140	1.6210	3.0
湘　西	1.2330	0.4400	1.6
重　庆	1.1880	0.3950	1.5
遵　义	1.8300	1.0370	2.3
铜　仁	1.6930	0.9000	2.1

资料来源：2011 年各地区统计年鉴。

4. "三废"对环境污染影响程度各异

环境污染程度加深、生态环境恶化是导致和加剧生态贫困的重要因素，在此选择废气排放量、废水排放量及固体废物排放量三个指标考察武陵山片区经济活动对环境的影响程度。

从单位 GDP 废气排放量来看，除宜昌、娄底、遵义等地外，武陵山片区内其他地区单位 GDP 废气排放量均低于全国单位 GDP 废气排放量，特别是恩施、邵阳等地的单位 GDP 废气排放量明显低于全国平均排放水平，仅相当于全国单位 GDP 废气排放量的 36% 和 32%。

表5　2011 年武陵山片区单位 GDP 废气排放量

单位：万标立方米/万元，%

城　市	各地市单位 GDP 废气 排放量	与全国单位 GDP 废气 排放量比较（绝对值）	与全国单位 GDP 废气 排放量比较（相对值）
宜　昌	1.2694	0.1684	115
恩　施	0.3961	−0.7049	36
邵　阳	0.3570	−0.7439	32
常　德	0.8656	−0.2354	79
张家界	0.7400	−0.3609	67
益　阳	0.7225	−0.3784	66
怀　化	0.7893	−0.3117	72
娄　底	6.3139	5.2130	573
湘　西	0.9300	−0.1709	84
重　庆	0.9111	−0.1899	83
遵　义	1.3414	0.2405	122
铜　仁	0.8900	−0.2109	81

资料来源：2011 年各地区环境统计公报。

从固体废弃物排放情况来看，全国单位 GDP 固体废弃物排放量为 0.69 吨/万元，除娄底外，武陵山片区内其他地区单位 GDP 固体废弃物排放量均低于该数值。

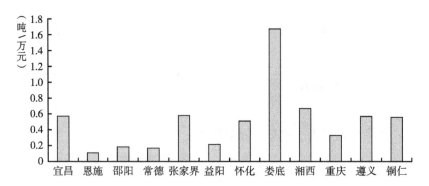

图4　2011 年武陵山片区单位 GDP 固体废物排放量

资料来源：2011 年各地区统计年鉴。

在废水排放量方面，片区内大部分地区单位 GDP 废水排放量均高于全国平均水平 13.26 吨/万元，在恩施、益阳、怀化三地，单位 GDP 废水排放量高达 21.32 吨/万元、24.65 吨/万元、25.67 吨/万元。

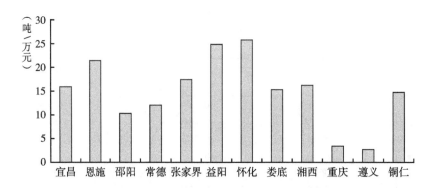

图5　2011 年武陵山片区单位 GDP 废水排放量

资料来源：2011 年各地区水资源公报。

从以上数据分析可以看出，武陵山片区经济发展对生态环境产生了不同程度的影响。我们应该及时总结经验，积极推广清洁生产，从源头控制污染物排放，进一步降低"三废"排放量，提高资源综合利用效率。

（二）武陵山片区生态贫困形成机理

导致生态贫困主要有两个方面原因：一是自然原因。客观存在的生态环境十分脆弱，人们生产生活先天条件恶劣，贫困难以避免。二是人为原因。人类活动强度超过生态环境的承载力，造成生态环境恶化，恶化的生态环境制约社会经济发展，导致区域性贫困加剧。武陵山片区生态贫困形成也不外乎这两个方面原因。

1. 武陵山片区生态环境脆弱导致当地生存条件差，经济发展落后

武陵山片区平均海拔高，气候恶劣，旱涝灾害并存，泥石流、风灾、雨雪冰冻等灾害频发。部分地区水土流失、石漠化现象严重，土壤瘠薄。经济发展与生态保护矛盾尖锐，产业结构调整受生态环境制约大。加之公路、水利、电力和通信等基础设施落后，区内仓储、包装、运输等基础条件差，金融、技术、信息等高端市场体系不健全。产品要素交换和对外开放程度低，物流成本高，没有形成具有区位优势的特色产业链，片区经济发展严重滞后。

2. 武陵山片区粗放型经济发展模式导致该地区生态环境进一步恶化

与全国其他地区相比较，武陵山片区的经济发展相对落后，作为第一产业的农、林、牧、渔业占整个国民经济比重过高。2010年，武陵山片区第一、二、三产业结构比例为22∶37∶41，与全国10∶47∶43相比，第一产业比例明显偏高，农业等第一产业发展受生态环境制约。由于片区自然条件恶劣，农业生产技术落后，人们只能以牺牲生态环境为代价，如毁林开荒、毁草种粮等方式，来努力扩大农业生产，这种粗放型的农耕方式使得片区土地更加贫瘠，生态环境进一步恶化。

四　武陵山片区治理生态贫困的途径——生态扶贫

在贫困地区，缓解贫困和改善生态环境这两项目标高度重叠，所涉及的人群也具有高度一致性。鉴于此，为了提高资源配置效率，政府在制定宏观发展战略和规划时，可将贫困缓解和生态环境改善这两项目标合二为一，加以统筹考虑。这种将生态建设与减贫目标结合起来统筹考虑的扶贫政策有助于增强贫困地区自我发展能力，降低返贫率。同样，在生态环境脆弱、承载能力有限的武陵山片区，制定扶贫政策时，统筹兼顾地区生态建设是一种趋势，也是一种必然选择。

（一）依托生态农业实现武陵山片区生态扶贫

生态农业是指依靠农业系统内部来维持土壤肥力，促进农业稳定增产的产业，它的优点在于引导生态的良性循环，使社会既能持续取得丰富的农产品，又能保持良好的生态环境。[①] 将生态农业建设、产业结构调整、增加农民收入与生态环境改善结合在一起，不仅能极大地调动广大农民投入农业建设的积极性，而且能增强农民生态环境保护的意识，产生良好的社会效益。

武陵山片区在发展生态农业方面有着明显的比较优势。该片区属亚热带向暖温带过渡类型气候，光热资源丰富，为各种生物的生长和繁衍提供了良好的条件。片区内自然生态环境十分优美，有各种类型的珍稀动植物。境内有乌江、清江、澧水、沅江、资水等主要河流，蕴藏着巨大的水能资源。在长期的生产实践中，片区各族人民积累了众多的生产经验，创造了灿烂的农业文明，该地区不仅拥有水稻、玉米、薯等为主的粮食作物，还有板栗、猕猴桃、核桃、油茶、茶叶、烟叶等经济作物，以及猪、牛、羊、鸡、鸭等畜禽产品和黄连、杜仲、银杏等中药材。

充分发挥片区上述比较优势，政府部门要积极采取多种有效措施调整农业产业结构，大力发展生态农业。一是要加强对现有林木资源的管理和保护，在满足农业用地的基础上，大力开展植树造林、封山育林、退耕还林，提高片区内森林覆盖率和林业经济效益。二是要引导农户瞄准市场，依靠科技进步，推广优质产品及其种植方法，积极发展片区特色农产品，提高农产品的市场竞争力。三是要制定优惠政策，创造良好的社会环境吸引片区内中小企业和农民积极推动生态农业的产业化发展，采取"公司—基地—农户""公司—农户"

---

① 陈南岳：《我国农村生态贫困研究》，《中国人口、资源与环境》2003 年第 4 期。

"公司—基地"等多种经营方式，发展生态农业。四是要积极宣传、普及生态环保知识，引导片区内农民树立节约资源、清洁生产、保护环境的生态意识，为在该地区推行生态扶贫奠定思想基础。

（二）依托生态工业实现武陵山片区生态扶贫

生态工业是在生态环境恶化、资源成为制约经济发展主要因素的背景下提出的一种新的生产方式，此种生产方式主张清洁生产和环境保护，通过把各种生产废弃物持续不断地转变为各种资源来实现经济的可持续增长，提高资源的利用效率，并最终实现生产的技术范式从传统"资源—产品—废弃物"的单向物质流动模式转变为"资源—产品—再生资源"的循环物质流动模式。一直以来，武陵山片区主要依赖"资源—产品—废弃物"的单向物质流动模式来实现工业发展，这种传统的发展模式必然会导致该片区内自然资源的锐减和环境质量的恶化。为了避免自然资源的耗竭和环境的进一步恶化，我们必须重视工业化过程中给生态环境带来的破坏性后果，积极引入物质循环流动模式，在片区内大力发展生态工业。

生态工业发展的最佳组合模式是生态工业园区。一个完整的生态工业园区应由多个产业生态网络纵横交错而形成，产业生态网络又是园区系统的基本形态，而若干个产业生态链交织形成每个产业生态网络，在这些产业生态链上，若干个不同的产业部门可以相互利用原料、能源、"三废"和中间产品，从而实现一种理想的循环经济形式，达到资源和能源的高效利用，实现片区内经济的可持续发展。

近几年来，在武陵山片区内的湘西自治州积极推进生态工业园区建设，建成了主要以吉首吉庄工业园、花垣城南锰锌高科技工业园和泸溪武溪工业园为核心的生态工业园区，在食品加工、生物制药和锰锌加工等三大产业中积极推广清洁生产，提高生态效益，通过采取节能、节水等各种措施，降低资源消耗和环境污染程度，提高各种能源的利用效率，在各个行业内部和不同的行业间建立并不断完善产业链条和产品链条，形成了氮化锰、纳米氧化锌、二氧化锰、高纯四氧化三锰等锰锌技术体系。与此同时，还重点抓了生物医药、锰锌、食品三大产业的集群发展，重点支持了一批企业的发展，如老爹公司、东

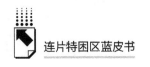

方锰业、湘泉制药等，把它们培养成为具有强大竞争力、能够发挥较大带头作用的优秀骨干企业，从而有力地推动湘西州经济的可持续发展。

（三）依托生态旅游业实现武陵山片区生态扶贫

生态旅游是运用生态学的观点来发展旅游产业的经济模式，它将旅游发展与生态保护、经济发展紧密结合，并具备了保护环境、资源和促进地区经济发展的双重功能。生态旅游作为一种旅游产品，向旅游者提供很少甚至没有受到干扰和破坏的自然和文化旅游环境，并强调旅游者和当地居民的行为规范应该符合环境价值观念。[①]

武陵山片区的旅游资源丰富、品种繁多，不仅包括各种奇山秀水，还包括了众多文物古迹和民俗风情。如在该地区包括了闻名中外的世界自然遗产武陵源，国家级历史文化古城凤凰，国家级自然保护区梵净山、神农架、八大公山、小溪、小南海，国家森林公园张家界、天门山，天下第一漂猛洞河、茅岩河，战国墓葬群沅陵，秦简出土地里耶，历史古迹芙蓉楼、抗日纪念地芷江受降博物馆、苗族风情展示地德夯、土家族风情展览馆秀华山馆等。

大力发武陵山生态旅游业，一是要及时制定生态旅游发展计划和战略，在保护性开发的前提下，积极推动武陵山生态旅游业发展。通过对片区内奇山、异水、民俗风情的保护性开发，不仅可以让片区内居民脱贫致富，而且能满足游客对生态旅游日益增长的需求。二是要积极进行环保旅游宣传，倡导"绿色旅游"，如在武陵山片区积极引进"绿色环球21"可持续旅游标准体系，提高景区的服务管理水平和景区的美誉度、知名度。三是要重视当地人权益，推动生态旅游发展与权益分享计划，积极为武陵山片区人们寻找替代型收入来源。

（四）在武陵山片区内建立积极有效的生态补偿机制

生态系统是一个开放的系统，在这个系统内，各种要素相互关联、相互流

---

① 杨开忠、许峰、权晓红：《生态旅游的概念内涵、原则与演进》，《人文地理》2001年第4期。

动，使得山区和平原、上游和下游，形成一个完整的体系，在这个体系中，区域生态环境的变化是息息相关、休戚与共的。因此，一方面要求地处山区和江河发源地的生态贫困地区要从全流域的宏观利益出发，为全流域的利益做出必要的牺牲，另一方面也要求全流域要给予做出牺牲的生态贫困地区提供必要的补偿，用以支持该地区的水土保持和绿化造林。

作为国家重要的区域性生态安全屏障区，武陵山片区要继续实施退耕还林、水土保持、天然林保护、防护林体系建设和石漠化、荒漠化治理等重点生态修复工程。同时，各级政府要把该片区作为生态补偿试点地区，加大财政对生态林的生态补偿力度，开展与生态效益挂钩的国家重点生态功能区转移支付试点。一是比照农业大县补贴办法，对森林覆盖率超过60%的县，在享受国家均衡性转移支付的同时，给予国家重点生态功能区转移支付。二是比照生态公益林补偿办法，对贫困村具有水土保持和生态效益的经济林进行生态补偿。三是鼓励长江下游地区省市积极支持武陵山片区建立健全流域生态补偿机制，通过市场机制引导企业进行生态补偿。

（五）采取多种有效方式缓解片区内人口压力

不断增长的人口数量给武陵山片区内的生态环境造成了巨大的压力，为了缓解片区内人口压力，摆脱"越生越穷，越穷越生"的怪圈，可以采取多管齐下的方法。一是通过实行计划生育来控制片区内新增人口数量，将计划生育与生态保护、经济扶贫结合起来。政府部门在宏观上要有一整套有效的管理体制，并且不断完善社会救助、保险、福利等保障体系。二是在片区内积极组织劳务输出，促进农村转移就业，鼓励劳动者融入城市，对进城务工人员开展继续教育、职业培训和心理辅导，缩小进城务工人员与城镇居民在享受子女入学、就医、住房和社会保障等城市公共服务方面的差距。三是在自愿原则的基础上，对居住在生存环境恶劣、自然灾害频发、基础设施条件极差的地区的贫困人口和自然保护区核心区、重点旅游景区核心区内的人口实施生态移民，通过对口培训、定向定点招工等形式将移民引向中小城市和工业园区，把发展特色产业与移民搬迁相结合，切实解决好搬迁户的后续发展问题。

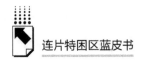
五　研究结论与展望

（一）研究结论

通过前文分析，我们可以得出以下结论：在经济发展程度上，武陵山片区经济发展落后，贫困问题十分突出，片区内各地市的发展与全国其他地区的发展之间、片区内城乡之间存在明显差距；在自然资源拥有量方面，森林资源丰富，覆盖率高，但可耕种土地资源和水资源稀缺，成为制约片区经济社会可持续发展的重要因素；在资源利用方面，片区内普遍较高的单位 GDP 能耗值说明了粗放的经济增长方式和能源消耗惯性未能得到根本扭转；在环境污染方面，单位 GDP 废气排放量与单位 GDP 固体废物排放量不高，但单位 GDP 废水排放量却居高不下，对生态环境造成了巨大影响。

为摆脱生态贫困，武陵山片区内各省、市、县必须要立足本地区实情，借鉴发达国家或地区生态扶贫的先进经验，积极发展生态农业、生态工业、生态旅游业，通过生态保护性开发来提高扶贫效率和效果，降低返贫率；国家各有关部门和片区内各级政府要建立积极有效的生态补偿机制支持该地区的水土保持和绿化造林，采取多种有效方式控制片区内新增人口的数量，缓解人口不断增长给生态环境造成的巨大压力。

（二）研究展望

生态扶贫是一项复杂的研究课题，本文对武陵山片区生态贫困的现状、形成机理进行了系统的分析研究，提出了武陵山片区摆脱生态贫困的具体途径。由于受研究水平与时间限制，还存在许多有待进一步解决的问题。一是由于数据收集存在诸多困难，本文涉及的指标体系不够全面，需要今后在研究过程中，充实数据，不断完善生态贫困评价指标体系，使对生态贫困程度的评价更科学、客观。二是有待运用多种综合分析方法，对武陵山片区生态贫困程度进行定量评价，并对这些分析方法的科学性和适用性进行比较研究。三是在政策建议方面，由于缺乏生态扶贫的具体实践，针对武陵山片区生态贫困现状所提出的政策建议可能不够深入与全面，在今后生态扶贫的实践中，应加强调研，不断积累经验，提出更合理、有效的政策建议。

Ecological Poverty and Ecosystem Oriented Poverty Alleviation Strategy in Wulingshan Contiguous Destitute Area

Shao Jia   Leng Zhiming

Abstract: Wulingshan Contiguous Destitute Area is a place, which centers on both economic poverty and ecological poverty. This paper introduces the ecological environment and economic poverty in there. From these two dimensions, it analyzes the conditions and mechanisms of ecological poverty in these areas. In order to promote the ecological civilization, alleviate or eliminate ecological poverty, realize the economic prosperity and fulfill the social harmony, this paper puts forward some countermeasures, which include the development of ecological agriculture, ecological industry and ecological tourism, the construction of ecological compensation mechanism and the control of population growth.

Key Words: Wulingshan Contiguous Destitute Area; Ecological Poverty; Ecological Agriculture; Ecological Industry; Ecological Tourism

区域发展篇
Regional Development

B.9

武陵山片区特色优势产业
自我发展的机理、路径与展望

李　峰　李湘玲*

摘　要：

　　本文在武陵山片区产业经济系统变迁的基础上，对武陵山片区优势产业的确立及发展现状进行了考察，并以武陵山片区的张家界市为例，运用系统动力模型对优势产业自我发展的机理和路径进行了模拟和仿真，最后对武陵山片区优势产业的发展给出了政策性建议。

关键词：

　　优势产业　武陵山片区　系统动力学　自我发展

优势产业是指在经济发展中具有较强市场竞争优势、获取附加值能力

＊李湘玲，吉首大学商学院讲师，北京林业大学博士研究生，研究方向为区域经济。

强、资本积累能力强、对本地区经济具有较强影响力且可以持续发展的产业，发展地区优势产业是区域经济持续稳定发展的客观规律，武陵山片区的经济发展无论是从产业的结构水平还是经济总量来看都远低于全国的平均水平。为尽快减少差距，迫切需要武陵山片区加快发展具有地区特色的优势产业，促进资源优势向产业优势和经济优势转化，这不仅有利于武陵山片区区域经济的发展，更有利于武陵山连片贫困区贫困人口的脱贫致富，促进经济和社会的协调发展。本文在对武陵山片区的优势产业的确立及发展现状考察的基础上，采用系统动力学模型对武陵山片区张家界市旅游业自我发展进行模拟与仿真，为武陵山片区优势产业的发展提供借鉴和理论上的指引。

一　武陵山片区产业结构的发展状况

（一）武陵山片区产业结构的演化

武陵山片区的经济基础一直十分薄弱，产业结构水平十分低下，产品主要以低附加值的农产品和初级产品为主，2003 年武陵山片区三次产业增加值在片区经济总量中的比例关系为 34：32：34，产业结构水平仅相当于我国 20 世纪 60 年代的水平。表 1 给出了武陵山片区 2003～2011 年的三次产业增加值在宏观经济总量中的比重及其变化。

从表 1 中可以看出，武陵山片区的经济总量及各产业自 2003 年以来都呈现出快速发展的态势。片区的 GDP 由 2003 年的 1120 亿元增长到 2010 年的 3292 亿元，8 年间增长了近 2 倍，与此同时产业结构也得到了进一步优化，三次产业的产值比重从 2003 年的 34：32：34 演变到 2011 年的 21：39：40，三次产业结构的变动趋势符合产业结构高度化的要求，产业结构变化趋势的具体分析如下。

一是第一产业在片区总产值中的比重稳步下降。2003 年第一产业增加值为片区生产总值的 34%，2004 年第一产业增加值的比重稍有上升，随后逐步回落下降到 2006 年的 30%，平均每年下降 2.5 个百分点，2007 年第一产业增

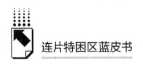

表1 武陵山片区三次产业增加值结构变化

单位：亿元，%

年份	GDP	第一产业		第二产业		第三产业	
		增加值	构成	增加值	构成	增加值	构成
2003	1120.27	385.40	0.34	351.41	0.32	383.46	0.34
2004	1307.61	451.68	0.35	434.57	0.32	429.08	0.33
2005	1499.28	485.19	0.32	450.05	0.30	572.77	0.38
2006	1701.87	512.88	0.30	532.40	0.31	656.47	0.39
2007	2026.96	618.34	0.30	671.95	0.33	758.38	0.37
2008	2433.21	681.06	0.28	865.32	0.35	908.05	0.37
2009	2765.80	690.12	0.25	980.78	0.35	1105.07	0.40
2010	3292.43	724.33	0.22	1218.52	0.37	1349.90	0.41
2011	4704.58	1009.32	0.21	1834.13	0.39	1861.14	0.40

资料来源：华通数据中心（ACMR，http：//data.acmr.com.cn/）以及相应省市2012年统计年鉴，数据经整理计算得到。

加值的比重与2006年相当，2007年后第一产业增加值的比重又开始稳步下降，年均以近3个百分点的速度下降，直到2011年第一产业增加值在片区生产总值中的比重达到21%。

二是第二产业比重从总体上看呈现出上升趋势。2003年武陵山片区的第二产业增加值在片区生产总值中的比重为32%，2004年基本保持不变，比重保持稳定，2005年有所回落到30%，随后第二产业增加值在片区GDP中的比例稳步上升，到2011年第二产业的比重达到了39%，2006年后以每年平均1.5个百分点递增。

三是第三产业增加值的比重持续上升。2003年武陵山片区的第三产业增加值在片区生产总值中所占份额为34%，2004年略有下降，随后第三产业比重快速上升，到2006年达到39%，2007年又小幅回落到37%，之后稳步上升到2011年的40%。武陵山片区三次产业结构的变化趋势如图1所示。

从图1中可以发现，到2004年武陵山片区三次产业的比重略有差异，2005年以后三次产业的比重呈现小幅分化，第一产业比重呈现小幅下降的趋

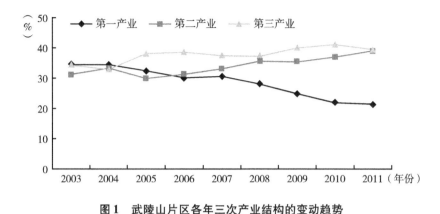

图1 武陵山片区各年三次产业结构的变动趋势

势，第二产业比重呈现同比小幅上升的趋势，但幅度并不是很大，第三产业比重则在迅速上升后呈现稳定的态势；2008 年以后，第一产业的比重逐步下降，第二、三产业的比重则呈现出同步上升的态势，第一产业比重与第二、三产业比重的差距逐步拉大。

（二）武陵山片区产业结构水平的国际比较

进入 21 世纪以来，武陵山片区的产业结构虽然得到调整和升级，但与全国水平以及国际相比还呈现出很大的差距。表 2 反映了武陵山片区的产业结构水平与全国及国际的比较。从表 2 中可以看出，2003 年，武陵山片区三次产业结构水平为 34∶32∶34，产业结构水平远低于同期我国平均水平以及世界水平，甚至低于低收入国家的水平，突出表现在第一产业比重过高和第三产业比重过低：第一产业的比重高于我国平均水平的 1 倍以上，是世界水平的 8.5倍，比低收入国家也高出 10 个百分点；第三产业比重虽然与我国平均水平相当，但远低于世界平均水平。2008 年，武陵山片区的产业结构水平有所提高，第一产业的比重下降到 28%，第三产业的比重上升到 37%，但整个片区的产业结构水平依然不高：第一产业的比重依然高于我国平均水平近 2 倍，是世界水平的 9 倍，比低收入国家水平还高出 3 个百分点；第三产业比重落后于我国平均水平 3 个百分点，但依然远低于世界平均水平，低于低收入国家近 10 个百分点。

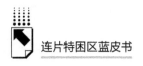

表 2 武陵山片区总产值结构的国际比较

单位：%

	第一产业		第二产业		第三产业	
	2003 年	2008 年	2003 年	2008 年	2003 年	2008 年
世界	4	3	28	28	68	69
低收入国家	24	25	27	28	49	47
中收入国家	10	9	34	37	56	53
高收入国家	2	1	27	26	71	73
中国	15	11	52	49	33	40
武陵山片区	34	28	32	35	34	37

资料来源：世界银行 WDI 数据库（World Development Indicators）。

从以上分析可以看出，武陵山片区的产业结构水平还处于很低水平，这一方面是由于武陵山片区所处的地理位置、交通不便利等客观因素引起的，但另一方面也是由于没有清楚认识到武陵山片区自身的资源优势以及地方发展过程中不适当的政策导向所导致的。因此，只有立足当地的资源条件，发展和壮大具有自身特色和富有市场竞争力的优势产业，才能提高武陵山片区整个产业结构水平，促进武陵山片区经济稳健持续发展。

二 武陵山片区特色优势产业的选择及发展现状

对优势产业的确定一般需要进行深入的定性和定量分析，其依据的方法有很多。如指标法（石庆焱，2005；孙畅和吴立力，2006）、专家评定法（杨浩，2006）、主成分分析法（刘国庆，2004；韩庆鹏，2007）、DEA 法（石子刚，2008）、聚类分析法（何跃、卢鹏，2006）等。在此，我们依据武陵山片区的资源优势、区位特点、产业基础以及各产业增加值、总收入占地区 GDP 的比重以及各产业利润占利润总额的比重等指标，可得出武陵山片区的优势产业主要有优质矿产资源及其加工产业、旅游及民族文化产业、特色农牧产品及其加工业等。

（一）优质矿产资源及其加工业的发展现状

由于独特的地理位置和气候条件，武陵山片区蕴藏着丰富的矿产资源。目前发现的矿藏资源包括锰、钒、锑、汞、铁、铝、镍、钼、铅、锌等多种矿产，其储量居全国前列。地处黔、湘、渝边区结合部的松桃自治县、湖南省花垣县、重庆市秀山自治县境内的锰矿，储藏量达到 0.9 亿吨，是我国锰储藏量最为集中的地区，号称"锰三角"，另外，铜仁和湘西州境内还分布着我国特有的大型钒矿带。

武陵山片区丰富的矿产资源使得区域内的铜仁、湘西州以及渝东南等均将矿产业作为自己的优势产业来大力发展。以湘西州为例，目前湘西州已发现 63 种矿产，500 多处矿产地，有 18 个矿种已探明资源量。其中花垣民乐锰矿、凤凰茶田汞矿探明资源量全国排行第二，居湖南省内首位。而花垣渔塘铅锌矿带是湖南省最具资源潜力的铅锌矿带之一；此外还有纵贯全州也是我国特有的大型黑色岩系钒矿带、石煤矿带、磷矿带和省内仅产于湘西州的铝土矿，以及非金属矿、饰面大理石、含钾页岩等。2011 年，湘西自治州锰矿石成品矿达 201.5 万吨，电解锰产量 59.4 万吨，锌产量达 23.2 万吨，锰锌铝等矿产业实现增加值 74.5 亿元，占全州工业增加值的 58.9%，已成为湘西州的支柱产业。

近年来，武陵山片区以"锰三角"为重点，着力推进重点矿区整合，在妥善解决矿产整合中存在的矛盾和问题的同时，对重点矿区加快了技改进度，逐步淘汰落后产能，继续做大做强矿产业，以推进矿业经济持续健康发展。武陵山片区丰富的矿产资源和日益成熟的采选冶炼加工技术将推动武陵山片区矿产业的进一步发展，成为武陵山片区富有成长性的优势产业。

（二）旅游及民族文化产业发展现状

武陵山片区旅游资源异常丰富，主要可分为自然旅游资源、历史文化旅游资源、少数民族文化旅游资源等。其中自然旅游资源拥有武隆（位于渝东南）、武陵源（位于湖南张家界）、崀山（位于湖南邵阳）等 3 处世界级自然遗产以及天门山、石柱黄水、梵净山、乌江画廊等近 40 多处国家级资源区；历史文化旅游资源拥有凤凰古城、洪江古城、芷江和平城、龙潭古镇等多处国家级、省级资源；少数民族文化旅游资源包括怀化大湘西文化、通道侗族文化、凤凰苗族文化等多处国家或省级保护的文化资源。丰富的旅游资源使得旅游业自然成为武陵山片区的优势产业之一。从旅游总收入占地区 GDP 的比重来看，张家界、铜仁、湘西州、恩施等地区的旅游业发展较好，表 3 显示了2011 年武陵山片区内部分地区旅游业发展的状况。

表 3　2011 年武陵山片区旅游业发展状况

单位：亿元，%

地　区	旅游总收入	GDP	旅游总收入占 GDP 的比重
张家界	125. 32	298. 04	42. 05
铜　仁	112. 73	357. 72	31. 57
湘西州	76. 88	361. 37	21. 27
恩　施	86. 45	418. 19	20. 67
邵　阳	79. 77	907. 23	8. 79

资料来源：各地区 2011 年统计公报，中国统计信息网。

近年来，在以张家界为旅游龙头的带动下，各地区以资源为基础、以市场为导向、以概念为引领，坚持政府主导形象宣传与企业主抓旅游产品的促销相结合，加快构筑战略性旅游支柱产业体系，并与周边区域联动建立和完善各景区形象标识系统，强化了旅游品牌塑造和旅游基础配套的完善，不断推动着武陵山片区旅游业的发展，使其成为地区战略性支柱产业。

（三）特色农牧产品及其加工业

武陵山片区独特的气候、土壤和丰富的农牧资源，为发展特色农牧业及农牧产品加工提供了良好的基础。从片区内特色农牧业及农牧产品加工业的工业增加值所占比重和特色农牧业及其加工业的利润份额来看，武陵山片区的特色农牧业主要包括：以渝东南区、恩施、怀化、铜仁等为主的油茶种植基地；以渝东南区、湘西州、安化等为主的高山茶和富硒茶基地以及石阡苔茶、江口藤茶、正安白茶、余庆苦丁茶、安化黑茶等特色茶基地；以渝东南区、恩施、张家界、铜仁等为主的优质烤烟基地；其他还包括遍布武陵山片区的特色中药材基地、绿色生态牛羊生猪等肉类基地、绿色生态特色水果蔬菜基地等。

发展特色农业是调整农业产业结构的有效举措。近年来,武陵山片区的各级政府依托区域优势、资源优势,坚持走具有本地特色的农业发展之路,突出发展特色农业,使特色农业成为推动本地农业经济发展的强劲动力。其中,湘西州通过大力发展特色农业,全州已形成水果、畜牧水产、特色经作、中药材、生态林业等农业支柱产业,2011年以椪柑、猕猴桃为主的水果基地近150万亩,烤烟基地20万亩以上,商品蔬菜基地50多万亩,茶叶基地12万多亩,中药材基地20万亩,全州有林地面积76.5万公顷,年养殖生猪最多时有300多万头。并逐步形成了一批优势特色品牌,目前,已获得中国驰名商标2个,获湖南省著名商标17个,湖南省名牌产品7个,通过无公害认证的品种达66个,"龙山百合""保靖黄金茶""湘西黄牛""古丈毛尖""泸溪椪柑""湘西椪柑""酒鬼酒""湘西猕猴桃"荣获国家地理标志产品注册的特色农产品,全州农产品加工企业发展到589家,州级以上骨干龙头企业82家,产值近20亿元,这不仅大幅提高了农业生产效益,也使农民增收有了可靠的保障,成为推动湘西州农业经济发展的强劲动力。

三 基于系统动力模型的优势产业自我发展
——以张家界旅游产业为例

张家界位于武陵山片区中部地带,属武陵山脉腹地,总面积9518平方千米,2012年总人口达168.5万人,是土家族、白族等少数民族的集聚地,少数民族约占总人口的2/3。张家界地区拥有世界罕见的石英砂岩峰林,旅游资源十分丰富,截至2012年全市拥有国家等级旅游区(点)数15个,其中4A级及以上11个,以张家界国家森林公园为核心的武陵源地区因奇特的石英砂岩大峰林被联合国列入世界自然遗产名录和世界地质公园。异常丰富的旅游资源和独特的资源优势使得张家界市在1988年就开始着力发展旅游业,将旅游业确立为张家界市的优势产业,以旅游建市、兴市。2012年前三季度全市的旅游总收入达到了139.19亿元,由旅游服务所带动的全市第三产业产值达到152.84亿元,占2012年前三季度张家界市地区生产总值的65.5%,实现了优势产业带动张家界市经济稳健持续增长的目标。下面我们将在系统动力学模型

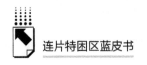

下通过模拟和仿真来探讨张家界旅游业自我发展的机理和路径，为武陵山片区优势产业发展提供借鉴和理论上的指引。

（一）模型建立

系统动力学认为，系统是由一些相互区别、相互关联、相互作用的各部分（即单元或要素）组成的有机体，各部分之间存在着许多循环、连锁的关系，运用系统动力学思想，可以将这些单元之间的相互作用关系用信息反馈的形式描述出来进而构成系统的反馈回路。在这些反馈回路中，改变回路中的任何一个因素，都会引起一系列变化，结果会使最初变化的因素增加或减少更多。系统动力学就是通过对这些反馈回路的考察来分析系统的结构与功能，注重于从系统内部的反馈回路和结构来研究各部分之间相互作用的关系及其性质。尽管系统行为丰富多彩，在外部因素的作用下也可能发生千变万化的反应，但系统行为的发生与发展都主要根植于系统的内部。这就是系统动力学著名的"内生"观点。[①] 正是这种"内生"观点促使诸多经济学者将系统动力学应用到社会经济系统的模拟和仿真，在此，我们也通过构建系统动力学模型来分析张家界优势旅游业的发展。

优势产业的发展不仅有利于区域经济增长速度提高和区域经济增长方式转变，而且也有利于区域产业经济系统优化和升级，实现资源的合理配置，促进经济快速增长和可持续发展。但优势产业发展离不开地区产业经济系统的支撑，属于本地产业经济系统演变的一部分。影响优势产业发展以及产业经济系统演进的因素很多，其中关键的因素包括优势产业得以立足的资源优势以及产业发展过程中的投资结构、就业结构等。在建立张家界优势旅游业发展及演进的仿真模型时我们将充分考虑这些因素。

1. 张家界旅游业发展的因果关系图

张家界旅游业是张家界市产业经济体系的一个组成部分，它与其他各产业之间、各部门之间以及各生产要素之间都存在着相互关联、相互作用的复杂关系，通过对这些复杂关系的考察就可以构造出相应的系统动力学模型。为了便于考察和分析，在此我们首先将张家界旅游业发展的因果关系图从整个复杂的

---

① 王其藩：《高级系统动力学》，清华大学出版社，1995。

产业经济系统中单列出来,分析其组成部分及其相互之间的影响。

经济增长理论认为,产业的发展主要依靠资本积累、劳动增加、技术进步、自然资源等因素的共同作用。为研究地区优势产业的发展,我们将在模型中引进优势产业得以立足的优势资源。因此,在张家界旅游业发展的过程中,我们将技术进步率(TECH-R)、劳动力投入(L)和资本投入(K)以及旅游业所能利用的优势旅游资源(Resource)作为影响张家界旅游业产出(GDP_i)的直接因素。此外,还存在着就业率(JOB-R)、投资率(INV-R)、环境污染(Pollution)等间接影响因素。结合以上因素我们做出了图 2 所示的优势产业发展的因果关系图,图中存在五条反馈回路,其中三条为正反馈回路,两条为负反馈回路。

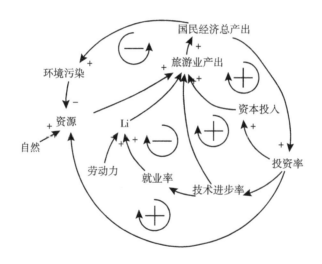

图 2　优势产业发展的因果关系

(1) GDPi—GDP—INV-Ri—Ki—GDPi

该正反馈回路反映了投资与张家界旅游业发展的相互作用关系。张家界旅游业产出的增加会使国民经济总产出增加,从而对旅游业的投资比例也会随之提高,这会导致张家界旅游业的资本存量增加,进而推动张家界旅游业产出的进一步增长。

(2) GDPi—GDP—INV-Ri—TECH-Ri—GDPi

该正反馈回路主要从技术进步角度考察张家界旅游业的增长。当张家界旅游业产出增长时,对该产业的投资增加中将有一部分用于提高技术进步率,技术的进步又会导致张家界旅游业产出的进一步增加。

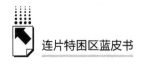

（3）GDPi—GDP—INV-Ri—TECH-R—JOB-Ri—Li—GDPi

这是一条负反馈回路，反映了技术进步率与就业率之间的矛盾关系。当技术进步率提高时，资本利用率就会提高，厂商就会增加资本数量而减少劳动力数量，这样就会使张家界旅游业发展对劳动力的需求降低。

（4）GDPi—GDP—INV-Ri—Resource—GDPi

该正反馈回路反映了优势旅游资源与张家界旅游业发展之间的相互作用关系。张家界旅游业的产出增加会使国民经济总产出增加，进而会增加更多的投入对自然资源进行改造，以开发更多的优势旅游资源供张家界旅游业的发展所利用，优势旅游资源的增加又会进一步推动张家界旅游业产出的增长。

（5）GDPi—GDP—Pollution—Resource—GDPi

这是一条负反馈回路，反映了张家界旅游业的发展与优势旅游资源之间的矛盾关系。张家界旅游业的发展在带来更多产值的同时，也会导致环境污染的增加，这对优势旅游资源会带来一定的负面效应，优势旅游资源的损失又会制约张家界旅游业产出的减少。

正是基于这五条反馈回路，张家界旅游业可以实现持续增长，而产业政策也可以通过控制回路中的资本、劳动力供给以及资源的开发利用等因素，来影响张家界旅游业的增长速度，从而实现产业结构的优化。

2. 张家界旅游业自我发展的系统动力学模型

张家界旅游业的发展离不开张家界地区的产业经济系统。张家界旅游业以及其他各产业部门是组成张家界地区产业经济系统的主体要素，它们一起相互作用构成了一个动态的演化系统。产业经济系统的演变意味着系统内各产业部门之间比例关系的变化，随着时间的推移，其结构、状态、特性、行为和功能都会发生转换或升级。张家界旅游业在自身发展过程中不断采用新的技术，开拓新的旅游产品和领域，必然会推动产业经济系统内部分工的发展以及专业化生产的广泛进行，并为其他产业的发展提供新的条件，这反过来势必又会影响到张家界旅游业自身的发展。因此，张家界旅游业的发展与壮大以及由此引起的地区产业经济系统内产业的分化与重组是整个张家界地区产业经济系统演进的关键环节和主要内容。同时我们应该注意到，张家界旅游业的发展以及地区产业经济系统的演进实质上是整个产业系统内部和外部诸多因素共同作用所促成的，在这双重因素的影响下，张家界旅游业的发展以及产业经济系统的演进势必呈现复杂的行为和轨迹。

（1）模型的假设条件

假设1：整个张家界地区产业经济系统的发展不受区域外其他因素的影响。模型主要分析张家界地区自身的就业结构、投资结构、优势资源对张家界旅游业的发展以及地区产业经济系统的影响。虽然旅游业是外向性很强的产业，受外界经济环境影响很大，但其自身发展所依赖的资本与劳动力的投入主要还是依靠本地来提供，因此模型中忽略外来资本以及劳动力流入等因素对张家界旅游业及产业经济系统的影响。

假设2：张家界旅游业的发展立足于本地区特有的优势旅游资源，并假设其产出遵循柯布－道格拉斯函数的形式，其生产函数的形式为：$Y_t = A_t K_t^{\alpha} L_t^{\beta} R_t^{\gamma}$，其中 A_t 代表 t 时刻的广义技术进步率；K、L、R 分别代表资本、劳动力和优势旅游资源；α, β, γ 分别代表资本、劳动力以及优势旅游资源的产出弹性。其他各产业的产出亦遵循柯布－道格拉斯函数的形式，由于其他产业没有特有的资源优势，因此，生产函数的形式为：$Y_t = A_t K_t^{\alpha} L_t^{\beta}$，其中 A_t 代表 t 时刻的广义技术进步率，α, β 分别代表资本弹性和劳动力弹性。

假设3：模型中仅考虑固定资产投资对产业增加值的影响，忽略流动资产投资对经济的影响。由于固定资产投资是形成物质生产的基础，固定资产的投入规模可能直接影响各地区、各产业或部门、各种经济形式等的发展，是影响经济结构的关键因素。因此，本文仅研究固定资产投资对各产业发展的影响，文中的产业投资结构是指社会固定资产投资在国民经济各产业部门之间分配后形成的数量比例关系。

（2）模型的主要变量及流图。

在模型的设计时，我们将张家界地区的产业经济系统视为一个整体，系统中的各个产业作为子系统。根据研究的需要我们选择了整个产业经济系统中的农业、工业和旅游业等三个产业作为模拟和仿真的研究对象。[①] 除去产业经济系统

---

① 相关统计年鉴中旅游业并未作为单独产业列出，在此旅游产业是由《张家界市统计年鉴》中旅游收入构成中的相关产业合并得到，这些相关产业主要包括住宿、餐饮、交通、购物、娱乐、游览等。

的发展对其他系统影响后产生的较弱反馈，对系统结构进行简化，在对因果关系图的定性分析的基础上，选取 20 个变量，其中 3 个水平变量，1 个速率变量，9 个辅助变量，1 个表函数，6 个常量。变量的含义及数据的选用见表 4。

表 4 模型中所用到的变量

变量类别	变量	含义	数据选用说明
水平变量	LABOR GDP_i Nature	就业人口 各产业的产出 自然资源	总就业人口 各产业的产值 景区面积
速率变量	GDP_i 增量	各产业的产出增量	各产业年产出的增量
辅助变量	GDP L_i 增量 K_i 增量 LABOR 增量 α_i β_i γ POLLUTE Resource 增量	三产业的总产出 各产业劳动力增量 各产业资本增量 全社会劳动力增量 各产业资本弹性 各产业劳动力弹性 优势资源产出弹性 环境污染 优势旅游资源增加	三产业的总产出之和 各产业年就业人口的增量 各产业年固定资产投资 全社会劳动力的年增量 景区森林覆盖面积的年增量
表函数	TECH-R_i	各产业的技术进步率*	
参数/常量	JOP-R_i INV-R_i LAB-R DEVE-R η μ	各产业就业比重 各产业固定资产投资比重 就业人口增长率 优势旅游资源的开发速度 总产出的污染系数 污染对优势资源的损耗率	各产业就业人口的比重 各产业固定资产投资占 GDP 比重 就业人口的年增长率 用森林覆盖率的年增加率来替代

注：*将各产业技术进步率设定为表函数，其不同阶段的取值利用钱纳里的"标准工业化结构转换模式"计算，即依据人均 GDP 收入水平将结构转变过程分为 3 个阶段、6 个等级，每个等级对应不同的技术进步率。

其中，三产业的总产出（*GDP*）为各产业产出（*GDPi*）之和，各产业的产出增量（*GDP*_i 增量）会受到各产业劳动力增加（*L*_i 增量）以及产业资本投资（*K*_i 增量）的直接作用，而产业资本投资又取决于各产业的总产出（*GDP*）及其投资比重（*INV* - *R*_i）。另外，对旅游优势产业而言，其产出还受到优势旅游资源的直接作用，旅游优势资源的增减（*Resource* 增量）取决于旅游资源开发利用速度（*DEVE* - *R*）和环境污染（*POLLUTE*）对旅游资源的损耗，而环境污染又受到各产业产出（GDP）与污染系数（η）的影响。各主要变量间的数量关系可由模型的主要方程来进行描述。

（3）模型的主要方程。

我们由各产业的生产函数导出了增长方程，[①] 如下所示：

旅游产业：$\Delta GDP_{it} = TECH\text{-}R_i \cdot (\alpha \cdot \Delta k_{it} + \beta \cdot \Delta L_{it}) \cdot \Delta resource_t^{\gamma}$

其他产业：$\Delta GDP_{it} = TECH\text{-}R_i \cdot (\alpha \cdot \Delta k_{it} + \beta \cdot \Delta L_{it})$

劳动力增长方程：$\Delta L_{it} = JOP\text{-}R_i \cdot \Delta LABOR_t$，表明各产业就业人口的增量等于各产业的就业比重与总就业人口增量的乘积。

资本增长方程：$\Delta K_{it} = INV\text{-}R_i \cdot GDP_t$，表明各产业的资本增量等于各产业的投资率与总产出的乘积。

污染损耗方程：$POLLUTION = \eta \cdot GDP$，表明污染与总产出之间的数量关系。

优势旅游资源增长方程：

$\Delta resource_t = Deve\text{-}R_t \cdot Nature - \mu \cdot POLLUTION$，表明优势旅游资源的增量与优势旅游资源的开发及环境污染之间的关系。

3. 模型的检验

系统动力学的主要优势在于能够对现实中的系统进行仿真并做出预测，因此在进行预测之前，对模型的仿真效果检验在整个建模过程中居于十分重要的位置。

为检验模型的仿真效果，我们按照选用的三个产业来模拟考察张家界市1989～2009年的经济系统的变动情况，其中我们假定农业的规模效应不变，工业和旅游业的规模效应递增。劳动力数量在农业、工业及旅游业的分布基本保持为65%：10%：25%；固定资产投资总额占GDP总量20%，在三个产业中的分配大致为2%：10%：8%；优势资源的开发速度根据森林覆盖率的变动量选为2.5%。将上述变量带入模型，对1989～2009年张家界三个产业所组成的经济系统的演进情况进行仿真，结果如图3与图4所示。

图3是1989～2009年张家界市农业、工业和旅游业三个产业产值变动的真实情况，图4则为利用模型得到的仿真图。从三个产业的产值来看，张家界市三个产业演变的趋势仿真与真实趋势基本一致。20世纪90年代以来，张家

---

① 生产函数采用C—D函数的形式并借鉴原毅军和董琨（2008）的方法得到。

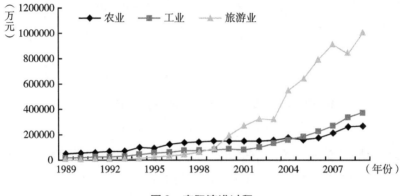

图3　实际演进过程

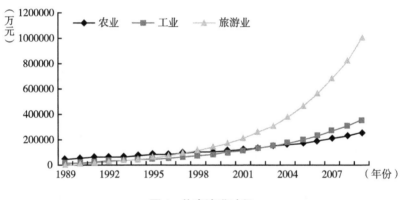

图4　仿真演进过程

界市由于大力发展旅游业，以旅游为整个地区产业经济系统发展的龙头，旅游业的总收入持续上升，并在进入 21 世纪以后出现快速上扬的态势；农业和工业的发展较为平缓，其中工业产值直到 21 世纪以后才首次超过农业产值。由此可以看出，张家界产业经济系统的发展与其他地区以及我国产业经济系统的演变有着不一样的特征，张家界产业结构的升级完全是由旅游业的带动来完成的，而其他地区的产业结构的演变却是通过工业化的带动来完成的。可以说，张家界产业经济系统的演变具有自身独有的特征。从图 4 中还可以看出，旅游业的真实产值在图中波动较大，而模拟值却相对比较平滑，这主要是由于旅游业是外向性很强的产业，受外界经济环境因素干扰比较大，而我们在建模时忽略了外界的影响因素，因此造成了这样的结果。

模型模拟的三个产业的总产值与实际的总产值的比较如图 5 所示。从图 5 可以看到两者之间的差别相对较小，而且在这 20 年的发展趋势上看两者基本是一致的，达到了建模的要求。从图中可以看到两者之间也有一定的差别，主要反映在 2004~2007 年模拟值偏低，原因是由于存在外界因素对这三个产业的影响。但模型所模拟的结果还是可信的，至少从这 20 年的发展趋势上看两者大体上是一致的，这基本上也达到了建模的预期目标。综合以上分析可以看出，张家界优势旅游业演进的仿真模型能够比较真实地模拟张家界旅游业、工业和农业等产业经济系统的变动情况，模型具有实际应用价值。

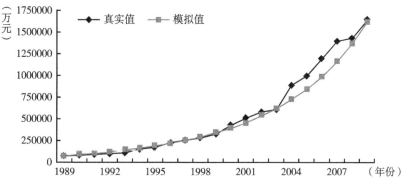

图 5　张家界工、农、旅游业总产值的真实值与模拟值的比较

（二）张家界旅游业发展的机理及路径仿真

1. 张家界旅游业发展的影响因素及机理的仿真

　　自 1988 年张家界成立市以来，确立了以旅游建市、以旅游兴市的发展战略。借助于世界独特的旅游资源，张家界市大力发展旅游业，有效地推动了张家界经济的发展和产业结构的升级，张家界的地区生产总值从 1988 年的 14.11 亿元上升到了 2010 年的 242.48 亿元，总量翻了 4 番，其中旅游总收入从 1988 年占地区生产总值的 1.7% 上升到了 2010 年的 51.7%，对地区生产总值的增长做出了巨大的贡献；产业结构也随之得到了优化，三次产业的比重从 1988 年的 36∶15∶49 变化到 2010 年的 13∶25∶62，产业结构水平得到很大的提高，超过了我国平均的产业结构水平，并且略高于中等收入国家水平。但张家界市在整个旅游发展过程中，也受到了一些内在或外在因素的制约，如旅游资源及环境的保护、旅游产品的创新和开发、旅游基础设施的建设、外部经济环境的影响等等（杨洪、熊金星，2001；周学军，2003）。下面我们将依据模型的设定对影响张家界旅游业发展的一些内在因素进行分析。

我们分别通过改变模型中污染对优势旅游资源的损耗率、优势资源的开发速度以及代表旅游创新能力的技术水平，对张家界旅游业及其产业经济系统进行了模拟仿真，可以看出以下几点。

（1）随着环境污染损耗率的增加，张家界旅游业收入的增速会大幅减少。从仿真结果来看，虽然在增加环境污染的损耗率之后，张家界市的农业、工业及旅游业依然呈现出上升的态势，但随着环境污染对优势旅游资源损耗的加剧，旅游业总收入的增长幅度却大幅减少，农业和工业的增长幅度也相应下降，但幅度和旅游业相比不是很大。这表明，环境污染对优势资源的损耗会直接大幅度的影响到优势产业的发展，从而降低整个地区产业经济的发展速度以及地区产业结构的优化进程。

（2）随着旅游产业创新能力的提高，张家界旅游业收入的增速也会相应增加。从仿真的结果来看，提高旅游行业的技术进步率，会导致张家界旅游业收入的进一步提高，从而带动其他产业的发展和地区产业结构的升级。科学技术的提高，尤其是借助信息时代的网络技术，将旅游业和互联网有机地结合在一起，运用网络技术和开展电子商务，不仅给旅游信息传输、营销技术的突破带来便利，而且也会促使旅游企业的组织机构、组织管理、人才素质、文化理念等发生深刻变化。这在大幅降低旅游推介费用的同时，也将大大增强旅游企业的创新能力和竞争力。

（3）优势资源开发速度的提高对张家界旅游业发展有着明显的促进作用。从仿真的结果来看，提高优势资源的开发速度，会导致张家界旅游业收入的进一步提高，同样也会带动其他产业的发展，加快地区产业经济结构的转变。但同时我们也注意到，优势旅游资源的开发并不是无止境的，优势旅游资源的开发和利用具有一定的上限，因此，为高效利用优势旅游资源，我们应注意将优势旅游资源与其他资源有机结合在一起，将独特的旅游资源与生态环境、历史民族文化结合起来，拓展生态旅游、红色旅游、民族文化旅游、探险旅游等，将优势旅游资源的效益最大化。

2. 张家界旅游业发展的路径仿真

进入 21 世纪以来，张家界旅游业的发展进入了快速发展期，旅游收入得到了大幅提高，到2010年张家界旅游总收入达到了地区生产总值的一半以上。结合之前建立的张家界旅游业及产业经济系统演进的仿真模型，我们对张家界2013～2020年旅游业的发展及产业经济系统的演进进行仿真，结果如图6所示。

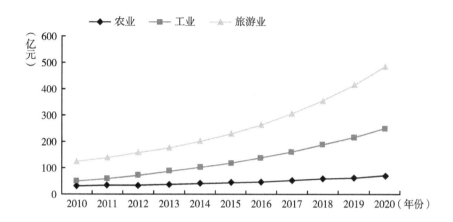

图6　2013～2020年张家界旅游产业及产业经济系统的仿真预测

从图6中可以看出，张家界的旅游产业在2013～2020年依然保持着强劲的上升势头，旅游产业的总收入到2020年将接近500亿元，同时带动了工业的直线上升，工业增加值将在2020年达到250亿元左右，农业增加值也会小幅增长，到2020年将达到近80亿元的水平。

同时，在不考虑其他产业的条件下，以农业、工业、旅游业所构成的产业经济系统的结构也得到进一步优化，2013～2020年张家界产业经济系统演进路径如表5。

表5　2013～2020年张家界产业结构演化预测

单位：%

产业＼年份	2013	2014	2015	2016	2017	2018	2019	2020
农　业	12.6	11.9	11.2	10.6	10.1	9.6	9.1	8.7
工　业	28.4	29.5	30.2	30.8	31.1	31.3	31.2	31.1
旅游业	58.9	58.6	58.5	58.6	58.8	59.2	59.7	60.3

注：由于模型仅考虑农业、工业和旅游业三个产业，在此仅列出该三个产业组成的经济系统的产业结构演化的预测。

从表 5 仿真的结果来看，在现有经济运行的条件下，未来近 10 年张家界市产业经济系统整体变动幅度不大，其中农业所占比重下降，由最初的 12.6% 下降到 8.7%，下降了近 4 个百分点；工业比重有所上升，由最初的 28.4% 上升到 31.1%，上升了 2 个多百分点；旅游业的比重由 58.9% 上升到 60.3%，上升了 1 个多百分点。总的来看，产业结构更加趋于合理。

四 优势产业发展的政策性建议

优势产业的发展能有效促进区域经济结构的优化升级，是区域产业结构合理化演进的必然过程。武陵山片区可根据自身的特点，大力发展特色优势产业，在比较利益机制的作用下，充分发挥地区的比较优势，形成区域的优势产业并培育成本地区的支柱产业和主导产业，带动其他相关产业的迅速发展，促进本地区产业结构的优化升级，同时带动区域经济实力的提升和发展模式的转变。从对张家界优势旅游业发展模拟仿真来看，武陵山片区在发展优势产业的过程中应该注重以下几个方面。

（一）特色优势产业必须以市场为先导，并依托地区比较优势

优势产业及特色经济的发展是建立在优势理论基础之上的，因此，武陵山片区特色优势产业的发展一定要根据本区域的实际情况，因地制宜，依托资源优势，以市场为导向，突出"人无我有、人有我优"的优势产业发展策略，并注重产业关联和潜在发展规模以及优势产业可持续发展的能力。优势产业的发展还必须注重以市场为向导，脱离了市场的产业是无法得到持续发展的。因此，在选择地区优势产业及主导产业时，一定要关注产业的市场前景，将产业产品有效转化为利润。

武陵山片区产业基础薄弱，资金、人才和技术比较缺乏，但资源十分丰富，因此，以本地区的特色资源为依托，是武陵山片区经济发展与产业升级的内在需求。张家界旅游业的发展为此提供了很好的示范，通过紧抓具有优势资源的旅游业，逐步开发具有独特优势的旅游资源，在不断提高旅游业竞争优势的同时也带动了其他相关产业的发展，有效促进了本地区经济的快速发展和产业结构升级，实现了资源优势向产业优势转化。

（二）特色优势产业的发展必须注重科技创新

近年来，武陵山片区逐步明确了以优质矿产资源及其加工业、特色农牧产品及其加工以及旅游及民族文化业作为地区的优势产业，这些产业的发展及壮大都必须依靠科技创新，产业的科技进步和自主创新是支撑和引领这些优势产业发展的关键环节。只有通过科技进步和科学技术的应用与推广，才能不断增强优势产业生产过程中的科技含量，增强特色产品的深加工能力，提高产品的附加值，进而提升产业的竞争优势，将资源优势转化为产业优势和经济优势，提高产业的自我发展能力，有效促进地区产业结构的优化升级，实现经济增长方式的转变。从张家界旅游业发展系统动力学模型的仿真来看，无论对农业、工业还是优势旅游业而言，科技发展及技术进步均能促进各产业的快速发展，实现地区产业结构优化和经济可持续增长。

同样，对于区域经济发展而言，科技创新主要是为了促进地区经济和产业发展，脱离产业发展的科技创新没有任何的现实价值。经过多年的发展，武陵山片区的科技创新能力得到了一定的提高，但总体上综合实力还处于较低的水平，科技投入和科技人才都十分有限，因此，必须将有限的资源投入地区优势产业的发展中去，为优势产业的发展提供技术保障，有效促进地区经济的增长。

（三）特色优势产业的发展必须加以科学规划

特色优势产业的发展需要科学的规划指导。优势产业的发展，包括产业政策的制定、社会环境的营造、产品市场的开拓以及生产要素的配置、创新人才的培养等诸多方面都必须进行长远的发展规划，优势产业的发展规划，要体现出新世纪、新体制、新机遇的特征，体现大力培育优势产业作为支柱产业的主题，而不能仅仅注重优势资源的初级开发和利用，仅仅着眼于与资源初级开发相关的设施建设等，应该依据资源优势以大产业、高起点的角度来规划发展优势产业，突出宏观性、战略性和政策性，重视规划目标与政策引导的结合，在规划的思想上以及内容形式上体现出独特的创新精神，并做到与地区经济发展相结合的综合性与整体性考虑。从张家界旅游业发展系统动力学模型的仿真来看，优势旅游资源开发速度的提高虽然能促使张家界旅游业收入的进一步提高，但优势旅游资源的开发并不是无止境的，必须加以科学规划和利用，将资源的开发与保护结合起来，突出生态环境的保护和优化，并对历史文化古迹和民俗风情等相关资源加以保护性开发，才能促进张家界旅游资源的可持续利用和旅游业跨越式发展。

另外，在规划过程中要充分调研论证，坚持以市场为导向，以产品为中心，以资源为依托，重视产品市场的分析与研究，把握产品市场需求的变化，以富有新意的高附加值产品为主打，防止产品的雷同和重复建设，避免资源浪费。坚持开发与保护相结合，做到规划科学合理、符合实际、面向市场、突出创新、操作性强，只有这样，才能有利于优势资源的可持续开发、保护和利用，促进优势产业的可持续发展。

（四）特色优势产业的发展必须注重对生态环境的保护

武陵山片区地处武陵山脉，地理特征以高山峻岭为主，也是国家连片特困区之一，属于生态脆弱区和贫困区交叠的地带：地区贫困人口集中、生态环境稳定性差、环境自我恢复能力不强，生态环境易于向不利于人类利用的方向发展（刘颖琦等，2007）。因此，在发展地区特色优势产业的同时必须注重对生态环境的保护，无论是以优质矿产资源及其加工业还是以旅游及民族文化产业和特色农牧产品及其加工业作为地区优势产业发展，环境的污染及破坏不仅会造成生态资源环境的极大破坏和浪费，也会给优势产业的发展带来巨大的阻碍，从以上系统动力学模型的仿真中我们可以清楚地认识到这一点。

在过去的十几年里，作为武陵山片区优势产业的优质矿产资源及其加工业对推动武陵山片区经济的发展起到了重要的作用，但不合理开发不仅造成了严重的资源浪费和破坏，也导致了许多严重的环境问题。以地处贵州、重庆和湖南交界的"锰三角"为例，为促进地区经济的发展，"锰三角"借助地区丰富的锰矿资源自20世纪80年代开始，大力发展电解锰产业，"发锰财，猛发财"的口号当时响遍整个"锰三角"。但这种高耗能、高污染、低效益的矿产资源开发导致了区域内锰、铬等污染物严重超标，据 2004 年监测数据显示：湘渝交界的清水江断面锰含量超出 Ⅲ 类水域功能标准，锰含量年均超标 10 倍以上，第四季度竟超标 33 倍以上。环境的污染严重影响了地区居民的日常生活和群众的健康，2005 年胡锦涛总书记做出重要批示，要求狠抓"锰三角"地区环境整治，虽然在以后的三年中，"锰三角"的环境治理取得了较大的成效，但巨额治理资金的投入和环境污染所付出的代价值得我们在以后发展特色优势产业时引以为戒。

Mechanism, Path and Prospects of Advantageous Industries Self-developing in Wulingshan Contiguous Destitute Area

Li Feng   Li Xiangling

Abstract: Based on the changes of industrial economic system in Wulingshan Contiguous Destitute Area, we investigated the establishment and development status quo of the advantageous industries in the Wulingshan Contiguous Destitute Area. And we take Zhangjiajie City as an example, use system dynamics model to simulate the mechanism and path of advantageous industries self-developing. At last, we propose some policy recommendations on the development of advantageous industries in the Wulingshan Contiguous Destitute Area.

Key Words: Advantageous Industries; Wulingshan Contiguous Destitute Area; System Dynamics; Self-development

B.10
武陵山片区市场潜力估计与
发展前景预测

彭耿 刘芳*

摘　要：

　　本文利用武陵山片区县级行政单元的数据估计了 2003～2011 年的市场潜力，计量分析了市场潜力的影响因素。结果表明，武陵山片区存在市场潜力的集中度较大以及差距较大的问题，全社会固定资产投资、地方财政支出、社会消费品零售总额和规模以上工业总产值显著影响市场潜力，但年末金融机构各项贷款余额的影响不显著。最后对 2012～2015 年的市场潜力做出了预测。

关键词：

　　武陵山片区　市场潜力　发展前景

一　引言

　　在市场化和全球化等因素对区域发展的影响越来越重要的背景下，武陵山片区不高的市场化程度，已成为武陵山片区脱贫解困的主要制约因素。过去对武陵山片区难以吸引资本流入原因的分析，主要强调市场环境发育的制约，缺乏从市场通达性的角度进行分析。市场通达性可以反映一个地区对产地的吸引

* 基金项目：教育部人文社会科学研究规划基金项目资助（11YJA790070），湖南省社科基金项目资助（12YBA262），湖南省教育厅科研项目资助（10C1094），国家社科基金项目资助（12CJL069）。

彭耿，博士，吉首大学商学院副教授，硕士生导师，研究方向为金融风险管理。刘芳，硕士，吉首大学商学院讲师，研究方向为产业经济。

程度，不同地区的市场通过市场——产地的路径对产地产生大小不同的引力，各个市场对产地产生的引力加总，即反映产地的市场通达性，一般用市场潜力来表征。不同产地由于距离规模不同的各地市场的距离不同，其市场潜力也不同。市场对企业区位选择的影响不仅来自所在地的市场，也来自其他区域的市场，目前沿海地区大多数产业主要依托非本地市场。由此可见，经济活动区位不完全由生产成本最小化决定，市场需求以及市场通达性对于经济活动的空间格局的形成具有至关重要的影响。基于以上认识，本部分应用经济地理学的市场潜力模型，定量揭示武陵山片区市场潜力及其空间格局，在此基础上探讨影响市场潜力的主要因素。石敏俊和赵曌等（2007）认为由于中国各个省区内部差异较大，不宜采用省级行政单元为地域单元进行市场潜力的分析，但以县级行政单元进行分析，也存在诸多困难，主要是因为县级行政单元的数据难以获取，可行性较低，因此他们选择地级行政单元作为研究对象。我们利用武陵山片区 71 个县市（县级行政单元）的数据对市场潜力进行研究，无疑具有十分重要的价值。

二 模型和方法

（一）市场潜力估计方法

最早的市场潜力模型是美国地理学家 Harris 于 1954 年提出的，用以描述一个地区作为生产地，其区位选择依赖于市场的通达程度。他采用市场潜力指数来衡量市场的通达程度，公式可表述为：

$$M_j = \sum_k Y_k g(D_{jk})$$

式中，M_j 表示 j 地区的市场潜力指数，Y_k 为 k 地区的收入，$g(\cdot)$ 为距离的衰减函数，D_{jk} 是 j 地区与 k 地区之间的距离。在此市场潜力模型中，某个地区市场潜力与该地区到市场的距离成反比，与市场购买力即市场规模呈正比。据此，可以把市场潜力的计算公式表示如下：

$$M_j = \sum_{k \neq j} Y_k D_{jk}^\sigma + Y_j D_j^\sigma$$

根据 Mion（2004）的估计，参数 σ 在 -4.59 到 -4.31 之间变化，Hanson（2005）认为此值的范围应是 -17.9 到 -6.4，而 Kiso（2005）估计的参数区间为 -1.38 到 -0.72。由此可见，市场潜力的大小是随着距离的增加而减小的。由于不同学者估计的参数数值相差较大，这里我们借鉴 Harris（1954）所采用的市场潜力衡量方法，把参数 σ 的值设定为 -1。[①] 另外，用各地区政府所在地之间的直线距离来衡量各地区之间的距离 D_{jk}，其中 j 地区的内部距离设定为其半径（把各地区看作为圆形）的 2/3，即：

$$D_j = \frac{2}{3}\sqrt{\frac{S_j}{\pi}}$$

其中 S_j 为 j 地区的陆地面积（Redding 和 Venables，2004），该方程给出了某个地区生产者与消费者之间的平均距离。

对于县级行政单元可以受到距离为多远的地区的经济辐射，或者地区经济辐射范围是多大的问题，必须通过测度地区经济辐射范围来确定，但经济辐射范围究竟怎样测量是一个在文献中还未很好解决的问题。王德忠和庄仁兴（1996）基于引力模型，由人口、经济水平、距离等参数对上海与苏锡常地区各县级地区之间的经济联系做了定量计算，结果表明苏锡常地区与上海经济联系随空间距离增大而逐渐减小，而相比于无锡市所辖各县，苏州市所辖各县与上海的联系强度随距离的增加衰减更快。李国平和王立明等（2001）依据非农人口、经济职能、科技职能等参数对广东省9个中心城市进行等级划分，并利用引力模型对作为一级中心城市的广州、深圳对二、三级城市的经济联系进行测度，结果显示广州对珠江三角洲内城市的经济联系强度大，而深圳则相对较小，只与其周边区域（惠州、东莞二市）联系紧密。王欣和吴殿廷等（2006）用粤、湘、鄂三省受香港影响较大地区的14个地级市的实际利用外资额来度量香港对各城市的实际经济联系，回归的结果发现，过去在经济联系定量计算经常采用的引力模型中的人口变量几乎不起作用，而距离变量对经济联系有着线性的负效应。高丽娜（2006）基于中心城市对周围城市的辐射能

[①] 市场潜力指数只有在比较下才有意义，因此该参数只要是统一的，稍大或者稍小不影响比较的结论。

量随距离上升呈指数形态衰减的模型，通过估计衰减因子来测算经济辐射半径，估计出上海、南京、杭州、苏州和宁波经济辐射半径分别为 457.36 千米、285.41 千米、285.41 千米、160.478 千米和 45.921 千米。南平和姚永鹏等（2006）对甘肃各地级城市的经济辐射半径的研究发现，即使是弱辐射半径[①]，省会城市兰州是 172.87 千米，其他城市中辐射半径最大的是天水，为 78.54 千米。伍世代和王荣（2008）的研究发现，即使考察"虚"辐射半径（类似于上文中的弱辐射半径），福建省各地级城市经济辐射半径排在前三位的是福州、厦门和泉州，分别为 154.51 千米、151.59 千米和 151.03 千米，其他城市中最大的是莆田，为 86.56 千米。许政和陈钊等（2010）的研究表明到大城市的距离和城市经济增长之间存在着"U"型关系，城市间的空间集聚效应在 300 千米以内表现出向心力的趋势，300 千米以外表现出显著的离心力作用，并估算出省际"边界效应"在相邻的大城市与小城市间相当于增加 260 千米的实际距离。

这些研究均表明距离在地区经济联系中的重要性，且经济越发达的地区，其经济辐射半径也越大。两篇比较有代表性的文献是南平和姚永鹏等（2006）和伍世代和王荣（2008）的研究，他们研究了地级行政单元的经济辐射半径，发现即使是弱辐射半径，除省会城市以外的地级行政单元的经济辐射半径都没有超过 90 千米，大多在 50 千米左右。另外，许政和陈钊等（2010）的研究发现"边界效应"存在。结合这几个研究成果，加上武陵山片区的实际情况，最终我们确定武陵山片区县级行政单元的经济辐射范围是接壤的县级行政单元。[②]

（二）市场潜力影响因素的计量分析模型

在市场潜力影响因素的研究方面，石敏俊和赵曌等（2007）考察了城镇人均收入、农村人均收入、职工平均工资、GDP、人均 GDP、外商直接投资和百元资产实现销售收入等指标，赵曌和石敏俊（2009）主要分析了城镇人均

---

① 弱辐射半径是指城市的经济辐射所能达到的最大距离。

② 武陵山片区在全国范围内属于整体经济发展水平很低且交通设施不完善的地区，其经济辐射半径应该低于已有文献中所确定的辐射距离，另外，根据我们的实际测量，接壤的县级行政单元的距离基本上都在 50~100 千米之内。因此确定接壤作为经济辐射的标准是合理的且可以最大限度地避免市场潜力的低估。根据此标准，最终采集了武陵山片区以外的其他 43 个县级行政单元的 GDP 数据。

收入、农村人均收入、人均 GDP、FDI、百元资产实现销售收入、职工平均工资等指标。显然，两篇文献考察的指标有很多重叠，其中除外商直接投资指标外，其他的指标都是收入型的。这样处理存在几个问题：首先，市场潜力计算中有两个关键指标，即 GDP 和距离，距离的变化范围通常比较小，因此，市场潜力主要受 GDP 的影响，而这两篇文献考虑的影响因素也主要受 GDP 的影响，因此，即使统计上得到了这些影响因素与市场潜力之间存在关系，这种关系在经济上也没有多大的实际意义；其次，两篇文献均是对影响因素与市场潜力进行两两相关分析，这种分析无法控制其他变量的影响，因此得到的结论可能并不符合实际。

本文考察可能影响市场潜力的更深层次的因素，包括全社会固定资产投资（tz）、地方财政支出（cz）、年末金融机构各项贷款余额（dk）、社会消费品零售总额（xf）和规模以上工业总产值（gy）五个变量，同时采用计量模型来进行分析，以弥补上述两个已有研究的不足。本文建立的计量分析模型如下：

$$\ln MP_{it} = \alpha + \beta_1 \ln tz_{it} + \beta_2 \ln cz_{it} + \beta_3 \ln dk_{it} + \beta_4 \ln xf_{it} + \beta_5 \ln gy_{it} + \mu_{it}$$

其中 α 为截距项，i 代表截面个体，t 为时期，μ_{it} 为随机误差项。

（三）市场潜力发展前景预测模型

本文采用趋势外推法来预测市场潜力的发展前景。趋势外推法是把过去观察到的趋势扩展到未来，是用于长期趋势预测的主要方法。它根据时间序列的发展趋势，配合合适的曲线模型，外推预测未来的趋势值。趋势外推法包括很多经济预测的模型和技术，比如直线模型预测法、多项式曲线模型预测法、指数曲线模型预测法、对数曲线模型预测法等。该方法简便易用，仅需要中等数量的数据就可以进行趋势预测，适合本研究中所搜集的样本数据。具体曲线模型如下：

线性模型：$\hat{y}_t = b_0 + b_1 t$

指数模型：$\hat{y}_t = ae^{bt}$

对数模型：$\hat{y}_t = a + b\ln t$

多项式模型：$\hat{y}_t = b_0 + b_1 t + b_2 t^2 + \cdots + b_k t^k$

皮尔曲线：$y_t = \dfrac{L}{1 + ae^{-bt}}$

龚珀兹曲线：$\hat{y}_t = ka^{b^t}$

三 武陵山片区市场潜力估计

（一）数据来源

本文的实证研究所需数据包括 2003～2011 年武陵山片区 71 个县市的 GDP、全社会固定资产投资、地方财政支出、年末金融机构各项贷款余额、社会消费品零售总额和规模以上工业总产值，以及 2003～2011 年武陵山片区以外的 43 个县级行政单元[①]的 GDP，这些数据均来自于历年来的省级统计年鉴中的县级行政单元统计数据以及县级行政单元的统计公报。

（二）武陵山片区市场潜力估计

根据上文确定的市场潜力估计方法，得到 2003～2011 年武陵山片区 71 县市的市场潜力及其排名情况如表 1 所示。

从表 1 可以看出，2003～2011 年武陵山片区 71 个县市的市场潜力都是上升的。市场潜力跟自身以及周边县市的经济发展有关，这 9 年中由于良好的经济发展环境，这些县市的经济均是高速增长的，这是这些县市市场潜力上升的主要原因[②]。一个有意义的发现是，2003～2011 年武陵山片区 71 个县市的市场潜力排名基本上一致差异非常小，这也表明本文采用的方法是稳健的，能够较真实的估计市场潜力的实际值。

---

① 这 43 个县级行政单元为：桃源县、天柱县、三穗县、岑巩县、锦屏县、黎平县、桃江县、鼎城区、宁乡县、双峰县、邵东县、娄星区、东安县、全州县、资源县、龙胜各族自治县、北塔区、大祥区、祁东县、临澧县、澧县、松滋市、涪陵区、忠县、垫江县、万州区、南川区、奉节县、巫山县、兴山县、神农架林区、施秉县、镇远县、桐梓县、绥阳县、綦江区、遵义县、瓮安县、黄平县、三江侗族自治县、宜都市、西陵区和猇亭区。

② 实际上，市场潜力的上升跟估计方法有关。本文所采用的估计方法中有两个关键变量，一个是 GDP，这个是持续上升的，另一个是距离，由于采用了城市间的直线距离，历年来这个数值基本上是恒定的。显然，市场潜力的变化主要取决于 GDP 的变化。

表1 2011 年武陵山片区 71 个县市的市场潜力估计值及其排名*

县　市	2011 年	排名	县　市	2011 年	排名
涟　源	42.551	1	凤　凰	10.526	36
冷水江	40.808	2	桑　植	10.237	37
丰　都	28.782	3	酉　阳	10.21	38
新　化	27.57	4	保　靖	10.099	39
新　邵	27.005	5	松　桃	10.075	40
长　阳	23.241	6	恩　施	10.023	41
邵　阳	21.498	7	绥　宁	9.87	42
安　化	21.204	8	秀　山	9.859	43
武　隆	20.559	9	铜　仁	9.736	44
石　门	20.014	10	巴　东	9.729	45
秭　归	18.664	11	咸　丰	9.536	46
石　柱	18.662	12	五　峰	9.515	47
利　川	17.397	13	建　始	9.255	48
隆　回	14.788	14	会　同	8.882	49
永　定	14.606	15	古　丈	8.777	50
沅　陵	14.322	16	玉　屏	8.728	51
武陵源	13.21	17	正　安	8.643	52
武　冈	13.179	18	湄　潭	8.129	53
洞　口	13.102	19	宣　恩	8.117	54
泸　溪	12.963	20	万　山	8.051	55
中　方	12.799	21	道　真	7.993	56
鹤　城	12.733	22	印　江	7.541	57
溆　浦	12.7	23	沿　河	7.138	58
辰　溪	12.631	24	鹤　峰	7.007	59
来　凤	12.41	25	思　南	6.854	60
彭　水	12.083	26	城　步	6.836	61
芷　江	12.04	27	靖　州	6.452	62
慈　利	11.985	28	德　江	6.353	63
吉　首	11.714	29	永　顺	6.282	64
花　垣	11.633	30	新　晃	6.169	65
龙　山	11.554	31	凤　冈	5.982	66
新　宁	11.054	32	石　阡	5.56	67
洪　江	11.038	33	余　庆	5.504	68
黔　江	11.026	34	江　口	5.426	69
麻　阳	10.657	35	通　道	5.357	70
			务　川	4.423	71

*篇幅所限，这里只列出了 2011 年的情况。

（三）武陵山片区市场潜力的分组比较

本文对 2011 年武陵山片区 71 个县市的市场潜力进行分组比较，根据市场潜力指数值把这 71 个县市分成了五个等级（见表 2）。①

表 2　武陵山片区 71 个县市市场潜力的分组

等级	市场潜力指数均值	市场潜力指数范围	县市
1	0.980	0.8～1	涟源、冷水江(2 个)
2	0.653	0.6～0.8	丰都、新化、新邵(3 个)
3	0.474	0.4～0.6	长阳、邵阳、安化、武隆、石门、秭归、石柱、利川(8 个)
4	0.264	0.2～0.4	隆回、永定、沅陵、武陵源、武冈、洞口、泸溪、中方、鹤城、溆浦、辰溪、来凤、彭水、芷江、慈利、吉首、花垣、龙山、新宁、洪江、黔江、麻阳、凤凰、桑植、酉阳、保靖、松桃、恩施、绥宁、秀山、铜仁、巴东、咸丰、五峰、建始、会同、古丈、玉屏、正安(39 个)
5	0.155	0～0.2	湄潭、宣恩、万山、道真、印江、沿河、鹤峰、思南、城步、靖州、德江、永顺、新晃、凤冈、石阡、余庆、江口、通道、务川(19 个)

由表 2 可以看到，武陵山片区 71 个县市的市场潜力的集中度较大，大部分县市集中于第 4 和第 5 等级，数量分别为 39 个和 19 个，而位于前三个等级的县市数量分别为 2 个、3 个和 8 个，这也说明武陵山片区 71 个县市的市场潜力大部分位于较低的区间。另外从分组的市场潜力指数均值来看，第 1 和第 2 等级的市场潜力指数均值的差距大于等级之间的差距，说明武陵山片区 71 个县市的市场潜力之间的差距较大。

四　武陵山片区市场潜力的影响因素

（一）样本描述性统计

本文采用 Eviews 6.0 软件对市场潜力影响因素进行实证研究。市场潜力、

---

① 2011 年武陵山片区市场潜力最高值出现在涟源市。考虑市场潜力仅具有相对的意义，因此将武陵山片区 71 个县市的市场潜力均相对于涟源市求出市场潜力相对值，即市场潜力指数。

全社会固定资产投资、地方财政支出、年末金融机构各项贷款余额、社会消费品零售总额和规模以上工业总产值的样本数量都为 639 个，对样本数据进行描述性统计分析如表 3 所示。

表 3　样本描述性统计

指　标	平均值	标准差	最小值	最大值
市场潜力(亿元/千米)	6.833	5.197	1.341	42.551
全社会固定资产投资(亿元)	19.989	21.027	0.3	161.48
地方财政支出(亿元)	7.372	21.027	79.4	47.39
年末金融机构各项贷款余额(亿元)	17.735	18.277	0.41	150
社会消费品零售总额(亿元)	11.759	10.022	0.3	59.69
规模以上工业总产值(亿元)	22.316	33.945	0.13	336.29

（二）面板协整检验

本文利用 Pedroni（1999）提出的检验方法来做协整检验。Pedroni 检验中有七个统计量，Pedroni（2004）的 Monte Carlo 模拟实验的结果显示对于 T 大于 100 的样本来说，所有的七个统计量的检验效力都很好并且很稳定。但对于小样本（$T < 20$）来说，Group ADF 统计量是最有效力的，接下来是 Panel v 统计量和 Panel rho 统计量。本文中的 $T = 9$。因此，Pedroni 检验以 Group ADF 统计量为准。Group ADF 统计量检验结果显著，拒绝了不存在协整关系的零假设，表明六个变量之间存在长期稳定的关系，检验结果见表 4。

表 4　协整检验

检验方法	检验统计量	检验结果
Pedroni	Group ADF	-4.291 *

注：* 检验形式为没有截距和趋势项。

（三）模型的设定

根据非观测效应（个体效应）与每一个解释变量之间是否相关，面板数据模型被分成两种基本的形式：个体固定效应模型和个体随机效应模型。为了设定恰当的模型类型，本文对计量模型进行了 Hausman 检验。该检验的原理是：检验个体效应与解释变量是否相关，如不相关，则采用随机效应模型，如相关，则采用固定效应模型。Hausman 检验的原假设如下：

$$H0: E(\xi_{it} | X_{it}) = 0$$

其中，ξ_{it} 是个体效应和随机误差项之和，X_{it} 代表所有的解释变量。Hausman 检验的统计量为 12.763，显著性水平为 0.026，表明应该拒绝原假设，采用个体固定效应模型来进行参数的估计。

（四）实证结果分析

协整检验结果表明变量之间存在长期稳定的关系，我们对变量进行回归分析的结果是可信的。对模型进行个体固定效应面板数据回归分析，得到的结果见表5。

表5　个体固定效应的面板数据回归结果

变 量	系数	t 值	P 值
常数项	0.337	9.382	0
全社会固定资产投资(tz)	0.045	3.651	0
地方财政支出(cz)	0.4	17.873	0
年末金融机构各项贷款余额(dk)	−0.007	−0.46	0.645
社会消费品零售总额(xf)	0.215	7.291	0
规模以上工业总产值(gy)	0.059	4.898	0

回归结果显示全社会固定资产投资、地方财政支出、社会消费品零售总额、规模以上工业总产值与市场潜力之间存在显著的正相关关系，说明这四个因素对市场潜力的提升有积极的影响。但年末金融机构各项贷款余额与市场潜力之间的关系不显著，说明金融机构贷款还未能够影响到区域市场潜力。一般认为，金融机构贷款能够促进经济增长，从而提升市场潜力，但实证结果与通常的认识不符，究其原因可能是由于金融资源没有得到合理的配置。

五　武陵山片区市场潜力发展前景预测与提升

（一）武陵山片区市场潜力发展前景预测

在使用趋势外推法对武陵山片区市场潜力发展前景进行预测时，首先要识别模型的形式，以决定究竟采用哪种模型来进行预测。识别可以根据历史资料来进行判断，以便选择最合适的曲线模型来预测，使预测结果更接近真实水平。

根据表 1 中的各个县市的历史数据计算时间序列的环比发展速度，可以发现环比发展速度大体相当①，因此采用指数曲线模型来进行市场潜力发展前景的预测。本文利用 Eviews 6.0 软件估计出指数曲线模型的参数，并预测各个县市 2012 ~ 2015 年的市场潜力，② 结果见表 6。

表 6　2012 ~ 2015 年武陵山片区 71 个县市的市场潜力预测值

县　市	2012 年	2013 年	2014 年	2015 年	2015 年相对 2011 年的增长率（%）
吉　首	14.932	18.018	21.743	26.237	123.975
凤　凰	12.859	15.491	18.663	22.484	113.601
古　丈	10.384	12.355	14.699	17.488	99.237
花　垣	16.410	20.252	24.993	30.844	165.151
保　靖	13.637	16.612	20.235	24.649	144.063
龙　山	12.917	15.095	17.640	20.613	78.413
永　顺	7.406	8.746	10.329	12.199	94.192
泸　溪	15.079	18.091	21.705	26.040	100.872
通　道	6.059	7.063	8.234	9.598	79.155
鹤　城	14.686	17.399	20.615	24.424	91.820
洪　江	12.339	14.339	16.663	19.364	75.431

---

① 由于涉及 71 个县市，篇幅所限，这里没有报告具体的环比发展速度。

② "十二五"规划的时间是 2011 ~ 2015 年，这里实际上是预测"十二五"期间各个县市的市场潜力状况。

续表

县 市	2012 年	2013 年	2014 年	2015 年	2015 年相对 2011 年的增长率(%)
中 方	14.819	17.613	20.934	24.881	94.399
沅 陵	16.525	19.646	23.357	27.768	93.877
辰 溪	14.551	17.348	20.681	24.656	95.208
溆 浦	14.293	16.776	19.689	23.108	81.959
会 同	9.731	11.192	12.874	14.808	66.715
麻 阳	12.449	14.876	17.777	21.244	99.352
新 晃	7.021	8.327	9.876	11.713	89.868
芷 江	13.945	16.576	19.703	23.421	94.533
靖 州	7.131	8.255	9.556	11.061	71.423
安 化	24.402	29.137	34.792	41.544	95.924
新 化	33.271	39.653	47.260	56.325	104.295
涟 源	49.908	59.420	70.745	84.228	97.946
冷水江	50.052	59.900	71.687	85.792	110.233
隆 回	15.753	18.095	20.784	23.874	61.445
洞 口	13.675	15.487	17.540	19.864	51.614
绥 宁	10.538	11.949	13.548	15.362	55.650
新 宁	12.188	14.095	16.299	18.849	70.517
城 步	7.439	8.476	9.657	11.002	60.931
武 冈	13.847	15.726	17.859	20.282	53.892
新 邵	29.517	34.248	39.738	46.107	70.733
邵 阳	23.493	27.278	31.672	36.774	71.059
石 门	21.606	25.083	29.119	33.804	68.902
慈 利	13.667	16.051	18.850	22.138	84.713
桑 植	12.598	15.189	18.312	22.078	115.671
武陵源	16.520	20.026	24.275	29.425	122.752
永 定	18.520	22.585	27.542	33.588	129.967
丰 都	33.079	40.128	48.679	59.052	105.173
石 柱	21.773	26.458	32.153	39.072	109.367
秀 山	12.216	14.950	18.297	22.392	127.122
西 阳	11.677	14.094	17.010	20.529	101.068
彭 水	13.961	16.633	19.816	23.608	95.387
黔 江	12.300	14.782	17.766	21.352	93.647

连片特困区蓝皮书

续表

县　市	2012 年	2013 年	2014 年	2015 年	2015 年相对 2011 年的增长率(%)
武　隆	23.927	28.970	35.075	42.467	106.560
恩　施	10.948	12.512	14.300	16.343	63.055
利　川	19.887	23.975	28.903	34.844	100.290
建　始	10.193	11.808	13.679	15.846	71.212
巴　东	10.289	11.920	13.808	15.996	64.409
宣　恩	8.851	10.120	11.572	13.231	63.012
咸　丰	10.212	11.867	13.791	16.027	68.070
来　凤	13.739	15.924	18.457	21.392	72.378
鹤　峰	7.725	8.917	10.292	11.879	69.541
秭　归	19.283	21.545	24.072	26.896	44.103
长　阳	23.680	29.370	36.428	45.182	94.410
五　峰	10.075	11.933	14.132	16.737	75.900
铜　仁	11.451	13.703	16.399	19.625	101.567
江　口	6.288	7.469	8.872	10.538	94.203
玉　屏	10.043	11.878	14.050	16.618	90.401
石　阡	6.368	7.476	8.777	10.304	85.330
思　南	7.799	9.214	10.885	12.860	87.621
印　江	8.674	10.307	12.248	14.554	93.004
德　江	7.224	8.518	10.044	11.844	86.439
沿　河	8.264	9.913	11.891	14.263	99.812
松　桃	12.362	15.012	18.230	22.138	119.742
万　山	9.337	11.164	13.348	15.960	98.241
正　安	9.150	10.600	12.279	14.225	64.575
道　真	9.006	10.470	12.173	14.152	77.054
务　川	4.814	5.525	6.340	7.275	64.465
凤　冈	6.380	7.280	8.308	9.480	58.468
湄　潭	8.315	9.389	10.601	11.970	47.258
余　庆	6.303	7.313	8.486	9.846	78.886

从表 6 可以看出，到"十二五"期末，武陵山片区 71 个县市的市场潜力均会得到较大幅度的增长，2015 年的市场潜力相对 2011 年的增长率最大为165.151%，最小为 44.103%，平均增长率为 88.046%。

218

表 7　武陵山片区 71 个县市 2015 年的市场潜力排名相对于 2011 年的比较

县　市	2011 年	县　市	2015 年	排名升降情况
涟　源	42.551	冷水江	85.792	↑
冷水江	40.808	涟　源	84.228	↓
丰　都	28.782	丰　都	59.052	—
新　化	27.570	新　化	56.325	—
新　邵	27.005	新　邵	46.107	—
长　阳	23.241	长　阳	45.182	—
邵　阳	21.498	武　隆	42.467	↑
安　化	21.204	安　化	41.544	—
武　隆	20.559	石　柱	39.072	↑
石　门	20.014	邵　阳	36.774	↓
秭　归	18.664	利　川	34.844	↑
石　柱	18.662	石　门	33.804	↓
利　川	17.397	永　定	33.588	↑
隆　回	14.788	花　垣	30.844	↑
永　定	14.606	武陵源	29.425	↑
沅　陵	14.322	沅　陵	27.768	—
武陵源	13.210	秭　归	26.896	↓
武　冈	13.179	吉　首	26.237	↑
洞　口	13.102	泸　溪	26.040	↑
泸　溪	12.963	中　方	24.881	↑
中　方	12.799	辰　溪	24.656	↑
鹤　城	12.733	保　靖	24.649	↑
溆　浦	12.700	鹤　城	24.424	↓
辰　溪	12.631	隆　回	23.874	↓
来　凤	12.410	彭　水	23.608	↑
彭　水	12.083	芷　江	23.421	↑
芷　江	12.040	溆　浦	23.108	↓
慈　利	11.985	凤　凰	22.484	↑
吉　首	11.714	秀　山	22.392	↑
花　垣	11.633	松　桃	22.138	↑
龙　山	11.554	慈　利	22.138	↓
新　宁	11.054	桑　植	22.078	↑
洪　江	11.038	来　凤	21.392	↓
黔　江	11.026	黔　江	21.352	—
麻　阳	10.657	麻　阳	21.244	—
凤　凰	10.526	龙　山	20.613	↓
桑　植	10.237	酉　阳	20.529	↑
酉　阳	10.210	武　冈	20.282	↓

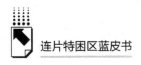
续表

县　市	2011 年	县　市	2015 年	排名升降情况
保　靖	10.099	洞　口	19.864	↓
松　桃	10.075	铜　仁	19.625	↑
恩　施	10.023	洪　江	19.364	↓
绥　宁	9.870	新　宁	18.849	↓
秀　山	9.859	古　丈	17.488	↑
铜　仁	9.736	五　峰	16.737	↑
巴　东	9.729	玉　屏	16.618	↑
咸　丰	9.536	恩　施	16.343	↓
五　峰	9.515	咸　丰	16.027	↓
建　始	9.255	巴　东	15.996	↓
会　同	8.882	万　山	15.960	↑
古　丈	8.777	建　始	15.846	↓
玉　屏	8.728	绥　宁	15.362	↓
正　安	8.643	会　同	14.808	↓
湄　潭	8.129	印　江	14.554	↑
宣　恩	8.117	沿　河	14.263	↑
万　山	8.051	正　安	14.225	↓
道　真	7.993	道　真	14.152	—
印　江	7.541	宣　恩	13.231	↓
沿　河	7.138	思　南	12.860	↑
鹤　峰	7.007	永　顺	12.199	↑
思　南	6.854	湄　潭	11.970	↓
城　步	6.836	鹤　峰	11.879	↓
靖　州	6.452	德　江	11.844	↑
德　江	6.353	新　晃	11.713	↑
永　顺	6.282	靖　州	11.061	↓
新　晃	6.169	城　步	11.002	↓
凤　冈	5.982	江　口	10.538	↑
石　阡	5.560	石　阡	10.304	—
余　庆	5.504	余　庆	9.846	—
江　口	5.426	通　道	9.598	↑
通　道	5.357	凤　冈	9.480	↓
务　川	4.423	务　川	7.275	—

注："↑"表示排名上升，"↓"表示排名下降，"—"表示排名没变。

从表 7 可以看出，到"十二五"期末，有 12 个县市的市场潜力排名与 2011 年持平，有 27 个县市的排名下降，32 个县市的排名上升。

（二）武陵山片区市场潜力的提升对策

1. 加大固定资产投资

进一步加大固定资产投资的力度。在全球金融危机大背景下，固定资产投资工作作为推动经济发展的有力抓手和重要内容，对于武陵山片区市场潜力的提高至关重要。同时，从城市发展阶段看，武陵山片区的经济发展仍处于增长期，但长期以来由于基础设施建设较为滞后，城市功能完善和提升空间还相当大，可投入大量资金用以改善武陵山片区的基础设施水平，提高市场的通达性。做好各项固定资产投资工作对于武陵山片区的可持续发展、进一步增强城市辐射力竞争力从而提高市场潜力的意义重大。

2. 扩大地方财政支出规模

要继续增加财政转移支付的力度，弥补武陵山片区财力缺口，均衡地区间财力差距，实现武陵山片区与其他地区基本公共服务能力的均等化。武陵山片区要继续保持经济建设支出在财政支出中所占的比重，并改变过去那种"撒胡椒面"的做法，集中财力，确保国民经济的重点建设事业，包括国家的基础设施、基础产业，增强其对国民经济的支撑能力，用以带动整个经济的发展。同时财政还要着力支持一些高新技术产业，如电子信息、生物工程、新材料等用以带动产业结构的升级换代，发挥科技改造和发展国民经济基础产业和主导产业的作用。

3. 扩大居民消费

准确把握居民消费的发展变化，研究制定出有效的促进措施。加快完善城乡信息监测体系，加强对消费品市场的监测预测，了解消费动态。掌握不同社会群体的消费特点和规律，有针对性地提出调控建议，有效引导生产和流通企业提供满足城乡居民消费需求的商品和服务。采取有效措施维持消费品价格稳定，特别是生活必需品价格。确保低收入者受到最小的价格波动影响。同时扩大农村消费，扩大其经营范围。组织企业与工业企业进行对接，更加直接地获得商品供给，减少流通环节，降低流通成本。发展满足城市中低收入家庭的社区商业、服务业，继续开展商业示范社区创建活动。在推动餐饮、住宿、洗浴等传统服务业升级的同时加快家政、看护、快递、保洁等新型生活性服务业的发展。完善汽车、建材家居、新型家电等消费热点产品的流通体系，推动信贷

消费、租赁消费和循环消费促进消费升级。

4. 大力发展工业

县域经济发展的质量和水平很大程度取决于工业经济发展的质量和水平。武陵山片区对外开放和外向型经济水平不高，城乡二元结构明显，农村产业薄弱，极大地制约着区域间经济协作，工业化水平低的状况没有得到根本改变。产业链缺损，还没有形成产业自身内在的发展机制和辐射能力，同时也难以带动其他相关产业的发展。因此武陵山片区应立足工业，支持工业强力推进工业经济发展和结构调整，壮大提升优势产业，实现工业规模的快速扩张和效益的大幅提升，实现优势互补，错位发展，抱团发展，最大限度地提高本区域的资源利用效率和整体竞争力。通过生产要素和自然资源的合理流动和有效配置，实现经济协调健康发展，形成新的生产力。

5. 提高金融资源配置效率

金融制度缺陷和金融生态恶化导致金融资源配置效率低下。金融市场的出口和入口基本被堵塞，新的银行难以进入，金融业对于民营银行和中小银行仍然是困难重重。国有银行占据大量的金融资源，这些金融资源是严重低效率的。从国有经济向市场经济过渡过程中，过大的国有经济成分决定金融资源必须流向国有企业，形成了银行"贷大贷多贷垄断"的问题，同时也不利于中小金融机构的形成。新生的经济力量需要新生的金融资源的支持，但这一通道一直没有打通，这样形成了长期的金融资源配置效率低下和畸形投资与中小企业融资难的恶性循环。这种状况阻碍生产力的解放，形成投资增长与失业并存的扭曲状态。因此，在武陵山片区应大力发展中小金融机构，提高金融配置效率，服务本地经济发展。

Market Potential Estimation and Development Prospect Prediction in Wulingshan Contiguous Destitute Area

Peng Geng   Liu Fang

Abstract：We use county-level administrative unit data of Wulingshan

Contiguous Destitute Area to estimate market potential from 2003 to 2011 and analyze empirically the impact factors of market potential. The results show that the concentration degree of market potential is large, as well as its gap. There are significant positive correlations among total fixed asset investment, local fiscal expenditure, total retail sales of social consumer goods, above-scale industrial output value and market potential, but the correlation between loan balance of financial institutions and market potential is not significant. Finally, we predict its development prospect from 2012 to 2015.

Key Words: Wulingshan Contiguous Destitute Area; Market Potential; Development Prospect

B.11
武陵山片区经济地理的
时空演化与重塑战略

王美霞　丁建军*

摘　要：

　　从区域和分县两个层面分析 2003～2011 年武陵山片区区域经济的差异特征和空间关联特征。结果发现，武陵山片区区域经济呈现不断增长态势，但经济基础还很薄弱；区域内经济发展低水平县占多数，高水平县较少且分布分散；整体空间差异在缩小，经济发展空间关联性较弱。最后提出了该区域经济地理重塑的相关战略。

关键词：

　　经济地理　区域差异　空间自相关　武陵山片区

一　引言

　　武陵山片区地处渝鄂湘黔四省市交界区，片区总面积 17.18 万平方千米，涵盖湖北、湖南、重庆、贵州四省市交界地区的 71 个县（市、区），集革命老区、民族地区、贫困地区于一体，是跨省交界面积大、少数民族聚集多、贫困人口分布广的连片特困地区。为积累以跨省片区为单元组织大规模扶贫攻坚的经验和方法，中央决定在武陵山片区率先开展区域发展与扶贫攻坚试点，2011 年，国务院批复了《武陵山片区区域发展与扶贫攻坚规划（2011～

　＊　基金项目：湖南省哲学社会科学基金一般项目（12YBA261）、湖南省教育厅科学研究一般项目（12C0318）、国家社科基金项目（12CJL069）、教育部人文社科基金项目（11YJA790070）、教育部人文社科基金项目（12YJC790204）、湖南省重点社科基金项目（11ZDB072）。
　　王美霞，硕士，吉首大学商学院助教，研究方向为区域经济发展。

2020)》，标志着武陵山连片特困地区发展与扶贫攻坚试点正式开始实施。长期以来，虽然对该区域总体处于贫困状态有个基本的认识，但是对区域内部的经济差异状况以及这种差异的时空演变特点却没有进行深入研究。

我国学者对区域经济地理时空演化的研究由来已久，其中区域经济差异研究一直是研究的热点问题。覃成林（1998）分别判断了 1990～1995 年我国区域经济绝对差异和相对差异变化的空间状态，并进一步阐明了调控区域经济差异的政策含义。徐建华（2005）等利用多阶段 Theil 系数嵌套分解法和小波分析法，从空间尺度和时间尺度两个方面研究了中国区域经济差异问题。关伟等（2011）运用 ESDA 方法对 2000～2009 年辽宁省县际经济差异的时空格局进行分析，认为辽宁省县际经济具有显著的空间自相关，区县经济差异呈现先扩大后缩小的趋势。赵雪雁等（2011）将 ESDA 与传统的统计学方法相结合，对 1995～2008 年甘肃省县域经济的时空格局特征及空间作用类型进行了初步探析。陈培阳等（2012）采用变异系数、泰尔指数、空间自相关和尺度方差等统计方法从地带、省级、地级和县级 4 个尺度对 1998～2009 年中国区域经济差异进行测度和空间格局比较分析。

综合已有研究成果不难发现，学者对于中国区域间经济发展差异研究和省域单元内部经济发展差异研究较多，而对于省际边界区，特别是经济发展相对落后的中西部山区的跨省交界地带的经济空间格局演变研究相对较少。因此，本文对于武陵山片区经济地理时空演化进行研究，不仅对于该区域有效制定区域发展政策、重塑经济和城市发展空间结构、推动经济社会的全面协调发展、保障国家生态安全、促进民族团结具有重要的现实意义，而且对于弥补目前国内在跨界区域研究领域的不足也具有一定的理论意义。

二 研究方法与数据来源

本文基于时空两个角度，从整体和县域单元分别对武陵山片区经济地理时空演变特征进行分析。对于经济发展水平的测评主要结合线性加权法和熵值法，对于经济发展空间差异分析和县域经济发展关联性的分析主要采用变异系数指标和 ESDA（探索性空间数据分析）方法进行分析。

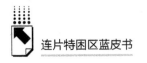

（一）数据来源与指标选取

本文数据主要来源于2004～2011年《湖南省统计年鉴》《湖北省统计年鉴》《重庆市统计年鉴》和《贵州省统计年鉴》，统计年鉴缺少的数据以各县的统计公报、统计局、政府年度工作报告等为补充。在指标选取上，注重全面性和科学性，同时兼顾数据的可得性，力求从各方面综合反映区域经济发展水平，最终选取了GDP（x1）、第二、三产业比重（x2）、财政总收入（x3）、城乡居民储蓄存款余额（x4）、社会消费品零售总额（x5）、农民人均纯收入（x6）6个较综合性的经济指标来反映区域整体经济发展水平。县域经济实力以人均指标来衡量更能反映真实水平，所以本文选取人均GDP（x1）、第二、三产业比重（x2）、人均财政收入（x3）、城乡居民人均储蓄存款余额（x4）、农村居民人均纯收入（x5）、人均社会消费品零售总额（x6）6个指标来反映县域经济发展水平。其中人均GDP、人均财政收入、城乡居民人均储蓄存款余额和人均社会消费品零售总额4个指标分别利用各县各年份的GDP、地方财政收入、城乡居民储蓄存款余额和社会消费品零售总额数据除以各县的年末总人口得到。

（二）研究方法

1. 县域综合经济发展水平测算

对于各年份武陵山片区内71个县（市、区）综合经济发展水平的测算，本文采用线性加权法，具体计算公式为：

$$x_i = \sum_{j=1}^{p} w_{ij} x_{ij}$$

式中：x_i为第i县的经济发展水平综合指数，x_{ij}为经过极差标准化处理的第i县的第j项指标值，w_{ij}为指标的权重。指标权重的确定采用比较客观的熵值赋权法，具体步骤如下：

（1）首先对数据进行非零化处理，以消除由于数据中的0值造成求熵值时对数无意义，同时要尽量避免对原数据信息量的影响，计算公式为：$x'_{ij}=$

$x_{ij} + 0.00001$；

（2）对指标做比重变换：$s_{ij} = \dfrac{x'_{ij}}{\sum\limits_{i=1}^{n} x'_{ij}}$；

（3）计算第 j 项指标的熵值：$h_j = -\dfrac{1}{\ln n} \sum\limits_{i=1}^{n} s_{ij} \ln s_{ij}$；

（4）计算第 j 项指标的差异度：$\alpha_j = 1 - h_j$；

（5）计算指标 x_j 的权重：$w_j = \dfrac{\alpha_j}{\sum\limits_{j=1}^{p} \alpha_j}$。

2. 变异系数

变异系数是反映样本数据离散程度的主要测度指标，可以用来衡量区域经济发展水平的离散程度，从而在整体上把握区域空间差异大小。变异系数采用样本的标准差与均值之比来表示，计算公式为：

$$V_T = \frac{1}{x} \sqrt{\frac{\sum (x_i - \bar{x})^2}{n}}$$

其中，x_i 为第 i 个县的经济发展水平综合指数，$\bar{x}$ 为整个区域经济发展水平综合指数的平均值，n 为县个数。

3. ESDA 方法

ESDA 方法是一系列空间分析方法和技术的集合，用于测度事物或现象的空间相关性，根据研究目的可分为全局空间自相关和局部空间自相关。

（1）全局空间自相关。

全局空间自相关反映了观测变量在整个研究区域内空间相关性的总体趋势，常用的测度指标为 Global Moran's I 统计量，指数 I 统计量取值介于 −1 和 1 之间。在给定的显著性水平下，若 Moran's I 显著为正，表示观测变量值较高（或较低）的区域在空间上显著集聚。值越趋近于 1，表明空间集聚性越强。相反，Moran's I 显著为负，表示观测值的空间差异较大，且值越趋近于 −1，总体空间差异越大。当 Moran's I 为 0 时则表示空间不相关，观测值呈独立随机分布。其计算公式为：

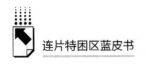
$$I = \frac{n}{S} \cdot \frac{\sum\limits_{i=1}^{n}\sum\limits_{j=1}^{n}\omega_{ij}(x_i - \bar{x})(x_j - \bar{x})}{\sum\limits_{j=1}^{n}(x_i - \bar{x})^2}$$

其中，n 为研究的空间单元个数；x_i 为观测变量；$\bar{x}$ 为 x_i 的均值；$S = \sum\limits_{i=1}^{n}\sum\limits_{j=1}^{n}\omega_{ij}$，$\omega_{ij}$ 为研究对象 i 和 j 之间的邻接空间权重矩阵；空间相邻则为 1，不相邻则为 0。

（2）局部空间自相关。

局部自相关指数可以揭示局部区域内单元在相邻空间之间的关系，采用局部 Moran's I 指标 I_i 来测度区域单元之间空间要素的异质性，其计算公式为：

$$I_i = Z_i \sum\limits_{j \neq i}^{n} \omega_{ij} Z_j$$

其中，Z_i，Z_j 分别为区域 i，j 观测变量的标准化值，表示各区域与均值变量的偏差程度；$\sum\limits_{j \neq i}^{n} \omega_{ij} Z_j$ 为相邻区域观测变量偏差的加权平均值。

三 武陵山片区经济发展的时空差异特征

（一）总体特征

1. 武陵山片区经济概况

表 1 是 2003～2011 年武陵山片区各经济指标值，2003～2011 年各项经济指标都有较大幅度的增长，具体来看有以下几个方面。

（1）经济总量方面。从 GDP 来看，2003 年武陵山片区 GDP 为 1188.53 亿元，2011 年增长到 4498.47 亿元，9 年时间增长 3.78 倍，年平均增长率为 18.10%；从财政总收入来看，由 2003 年的 51.02 亿元增长到 2011 年的 328.91 亿元，9 年时间增长 6.45 倍，年平均增长率为 26.23%。可见，武陵山片区整体经济总量获得较快增长。

（2）产业结构方面。从第二、三产业产值占国民总收入的比重来看，武陵山片区第二、三产业比重由 2003 年的 66.51% 上升到 2011 年的 78.55%，表明该区域农业产值比重下降，产业结构更趋合理化，但与 2011 年全国第二、三产业 90% 的水平相比，还存在较大差距。

表 1　2003 ~ 2011 年武陵山片区主要经济指标

年份	地区生产总值（亿元）	第二、三产业比重(%)	地方财政收入(亿元)	城乡居民储蓄存款余额(亿元)	社会消费品零售总额(亿元)	农民人均纯收入(元)
2003	1188.53	66.51	51.02	725.00	430.95	1690.81
2004	1385.02	66.37	55.49	826.06	499.66	1877.92
2005	1658.97	69.79	63.14	970.72	548.93	2037.82
2006	1881.83	71.86	74.21	1159.75	634.50	2171.01
2007	2244.61	71.56	94.06	1425.58	733.29	2422.74
2008	2692.90	73.88	117.13	1656.84	897.46	2783.75
2009	3076.01	76.83	143.63	1962.29	1110.09	3060.34
2010	3167.85	79.10	203.82	2456.45	1299.51	3498.96
2011	4498.47	78.55	328.91	2959.18	1511.05	4067.40

（3）居民生活方面。片区的农民人均纯收入（通过计算 71 个县市区农民人均纯收入的算术平均数获得）由 2003 年的 1690.81 元增长到 2011 年的 4067.40 元，年平均增长率为 11.60%，表明随着该地区经济发展水平不断提高，人民收入水平在不断提升。2003 年片区社会消费品零售总额为 430.95 亿元，2011 年达到 1511.05 亿元，年平均增长率为 16.98%，社会消费品零售总额的上升意味着居民消费能力不断提升，消费需求不断增加，内需得到较好刺激，增强了经济发展的潜力。2003 年片区城乡居民储蓄存款余额共 725.00 亿元，2011 年达到 2959.18 亿元，年平均增长率为 19.22%，城乡居民储蓄存款余额的增长进一步反映了该区人民收入在不断提高。

2. 与全国平均水平比较

图 1 为计算得到的 2003 ~ 2011 年武陵山片区的人均 GDP、全国人均 GDP 及人均 GDP 增长率数据。从人均 GDP 来看，2003 ~ 2011 年武陵山片区人均 GDP 虽然保持持续增长，但始终与全国平均水平有很大差距。2003 年武陵山片区人均 GDP 为 3402.38 元，全国人均 GDP 为 10510.40 元，2011 年武陵山片区人均 GDP 为 12242.70 元，而全国人均 GDP 达到 34999.37 元。从人均

GDP 的增长速度来看，2003 ~ 2011 年，武陵山片区和全国人均 GDP 的增长速度都有所波动，大致可以分为三个阶段：第一阶段为 2003 ~ 2005 年，武陵山片区人均 GDP 的增长率高于全国平均水平，说明这一阶段片区经济发展状况较全国要好；2006 ~ 2007 年为第二阶段，这一阶段片区人均 GDP 增长率低于全国平均水平；2008 ~ 2011 年为第三阶段，除 2010 年外，此阶段片区的人均 GDP 增长率又超过全国人均 GDP 增长率，说明片区经济发展状况开始改善，特别是近些年在全国平均增长速度放缓的情况下，片区仍然保持持续增长势头。2009 年由于受到 2008 年全球金融危机的影响，全国范围内人均 GDP 增长率都有所减缓，2010 年开始回升。

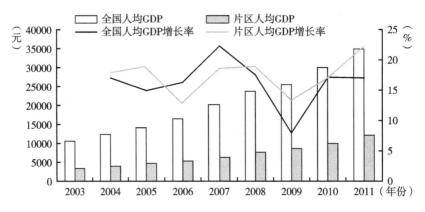

图 1　2003 ~ 2011 年武陵山片区人均 GDP 及人均 GDP 增长率与
全国平均水平的比较

（二）分县特征

1. 县域经济发展的空间差异特征

为深入了解武陵山片区经济发展的空间差异特征，以县级行政单元为单位，选取 2003 年、2007 年和 2011 年三个时间截面，计算武陵山片区各县的经济发展水平综合指数，进而分析其空间差异特征。对武陵山片区县域经济发展水平进行分级显示，方法是按照片区年度经济发展水平综合指数平均值的 0.5、0.75、1.0、1.25、1.5 倍将经济发展水平划分为 6 级，然后分别统计 2003 年、2007 年和 2011 年各等级的县（市、区）数量（见表 2），最后绘制县域经济发展水平综合指数空间分布图（见图2），从而得到武陵山片区县域经济差异的空间特征。

（1）整体发展水平不高，低于全区平均水平的县占大多数。

从表2可以看出，2003~2011年71个县（市、区）中，县域经济发展水平综合指数低于全区平均水平的县占大多数。2003年县域经济发展水平综合指数低于全区平均水平的县有43个，占全区县域总数的61%；2007年和2011年低于全区平均水平的县分别有44个和46个，分别占到全区县域总数的62%和65%。这些数据说明武陵山片区大多数县域经济发展落后，整体经济发展水平不高，且从图2各县经济发展水平综合指数值可以看出，经济发展较慢的县和较快的县差距较大。

表2 各年份不同等级经济发展水平的县（市、区）数量

等级区间	2003 年	2007 年	2011 年
P≤0.5	11	1	1
0.5 < P≤0.75	17	15	23
0.75 < P≤1	15	28	22
1 < P≤1.25	8	18	14
1.25 < P≤1.5	9	4	5
P > 1.25	11	5	6
低于平均值合计	43(61%)	44(62%)	46(65%)
高于平均值合计	28(39%)	27(38%)	25(35%)

（2）高水平县分布分散，低水平县分布相对集中。

从表2和图2可以看出，2003年县域经济发展水平综合指数等级最高的县有11个，占全区县域总数的15%左右，但分布较为分散，主要分布在各地市人口密集、交通便利、经济发展基础较好的市辖区或县级市。如武陵源区、鹤城区、恩施市、吉首市、冷水江市、铜仁市和洪江市，此外宜昌市的长阳、五峰和常德市的石门三县以及怀化市靖州县的经济发展水平综合指数也较高。2007年最高等级的县仅有5个，且分布更为分散，分别是吉首市、花垣县、冷水江市、武陵源区、鹤城区。2011年高水平县有6个而且呈分散状分布，高水平县分别是吉首市、冷水江市、武陵源区、鹤城区、黔江区和武隆县。

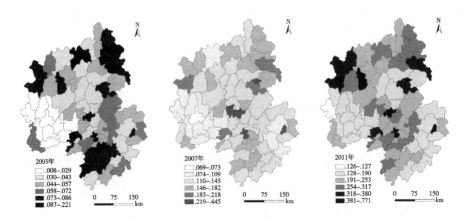

图2　县域经济发展水平的空间差异

2003 年、2007 年和 2011 年三个时间段县域经济发展水平综合指数最低等级的县分布一直较集中，主要集中分布在西部的贵州遵义市和铜仁地区境内，以及片区东南部的娄底市和邵阳市交界处，此外湘西州北部的龙山县、永顺县、古丈县和张家界的桑植县等经济发展水平综合指数值也较低。

2. 县域经济发展的空间关联性分析

区域经济发展不是独立存在的，而是具有空间关联性，也就是说一个区域的发展往往受到其他区域经济的影响或是影响到其他区域经济的发展。因此，分析武陵山片区县域经济发展是否具有空间关联性或者关联强度有多大具有重要的现实意义。为考察武陵山片区县域经济发展是否具有空间上的关联性或集聚性，利用 GeoDa 软件计算 2003～2011 年武陵山片区县域经济发展的全局自相关系数（Gobal Moran's I）（见图3），并对空间自相关的显著性进行检验。

利用图 3 对三个年份的空间相关性进行具体分析。2003 年和 2007 年武陵山片区经济发展的全局 Moran's I 系数均为正值，分别为 0.1190 和 0.1209，运用 z 值法对 Moran's I 系数进行检验得到概率 P 值分别为 0.059 和 0.056，说明在 10% 的显著性水平下，这两年武陵山片区县域经济发展在空间上存在正相关性，即经济发展水平相似的县在空间上具有一定的集聚特征。但 Moran's I 系数值很小，说明这种空间集聚性较弱，即县域经济发展的空间关联性较弱。

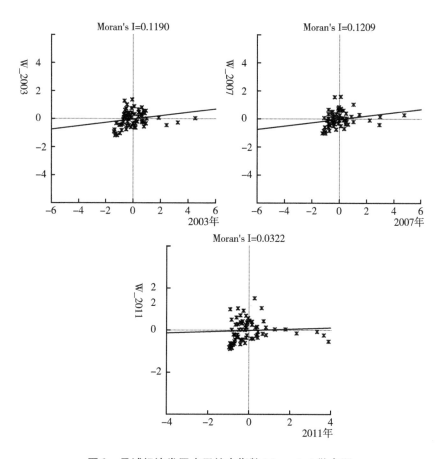

图3　县域经济发展水平综合指数 Moran's I 散点图

从 2003 年和 2007 年的 Moran's I 散点图中可以发现，四个象限中散点落入第三象限的个数相对较多，说明"低——低"类型即自身和周边地区经济发展水平均较低的县域分布相对集中，这与图2直观反映的结果一致。而 2011 年全局 Moran's I 系数为 0.0320，对应的 P 值为 0.2620，没有通过显著性检验，说明 2011 年武陵山片区县域经济发展在空间上不具有关联性。所以，综合来看武陵山片区各县（市、区）经济发展在空间上的关联性较弱，表现为较强的随机性，主要原因可能在于行政界线的分割和区域山地地势的阻隔影响，使得各地在经济发展上各自为政，缺乏整体观念和区域间合作的意识，从而呈现出空间上的无序发展状态。

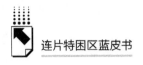

四 武陵山片区经济地理的重塑战略

（一）武陵山片区经济发展存在的问题

1. 行政壁垒的边界效应明显，阻碍经济要素合理流动和统一市场的建立

在各省的发展规划和生产力布局中，往往以中心城市及其周围地区发展为主体，边界区域的发展没有得到应有重视，因此，省际边界区域更多地表现为经济的欠发达性、不协调性和不可持续性形成了一种具有明显分割性和边缘性特征的"行政区边缘经济"。

武陵山片区的71个县（市、区）分属湘、鄂、渝、黔四个省市，存在众多的不同等级的行政边界，其中对经济往来影响最大的是省界，而该区内各县（市、区）在地理区位、资源条件、文化背景、产业结构和发展阶段等各方面又具有明显的同质性。从区域经济角度看，该区域应是协同发展的经济区，但受各省市行政界线的阻隔，生产要素在区域空间内的自由流动受到限制，而且由于各省经济发展政策导向的差异，各地在经济发展过程中各自为政，缺乏整体观念和区域协作观念，在空间上表现为明显的分散特征，严重影响了资源的优化组合和区域整体竞争力的提升，影响了区域整体效益的充分发挥。

2. 地域分工不明确，产业同质化强

地域分工也叫地理分工、区域分工即指各个地域依据自身的条件与优势，着重发展各自地域有优势的产业部门，出口其产品到其他区域进行交换，又从其他区域进口其所需要的产品的一种区域生产形态。

就武陵山片区长期经济发展特征来看，目前各县职能不突出，地域分工不明显。建设重复、产业重构现象问题突出。从该区的产业发展来看，三大产业在空间分布上表现出明显的雷同现象，这主要与各地区在发展过程中对自身定位不明确有关，往往表现为某地某一产业发展强劲，则周边地区纷纷效仿，由此导致低层次的同质化竞争激烈，甚至形成恶性竞争，造成资源浪费，最终使各方都失去市场竞争力，损害了各方利益，并且处在不同行政管理范围内，矛盾更难以调和。比如近年来，随着张家界市旅游业蓬勃发展所带来的巨大经济利益，各地争相效仿，纷纷将旅游业作为主导产业或支柱产业。但是从实际效果来看却不甚理想，旅游项目模仿抄袭成风，产品缺少差异化，彼此风格趋近，削弱了旅游景点对客源市场的辐射作用，降低了区域产业竞争力。

3. 区域发展普遍落后，缺乏具有明显辐射带动作用的增长极

增长极理论认为，一个国家要实现平衡发展只是一种理想，在现实中是不可能的，经济增长通常是从一个或数个"增长中心"逐渐向其他部门或地区传导。因此，应选择特定的地理空间作为增长极，以带动经济发展。根据"增长极"理论，区域经济的发展主要依靠条件较好的少数地区和少数产业带动，应把少数区位条件好的地区和少数条件好的产业培育成经济"增长极"。本文通过对武陵山片区经济发展的时空特征分析发现，武陵山片区各县（市、区）经济发展水平整体偏低，且空间关联性较弱，经济发展相对较好的县区周边各县经济发展却比较缓慢，比如铜仁市、冷水江市等地，经济发展水平在整个区域内相对较高，但其相邻不少县域的经济发展在整个地区经济发展平均水平以下。所以说，武陵山片区缺乏能够带动整个区域或周边临近区域经济发展的"推动型"产业或在地理空间上能够产生集聚的城镇，即"增长中心"。

4. 自然资源丰富，但整体利用率不高

武陵山片区属亚热带向暖温带过渡类型气候，境内水能资源蕴藏量大，适宜发展水电产业。矿产资源品种多样，锰、锑、汞、石膏等矿产储量居全国前列。旅游资源品位高，组合优良，极具开发潜力。境内森林覆盖率达 60.1%，是我国亚热带森林系统核心区、长江流域重要的水源涵养区和生态屏障。生物物种多样，野生动植物资源具有极大的开发优势。如野生中药材、野菜资源等，蕴含着巨大的经济价值。此外，该区草地资源也有很大优势，饲草饲料丰富，是发展畜牧业的良好场所。然而，由于自然条件制约，交通不便，科技落后，人才缺乏，生产和生活习俗守旧等诸多因素，武陵山区丰富而独特的资源，至今没有得到充分有效的开发，同时也存在着因人为因素造成资源锐减，环境污染加重等问题。

5. 区位劣势造成限制发展因素较多

一个地区的经济发展，取决于该地区自然禀赋、经济基础、市场发育程度、地方财力、基础设施的健全程度等因素。武陵山片区自然资源丰富，但地理位置偏僻，区位劣势明显，地形地貌复杂，多山少平地，绝大多数县区人口和经济聚落规模小，且相距较远，物资、商品交易成本高，地方市场破碎狭小，达不到企业生存所要求的市场门槛或不足以支撑企业在市场竞争中获取竞争优势。复杂的地形也使该区交通不便、基础设施脆弱而行政因素的约束也使得交界地区交通基础设施断头多、线路少、质量差、缺少管理。同时，干旱、洪涝、山体滑坡、泥石流等自然灾害频发，使得区域生态环境比较脆弱。经济发展落后的同时，该地区公共服务水平低，教育、文化、卫生、体育等方面软硬件建设严重滞后，城乡居民就业不充分。长期落后的发展状态，也使得劳动力尤其是高素质人才不断外流。

受这些因素的共同制约，当地人商品意识淡薄，市场发育不完善，商品经济基础薄弱。而没有商品经济的发展，就很难摆脱自然经济、小农经济的状况，从而使农民个人陷入经济贫困中。地方财力薄弱和个人经济贫困反过来又会导致教育、道路基础设施等投资不足，使当地陷入生态贫困和文化贫困中，最终又导致经济贫困的恶性循环。

（二）武陵山片区经济地理重塑思路与建议

1. 打破行政界线障碍，加强区域合作

统筹区域产业分工与合作是实现区域协调可持续发展的基本前提，区域之间通过优势互补、优势共享或优势叠加，把分散的经济活动有机地组织起来，形成一种合作生产力，这种合作能提高区域经济的整体性和协调能力。武陵山片区各级政府要突破行政区划限制，革除影响其发展的各种体制弊端，确定各区域单元在整个片区中的功能。在明确其各自功能定位的前提下，相互之间开展多方面或全面的经济合作。比如通过建立合作招商引资机制促进产业结构升级，通过举办商品交易活动，鼓励引导行业协会、商会等民间组织的相互协调，建立区域多层次、多形式、多渠道商品流通网络，促进各生产要素和资源在区域间的合理流动，共建区域内部媒体交流平台，培养区域全民统筹协调发展意识等。可以共同修建跨区域的交通干线和通信设施，联合改善区域交通条件，方便相互间的要素流动和信息传递。可以建立和制定区域性的资源开发秩序和规范，联合开发区域间共有资源，建立信息沟通平台，共同解决跨区域的

环境治理问题。除了政府间的合作，各经济部门和各企业也可以在遵循相关政策和原则的基础上，相互结合、优势互补、共同发展，实现区域产业的优化布局，促进各地产业互补和产业延伸，积极推进特色优势产业升级。

2. 培育区域增长极

武陵山片区整体经济发展水平不高，与其缺乏增长极的带动有很大关系，建设具有辐射带动作用的"增长极"是该区域发展的必然选择。因此，当前的主要任务应当是选择适宜的地点，培养增长极。增长极培育应从空间"增长中心"和"推动型"产业两个角度进行。武陵山片区增长极的培育应该在区域合理分工布局的基础上，充分考虑各地的资源禀赋和比较优势，优先发展中心城市和主导产业，形成增长极。

从培育县级增长极的角度看，结合对武陵山片区各县（市、区）经济发展水平的测算结果，各市辖区、县级市目前经济发展相对较快，同时这些地区人口相对集中、交通便利、经济发展基础好、环境承载能力较强，是各地的政治经济文化中心，可以培育为区域未来经济发展的增长极。比如可以以张家界市的永定区和武陵源区、重庆黔江区、恩施州的恩施市为核心打造武陵山片区的北部增长极，而中部和南部地区可以培育以怀化市的鹤城区、湘西州的吉首市、铜仁地区的铜仁市、娄底市的冷水江市为主的几个增长极。而且这些中心城市在培育过程中必须突出功能定位、突出产业依托、突出中心辐射。从培育主导产业的角度看，应选择区域有条件发展，有广阔的区内外市场，能够对区域相关产业具有较强带动作用的产业。从武陵山片区目前的资源优势、区位特点和产业基础来看，能够发展成为主导产业的主要是旅游业、特色农业、特色农产品加工业和矿产资源加工制造业。

3. 制定区域交通运输规划，建立一体化交通运输网络

交通运输是区域社会经济发展的先行条件。武陵山片区也要在国家统一交通运输网规划框架下，根据本地人们生活条件、经济社会发展状况，并结合区内的自然条件、自然资源和经济空间布局总体要求，制定本片区的交通运输总体规划。《武陵山片区区域发展与扶贫攻坚规划（2011~2020）》已将交通运输网络建设纳入规划当中，拟建设完善区域内"两环四横五纵"的交通主通道，推进交通主通道联络线、通县公路、县际断头公路和农村公路的建设，建设丰都港口、石柱西沱港。同时要加快机场建设，改扩建和新建一批对改善武陵山片区交通条件、促进旅游资源开发以及应急保障具有重要作用的支线机场。

片区各级政府要在该总体规划的基础上，制定本区内的交通网络建设详细规划，规划中要对现有客货运输和交通网络进行详细分析，同时对未来客货运输量、流量和流向进行预测，提出建设交通运输网的详细方案，对于工程项目的修建时间、造价和经济效益都要进行准确、详细的估算分析。各地之间要积极推进跨区域的交通运输联合方案制定，积极促成各地的运输合作和交通协同管理，逐步实现区域内交通一体化建设。

4. 优化区域空间组织体系

武陵山片区未来发展需要结合本地的自然环境特点和原有的发展基础，调整和安排区域内部发展的空间关系，明确不同城市、不同地区开发的时序关系，确定合理的空间开发模式，优化区域发展的空间布局。同一时期的不同空间和同一空间不同发展阶段，应根据不同的需要与可能，采取不同的区域开发布局模式，比如增长极模式、点——轴开发模式、网络开发模式等。其中增长极模式适用于区域经济的初始阶段或经济不发达地区，而当增长极发展到一定程度，扩散效应大于极化效应的时候，建立增长极体系，全面振兴区域经济，同时为下一阶段的点—轴开发打下基础。点轴开发模式主要是通过线状基础设施（包括交通线、水源、动力供应线等）将各级中心城市联系起来，形成条带式的点—轴开发系统，最终形成网络开发格局，从而带动整个区域向更高水平、更协调的方向发展。

从武陵山片区目前各县（市、区）的发展状态来看，还没有形成强有力的增长极。因此，当前的主要任务应当是培养增长极，当增长极发挥强大的扩散效应的时候，再选择合适的发展轴线进行条带式发展，比如通过铁路、高速公路，建立重庆—黔江—恩施—武汉，贵阳—铜仁—怀化—长沙，万州—黔江—铜仁—凯里，宜昌—张家界—怀化—柳州四轴线（见图4），这四大轴线即连接了区内几大核心城市即增长极，又加强了与以重庆、武汉、贵阳、长沙市等重要城市为中心的成渝经济区、长株潭城市群、武汉城市圈等重点经济区的经济联系。根据这些"增长极"和轴线的辐射强度不同可以进行梯度式开发，比如四大轴线中宜昌—张家界—怀化—柳州一线连接片区内目前经济发展最快的张

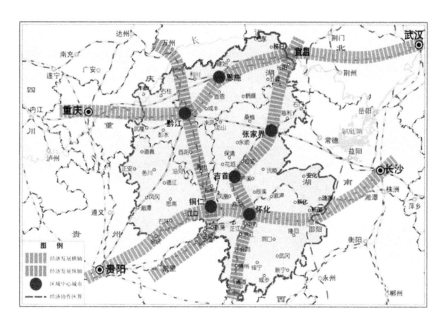

图4 "六中心四轴线"空间结构示意图

资料来源：节选自《武陵山片区区域发展与扶贫攻坚规划（2011~2020）》。

家界、吉首和怀化几大核心城市，并且有铁路线、高速公路贯穿其中，因此该轴线可作为今后发展的一级轴线，另外三条轴线作为次一级发展轴线。随着这些点、轴发展水平的提高，再由这些点、轴逐步向欠发达地区延伸，形成更多次一级的点、轴系统，最终形成一个有效的网络系统，使全区得到合理开发。

Spatial-temporal Evolution and Remodeling of Economic Geography in Wulingshan Contiguous Destitute Area

Wang Meixia   Ding Jianjun

Abstract：This paper analyzes difference characteristics and correlation characteristics of regional economy of Wulingshan contiguous destitute area at the whole region and county scales. The results show that overall economic development

of Wulingshan contiguous destitute area has continued growth, but development foundation is weak. The economic development level of most counties in the area is low, while counties with high level are scarce and dispersely distributing. The overall space difference is being narrow and space correlation of economic development is weak. Finally, the remodeling strategy of economic geography for this area was put forward.

Key Words: Economic Geography; Regional Differences; Spatial Autocorrelation; Wulingshan Contiguous Destitute Area

B.12
武陵山片区的软实力分析

龙海军　吴雄周*

摘　要：

通过人口素质、公共服务、区域形象等三个区域软实力构成要素对武陵山片区各区域 2003～2011 年的软实力进行了定量描述。我们发现：武陵山片区的人口素质有待进一步提升，特别是各地专业技术人员有逐渐流失的趋势；武陵山片区各区域公共服务潜力和社会保障水平与国内平均水平存在较大差距；而在区域知名度空间分布上，武陵山片区西部县市区的区域知名度较低，少数民族自治县区域知名度普遍较低。

关键词：

武陵山片区　区域软实力　时序演变　空间分布

一　引言

区域综合实力是一个区域生存和发展所拥有的全部实力，就其表现形式而言包括物质力量和非物质力量两部分，也就是说可分为区域硬实力和区域软实力两部分。另外，区域竞争力是能支撑一个区域持久生存和发展的力量，即一个区域在竞争和发展过程中与其他区域相比较所具有的吸引、争夺、拥有、控制和转化资源，争夺、占领和控制市场的能力，为其自身发展所具备的资源优化配置能力。因此，可以认为区域竞争力是包括区域硬实力

* 基金项目：教育部人文社科项目（11YJA7900701）、湖南省社科基金重点项目（11ZDB072）、吉首大学 2012 年重点课题（Jdzdw12007）的阶段性成果。

龙海军，吉首大学商学院讲师，中南大学博士研究生，研究方向为竞争战略研究。吴雄周，博士，吉首大学商学院讲师，研究方向为农村经济与制度经济。

和区域软实力在内的区域综合实力的外在表现。改革开放 30 多年以来，我国经济飞速发展，各地经济总量水平增长迅速，交通等基础设施不断完善，各地的硬实力日益提升。以往我国经济的增长大多依靠其区域硬实力，东部沿海地区和自然资源丰富地区凭借其硬实力要素迅速发展，但也造成了很多问题，如环境污染、自然资源枯竭等。日益严重的环境污染问题和不断减少的不可再生资源迫使我们的经济增长方式必须走出高污染、高能耗的发展模式，实行可持续发展战略。相比有限的自然资源而言，近乎无限的软实力资源正日益成为推动区域经济社会发展的动力源。特别是对武陵山片区这种后发增长地区而言，经济社会发展不能再走先污染后治理的老路，必须同时重视区域硬实力和软实力要素的培育和提升。因此，评价分析武陵山片区区域软实力，有助于更好地把握当地区域发展综合实力和竞争力，谋求提升武陵山片区区域发展软实力的对策，这对促进武陵山片区区域经济可持续发展具有积极的现实意义。

二 武陵山片区软实力度量指标选择与数据来源

（一）度量指标选择

本文综合借鉴区域软实力内涵及构成要素的研究成果来选择区域软实力的度量指标。大多认同区域软环境包括区域文化、人口素质、公共服务、区域形象等四个构成要素。但由于区域文化这一构成要素在武陵山片区各市县区难以有完整的统计数据支撑，所以本文没有选择这一构成要素对应的相关指标。这样，本文将区域软实力的构成要素归纳为人口素质、公共服务和区域形象。本文的区域软实力度量指标由四级指标组成：一级指标为区域软实力综合指数，它反映了一定时期某地区软实力的综合水平。一级指标下设三个二级指标，即人口素质指数、公共服务指数、区域形象指数。二级指标下再设三级指标，三级指标下再设四级指标，所有度量指标均为正指标。各个指标的构成及测度如下。

1. 人口素质

为全面反映区域人口素质的差异，本文从教育和劳动力素质等两个方面来选取相关指标。（1）教育发展水平。一个地区对教育越重视，教育投入越高，其教育水平就越高，区域人口素质的提升就越有可能。本文选用地方财政教育支出占地方国民生产总值（GDP）的比重来反映各地区对教育的重视程度。（2）劳动力素质。选取每万人中专业技术人员数来反映各地区劳动力素质的高低。

2. 公共服务

公共服务的内容丰富，且多与民生相关，主要指社会保障。另外由于公共服务的提供需要地方财政支持，因此可以用地方财政收入及其支出金额来对各地提供公共服务水平的潜在能力进行评鉴。因此，本文主要从两个方面来反映各个地区的公共服务水平。（1）公共服务潜力。用地方财政收入占 GDP 比重和财政自给率来衡量地方政府提供公共服务的潜力。（2）社会保障水平。借鉴目前国际上衡量一国社会保障水平的三个通用指标，即社会保障和就业支出占 GDP 比重来反映地方政府对社会保障就业的重视程度，医疗卫生支出占 GDP 比重反映地方政府对医疗卫生的重视程度，环境保护支出占 GDP 比重反映地方政府对环境保护的重视程度。

3. 区域形象

区域形象是指各地区对区域外的个体或单位的吸引力，由于相关统计数据缺乏，本文仅选用区域知名度这一指标来衡量。具体计算方式为：区域知名度 =（百度信息条数 + 谷歌信息条数）/2。即将武陵山片区各县市名称作为关键词分别输入百度和谷歌搜索，将得到的平均数作为各地区域知名度的测度。

综上所述，武陵山片区区域软实力度量指标见表1。

表1　武陵山片区区域软实力度量指标

二级指标	三级指标	四级指标及其计算公式	指标说明
人口素质	教育发展水平	X_1：地方财政教育支出占 GDP 的比重 = 地方财政教育支出/GDP	反映地区对教育的重视程度
	劳动力素质	X_2：每万人中专业技术人员数 = 各类技术人员数/总人口	反映地区劳动力素质状况

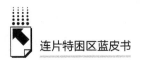

续表

二级指标	三级指标	四级指标及其计算公式	指标说明
公共服务	公共服务潜力	X_3：财政收入占 GDP 比重 = 地方财政一般预算收入/GDP	反映地区财政支持公共服务的潜力
		X_4：财政自给率 = 地方财政一般预算收入/地方财政一般预算支出	反映地区财政支持公共服务的可持续性
	社会保障水平	X_5：社会保障和就业支出占 GDP 比重 = 社会保障和就业支出/GDP	反映地区政府对社会保障和就业的重视程度
		X_6：医疗卫生支出占 GDP 比重 = 医疗卫生支出/GDP	反映地区政府对医疗卫生的重视程度
		X_7：环境保护支出占 GDP 比重 = 环境保护支出/GDP	反映地区政府对环境保护的重视程度
区域形象	区域知名度	X_8：区域知名度 = （百度信息条数 + 谷歌信息条数）/2	反映各个地区的区域知名度

（二）数据来源及处理

1. 数据来源

本文数据来源于以下四个方面。

（1）中国统计数据支持系统（ACMR）数据库。该数据库提供包括人口、就业、各产业产值、财政收支、医疗卫生等各县市经济社会发展的 40 项基本指标数据。

（2）湖南、湖北、贵州、重庆四省市统计年鉴以及国家统计年鉴（2004、2008、2012），宜昌市、恩施土家族苗族自治州、邵阳市、常德市、张家界市、益阳市、怀化市、娄底市、湘西土家族苗族自治州、遵义市、铜仁市等地级市相关年份统计年鉴。

（3）武陵山片区 71 个县市区国民经济与社会发展统计公报（2003 ～ 2011）。各公报来自于中国统计信息网统计公报栏。

（4）网络数据。对少数缺失数据通过网络搜索地方政府工作报告、地方人大预算审计公报、相关政府部门新闻获得。

2. 数据的处理

对于可以在中国统计数据支持系统数据库、各省统计年鉴、各地统计公报中获得的数据予以直接引用，对于个别年份缺失的数据主要采取了插值法处理，即利用前后两年的相关数据插值取中间值。

三 武陵山片区软实力的时序演变与对比分析

根据《武陵山片区区域发展与扶贫攻坚规划（2011～2020）》，武陵山片区涵盖湖北、湖南、重庆、贵州四省市的 11 个地（市、州）、71 个县（区、市）。为了对比分析方便，本文按照地理相近原则，将武陵山片区分成 7 个分片区。①

（一）人口素质的时序演变及对比分析

在知识经济时代，区域内人力资源是实现区域发展的关键资源。高素质人才的创造性劳动是区域经济社会发展的原动力。区域人口素质的提高，有利于提升区域竞争力和文明程度。可以说，当今社会区域竞争最终将落脚于区域人口素质的竞争。区域人口素质的提升主要依靠区域自身的教育，各地教育发展水平的差异会导致区域人口素质的差异，而各地地方政府对教育事业的重视程度和投入直接影响了各地的教育发展水平，故选用教育支出占 GDP 的比重这一指标来衡量区域地方政府对教育事业的重视程度和投入程度，进而测度区域教育发展水平。另外，对人口素质最直观的衡量指标是人口总数中各种专业技术人员的数量，为消除各地人口总数的差异，故选用每万人中的专业技术人员数量来衡量区域劳动力素质。

1. 教育支出占 GDP 的比重

人们一般用公共财政教育支出占 GDP 的比重来衡量各国政府对教育事业的重视和投入程度。

由表 2 可知，武陵山片区各区域公共财政教育支出占 GDP 比重呈不断上升趋势。2011 年，除张家界片区以外，其他五个片区公共教育支出占 GDP 的比重均超过了 4%。4% 是一个非常重要的界限。因为 1993 年的《中国教育改革发展纲要》提出，在 20 世纪末，财政性教育经费要占到 GDP 的 4%。但一

---

① 7 个分片区分别为湘西片区、怀化片区、邵阳片区、张家界片区、恩施片区、铜仁片区和黔江片区，各片区的具体范围详见本书武陵山片区概况介绍部分。

直到目前为止，我国国家财政教育支出占 GDP 的比重始终没有超过这一指标。这也使得增加财政教育经费支出成为社会的热点问题。自 21 世纪开始中央及各级地方财政逐步加大公共财政支出中的教育支出比重。2011 年国家财政性教育经费支出占 GDP 的比重为 3.42%。这意味着武陵山片区各区域的财政性教育经费支出占 GDP 的比重超过了全国平均水平。

一般认为，相对于经济发达地区而言，包括武陵山片区在内的西部地区对教育的投入由于受财政收入有限的影响而更显薄弱。但通过对 2003～2011 年武陵山片区各市县区统计公报的数据统计发现，武陵山片区各地区教育支出占 GDP 比重超过全国平均水平。对于这一结果，可能的原因主要有三点：第一，武陵山片区各地地方政府近年来高度重视教育发展，在财政支出中优先保证和增加教育支出，同时基本公共教育经费支出具有刚性。第二，相对于全国平均 GDP 水平而言，武陵山片区的 GDP 水平非常低，即该指标的分母相对很小。第三，统计口径上的差异，由于部分年份统计公报中对于教育支出没有单独阐述，所以对于教育支出数据来源于当地地方教育部门的新闻稿或教育公报。而新闻稿或教育公报中的教育投入可能是指全部教育经费，而不是单指地方财政一般支出中的"教育事业支出"，由于前者比后者要大，所以可能会导致武陵山片区教育支出占 GDP 比重偏高。

表2　武陵山片区各区域教育支出占 GDP 的比重

单位：%

年份	湘西片区	怀化片区	张家界片区	邵阳片区	恩施片区	铜仁片区	黔江片区	全国平均水平
2003	5.18	2.48	N/A	4.45	3.99	N/A	3.39	2.84
2004	4.77	2.39	2.37	3.8	2.86	5.79	2.39	2.79
2005	6.49	2.39	1.454	3.49	3.1	6.16	2.81	2.81
2006	3.45	3.24	1.89	3.46	4.32	6.7	4.23	3.01
2007	3.89	4.09	2.06	4.74	5.12	7.55	5.27	3.36
2008	3.05	4.14	2.07	4.69	5.18	8.02	5.22	3.48
2009	2.94	5.05	1.93	4.86	5.13	8.74	6.16	3.65
2010	6.12	4.42	2.3	4.32	5.23	8.74	5.71	3.65
2011	4.72	4.29	2.42	4.13	5.44	9.33	5.25	3.42

注：N/A 表示数据缺失，下同，不再赘述。
资料来源：各地区统计年鉴数据，经过作者整理和计算处理，部分年度数据为推算。下同，不再赘述。

2. 每万人中专业技术人员数量

2003～2011年武陵山片区各区域"每万人中专业技术人员数量"指标变化的一个最大特征就是：科研人员数量不断流失且分布不均。

（1）除恩施片区外，各区域2003年"每万人中专业技术人员数量"均高于其2011年数值。这表明，各地专业技术人员可能不同程度地存在着流失的现象。武陵山片区地处湘鄂渝黔四省边界地区，经济社会发展总体水平相对落后，对专业技术人员的吸引力相对较弱。尤其是随着全国各地人才市场流动性的增强，各地原有的专业技术人员有向经济发达地区流动的迹象。这需要引起武陵山片区各级地方政府的高度重视，切实采取各种措施在加大引进外来人才的同时，留住现有专业技术人员。

（2）武陵山片区各区域的专业技术人员分布不均。邵阳片区、湘西片区的"每万人中专业技术人员数量"相对较多，张家界片区、怀化片区、恩施片区和铜仁片区的专业技术人员数量相对较少。2011年邵阳片区的每万人中专业技术人员数达142.98人，而铜仁片区为119.67人。铜仁片区每万人专业技术人员相对较少，也可能正是由于劳动力素质相对较差，所以近年来铜仁地区地方政府对教育投入的力度逐步加大，进而导致其教育支出占GDP的比重在整个武陵山片区中最高，也高于全国平均水平。

表3　武陵山片区各区域每万人中专业技术人员数

单位：人

年份	湘西片区	怀化片区	张家界片区	邵阳片区	恩施片区	铜仁片区	黔江片区
2003	169.31	128.12	126.86	175.38	137.99	N/A	N/A
2004	161.24	149.08	129.39	172.07	148.32	138.68	N/A
2005	166.53	113.82	132.11	145.65	144.56	138.27	N/A
2006	154.69	198.24	133.18	150.72	137.79	132.07	N/A
2007	146.66	138.76	139.7	146.3	106.5	126.76	N/A
2008	156.52	116.3	114.9	134.9	106.71	125.79	104.17
2009	143.93	100.52	119.55	136.85	112.24	121.93	N/A
2010	154.36	115.12	123.76	148.33	107.03	122.7	N/A
2011	141.82	N/A	118.44	142.98	N/A	119.67	N/A

注：这里的专业技术人员数量取的是统计公报中"专业技术人员"指标的数据。

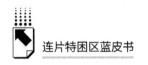

（二）公共服务的时序演变及比较分析

公共服务是 21 世纪公共行政和政府改革的核心理念，包括加强城乡公共设施建设，发展教育、科技、文化、卫生、体育等公共事业，为社会公众参与社会经济、政治、文化活动等提供保障。社会发展的本质是人的发展，而人的发展很大程度上取决于某一国家或地区的公共服务供给状况。因此，公共服务是区域社会发展的重要条件。公共服务的内容宽泛，教育、医疗、社会保障和就业、环境保护等均是现代社会公共服务的主要内容。由于人口素质指标中已涵盖地方政府对教育的投入，所以这里的公共服务仅包括医疗卫生、社会保障和就业、环境保护等三个方面。由于公共服务的提供需要财政支出，各地财政收入和财政自给率的差异造就了公共服务潜力的差异。因此，下面就从公共服务潜力和社会保障能力两个方面来分析武陵山片区公共服务的时序演变。

1. 公共服务潜力的时序演变与比较分析

（1）财政收入占 GDP 比重。

充足的公共财政收入是保证区域经济社会持续稳定发展的一个必备条件。从长期来看，只有充足的地方财政收入作为保障，才能有效保障财政支出，才能为区域社会经济发展提供良好的公共服务。利用财政平均收益率这一指标可以对区域社会服务能力做出初步判断。财政平均收益率是财政收入占国内生产总值的比率（即财政收入占 GDP 比重）。一般而言，地区生产总值的增长与地区财政收入的增长应大体上呈正比，随着经济发展，经济总量的不断扩大，财政收入占 GDP 比重也应逐步提高，从而为区域发展提供充足的财政保障。

通过对武陵山片区 71 个县市区 2003～2011 年的 GDP 和地方财政收入的统计数据的整理，得到各个片区的财政收入占 GDP 的比重（见表4）。

从总的趋势来看，武陵山片区各区域财政收入占 GDP 的比重在不断上升，这表明各区域财政收入的增长速度超过了 GDP 的增长速度，从而为各区域提高公共服务能力提供了较为充足的财源保障。但与此同时，也存在以下几个问题。

表4 武陵山片区各区域财政收入占 GDP 比重

单位: %

年份	湘西片区	怀化片区	张家界片区	邵阳片区	恩施片区	铜仁片区	黔江片区
2003	4.4	3.86	4.06	4.19	3.73	4.95	5.04
2004	4.23	3.36	4.25	3.84	3.54	4.68	4.63
2005	4.19	3.21	3.99	3.72	3.95	4.61	3.57
2006	4.61	3.43	3.38	3.71	4.14	4.56	5.01
2007	5.24	3.47	3.53	3.7	4.36	5.17	5.34
2008	4.7	3.75	3.62	3.53	4.67	4.58	7.3
2009	4.77	4.17	3.59	3.86	4.88	4.99	7.71
2010	5.86	4.5	3.56	3.72	5.28	6.01	7.05
2011	6.96	5.41	3.71	4.02	6.67	7.27	8.47

注: 这里的财政收入数据使用的是"地方财政一般预算收入"指标的数据。

第一,财政收入占 GDP 比重偏低。对于财政收入占 GDP 比重没有一个绝对的界定标准。但目前,发达国家财政收入占 GDP 比重一般在40%~50%,个别北欧发达国如瑞典,它的比重史高达60%,发展中国家一般为20%~30%,世界平均水平为30%左右。如2011年中国财政收入占 GDP 比重为21%。理论上讲,武陵山片区各县市区财政收入占 GDP 的比重也应与这一比重持平。而武陵山片区各县市区的财政收入占 GDP 的比重大多长时期停留在4%左右,合并为七个片区后,最高的比例也仅仅是2011年黔江片区的8.47%。因此,无论是横向还是纵向来看,武陵山片区各区域财政收入占 GDP 的比重都偏低。

第二,财政收入占 GDP 的比重增长较慢。2003~2011年虽然武陵山片区各区域财政收入占 GDP 的比重在不断增加,但总的来说,增长速度比较缓慢。增长最快的是黔江片区,从2003年的5.04%上升到2011年的8.47%,增长了68.1%;增长最慢的是张家界片区和邵阳片区,均出现了负增长。另外,怀化片区也增长有限,长时间保持在4%左右浮动。

(2)财政自给率。

为满足本辖区内居民对公共产品的需要,地方政府需要提供各种公共产品和服务。而这就使得地方政府都需要拥有一定的财政自给能力。财政自给能力是指在不依赖高层政府和同级政府支持的情况下,地方政府为提供公共产品筹

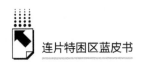

集资金的能力。一般用财政自给率来测量财政自给能力，而财政自给率＝本级自有收入/本级公共开支。

通过对武陵山片区71个县市区2003～2011年的地方财政收入和支出的统计数据的计算，得到各个片区的财政自给率（见表5）。

表5　武陵山片区各区域财政自给率

单位：%

年份	湘西片区	怀化片区	张家界片区	邵阳片区	恩施片区	铜仁片区	黔江片区
2003	22.38	34.84	33.92	41.57	28.35	26.44	25.06
2004	21.22	29.17	36.21	36.10	27.14	24.59	25.09
2005	21.33	25.82	33.59	32.28	26.07	21.14	25.47
2006	22.14	24.64	31.95	28.82	22.80	19.74	24.08
2007	23.69	21.25	27.35	24.76	20.63	18.20	24.16
2008	20.78	21.16	24.00	22.90	20.01	13.71	27.75
2009	18.13	20.19	21.53	20.59	16.58	14.36	28.78
2010	17.36	21.89	24.31	18.65	20.21	13.58	20.28
2011	21.97	22.38	24.95	24.13	21.37	19.53	27.21

注：财政自给率＝地方财政一般预算收入/地方财政一般预算支出。

由表5可知，武陵山片区各区域财政自给能力呈现以下几个特征。

第一，整体上各区域财政自给能力呈现下降趋势。除黔江片区外，其他所有区域自2003年以来，财政自给能力出现明显的下降。特别是邵阳片区，从2003年的41.57%下降到2010年的18.65%，下降幅度达12%。

第二，武陵山片区各区域整体财政自给能力不强。2003～2011年，财政自给能力最高的为2003年邵阳片区的41.57%，最低的为2010年铜仁片区的13.58%。而放眼全国，"十一五"期间全国财政自给率平均水平为56.8%，"十一五"期间北京市财政自给率为88.8%。与武陵山片区所在省市的财政自给率比较，"十一五"期间，湖南省财政自给率为41.4%，湖北省财政自给率为42.1%，贵州省为33.1%，重庆市为54.7%。武陵山片区的各个区域的财政自给率均大大低于所在的各省市的财政自给率。因此，无论是从横向还是纵向来看，武陵山片区各区域的财政自给能力均较弱。

第三，自 2011 年开始，武陵山片区各区域的财政自给率均呈现较为明显的上升迹象。武陵山片区 7 个分片区的财政自给率在 2011 年均出现触底反弹。回升迹象最为明显的分别为黔江片区、铜仁片区和邵阳片区，分别上调了 7 个、6 个、5.5 个百分点。

2. 社会保障水平时序演变与比较分析

（1）社会保障和就业支出占 GDP 比重。

通过分析武陵山片区各区域 2003~2011 年社会保障和就业支出占 GDP 比重及其变化趋势可以得出以下结论。

第一，武陵山片区各区域社会保障水平不断提升。虽然个别年份，个别区域的社会保障和就业支出占 GDP 比重出现下调，但从整体上来说，武陵山片区各区域社会保障和就业支出占 GDP 比重自 2003 年以来呈现明显的上升趋势。特别是黔江片区和铜仁片区，自 2003 年以来增长幅度达 5 倍以上。

第二，武陵山片区各区域的整体社会保障水平还有待进一步提升。美国自 20 世纪中期以来，社会保障和就业支出占 GDP 比重长期保持在 20% 左右。2011 年，美国社保支出占 GDP 比重为 16.8%，瑞典和芬兰等北欧高福利国家甚至分别达到了 35% 和 38%。与这些西方发达国家的社会保障水平相比较，武陵山片区各区域的社会保障和就业支出占 GDP 的比重还有很大的提升空间。

第三，武陵山片区各区域社会保障水平和全国大致保持一致，甚至略高于全国平均水平。单纯从社会保障和就业支出占 GDP 比重这一指标来看，武陵山片区各区域的社会保障水平略高于全国平均水平。2011 年，我国社会保障和就业支出占 GDP 比重为 2.4%，而自 2008 年以来，除张家界片区外，武陵山片区其他区域的这一比重均高于这一数字。这显示，武陵山片区各地政府近年来大力强化了社会保障体系建设。

（2）医疗卫生支出占 GDP 比重。

由表 7 可知，武陵山片区各区域医疗卫生支出占 GDP 比重总体上不断提升，且增长速度快于 GDP 增长速度。这表明武陵山片区各地政府近年来加大医疗卫生支出，不断提高地方财政支出中的医疗卫生支出比重，以满足居民不断提升的医疗卫生服务需求。特别是铜仁片区和恩施片区，地方财政支出中的医疗卫生支出比重上升较快。

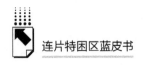

表6 武陵山片区各区域社会保障和就业支出占 GDP 比重

单位：%

年份	湘西 片区	怀化 片区	张家界 片区	邵阳 片区	恩施 片区	铜仁 片区	黔江 片区
2003	2.13	3.99	1.26	0.56	1.26	N/A	0.59
2004	2.22	1.91	1.43	1.21	1.43	N/A	0.55
2005	2.14	2.25	0.87	0.95	1.45	0.96	0.92
2006	2.17	2.87	1.36	1.589	1.8	1.39	1.76
2007	2.31	1.81	1.51	2.77	2.06	1.8	2.96
2008	1.97	4.99	2.3	2.42	2.07	3.63	3.77
2009	2.09	6.03	1.33	3.9	2.47	5.39	3.88
2010	7.07	2.93	1.59	3.83	2.75	6.36	3.19
2011	4.3	2.88	2.38	3.56	4.26	3.65	3.58

注：社会保障和就业支出用各地方财政一般支出中的"社会保障和就业支出"指标数据。

资料来源：武陵山片区各县市区 2003～2011 年统计公报整理所得。

表7 武陵山片区各区域医疗卫生支出占 GDP 比重

单位：%

年份	湘西 片区	怀化 片区	张家界 片区	邵阳 片区	恩施 片区	铜仁 片区	黔江 片区
2003	N/A	N/A	N/A	N/A	0.49	N/A	1.17
2004	N/A	N/A	0.98	N/A	0.42	0.81	0.9
2005	N/A	N/A	0.65	N/A	0.66	0.97	0.42
2006	N/A	N/A	1.28	N/A	1.07	1.37	0.93
2007	N/A	N/A	0.77	1.1	1.36	1.92	1.84
2008	1.23	1.19	0.98	1.17	1.99	3.02	1.87
2009	2.55	1.25	2.52	2.05	3.59	4.15	2.62
2010	3.64	2.18	0.78	2.15	1.5	3.89	2.5
2011	2.86	2.16	1.569	2.43	3.66	4.88	2.68

注：医疗卫生支出用各地方财政一般支出中的"医疗卫生支出"指标数据。

同时，通过与当前我国和世界医疗卫生支出占 GDP 比重的比较发现，武陵山片区各区域的医疗卫生支出比重高于全国平均水平，但低于世界发达国家水平。2011 年，我国政府医疗卫生支出 6367 亿元，比上一年增长 32.5%，占 GDP 的比重为 1.35%。而当前，发达国家的政府卫生支出占 GDP 比例一般为

6% ~ 8%，发展中国家大部分是 2% ~ 6%。相较而言，武陵山片区各区域 2011 年地方财政支出中的"医疗卫生支出"比重均高于全国平均水平，处在世界发展中国家水平范围内。但与发达国家相比，武陵山片区各区域地方财政支出中医疗卫生支出的比重还偏小，导致社会总体医疗卫生费用中，个人承担的比重较高，对居民的生活造成了一定的压力。

（3）环境保护支出占 GDP 比重。

良好的环境有助于维护人的健康生活，有利于吸引人才，进而有助于当地经济社会的可持续发展。武陵山片区各区域环境保护支出虽然在总量上不断增长，但相较于 GDP 的比重却没有出现明显的增长趋势。除了湘西片区外，其他各区域环境保护支出占 GDP 比重忽高忽低。这表明武陵山片区各区域地方政府近年来虽然逐步加大财政支出中的环保投入，但增长速度跟不上各地 GDP 的增长速度。这在一定程度上可能意味着，武陵山片区各区域近年来的经济增长一定程度上会对区域环境造成破坏，从而不利于武陵山片区的可持续发展。

而湘西片区环境保护支出占 GDP 比重的不断提升可能与湘西地区近年来进一步强化旅游产业作为地方经济社会发展支柱产业的战略定位有关。因为，只有进一步加强环保投入，进一步改善湘西州的自然、人文生态环境，"神秘湘西、魅力湘西、谷韵吉首"等湘西州旅游品牌定位才能有其自然环境的支撑。

表 8　武陵山片区各区域环境保护支出占 GDP 比重

单位：%

年份	湘西片区	怀化片区	张家界片区	邵阳片区	恩施片区	铜仁片区	黔江片区
2003	0.08	0.05	N/A	0.03	0.52	N/A	N/A
2004	0.21	0.05	N/A	0.01	0.08	N/A	N/A
2005	1.74	0.17	N/A	0.10	0.63	N/A	N/A
2006	1.24	0.29	N/A	0.09	1.5	N/A	1.80
2007	0.38	0.21	N/A	0.07	0.79	N/A	2.16
2008	0.16	0.16	N/A	0.32	0.87	N/A	2.52
2009	1.15	0.65	N/A	0.58	1.19	1.90	2.50
2010	2.90	0.51	1.29	0.74	0.57	2.28	2.84
2011	3.67	1.02	0.76	0.49	0.46	1.40	1.24

注：环境保护支出用各地地方财政一般支出中的"环境保护支出"指标数据。

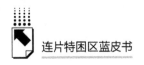

（三）区域形象的空间对比分析

区域形象是某一区域对内和对外的整体形象，是区域内外公众对该区域的印象和评价，是影响该区域对区域内外个体或组织吸引力的重要因素。良好的区域形象一方面有利于区域的招商引资，另一方面也有利于区域内部凝聚力和自我认知的提升，从而最终推动区域经济社会的发展。从总体上而言，区域形象可以分为区域知名度和区域美誉度。从可测量的角度，本文仅从区域知名度来分析武陵山片区各区域的区域形象。

现代社会是一个网络社会，网络是区域内外公众对某一个特定区域认知的重要渠道。因此，测度某一特定区域知名度的重要手段就是统计分析其在网络中的信息条目数。基于该思路，本文借助百度和谷歌这两大国内外主流搜索工具搜索武陵山片区各市县区的条目数，将其平均数作为该县市区知名度的测度依据。具体计算公式为：区域知名度 =（百度信息条数 + 谷歌信息条数）/2。由于百度、谷歌等只能搜索最新的信息条，不能对历史信息条进行自动筛选。因此，无法对武陵山片区区域形象进行时序分析。特以当前为限，对武陵山片区各县市区的区域形象差异进行静态的空间分布对比分析。

1. 武陵山片区 71 个县市区区域知名度的空间分布

通过数据的搜集整理，得到当前武陵山片区 71 个县市区在百度和谷歌的信息条目数的平均数（见表 9）。从中可见，当前武陵山片区 71 个县市区的区域知名度存在比较大的差异。区域知名度最高的是铜仁市，其信息条目数达6660000 条，区域知名度最低的是沿河土家族自治县，其信息条目数为 460500 条，前者是后者的 14.46 倍。

表 9　武陵山片区 71 个县市区信息条目数

单位：条

吉首	泸溪	凤凰	花垣	保靖	古丈	永顺	龙山
3170000	1355000	5795000	1095000	1250000	1269500	1510000	2330000

鹤城	中方	沅陵	辰溪	溆浦	会同	麻阳	新晃
1490000	1508000	1460000	1210000	1295000	2125000	464000	877500

续表

芷江	靖州	通道	洪江	石门	慈利	桑植	武陵源
914500	1197250	1745000	1480000	3625000	2095000	1710000	1100000
永定	新邵	邵阳	隆回	洞口	绥宁	新宁	城步
1630000	1615000	3065000	2465000	2000000	2030000	1470000	606500
武冈	新化	冷水江	涟源	秭归	长阳	五峰	恩施
1355000	2955000	1930000	2460000	2415000	1035000	1915000	3855000
利川	建始	巴东	宣恩	咸丰	来凤	鹤峰	黔江
2425000	1340000	2765000	1102000	1270000	5500000	3300000	3220000
丰都	武隆	石柱	秀山	酉阳	彭水	正安	道真
3955000	5010000	1930000	1780000	2040000	1870000	1099500	1121500
务川	凤冈	湄潭	余庆	铜仁	江口	玉屏	石阡
963000	1560000	1150000	971000	6660000	958000	1676500	976500
思南	印江	德江	沿河	松桃	万山	安化	
1560000	609000	1180000	460500	835000	912500	2465000	

注：由于日常生活中人们对某一县市区的称呼一般为简称，会忽略县市区行政名称中的"＊＊民族自治县"等称号，故在搜索中也使用武陵山片区各县市区的简称，如用"麻阳县"代指"麻阳苗族自治县"。搜索时间为2012年11月28日。

基于以上武陵山片区71个县市区信息条目数据，利用ARCGIS得到武陵山片区71县市区区域知名度的空间分布图，可以更加直观地了解武陵山片区71县市区区域知名度的空间分布（见图1）。

按照信息条目的多少，我们将区域知名度分为五档，即高、较高、一般、较低、低。① 武陵山片区71个县市区的区域知名度分别为：

（1）区域知名度高的县市区。

共有4个县市，分别为铜仁市、凤凰县、来凤县、武隆县。

（2）区域知名度较高的县市区。

共有9个县市区，分别为丰都县、恩施市、石门县、鹤峰县、黔江区、吉首市、邵阳县、新化县、巴东县。

---

① 区域知名度划分的标准为：高知名度区间信息条目数为：3955001～6660000，较高知名度区间信息条目数为：2765001～3955000，一般知名度区间信息条目数为：1780001～2765000，较低知名度区间信息条目数为：1180001～1780000，低知名度区间信息条目数为：460500～1180000。

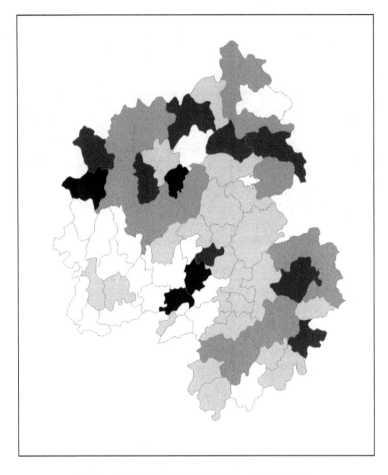

图1　武陵山片区71个县市区知名度空间分布

（3）区域知名度一般的县市区。

共有16个县市区，分别为安化县、隆回县、涟源市、利川市、秭归县、龙山县、会同县、慈利县、酉阳土家族苗族自治县、绥宁县、洞口县、冷水江市、石柱土家族自治县、五峰土家族自治县、彭水苗族土家族自治县、秀山土家族苗族自治县。

（4）区域知名度较低的县市区。

共有23个县市区，分别为通道侗族自治县、桑植县、玉屏侗族自治县、永定区、新邵县、凤冈县、思南县、永顺县、中方县、鹤城区、洪江市、新宁县、沅陵县、泸溪县、武冈市、建始县、溆浦县、咸丰县、古丈县、保靖县、辰溪县、靖州苗族侗族自治县、德江县。

（5）区域知名度低的县市区。

共有 19 个县市区，分别为湄潭县、道真仡佬族苗族自治县、宣恩县、武陵源区、正安县、花垣县、长阳土家族自治县、石阡县、余庆县、务川仡佬族苗族自治县、江口县、芷江侗族自治县、万山特区、新晃侗族自治县、松桃苗族自治县、印江土家族苗族自治县、城步苗族自治县、麻阳苗族自治县、沿河土家族自治县。

2. 武陵山片区 71 县市区区域知名度空间分布的特征

基于表 9 和图 1，可以发现武陵山片区 71 个县市区区域知名度的空间分布存在以下几个特征。

（1）西部县市区的区域知名度较低。由图 1 可知，总共 19 个低区域知名度的县市区中有 16 个位于武陵山片区的西部，而所有高和较高区域知名度县市区均位于武陵山片区的中部和东部地区。

（2）少数民族自治县的区域知名度较低。武陵山片区共有 18 个少数民族自治县，而其中 12 个少数民族自治县的区域知名度属于低或较低的层次，没有一个少数民族自治县的区域知名度高或较高。

（3）各地级市（州、地区）行政机关所在地的县市区知名度较高。武陵山片区 71 个县市区分属湖北、湖南、重庆、贵州四省市的 11 个地（市、州），其中各地（市、州）行政机关所在的县市区的知名度较高，如铜仁市（县级市）、恩施市（县级市）、吉首市。究其原因，可能是受益于与各自地（市、州）的同名，类似的还有邵阳县。

（4）武陵源区区域知名度低似乎与常识不符。武陵源区由于其所拥有的武陵源自然文化遗产举世闻名，但在表 9 中其信息条目数仅为 1100000 条，列为区域知名度较低县市区。这一结论似乎与常识冲突，究其原因可能是由于武陵源区所属的张家界市近年来在旅游品牌推广中强化张家界这个整体品牌的宣传和推广，从而影响了武陵源区的区域知名度。张家界市市府所在地的永定区属于区域知名度较低区域也可以印证这一点。

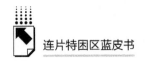

四 结论与建议

（一）主要结论

通过以上对武陵山片区各区域软实力各指标的分析，可以得出以下几个结论。

（1）武陵山片区的区域软实力整体较弱。人口素质、公共服务等两个二级指标下辖的七个四级指标中，除了"地方财政教育支出占 GDP 的比重""医疗卫生支出占 GDP 的比重"这两个指标外，在其他 5 个指标的表现上，武陵山片区各区域相较于国内平均水平而言，均有较大的差距。特别是在"财政收入占 GDP 的比重""财政自给率"等两个指标方面，武陵山片区各区域不仅跟国内平均水平有较大差距，就是跟其所在的省份平均水平相比也存在较大距离。这表明武陵山片区区域公共服务的潜力表现较差，地方财政收入与日益增长的人们的公共服务需求之间存在着较大的矛盾。

（2）武陵山片区各区域的人口素质有待进一步提升。虽然，近年来武陵山片区各地政府重视教育事业支出，各区域教育事业支出占 GDP 的比重高于全国平均水平。但由于武陵山片区各县市区大多经济社会整体状况较为落后，各地专业技术人员有逐渐流失的趋势。这主要表现为各地每万人中专业技术人员数自 2003 年以来均出现较大幅度的下降。这对武陵山片区区域经济社会的长期发展很不利。

（3）武陵山片区内部各区域软实力不均衡。以区域知名度指标测度的区域形象为例，武陵山片区各县市区之间存在较为明显的差异性。2011 年，武陵山片区内部各县市区之间区域知名度最高的县市区是区域知名度最低的县市区的 14.46 倍，这反映了各地在区域知名度上存在巨大的差异。

（二）武陵山片区软实力培育的对策建议

国家《武陵山片区区域发展与扶贫攻坚规划（2011～2020）》的颁布为武陵山片区的发展提供了难得的战略机遇。在利用好国家相关扶贫政策，大力发展武陵山片区区域硬实力的前提条件下，武陵山片区各区域还应注重区域软实力的提升。根据以上对武陵山片区区域软实力的分析，我们可以看到，武陵山片区各县市区在软实力方面还存在很多不足，提升软实力的任务紧迫而艰巨。具体而言，可以从以下几个方面出发提升武陵山片区的区域软实力。

1. 人口素质发展方面

（1）应进一步坚持科教兴县、兴市、兴区战略，把教育放在区域发展战略和规划的重要地位，在促进区域社会的协调发展中起到关键作用。武陵山片区各级地方政府必须进一步加大公共财政支出中的教育投入，深化教育改革，为地区经济社会发展培养不同层次、不同规格的人才，尤其是培养契合武陵山片区经济社会发展需要的文化创意、旅游、现代农业人才，使人才类型、人才层次、人才结构更符合武陵山片区各地经济社会发展的需要，把武陵山片区丰富的人力资源转化为能大大提高生产效率的人力资源优势。

（2）要防止人才外流。目前，武陵山片区各区域专业技术人员外流的现象比较明显，武陵山片区各区域社会、政府、企业应拿出针对性的措施，采用事业留人、待遇留人、感情留人等多种方式，有效遏制专业技术人员的外流现象。

（3）在强调留住人才的同时，武陵山片区还应注重吸引区域外的精英人才。一是积极创新人才使用机制，不求所有，但求所用，大胆引进外脑，为武陵山片区的区域社会发展提供智力支持。特别是应强化对以往由武陵山片区各县市区由于高考流失的人才的引进工作；二是针对优秀人才所关心的住房、教育、医疗等社会重点问题，从创造和提供优厚的生活环境、公平的生存和发展环境等方面着手，吸引区域外优秀人才的加盟。

2. 公共服务建设方面

（1）进一步强化地方经济建设。武陵山片区公共服务潜力的不足映衬出武陵山片区经济社会发展水平还比较落后，各地财政收入增长有限。因此，在今后相当长的一段时间，武陵山片区各地政府必须坚持将经济建设放在所有工作的中心，采取各种措施努力提升经济增长的质量。在区域经济增长中获取更多的财政收入，以提升区域公共服务的潜力。

（2）进一步强化社会保障体系的建设。在地方政府财政支出中进一步加大社会保障和就业、医疗卫生等方面的支出。通过区域社会保障体系的进一步完善，让武陵山片区各地的普通群众能够从区域经济社会发展中获益，进而增强区域社会凝聚力。

（3）进一步提高区域环境保护的力度。随着人民生活水平的提高，人民的环保意识日益加强。区域环境的好坏直接关系到本土居民的生活舒适性和区域外居民对武陵山片区的总体评价。特别是近年来武陵山片区各地将旅游业作为当地支柱产业的战略规划，这一战略的实施迫切需要以良好的自然环境作为支撑。由于武陵山片区各种自然资源较为丰富，以往各种矿产资源的低水平开采造成了较为严重的环境污染，如著名的"锰三角"。武陵山片区各级地方政府应树立可持续发展、科学发展的理念，强化各地环境保护的治理力度，还已受到一定程度破坏的自然环境以青山绿水。

3. 区域形象建设方面

政府通过有效的公共服务，完善的社会保障体系的构建，以及创造适宜居住和创业的工作生活环境，使得居住其中的人们安居乐业。通过区域间人员的流动将有利于创建区域良好的社会形象。而除了强化自身建设外，武陵山片区各地政府还应积极借助外力。

（1）有效开展事件营销。近年来，张家界市等地通过有效的事件营销，极大地增强了社会公众对张家界的认知度。武陵山片区其他区域也应积极借鉴张家界市的经验，通过事件营销扩大区域社会知名度。

（2）有效利用各种现代传播手段，强化对外宣传。除了进一步强化与电视等传统传媒手段的合作以外，武陵山片区各地政府应有效利用各种现代传播手段，如微博、微信，以适应广大青少年群体的媒体习惯，以扩大区域在年轻受众中的知名度。

（3）积极有效地开展危机事件管理。近年来，武陵山片区各地发生了多起具有较大社会影响力的事件，如2011年的"重庆游客凤凰被打"事件、2012年的"酒鬼酒塑化剂超标"事件。这些事件对当地区域社会形象均造成了不良影响。因此，面对未来可能还会出现的危机事件，武陵山片区各地政府部门和企业应强化危机管理意识和管理方法，尽量将危机事件对区域形象的破坏降低。

Soft Power Analysis of Wulingshan
Contiguous Destitute Area

Long Haijun   Wu Xiongzhou

Abstract: This paper analyzed the soft power of Wulingshan Contiguous Destitute Area from the aspects of population quality, public service, and regional image during the period from 2003 to 2011. The result showed that, in Wulingshan Contiguous Destitute Area, (1) the population quality was low and the professional and technical personnel still ran off; (2) relative to average level of whole country, there was a big gap in public service capacity and social security; (3) the regionally well-known brand name of the western counties and the minority autonomous counties was generally low.

Key Words: Wulingshan Contiguous Destitute Area; Regional Soft Power; Temporal Evolution; Spatial Distribution

先行先试篇

Pilot

B.13

"龙凤融城" 的过去、现在与未来

王永明 袁明达 *

摘 要：

"龙凤融城" 是由地处省际边界区的两个毗邻县龙山县和来凤县为谋求区域合作发展而提出的，如何更好地推动 "龙凤融城" 发展以实现区域脱贫值得深入分析。本文首先总结了 "龙凤融城" 的发展阶段，分析"龙凤融城" 面临的机遇和挑战，然后提出了其未来发展的基本思路和主要任务，最后指出了 "龙凤融城" 对其他地区的借鉴意义。

关键词：

龙凤融城 区域合作 省际边界区 龙山县 来凤县

* 基金项目：湖南省哲学社会科学基金一般项目（12YBA261）、湖南省教育厅科学研究一般项目（12C0318）、国家社科基金项目（12CJL069）、教育部人文社科基金项目（11YJA790070）、教育部人文社科基金项目（12YJC790204）、湖南省重点社科基金项目（11ZDB072）。
王永明，硕士，吉首大学商学院助教，研究方向为区域经济发展和旅游开发。袁明达，吉首大学商学院讲师，西南财经大学博士研究生，研究方向为企业管理。

近年来，随着国家大区域发展规划和主体功能区规划等的出台，新形势下我国多个地区又兴起了区域合作发展的热潮。省际边界区的区域合作，是跨区域合作重要形式之一。当前，大多数省际边界区域，特别是中西部地区的省际边界区域，往往是贫困落后地区，经济社会发展基础薄弱，制约其合作发展的因素复杂多样，区域合作也没有形成典型模式和经验可供借鉴。推进省际边界区的跨越、协调发展，既是解决区域发展不平衡的新命题，也是实现区域协调发展的热点和难点。

湖南龙山县和湖北来凤县作为两个跨省界毗邻县，文化同缘，虽一水之隔但归两个省管辖，具有明显的行政区经济特征，边界阻隔效应明显，替代性竞争较强，城区规模小。这不仅影响到县域经济发展，也给两县人民生产生活带来诸多不便。近年来，两县紧紧抓住国家政策机遇，积极推进两县合作，创新提出"龙凤融城"战略并予以推进。2011年又被批准建立龙凤示范区，成为武陵山片区跨界合作的先行区和试验区，对武陵山片区区域发展和扶贫规划的推进以及国家其他区域合作发展提供重要的经验借鉴和示范意义。同时，龙凤示范区的建立也为两县的深度合作提出了更高的要求。作为示范区建设的核心，"龙凤融城"建设成为两县协同发展的中心任务，只有首先将两县县城打造成区域增长极，才能实现两县的整体发展。两县虽较早地认识到"龙凤融城"的重要性，但却始终未能从整体上把握"龙凤融城"的发展特征和运行规律，导致相关政策措施具有临时性、短期性、时滞性等。为推动"龙凤融城"又好又快地发展，需要深入分析各自的比较优势，因地制宜地制定相应的战略和策略。本文将对"龙凤融城"的发展过程、未来趋势、主要任务进行深入分析，试图为"龙凤融城"的科学发展提供有益参考。

一 龙山、来凤的基本情况

龙山县位于湖南湘西州北部，地势北高南低，总面积3131平方千米，最高海拔1736.5米，属亚热带大陆性湿润季风气候区。下辖34个乡镇，总人口54.17万人，其中少数民族占66.4%。境内已发现有铅锌、铁、锰等10多种矿产资源，有乌龙山国家地质公园、太平山森林公园、洛塔自然保护区等多个

生态旅游资源和极具历史文化研究价值的里耶战国古城。

来凤县位于湖北恩施州西南部，地势西北高，东南低，国土面积1339平方千米，最高海拔1621.30米，属亚热带大陆性季风湿润型区域。下辖8个乡镇，县城翔凤镇，常住人口24万，少数民族约占62.5%。境内蕴藏着丰富的煤、铁、铅锌矿、方解石等20多种矿产资源，有国家级重点文物保护单位仙佛寺摩崖石刻。

综合两县区域状况来看，两县同处武陵山腹地，湘、鄂、渝三省市交界之地和武陵山片区中心位置（见图1），位于一个方圆约100平方千米的大型盆地中央，地势平坦，两县县城主城区直线距离仅4千米。目前，两县城区面积共30平方千米，城镇人口不到10万，城镇化率不到30%，还有很大的开发空间。

图1a 龙凤在湘鄂渝三省区中的位置

图1b 龙凤在武陵山片区中的位置

二 "龙凤融城"发展过程：过去与现在

（一）龙山、来凤历年经济发展概况

龙山、来凤两县经济实力较弱，2011 年 GDP 为 78.96 亿元，仅占武陵山片区 GDP 总量的 1.76%；人均 GDP 为 9610 元，为全国平均水平的 27.4%；两县财政收入总和只有 7.4 亿元。2011 年两县城镇居民人均可支配收入和农民人均纯收入平均为 12495.5 元和 3762 元，分别为全国平均水平的 57.3% 和 53.9%。

龙山、来凤两县近年来分项经济指标变化可以从以下四点来看（见表 1），一是 GDP 增长方面，2003~2011 年两县 GDP 均有较快增长，其中龙山、来凤末期的 GDP 分别是基期的 3.02 倍、3.09 倍。龙山县 GDP 要高于来凤县，两者差距基本呈倒 "U" 型特点，即先增大后缩小的态势。从增长过程来看，两县 GDP 增长均可划分两个时期：龙山县 GDP 在 2005 年以前增长较为缓慢，而 2005 年后增长速度开始加快，呈现良好的态势；来凤县 GDP 在 2007 年前增长较为缓慢，而 2007 年后增长速度开始加快。二是财政收入方面，龙山、来凤末期财政收入分别是基期额的 4.47 倍、3.4 倍。三是人民生活也得到较快提升，龙山末期城镇居民人均可支配收入和农民人均纯收入分别为基期的 2.69 倍、2.48 倍；来凤分别为 2.71 倍、2.62 倍，两县的人均生活增长状况基本相当。四是产业结构，龙山县三产结构从 2003 年的 34∶36∶30 变化到 2011 的 32∶23∶45；来凤县从 37.9∶30.7∶31.4 变化到 2011 的 26.9∶26.3∶46.8。两县的第三产业获得较快发展，而第二产业比重下降，第一产业比重较高，产业结构还需进一步优化。

表 1　龙山、来凤县经济发展主要指标

单位：亿元，元

年份	龙山县				来凤县			
	GDP	财政收入	城镇居民人均可支配收入	农民人均纯收入	GDP	财政收入	城镇居民人均可支配收入	农民人均纯收入
2003	14.5	0.6	4500	1465	11.4	1.4	4750	1488
2004	14.9	0.9	5008	1678	13.2	1.5	6256	1595
2005	16.8	1.1	5516	1856	12.4	1.9	7616	1657
2006	19.1	1.3	6070	2038	13.5	1.7	8001	1881
2007	23.3	1.4	7983	2281	15.7	1.8	8653	2153
2008	28.4	1.6	8968	2510	23.7	3.1	9335	2543
2009	32.5	1.9	9937	2775	25.1	3.2	10169	2798
2010	37.7	2.2	10962	3077	30.2	3.7	11103	3240
2011	43.7	2.7	12099	3628	35.2	4.7	12892	3895

资料来源：龙山县、来凤县社会经济统计公报（2003~2011），龙山县统计年鉴，来凤县统计年鉴。

（二）"龙凤融城"发展阶段

从"龙凤融城"的发展过程来看，历史悠久的经济社会联系构成了融城发展的基底，经济社会联系的不断加强是融城的基本动力，政府间合作是融城的外生动力。正是这些因素的综合作用下，才使"龙凤融城"理念最终得以提出。

龙山、来凤两县古属荆楚，清改土归流前为土司领地，是滇黔咽喉、巴蜀要冲，南通洞庭、北达川中，是湘鄂渝黔边区最大的物质集散地和贸易中心。"万桶桐油下洞庭、十万杉条达九州"是两县当时经济繁荣的真实写照。同治年间，两县境内集市商贾云集，商铺林立，来两县经商的有湘、鄂、川、闽、赣等省的商贾。两县居民生活联系也有较长的历史。据统计，两县40%的家庭有婚姻关系，60%左右的人有亲缘关系。两县多次荣获全国民族团结进步模范单位称号。龙山、来凤两县具有历史悠久的经济联系和民间交往，为两县融合发展提供了良好的平台。

从"龙凤融城"发展过程来看，主要可分为以下四个阶段。

1. 阶段一：联系强化

2003年，党的十六届三中全会通过了《中共中央关于完善市场经济体制若干问题的决定》。《决定》中强调要加快建设全国统一市场；要促进商品和各种要素在全国范围自由流动和充分竞争；要打破地区封锁。这一决定为龙山与来凤的"融城经济"提供了很好的政策机遇。

在国家和地区优惠政策的支持下，两县经济社会得到快速发展，经济社会联系不断增强。其中，区域帮扶在两县融城发展中起到了重要作用。长沙市从1994年开始对龙山县进行对口帮扶，龙山县城镇化进程明显加快，县城城区面积由2.6平方千米扩大到现在的8.1平方千米。2005年长沙市在龙山县投资3000万建设岳麓大道，未来将成为两县社会经济联系的大通道。县城空间扩大使其与来凤县城的空间距离进一步缩小，密切了两县的各种联系。武汉市从2001年开始在基础设施、农业产业化项目、社会事业等方面对来凤县实施对口帮扶，武汉大道建设项目也提上日程。此外，两县也开始了一些实质性合作，如2004年来凤酉水干流纳吉滩电站开工建设，龙山竭力做好淹没区移民

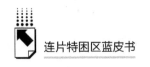

安置工作，两县突破行政区划限制，相互配合，充分开发酉水水力资源。

2. 阶段二：理念提出

2005年11月龙山、来凤两县领导经过商讨，对"龙凤融城"达成共识，提出了"龙凤融城"发展的基本思路：通过10年的努力，实现两县经济一体化，使龙凤两县达到集经济文化于一体的中等城市规模，城市人口达30万，城市面积达30平方千米，城市化水平达30%以上，把两县打造成为中、西部地区具有一定规模和综合经济实力的中等城市。由此"龙凤融城"正式提出，为两县未来的合作发展指明了方向。

3. 阶段三：实施开拓

龙山、来凤两县为了融城战略实施，进行多项基础设施、城市规划、产业一体化建设，为两县的深度融合发展打下基础。

2006年初，龙山岳麓大道正式开工，这将使两县城的交通可达性得到极大提升，为"龙凤融城"的发展打下重要基础。来凤实施了武汉大道建设工程，基本完成了行政中心向新区，向龙山华塘新区靠近。2006年，两县取消过境车辆收费站和移动通讯长途漫游费。2007年，两县省际公交车首次开通，每天有30多台公交车往返于来凤、龙山两地。城市规划方面，来凤县城总体规划编制实施在前，其城市发展方向逐步向龙山华塘新区靠拢。龙山于2006年与来凤多次衔接，调整了总体规划，同年启动了华塘新区规划。至此，两县城市发展方向在规划中顺利对接。产业发展协调方面，来凤县依托两地市场和资源，主要发展水泥建材、养殖等。而龙山力避产业趋同，发展农产品加工、矿产开发、化工等产业，两县产业发展实现较好的错位发展。

4. 阶段四：龙凤示范区建立

2011年10月22日，国务院批复《武陵山片区区域发展与扶贫攻坚规划（2011~2020）》，明确设立武陵山龙山来凤经济协作示范区，标志着两地一体化建设上升为国家发展战略。2012年6月，《武陵山龙山来凤经济协作示范区发展战略规划》出台，用以指导龙凤示范区建设；7月由湘鄂两省发改委联合批复通过规划。由此，"龙凤融城"的发展建设得到上级部门的肯定和支持，是龙凤融城战略的升华，为"龙凤融城"各项政策的制定提供了广阔的空间。

（三）"龙凤融城"面临的主要机遇与挑战

1. "龙凤融城"机遇与优势分析

（1）政策叠加。2010 年国务院发布《关于深入实施西部大开发战略的若干意见》和 2011 年批复的《武陵山片区区域发展与扶贫攻坚规划（2011 ~ 2020)》，均对该区域给予很大的重视。湖南、湖北两省政府规定长沙、武汉分别对口帮扶龙山和来凤的政策在未来一段时期仍将持续。因此，龙凤融城建设享有国家西部大开发、集中连片特困区扶贫、湘鄂两省等各级政府政策叠加优势。

（2）区位交通嬗变。一是宏观区位变化。龙山和来凤处在武汉、长沙、重庆、贵阳四大城市的几何中心。受这些大城市的关联效应和辐射效应的影响，两县将获得巨大的中介利益。二是交通区位改善。龙山和来凤是重庆至长沙、西安至南宁、武汉至贵阳三大通道的交汇点，已规划的众多铁路、公路等均经过此地。区位条件的变化为龙凤融城建设打下了良好的基础。

（3）资源丰富。龙山、来凤两县具有丰富的自然和文化资源，为其将来的深入发展提供了条件。一是文化资源。这里是土家族聚居区，具有非常独特的少数民族文化资源，有全国重点文物保护单位 7 个、全国历史文化名镇 1 个等多个文化资源，富集土家摆手舞、毛古斯等土家原生态文化。二是生态资源。这里是亚热带大陆性湿润季风气候区，气候宜人、雨水充沛、生物多样、拥有太平山森林公园和印家界、洛塔自然保护区，极具开展生态旅游潜力。三是矿产资源。龙山、来凤两县地下蕴藏 2.5 亿吨方解石、3000 万吨萤石、4500 万方优质大理石等，其中方解石已形成一定的工业规模，未来具有较好的开发前景。

2. "龙凤融城"的制约因素

（1）经济基础仍然薄弱，产业同质性强。龙山、来凤两县均为经济发展落后地区，经济总量较小，产业结构相似，农产品竞争力不强，投入不足，工业基础薄弱，服务业处于初级水平。产业体系、产业链尚未形成，专业协作化程度低，制约了两县的产业一体化进程。

（2）城市建设滞后。城市建设投入严重不足，基础设施建设进展不大，服务功能低下，交通不畅，公路等级低，通载能力差。两县城市公共服务设施

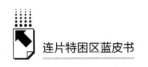

建设滞后，还不能担负武陵山片区湘、鄂、渝边贸中心职能。

（3）区域竞争加剧。武陵山片区作为集中连片特困区，都享受着多重政策带来的机遇。龙山、来凤发展不可避免地要受到片区内其他县的竞争。

另外，"龙凤融城"还有政策、行政、管理、人才等方面的问题及制约因素，都影响到其可持续发展。

3. "龙凤融城"未来应解决的关键问题

根据以上对"龙凤融城"的发展条件分析，可见未来"龙凤融城"发展前景较为广阔，但同时也存在不小的挑战。为了促进"龙凤融城"的快速健康发展，未来必须重视和解决以下几个方面的问题：一是空间结构优化问题，即"龙凤融城"的外部空间和内部空间的合理布局。二是产业结构如何避免雷同，实行优势互补，错位发展，相互合作，提高产业竞争力。三是基础设施布局和建设问题，即如何安排基础设施以更好地推进"龙凤融城"。四是融城过程中城镇和乡村的角色定位以及如何实现城镇与乡村协调发展。五是与"融城"相关政策、体制机制的可持续性。六是生态环境保护问题，如何做到经济发展与资源利用、环境保护之间的协调。

三 "龙凤融城"未来发展思路和重点任务

（一）总体思路

立足本地资源特色、区域特点、政策基础和未来市场发展需要，遵循科学发展观，以增长极、核心——边缘等区域发展理论为指导，通过内联外结加强区域内外的空间组织联系。以交通建设为先导，以加强城镇集聚力为重点，以文化生态旅游业为突破口。从空间、交通、产业、区域帮扶和自生能力发展、城镇化等方面，不断推动"龙凤融城"的自上而下和自下而上的耦合式发展。深化体制机制改革，创新区域合作模式，将龙山来凤建设成武陵山片区继恩施、吉首、张家界、怀化、黔江、铜仁之后的第七个核心区，使之成为武陵山片区重要城市和经济增长极、国际知名生态文化旅游区，为全国扶贫攻坚发挥示范引领作用。

（二）优化空间结构，构建合理的内外部发展格局

区域发展空间结构优化是实现"龙凤融城"空间布局上的"点—线—面"协同发展，提升其空间结构效率，促进产业、城镇化、基础设施、生态保护等在地域上合理分工的重要内容。根据"龙凤融城"的发展基础、区位交通等，提出了"龙凤融城"的"2121"空间结构战略，即外部的"2圈"格局，内部的1个县城增长极、2条优先发展城镇带、1个旅游示范镇。

1. 拓展外部发展空间，构建圈层格局

城市外部空间布局结构对深入推进区域合作、产业合作、地区分工、市场拓展等具有重要意义。"龙凤融城"的外部空间布局主要考虑与周边城市尤其是特大城市开展区域合作，充分借助外部的周边特大城市和特色城市的力量，不断拓展外部发展空间。

根据该区域的交通现状及其未来发展规划、区位条件、区域联系基础，依据圈层理论，"龙凤融城"的外部空间可分为两圈：近圈和远圈（见图2）。

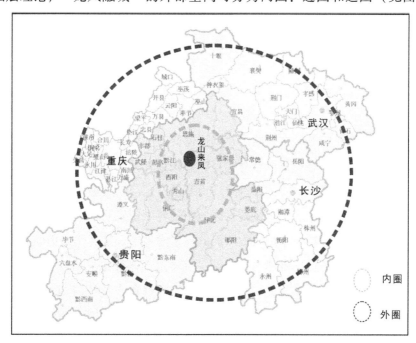

图2　龙凤融城的外部空间圈层结构

近圈即周边的恩施、吉首、张家界、怀化、黔江、铜仁等六个城市所形成的圈层。龙山、来凤应充分发展与这几个城市区域的交流和合作，尤其是旅游合作和特色产品品牌建设，构建武陵山片区核心城市发展圈。外圈是以武汉、长沙、重庆为节点的圈，以这三个特大城市为核心的外圈具有广阔的市场空间，龙山、来凤区可以发展特色农业、农产品加工和生态旅游业，向外圈输出特色农产品，同时吸引外圈旅游者前来旅游，加大从外圈引进人才、技术等，以此打造更有潜力的外部发展环境。

2. 打造县城增长极，培育两条优先发展城镇带，统筹城乡发展

根据增长极和核心—边缘理论，区域发展需要培育一个增长极率先实现发展，然后再发挥其辐射效应，带动边缘区的发展，最终实现整个区域的发展。这里，增长极或核心区便是两县县城和部分重点镇，边缘区则是两县的广大农村地区。"龙凤融城"的发展首先应该关注县城和重点镇的发展，做到以农促镇，以镇兴农，最终实现城乡统筹发展。

龙山县城和来凤县城作为两个县域经济社会发展最好的区域之一，可作为区域发展的增长极。因此，该区域整体的发展首先应该实现两个县城协同发展，充分发挥两个县城的增长潜力。未来应加强县城内部和县城之间的基础设施建设，通过规划使两个县城同向发展，并利用土地、财政金融、人力等优惠政策吸引人口和产业向县城集聚。重点发展核心商区、百亿产业园、龙凤物流园等，形成现代商业、物流、金融和工业重要集聚区，积极培育产业集群，注重保护生态环境，使县城在短期内达到快速健康发展，提升其区域竞争力。

除了发展县城核心增长极之外，也需要培育其他城镇的发展，以构建合理的城镇规模等级体系。城镇的发展受历史基础、经济、交通、地形、文化、资源等多种因素影响，龙山、来凤两县区域内的各城镇发展水平均较低，地处山区，且受地形、交通制约作用较大。因此，考虑地形、交通作为主导因素，该区域还应先培育两条城镇带建设：一条是基本沿酉水和来凤境内"248"省道的城镇带，另一条是基本沿龙山境内"209"国道和来凤境内的"248"省道发展的城镇带（见图3）。这两条城镇带对"龙凤融城"空间布局的拓展具有重要意义。两条城镇带的发展一方面要与县城核心实现优势互补，加强合作；另一方面要依靠便利交通加强与其他城市的合作，实现城镇带的良好发展。

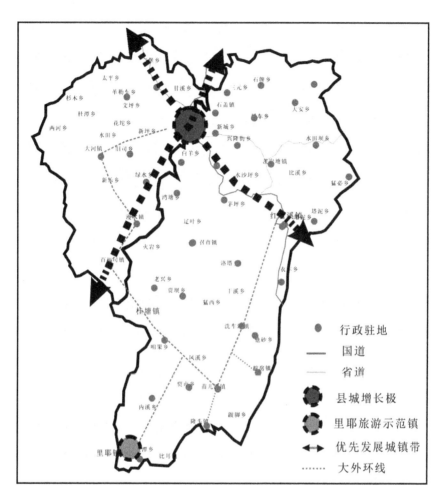

图3　龙凤融城的内部空间布局

3. 加快建设里耶旅游示范镇，培育区域旅游发展增长极

以里耶古镇为核心，以旅游资源为基础，重点发展文化旅游产业（见图3）。具体策略如下：一是争取国家财政支持，加强基础设施建设投资，尤其是对外和内部的交通建设，解决里耶古镇旅游发展瓶颈；二是加强与周边旅游城市的合作，尤其是与张家界、凤凰古城开展区域旅游合作，共同打造独具魅力的文化旅游带；三是重点开拓本地及周边客源市场，如湘西、重庆等区域，重视旅游市场营销。将里耶镇打造成为该区域旅游服务中心，辐射周边乡镇，带动整体旅游业发展。

4. 加强"多片"生态区保护，适度发展生态旅游

根据国家主体功能区规划，龙山、来凤两县的国家森林公园、地质公园、自然保护区等属于禁止开发的生态功能区，重点进行生态建设和环境保护。因此，对于这些"片状"区域，应该加强保护，严禁各类破坏生态环境的行为。与此同时，在这些区域的外围区适当开展生态旅游活动，提升这些区域的生态环境效益。

（三）发展区域特色产业，加强产业品牌建设

立足本地特色资源，大力发展资源型产业，尤其是旅游资源、农业资源、矿产资源；瞄准市场需求，推进农产品深加工，延长产业链，提高农业产业化水平；挖掘工业资源潜力，适度推进城镇工业化建设；注重产品品牌化建设，推进产业发展的优化组合和产业集聚，打造镇级特色农产品基地建设和旅游名镇建设，最终形成产品品牌、产业体系和特色产业名镇。

1. 文化旅游产业

依托龙山、来凤两县的丰富旅游资源，大力发展生态、休闲度假、修学、探险旅游产品；重点发展以里耶古城和仙佛寺为核心的文化旅游产业区；加大对重点旅游景区景点开发建设，完善旅游基础设施和服务设施，积极支持试验区旅游产品宣传促销，打造具有较高知名度和吸引力的品牌景区和精品线路；培育壮大一批文化旅游企业，通过企业带产业，增强文化旅游产业的整体实力。

2. 特色农业

立足山区农业特点，大力发展经济林作物。注重进行特色农产品加工，建成烟叶、百合、药材、特种养殖、木本油料、水果干果等"特色板块基地"。培育一批在全国和全省带动力强的农产品，培植一批影响力大、竞争力强的知名品牌。加强农技推广服务体系建设，支持试验区实施基层农技推广体系改革与建设示范县项目。

3. 新型工业

注意错位发展，避免重复建设。来凤重点发展以方解石和萤石等非金属矿精深加工、绿色食品加工、新材料、新能源、建材等产业，而龙山发展农产品

加工、生物制药等重点产业。积极培植一批骨干规模企业，完善配套设施和服务平台建设，带动特色产业发展，开发下游精深加工产业；坚持环保与发展并举，坚持走绿色繁荣、特色开发、可持续发展的新型工业化道路，促进产业集群发展和工业特色镇建设。

（四）构建一体化交通体系

根据区域发展需要、空间结构布局形态、区际联系强度等，积极推进现有交通的优化升级，加快交通建设，着力解决事关长远发展的重大瓶颈问题。

1. 建立以县城增长极为核心的交通组织体系

一是推进龙山、来凤县城内部骨干路和县城外环线工程的建设，实现县城内部功能优化，发挥其增长极作用，并根据未来功能区布局和要素流量合理规划交通网；龙凤县城外环线工程建设，对于拓展县城发展空间，实现经济要素的有效流动，促进县城转型具有重要作用。二是建立龙山、来凤区域大外环线工程（见图3），即新建来凤县城—大河镇—漫水镇—百福司镇—龙山桂塘镇—里耶镇—洗车河镇—红岩溪镇，接龙山境内的"209"国道，以改变该区域南部交通落后的局面。三是推进武汉大道和岳麓大道对接和管理工作，加快县城整合。

2. 打通龙山、来凤与周边地区的交通大通道

建立综合性交通运输体系，推进现有规划交通的启动建设。力争黔张常铁路早日开工建设，推进恩吉铁路、重庆—长沙高铁、宜昌—遵义高铁、重庆—里耶—吉首铁路的前期工作。加快恩吉高速公路建设进度，做好黔张常高速、龙凤—铜仁高速、龙凤—酉阳高速的前期工作。

3. 提升现有公路等级，加强特色城镇的公路建设

对现有国道、省道进行升级，提升其综合交通运输能力；加快龙山、来凤各城镇与高等级公路连接线和重点旅游景区、精品旅游线路的旅游公路建设；加大农村公路通畅工程的实施力度。加强"248"省道改造升级和旅游等级公路、循环等级公路建设。

（五）深化区域帮扶，促进区域自生能力增长

"龙凤融城"建设未来还需要继续加强区域帮扶政策。同时，也要转变发

展观念，变"输血"式帮扶为"造血"式发展，促进区域自生能力增长，通过内外兼修，实现区域发展的目标。未来的主要工作一是应该继续深化对口支援工作内涵，建立经济、干部、人才、科技等相结合的全方位区域帮扶体系，形成"党委领导、政府组织、部门配合、社会参与"对口支援民族地区发展的良好局面。二是更重视人才、科技、产业合作等方面帮扶，以提升两县自生增长能力。三是除了对口帮扶之外，两县还应该加强与其他大城市的合作，如重庆市，积极引进专业技术人才和经济金融人才，为发展本地产业提供充分的人力资源。

（六）增强城镇集聚能力，走特色城镇化之路

县域重点镇在发展县域工业方面的作用不容忽视。由于地理区位原因以及自身实力的影响，或是资源分布较为分散，使县城对整个县域经济辐射效应有限，而一些重点镇往往可以利用自身资源和交通优势，在县域发展中扮演着重要角色。这些镇基本上可成为县域的"优化开发镇"或"重点开发镇"。龙山、来凤两县未来应选择区位交通、产业基础、发展基础均较好的城镇作为区域发展的核心，优化城镇发展环境，促进城镇的产业、人口集聚功能，坚持走新型城镇化道路。重点建设特色镇，推动特色产业名镇工程。按照县城、城镇和乡村协调发展的原则，完善和优化城镇建设的空间布局结构，建成一批产业聚集、商贸活跃、生态良好的中心镇和特色镇。

（七）优化设施布局，提高基本公共服务共享水平

基本公共服务是增强贫困地区自主发展能力的重要措施，是保障全体社会成员的基本生存和发展权，夯实民生发展基础的重要手段。对于省际边界区，由于资金、技术等条件的限制，在基本公共服务提供方面存在严重的滞后状况。为了提高基本公共服务的利用效率，同时尽可能减少财政负担龙山、来凤可采取基本公共服务共享的方式，来提高政策的绩效。

一是加快文化、教育、卫生医疗等基础设施建设，优化其空间布局。如公共图书馆、文化馆、博物馆、体育场馆等公共设施的建设，两县应考虑对方生产生活需要，合作规划设施区位，满足对方需要，提高基础设施的正外部性。

而对于投资大、使用周期长、融资困难的基础设施，可以采取共同筹资、共同建设、共同享用的模式来提高设施的建设进度和规模。积极推进农民体育健身工程建设，办好少数民族传统体育运动会。

二是实现教育资源的互补，加大城乡居民职业培训，提升两县居民的人力资本。龙山、来凤两县在师资队伍和教学资源等方面做出调整，提高优质教学资源的共享度，增进彼此的学习交流。两县政府统筹安排培训，要让农民掌握城市型技能，能够进入城镇谋生，提升农民就业机会，提高农民收入。调动各方面的积极性，如民间力量、私人机构等参与培训，政府给予补贴或优惠政策，帮助农民提高非农就业能力。大力支持发展劳务经济，加强对农村劳动力进行职业技术培训以实现转移就业。促进创业以增加农民财产性收入，政府应对居民创业提供指导和政策支持。

（八）加快信息能力建设，提高信息传播和共享水平

随着信息化、全球化时代的到来，信息能力建设和信息管理是提升政府职能，提升地区形象的重要手段，甚至对招商引资也有重要影响。因此，两县政府应加快信息能力建设，提高信息传播和共享水平。加强自身的信息化能力建设，推进政府门户网的建设工作，提升两县门户网的融合建设，尤其是网站链接、信息发布和反馈、网站维护等内容。加快基础通信网、无线宽带网、应急指挥通信网、数字电视网等基础设施建设，整合并大力发展宽带数据、互联网、互动增值业务，共同推动建立统一的通信、数字电视基本频道、付费频道等频道资源共享，统一通信、宽带和视频资费。共同建设龙山、来凤人口、法人单位、自然资源和地理空间等基础数据库，推动电子政务、电子商务、市政管理等信息资源的共享。

（九）保护生态环境，实现可持续发展

酉水河是龙山、来凤两县的界河，酉水河生态环境的质量直接影响到两县的生产生活和整体环境质量。未来应通过新建河堤的方式防止水土流失，保持河道稳定，保护农田，进行河道清淤扩宽，增大河道过洪能力，提高防洪标准。建林荫道路、护坡以及水土保持等，形成完善的水土流失防护体系。抓好

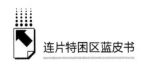
矿山地质环境保护工作，禁止在森林公园、地质公园和自然保护区开采矿产资源。稳步推进生态移民，将生活在禁止开发区核心区内以及自然灾害多发地区的居民人口逐步就近搬迁到城镇区。

（十）推进体制机制改革，提高融城效率

"龙凤融城"涉及跨省界地区的融合问题，为了稳步推进融城建设，两县应逐步消除阻碍区域合作的不合理机制；同时，应争取上级政府在土地、人口、企业、投资等方面对两县实现融城发展的政策支持。

一是建立"龙凤融城"管理机构和咨询机构。在湘鄂两省武陵山片区领导小组领导下，由两省发改委建立龙凤融城联席会议制度，协调指导融城建设；成立以县委书记和县长为正副组长的龙凤融城建设管理局，专门负责"龙凤融城"的各项事宜，制定"龙凤融城"建设的具体方案和措施，努力消除管理体制障碍。成立专门的咨询机构，聘请学术界、工商界人士担任政策咨询委员，进一步发展学术、企业和社会的作用，推动"龙凤融城"的科学发展。

二是建立长期高效的财政金融支持体系。加快建立和完善两县基本财力保障基金，政府抽取一定财政收入建立龙凤融城建设专项基金，并向国家有关部门和省发改委积极申请融城发展专项扶持基金、公益性建设项目、生态功能性转移支付等资金，开拓多种融城建设资金来源渠道。支持龙山、来凤金融改革，探索新型的跨省信贷结算模式，给予龙山、来凤区内居民跨城购房、办企等享受同城居民按揭贷款待遇，实现龙山、来凤金融一体化。加大土地筹备力度，有偿出让使用权，实现土地聚资，促使其产生最大效益。不断优化发展环境，利用优惠政策招商引资，对于经济和社会效益较高的基础设施项目申请贷款，实现银行融资。

四 经验启示

（一）"龙凤融城"为更大行政单元的区域合作开拓了思路

省际毗邻区、省际边界区、跨界行政区等诸多区域类型的合作都会涉

及行政空间问题，即行政单元大小的问题。反观我国众多的区域合作，行政空间范围过大，多以省级行政区或市级行政区为组成单元，这就导致在区域合作时往往面临的问题更多、更复杂，合作积极性不强，最终使区域合作效果大打折扣。而"龙凤融城"的行政主体为县级单位，行政范围仅限县域。相对于更大行政单元来说，其合作面临的问题相对较少，开展县与县之间的合作更容易推进，合作的积极性更强。因此，当大行政单元区域合作受阻时，便可以以县与县合作作为先行试点，然后再推动和寻求更大行政空间范围内合作。用小的区域融合来引导大的区域融合，同样是省际区域合作。

（二）"龙凤融城"为毗邻县域加快城镇化发展提供了范例

在经济发展落后、地理偏远、远离中心城市的中西部落后山区和民族地区的边界县城，推动城镇化会受到多重阻力。如何走具有地域特点的城镇化之路，成为此类区域面临的重要课题。而"龙凤融城"为这样的毗邻县城城镇化发展提供了一个很好的范例。当两个毗邻山区县城经济社会发展优势均不突出时，各自实现城镇化面临经济、土地、产业、交通等限制时，就可以通过融城发展的模式，来增强城镇化发展的人口、经济、空间等基础，并通过联合争取更多的国家和地区优惠政策，实现协同效应。

（三）"龙凤融城"为促进省际边界区域经济健康发展提供了新的尝试

省际边界区经常是边贸经济比较活跃的地区，边贸经济也成为承载边境地区经济发展的支撑点，但是，省际边界区的边贸经济由于受行政界限的限制，出现盲目无序竞争、制度政策限制，导致边贸经济发展中不平等竞争和无序竞争的出现，在一定程度阻碍着商品和物资的顺畅流动。"龙凤融城"从体制机制上来实现边贸经济的有序和协调发展，有利于资源的合理布局和配置，减少交易成本，为优化边贸经济发展环境提供了保障。

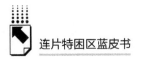
Past, Present and Future of 'The City Mergence of Longshan and Laifeng'

Wang Yongming   Yuan Mingda

Abstract: The City Mergence of Longshan and Laifeng Strategy was introduced by two counties of Longshan and Laifeng which locating in the provincial boundary area. How to promote merging the two cities is worthy to study. This paper summarizes the developmental stages of the city mergence of Longshan and Laifeng, analyzes its opportunities and challenges, puts forward basic idea of its future development, and points out reference value for other regions.

Key Words: The City Mergence of Longshan and Laifeng; Regional Cooperation; Provincial Boundary Area; Longshan County; Laifeng County

B.14
破解跨域治理困局的
"锰三角" 模式解析

蒋 辉　张怀英*

摘　要：

"锰三角"模式的成功并非偶然，它内含了一些有助于其走向成功的要件，本研究总结了"锰三角"模式的内涵和制度性特征，基于此提炼出了一个成功的跨域治理系统应具备的基本逻辑和制度结构。这些基于经验但又超越经验的逻辑和结构为我们有预见性地分析跨域公共问题搭建了一个系统的制度框架，并为破解上述跨域治理困局提供了一个清晰的理论图景。

关键词：

跨域治理　环境污染　"锰三角"模式

一　引言

随着社会的快速发展和区域经济的迅速崛起，跨域公共事务开始逐渐显现出来，由于行政区划的限制，具有刚性约束的传统行政区治理模式已不能满足现代跨域公共事务治理的现实需求，区域公共问题尤其是区域性、流域性污染

---

* 基金项目：本研究受教育部人文社科青年项目（10YJC850009）、湖南省软科学项目（2011ZK3166）、湖南省社科项目（2010YBA196、12YBB200）、中国博士后基金（2012M521060）资助。

蒋辉，吉首大学法学与公共管理学院讲师，中国农科院农经所管理学博士研究生，研究方向为区域公共管理与"三农"问题研究。张怀英，吉首大学商学院讲师，中山大学管理学院博士研究生，研究方向为战略管理研究。

事件便开始在我国各地繁衍开来。纵观国内跨域污染治理个案，无论是松花江水污染还是太湖蓝藻事件，抑或"锰三角"事件，我们都可以清楚地看到，不管是发达地区还是落后地区，一旦需要各相邻地区通过合作治理环境或污染问题时，就会陷入一种"跨域治理困境"。虽然上级政府高度重视，毗邻各省区也在"积极"执行，污染治理资金相当充足，相关污染防治技术也很先进，但最终的治理成效都不太乐观，这说明污染的治理在观念、政策、资金、技术的背后还有深层次的原因，各方主体因为行政区的划分陷入了类似"囚徒困境"的情境中，而省区交界地带的跨域治理则属于准公共物品，缺乏多元参与的单方面治理以及一维的公共行政机制与模式显然不能达到帕累托最优，政府失灵就变得理所当然，而出于趋利动机。此种情况下，除政府外似乎没有任何市场主体愿意提供这种公共物品，市场失灵也在所难免，在"有形"与"无形"之手均丧失作用的前提下，跨界的区域性公共问题层出不穷，愈发严重。而从 2005 年左右掀起并持续至今的一场针对震惊中外的湘渝黔"锰三角"污染事件的跨域污染治理风暴似乎为我们破解上述跨域治理困局提供了良好的现实范本。本研究旨在通过深入的案例研究和规范的制度分析，希望从本质上发掘出"锰三角"跨域治理模式的内涵和制度性特征，并试图在此基础上勾绘出一个成功有效的跨域治理系统应该具备的制度结构和逻辑要件。

二 "锰三角"跨域环境污染事件的缘起与发展

（一）"锰三角"地区情况概述

"锰三角"地带位于湘渝黔三省交界处，主要指湖南湘西州花垣县、贵州松桃苗族自治县和重庆秀山土家族苗族自治县的电解锰企业集中地区，是我国最大的电解锰生产基地，该区域聚居着 10 余个民族，总面积近 7000 平方千米，人口逾 160 万人。据统计，我国已探明的锰矿总储量是 566 亿吨，居世界第六位，而仅"锰三角"地区的锰矿已探明储量就达 1.5 亿吨以上，该地区年开采锰矿石 300 万吨、生产电解金属锰 46 万吨的规模，是目前世界上最大的锰矿石和电解锰生产基地，电解金属锰占世界总量的 40% ~ 50%。

图1 "锰三角"区位分布

矿业资源的大量开采快速拉动了"锰三角"地区的经济发展,在锰产业高速发展的2004年,湖南省花垣县以23%的GDP增长率位居湖南各县区市之首,连续多年被评为湖南省县域经济强县,一度进入了"全国最具区域带动力中小城市白强"行列,还被评为全国经济增长速度最快的白强县(市),位居第27位。贵州省松桃县的财政收入由2003年的5600万元增加到2004年的9300万元,一年内增加了近1.7倍;重庆市秀山县当年的财政收入增幅高达200%。

(二)"锰三角"地区跨域污染事件的爆发与升级

在经济利益的驱动下,"锰(猛)发财,发锰(猛)财"成为当地政府、企业和普通民众公认的致富之路,从2000年开始,"锰三角"境内涌现了近千家大大小小的涉矿企业和选矿作坊,仅在2005年初,即清水江污染最严重的时候,花垣县猫儿乡境内就陆续建起了200多个采矿作坊。一些不法企业在利益的驱使下将产生的工业废水和废渣直接排入江河中,境内的农业和生活用水被严重污染,三地交界断面锰和六价铬等高致癌物质严重超标,农作物大幅减产,罹患癌症、结石等疾病的人明显增多,清水江流域近百万民众的生命财产安全无法得到保障。三县村民代表多次联合向相关政府部门反映情况,政府也多次在民众强烈要求下发起过一些"运动式"的治污行动,但由于涉及跨界问题,治理效果均不理想,最后都不了了之。少数民间政治精英开始意识到，要想治理好"锰三角"必须依靠自己，他们随后成立了"拯救母亲河行动代表小组"，会同沿江两省一市 40 余个行政村、街道干部数十人集体行动，在濒临无法生存的绝境且四处反映无果的情况下，代表小组开始采取一系列民间治污行动。首先，联合各地民众通过正常渠道继续向各级领导反映情况，督请各级领导实地考察，要求政府提出统一的污染治理标准和方案；其次，开始自己解决污染问题，上访、围堵、打砸群体事件不断发生，2005 年 4 月和 5 月份，清水江下游几个村子的几百名村民，砸毁了上游两百多家采矿作坊，但此类行动只毁机器并未伤害人员；再次，从 2005 年初开始，民众广泛寻求媒体帮助，并积极协助暗访调查，《南风窗》等媒体以大篇幅重点关注报道了"锰三角"严重污染事件，随后中央政策研究室也以内参形式将"锰三角"污染问题呈报中央主要领导。2005 年 5 月，积极酝酿了一场"为民请命"的严重政治运动，清水江沿岸几十个行政村的村干部签署了一份集体辞职的报告，当地农村基层政权陷入瘫痪，媒体对此进行广泛报道。"锰三角"事件迅速引起中央高层重视，2005 年 8 月 6 日，胡锦涛总书记对"锰三角"污染问题做出重要批示，要求"环保总局要深入调查，提出治理方案，协调三省市联合行动，共同治理"。

（三）"锰三角"跨域环境治理风暴及其显著成效

随后环保部迅速成立督察组赶赴"锰三角"地区进行调查，该地区随后被国家环保总局、监察部列为重点挂牌督办的锰污染治理地区，并要求所有电解锰企业立即关停整治。在督察组的全力组织协调下，三地政府及环保部门共同制定了《湖南、贵州、重庆三省（市）交界地区锰污染整治方案》，并实行环保责任一把手负责制，经过一年多的全面整改，到 2006 年底，"锰三角"地区的电解锰企业均达到环保部验收标准，但一些深层次的跨域治理机制仍未形成，诸如锰渣堆放、污水集中处理、治污关键技术攻关、专项环保资金投入、产业深化和替代、企业偷排偷放等问题还未有效解决，污染反弹的各种潜在因素仍存在。各媒体仍然高度参与跟进报道，当地百姓及民间治污精英仍在治理中扮演重要角色，他们继续多方表达自己的利益诉求。胡锦涛等中央领导同志又多次指示要求深入推进"锰三角"治理，务必取得实效，环保部督察组随后十余次对"锰三角"进行明察暗访，财政部门设立了"锰三角"环保专项治理资金，中国环保研究院等机构开始参与锰三角环保技术研究和环境规划，电解锰企业开始投入资金进行排放物处理。与此同时，三地政府开始认识到治理的必要性，联动治理开始进入实质阶段，签署了《"锰三角"区域环境联合治理合作框架协议》，环保局领导班子流域负责、流域停产、环保监督员派驻企业、排放口实时监控、政府和环保部门联席会议、联合检查和对口互查等机制不断完善。各地空前加大了对于污染治理的力度，治理责任明确，机制落实到位。"锰三角"区域污染得到有效控制，污染治理效果显著，主要的污染指标值和GDP能耗指标呈逐年下降趋势（见表1和表2），中央电视台等媒体对此进行了多次报道加以肯定。

表1　湖南省花垣县污染治理主要指标

年份	专项治污经费（亿元）	规模工业综合能源消费量（吨标准煤）	与上年比较（%）	单位规模工业增加值能耗（吨标准煤/万元）	与上年比较（%）	二氧化硫排放总量消减率（%）	化学需氧量排放总量消减率（%）	亿元GDP事故死亡人数（人）
2009	0.75	332077	−9.6	1.28	−10.3	43	30	—
2010	1.72	275244	−17.1	1.18	−7.8	0.59	—	0.6
2011	2.0	259899	−2.1	0.925	−5.1	18.65	12.65	0.183

资料来源：2009~2011年《花垣县国民经济与社会发展统计公报》。

表2　重庆市秀山县GDP能耗指标

年份	单位GDP能耗			单位GDP电耗		单位工业增加值能耗	
	指标值（吨标准煤/万元）	上升或下降（%）	目标任务（%）	指标值（千瓦时/万元）	上升或下降（%）	指标值（吨标准煤/万元）	上升或下降（%）
2008	2.464	−5.40	−4.61	4241.37	−13.83	1.938	−14.63
2009	2.338	−5.12	−5.10	3864.61	0.50	1.889	−4.22
2010	2.230	−4.61	−4.60	3836.03	−0.74	1.798	−4.83
2011	1.747	−5.54	−4.00	—	−31.89	—	—

资料来源：重庆市经济和信息化委员会。

经过6年多的治理，"锰三角"地区污染治理取得了显著成效，生态环境逐渐恢复，能源资源消耗水平显著下降，政府、企业和民众关系明显改善，在技术改造的带动下经济持续发展，三县锰产业对GDP的贡献由2004年的

26.2%上升到了 2007 年的 32%。2005～2008 年，三县累计投入治理资金 4.2 亿元，用于企业环境治理和技术革新。42 家电解锰企业全部实现在线监控，清污分流，废水循环利用和处理后达标排放。数据显示，2007 年三县电解锰行业废气中减少二氧化硫排放量 480 吨；废水实现了循环再利用，减少废水排放量 750 万吨，减少总锰排放量 3400 多吨，减少六价铬排放量 30 多吨，减少氨氮排放量 1200 多吨，资料表明该地区自 2005 年以来，涉及锰污染的信访投诉逐年减少，2008 年比 2005 年锐减 90% 以上。随着污染治理的深入推进和经济发展方式的彻底转变，"锰三角"地区三县经济发展开始逐渐摆脱对于矿产资源的依赖，走上良性发展的轨道，从 2008 年以来，面对复杂严峻的国际、国内环境以及矿山整治整合等困难和挑战，花垣、秀山、松桃三县经济仍呈现强劲发展态势，产业结构趋于合理。花垣县在探索民族文化旅游方面还走在了武陵山区前列，该县以文学大师沈从文的《边城》为依托打造的边城文化旅游开始成为武陵山区一道亮丽的旅游风景线（见表 3）；秀山县近几年推行的经济结构转型升级战略实现了经济的可持续发展，资源经济整顿并未影响地方发展，该县国内生产总值均以两位数的速度快速递增，地方财政收入增幅惊人（见表 4）；松桃县经济发展平稳增长，从 2007 年以来国内生产总值年均增长率达 13.44%（见表 5）。

表 3　湖南省花垣县经济发展基本情况

年份	GDP（亿元）	人均 GDP（元）	财政总收入（亿元）	接待旅游人数（万人次）	实现旅游收入（亿元）	城镇人均可支配收入（元）	农民人均纯收入（元）
2009	47.57	18148	6.15	43.80	0.56	11342	2980
2010	48.27	17517	7.48	48.34	0.61	12531	3290
2011	54.49	18811	6.60	53.60	0.68	14044	3790

资料来源：2009～2011 年《花垣县国民经济与社会发展统计公报》。

表 4　重庆市秀山县经济发展基本情况

年份	GDP（亿元）	增长率（%）	财政总收入（亿元）	城镇人均可支配收入（元）	农民人均纯收入（元）
2009	62.12	14.10	8.58	13270	3713
2010	75.91	15.80	10.00	14578	4408
2011	93.50	16.60	16.8	16823	5957

资料来源：2009～2011 年《秀山县国民经济与社会发展统计公报》。

表5 贵州省松桃县经济发展基本情况

年份	GDP（亿元）	比上年增长（%）	财政总收入（亿元）	城镇人均可支配收入（元）	农民人均纯收入（元）
2007	27.08	15.10	—	—	—
2008	33.61	11.50	2.94	—	2259
2009	35.02	11.10	3.40	6640	2545
2010	40.00	13.00	4.17	10830	2956
2011	49.38	16.50	6.09	12996	3800

资料来源：2011年《松桃县国民经济与社会发展统计公报》。

2009年1月23日，时任中共中央总书记的胡锦涛同志在环境保护部呈报的3年多整治情况报告上做出第四次重要批示，充分肯定"锰三角"区域专项整治已取得明显成效。2009年1月和4月，国务院副总理李克强同志连续做出批示，要求加强督促协调，巩固成果，推广经验。2009年4月，在湖南省花垣县召开湘黔渝交界"锰三角"地区环境综合整治工作座谈会上，环保部部长周生贤高度肯定了"锰三角"污染治理成效，同时提出要借鉴该地区一些经验，来探索中国特色区域环境综合整治模式。至此，"锰三角"跨域治理模式逐渐为各界所肯定，并成为我国跨域环境治理的典范。与此同时，"锰三角"地区在联合治理污染过程中形成的跨域机制开始延伸至其他领域，各地政府正借助武陵山区发展上升为国家战略和中央加大对集中连片贫困区扶贫力度的契机，开始积极探索在民族文化传承保护、旅游联合开发、基本公共服务供给等方面的合作，"锰三角"跨域治理模式的内涵不断得到丰富和完善。

三 "锰三角"跨域环境治理模式的内涵剖析

"锰三角"治理模式承袭了传统行政区行政治理模式的有效因素，但在治理实践中又自成体系地形成了具有自身特点的多中心主体联动、合作治理模式。这种治理模式的有机整合使得"锰三角"地区的环境治理既实现了治理的效率，又保证了治理的效益。诺贝尔经济学奖获得者埃莉诺·奥斯特罗姆指出"任何时候，一个人只要不被排斥在分享由他人努力所带来的利益之外，就没有动力为

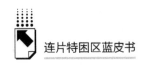

共同的利益做贡献，而只会选择做一个搭便车者"。这也说明，如果仅仅停留在传统行政区的治理模式上，由于信息分享机制的缺失，花垣、松桃、秀山都只基于个人理性的角度处理问题，三方将会不可避免地陷入集体行动的悖论。

（一）"锰三角"治理模式中蕴含的核心要素

1. 强大的民间环保力量和正义的地方精英

有学者认为，在公共事务的治理上，政府才是治理主体，而民众则是受众，其实不然，民众是直接利益相关者，从一定意义上说，他们才是真正的主体。在"锰三角"的治理中最权威有效的主体当然是中央政府，再依次往下则是省政府、县、市政府、村和居委会、社会组织、企业、居民。当各主体的利益不能达成一致时，中间就必然存在一种纵向的利益博弈。起初，民众的利益与地方政府的利益具有某种一致性，可一旦这样的利益还不能弥补所带来的损失的话，民众就会站起来反抗。与其他地方的民间环保活动不同的是，"锰三角"治理的成功得益于一批在当地德高望重、富有正义感的民间政治精英，他们在整个民间抗污行动中起到了精神领袖的作用。"锰三角"治理中的民间环保行动呈现了两个重要的特征：一是它已经演化成了一种近似"全民参与"的民间正义活动，它有广泛的社会基础和群众基础，这完全不同于其他地区那种只有一些知识分子和有识之士参与，纯属"精英行为"的民间环保活动；二是它不是一种群体性的"暴民狂欢"，民间力量和政治精英在整个行动中体现出了惊人的政治策略和"有礼有节"的行动步骤。

2. 高效型纵向行政管理

"锰三角"治理中仍没有完全脱离传统的行政区行政治理方式，这种强有力的一元化体制只有唯一决策中心，从而能够快速积聚力量，提升问题处理的效率。统一的区域政府机构利用其权威性、正当性与强制性，通过政策、指令、规章制度这类带有行政性质的方式，对于重大事故的处理有着集中、速度、效率的优势，在复杂的网络状的利益博弈下，仍旧离不开中国特色主义的传统行政区治理。在"锰三角"后期的治理中，各级各部门的重视程度和工作效率都是显著的，仅在2009年，湖南省财政厅便下达了4113万元的专项整治资金，涉及了区域环境安全保障项目18个，锰渣库整治项目14个，污染防治技术项目 2 个。

3. 联动型横向政府合作

迫于上级的压力，"锰三角"各级政府坐在了一个谈判桌上，就污染标准、惩罚措施、利益分配等问题多次交换意见，形成了《"锰三角"区域环境联合治理合作框架协议》等具体的规则，建立了制度化的"公共论坛"，并定期召开所有行动者的联席会议，针对不断变动的水质状况和利益需求，及时通过讨论制定新的制度，从而克服"强制执行"僵硬固化的制度缺陷。通过建立协商的平台，充分的信息分享与交流能够扭转由于信息不对称缘故造就的囚徒困境局面，而区域联动体制能够让各行为主体处于平等、互助并相互尊重的角度上，激励各级政府在各自行政区内有所作为。同时削弱各行为主体搭便车的侥幸心理，在这种良性竞争环境下，跨域公共事务才能得到妥善处理。横向政府协商性的合作一方面是对纵向政府治理的补充；另一方面，它又建立在这种强制制度之下，中央政府是保障机制维持并产生效用的根本力量。随着合作机制的不断完善，横向的政府联合已经突破了环保领域，三县已经开始在民族文化、旅游等方面尝试深入合作，于 2010 年举办了松桃·秀山·花垣三县首届"和谐发展"民族手工艺作品评奖展览会，2012 年 1 月三县代表共同签署了《三县共同打造中国边城旅游景区框架协议书》。

4. 独立的媒体监督

"锰三角"治理得以顺利进行，媒体功不可没，由于媒体不隶属于任何一个机关主体，能够保障其传播内容的客观真实与传播渠道的畅通。在"锰三角"事件中，媒体主要是采取"逆向传播"的形式，即"新闻媒体对公共事件，特别是当公共管理和公共政策出现偏差、不合理的现象后，新闻媒体对由此引发的公共事件或公共管理危机进行的报道传播"。媒体的宣传工作让"锰三角"迅速成为社会焦点，从而对公共政策产生逆向传播作用，揭露政策制定的各种问题，引发社会对政策的批评监督，最后引起中央的高度关注。

我们可以大致将"锰三角"跨域环境治理模式的内涵和逻辑初步梳理出来，其中治理的主体包括了民间力量、非政府组织、各级环保部门。参与主体由于决策资源的有限性决定了其行为特征、角色定位与具体表现，而参与主体的具体表现反过来能够让我们确定其行为特征与角色定位。民间环保力量尤其是一些地方性的政治精英体现出了强大的行动能力，在涉及其根本利益时，"锰三角"民众没有选择沉默，而是积极无畏地抗争。中央各部门的权威性与强制性决定了它们必将扮演着最高决策者的身份，联合三省就有关事项进行协商并制定总则，在治理过程中调解三方争议，实施监督管理作用。省级环保部门则充当"总经理"人物，制订具体方案并现场督察。具体的执行则由市、县环保部门来推进，他们要求要做出明确的整治目标与任务，并最终付诸实践，非政府组织则像是"摄像头"与"润滑油"一样，在其中起到监督与调剂作用。

表6 "锰三角"治理相关者及其行为特征

类别	参与主体	行动资源	行为特征	角色定位	具体表现
中央	党委	权威、正当性	权威性、有效性	领导者	数次批示、关注
	国务院	法律、信息	权威性、有效性	指导者	提出目标
	国家环保总局	调查报告、实地考察结果	指导性、协调性	指导者、协调者、联络员、监督者	现场督察、联合三省制定治理方案、组织召开联席会议、建立区域联动机制、总结经验
	国家财政部	专项经费	基础性	治理参与者	提供专项治理经费
省级相关部门	省级政府	上级指令	指导性、协调性	指导者、协商者	现场督查、召开现场会、制定治理细则
	省级环保局	上级指令	指导性	治理主体、指导者、监督者	制订方案并实施
市、县环保部门	县、市政府部门	上级指令	协调性、操作性	间接污染主体、指导者、协调者	签订治理协议、实施上级方案、建立制度、明确整治任务、下达整治要求
	县、市环保局	上级指令	操作性	治理主体、协商者、执行者、监督者	组织学习治污技术、治理污染
民间环保力量	相关村民	抗争行为	目的性、直接性	直接利益相关者	群体上访、驱逐矿企
	民间政治精英	团体力量	组织性	调处者	组织"拯救母亲河代表小组"、上交《基层干部辞职报告》
非政府组织	媒体	披露曝光	快速性、真实性、广泛性	传播者、事件引出者、监督者	报道、披露
	其他组织	智力、经验	积极性、分散性	治污参与者	技术改造、经验和专家支援

"锰三角"跨域环境治理的成功既不是由于单纯的上级行政干预，也不是因为地方强有力的政府自治，而是在于已经形成了较为稳定的"多元治理、协同共生"的模式（见图2），在这种纵向的管理体制当中穿插着横向的政府联动模式。松桃、秀山与花垣三方政府通过联席会议的方式与区域联动机制强强联手进行战略合作，第三方组织则既充当了机制的诱导者又在机制运行过程中充当监督者，不可忽视的力量还有媒体与非政府组织，媒体是整个机制中无处不在的"摄像头"，使得治理过程较为完整地暴露在全国公众眼前，以发挥强大的监督作用，推动机制的良性运转，也正是因为媒体的"放大镜作用"才得以让中央介入治理事件，其他非政府组织，如环保技术研发机构等主要是给予"锰三角"专家与技术支持才从根本上保障了治理的经济效益与社会效益的有效整合，各主体在各种外在压力和内在动力下形成了一个有机的共生体。

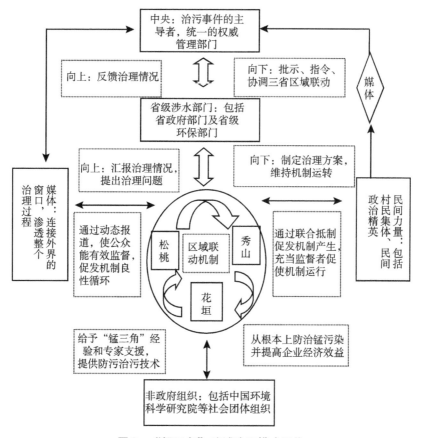

图2　"锰三角"跨域治理模式运作

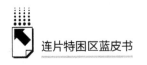
（二）"锰三角"跨域环境治理系统的动力机制及其演进

"锰三角"治理过程中，随着一些重要决策变量的逐步引入，治理绩效不断发生变化，从最初的效果欠佳到最后的生态环境基本恢复并得到中央和环保部的高度肯定。这些变量主要体现为一些参与治理的力量，我们把这些直接影响跨域治理绩效的变量分为三类：压力型变量、激励型变量和动力型变量。压力型变量主要是外部力量介入从而使地方政府在跨域治理决策中不得不考虑的因素，诸如上级政府的关注、媒体的舆论监督、民众的诉求等，这些变量往往是地方政府有强烈内在抵触情绪但又必须接受的，它们是推动"锰三角"地方政府被动参与跨域治理的主要力量；激励型变量虽然也是来自外部，诸如上级政府的政策资金扶持、政治晋升的承诺、创新举措被肯定、民众好评等均属于激励型变量，由于其能给地方政府带来各种可能的好处，因而具有较强的吸引力。但这类变量的激励效应是短暂而不持续的，并且一些变量的效应无法当前体现而可能是未来的一种预期，因此激励程度有限，在这类变量作用下，"锰三角"地方政府间或尝试跨域合作，但仍存有消极观望的心态；动力型变量则是内生的，地方政府出于对当地经济社会持续发展和民生的考量，逐渐树立了持续发展和合作共赢的观念，在此前提下"锰三角"地方政府开始积极寻求全面的跨域合作与治理。上述变量是逐渐介入"锰三角"治理过程中，各种变量的综合作用在很大程度上决定了"锰三角"治理的阶段性特征，并使地方政府最终的策略选择趋向于积极参与跨域治理行动。

表7　影响"锰三角"跨域环境治理绩效的重要变量

变量类型	变量来源	影响方式	作用特征	具体表现
压力型	上级政府、媒体、第三部门、民众、自治组织	指示、批示、报道、监督、抗争	外生性强制性直接性	中央领导数次做出重要指示、环保部督导、《南风窗》大篇幅跟踪报道、成立"拯救母亲河行动代表小组"、村委会负责人联名辞职
激励型	专项资金、扶持政策、晋升承诺、民众好评	经费划拨、政策引导、上级考核	外生性直接性	中央连续五年，每年给秀山、湘西、松桃三县拨款专项治理经费9000多万元；各省专项拨款；环保部召开现场会肯定治理效果
动力型	责任政府的宗旨	责任和服务意识的内化	内生性持续性	积极推动武陵山集中连片贫困区战略的落实、全面探索跨域合作机制

纵观"锰三角"环境治理过程，政府的决策行动体现出了显著的"试错"和"最优选择"特征，整个决策演化过程取决于政府"成本——收益"分析基础上的最优选择逻辑，因而呈现出显著的阶段性：消极抵制阶段，由于清水江流域横跨了几个省市，对其进行治理属于典型的跨域合作范畴，由于治理责任不明，治理成本分摊不均，各地均不愿承担积极的角色，更没有人主动提出会议协商，治理行动消极，因而效果不明显，污染仍在继续。被动合作阶段，由于第三部门和民间力量的介入，尤其是《南风窗》刊发了措辞犀利的文章率先报道"锰三角"污染问题，从而引起了各界的广泛关注。同时，由于民族地区特有的社会资本网络，当地有一些富有正义感的民间政治精英，他们发起成立了"拯救母亲河行动代表小组"，积极组织了各种民间治污行动，使得当地政府不得不出面相互协商，发起了多次"运动式"的联合治污行动。但由于动力和压力依然不够强大，消极的跨域治理所获的收益依然显著，因而地方政府间没有足够的积极性去建立常态的跨域治理机制，治理效果依然有限。积极尝试阶段，随着污染形势的进一步严峻，清水江流域 40 多个村民委员会辞职的严重政治事件爆发，涉污群体事件频繁，各媒体集中报道，中央开始强力介入，在各种政治力量重压之下，地方政府开始意识到必须进行实质性的跨域治理合作，消极治理带来的收益要远远小于因此而付出的成本了。因此三地政府尝试签订了多项有关跨域合作的协议，建立了联席会议制度，不断探索形成了"环保局班子流域负责制""流域停产制"全方位监控等措施，搭建了系统的跨域治理制度平台。同时中央还定期拨付专项经费，经费分配跟当地实施的治污项目和治理绩效挂钩，此举极大激发了地方政府治污主动性。全面合作阶段，通过中央政府各项政策引导，以及参加环保部等部委多次举办的区域持续发展等培训班，相关政府领导开始反思当地固有的发展方式，逐渐树立起持续、绿色发展和合作共赢发展的理念，开始积极谋划地方经济结构的转型，积极探索文化旅游、特色农业、环保工业等绿色产业的发展之路。一些先期发展基础较好，拥有较多地方性决策资源的县市开始主动寻求区域内的合作发展之路，如湘西州的花垣县积极探索与相邻的重庆秀山合作开发边城文化旅游系列产品。同时，乘借武陵山集中连片贫困区发展上升为国家战略的大好契机，"锰三角"地区各地政府正积极协调，大力探索在区域整体扶贫发展、民族文化保护、生态保护和基础设施供给等领域的跨域合作机制。当地政府在各种压力、动力、激励的多重推动下，已经从根本上认识到"应该而且必须要积极扩大跨域合作的空间"。上述决策演化过程中政府"人格化"的理性动机非常显著，它们在潜意识的"成本—收益"考量下进行着最优决策的反复试错。在开始时，由于没有足够压力、激励和动力，积极跨域治理的总收益和边际收益不足以推动"锰三角"地方政府采取积极的措施，因而在现实中政府未采取实质性的措施，随着各种外在和内在因素的介入，政府在反复的"成本—收益"权衡下尝试寻找最优的决策，并且理性地认为积极地进行跨域治理的程度越高，自己可能获得的政治、经济、社会和区域发展方面的收益会更大，因此推动决策行为沿着"消极抵制—被动合作—积极尝试—全面合作"的路径演化，并确定最优的均衡策略为"全面合作"。

演化过程	初始状态	试错择优		最优决策
决策状态	消极抵制 ⇒	被动合作 ⇒	积极尝试 ⇒	全面合作
决策依据	成本>收益 边际收益<0 少许压力 无激励 无动力	成本>收益 边际收益<0 强压力无激励 无动力	成本>收益 边际收益>0 强压力强激励弱动力	成本>收益 边际收益=0 强压力强激励强动力
具体行动体现	未采取实际治理行动	"运动式"联合执法	签订跨域合作协议、建立联席会议制度、搭建跨域治理制度平台	探索整体扶贫发展、民族文化保护、生态保护、基础设施供给等领域的合作

图3 "锰三角"跨域治理动态"试错"与治理演化路径

（三）"锰三角"跨域治理模式的制度性结构

理论世界没有也不可能对每一个具体的公共事务问题都提供一种有效的治理工具，而这正是我们从事理论探索的现实动力。"锰三角"经验似乎给我们提供了一条解决区域性公共问题的新路径。可以轻易地发现"锰三角"治理呈现出了一定的"多中心"特征，但是这一概括过于宏观，在对"锰三角"污染治理的全过程进行系统梳理后，可以概括出以下"锰三角"跨域治理结构更为微观的几个特征（见图4）。

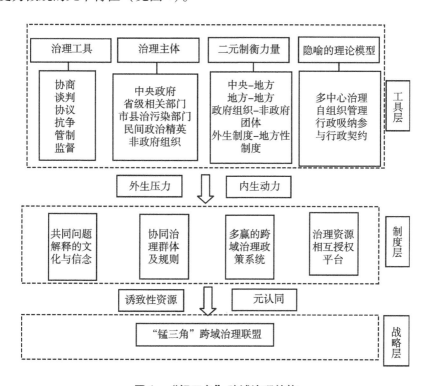

图4　"锰三角"跨域治理结构

其一，"锰三角"治理结构中内含了多种二元制衡力量，它没有呈现出传统制度主义学者所预想的那种"非此即彼"的一元治理特征，相反，在整个治理过程中始终存在着中央——地方、地方——地方、国家权力——民间政治精英、政府组织——非政府团体、外生制度——地方性制度资源等多种二元力量的对抗与协同。这种二元结构是一种权力的相互制衡，更是一种建立在兼容基础上的力量共生系统，系统中将会衍生出一系列复杂但却实用的规则、规定、符号、对话论坛、信号传递渠道、协商机会、民主参与等治理资源，在强大的外生压力和内生动力双重引导下，它会推动治理逐渐走向一种暂时的博弈均衡。

其二，强大的民间政治精英和地方制度资源的嵌入。对于"锰三角"这类民族地区而言，民间政治精英往往具有独立的精神，他们更容易在民族认同感、相互感情、亲缘血缘关系、信任、宗教信仰等地方性制度资源的影响下成为地方大众意志的媒介，这些精英们并没有像很多西方学者描绘的那样沦为政府权力渗入乡土社会文化网络的工具，也没有变成毫无原则的政府与大众之间的缓冲隔离区，他们更加重视自己的荣誉感、声望和社会责任感。"锰三角"民间治污运动的核心人物华如启，曾是 20 世纪 70 年代的"全国新长征突击手"，花垣县边城镇隘门村村长，在湘渝黔边界颇有名望，但正是这位本来与政府有着良好"关系"的地方能人，在多方反映无果之下，积极寻求媒体帮助，成立自治组织，并带领周边多个村寨的数十位代表发动了一场为民请命的基层干部全面辞职的悲壮举动。

其三，多层次的制度框架。"锰三角"治理具有由低级到高级的三层制度结构，即工具层、制度层和战略层。工具层是最低的分析层级，它涵盖了跨域治理的主体、工具（技术）、基本制衡力量，其中的一些要素、主体和工具似乎与一些经典的理论隐喻相吻合。在不断的治理过程中，由于外在政治压力和自身发展等内在动力的持续推动，逐渐形成高层次的制度层，一些重要的制度、观念、体制、平台、系统和规则开始形成。随着治理的深入和成效的取得，资金、项目、政策等资源不断获得，地方政府和企业也开始自觉认识到污染治理对于地方经济和企业可持续发展的重要性，它们开始积极参与治理，并将其内化成日常工作的一部分，参与"锰三角"治污的各主体无形中结成了一种治污战略联盟，一些资源开始在联盟内部共享，合作开始扩展到文化保护、社会治安等其他领域。

其四，与一般的治理所不同的是，"锰三角"的治理中虽然有多中心治理的特征，但它与现代"多中心"理论又有区别。在完全意义上的"多中心"理论中，所有主体都处于平等的地位发挥着几乎等同的效用。而"锰三角"机制中的多中心并非所有主体都是平等的，主体之间仍带有等级制度，大部分主体受制于握有绝对决策权的主体，以"中央"这个具有最高权威的主体、各级涉及部门和地方政府等构成了纵向的治理维度，而同时又存在一个由地方政府、民间政治精英与非政府组织构成的横向的治理维度，两个维度连接在一起发挥着强大作用，纵向维度运用强制性行政手段迫使各个部门能够就相关事宜坐下来谈判,横向维度则采用谈判、协商、沟通、合作、制度外抗争、社会监督等方式推进治理,我们将这种纵横交错的特征称为纵横治理网络链接。

其五,治理演进的动态性。"锰三角"的成功治理不是一蹴而就的,整个过程始终呈现出动态演进的状态。我们可将整个治理过程大致划分为三个阶段,第一阶段为 2000 年至 2005 年 7 月,第二阶段为 2005 年 8 月至 2009 年 4 月,第三阶段为 2009 年 5 月至今。第一阶段主要是以民间政治力量和非政府组织的呼吁及推动为主,它们将"锰三角"污染事件公之于众,并在解决无望的情况下寻求媒体支持,最终做出了"制度外抗争"的举动,一系列行动引起了中央和社会的关注,各种政治和社会压力随之而来并转化成"锰三角"治理结构演进的动力,推动其进入第二阶段。在第二阶段,纵向的权威和横向的合作开始产生,多元治理主体逐渐形成,有关机制、制度和平台迅速形成,治理开始显现成效,随着各种资源不断注入,以及区域性污染之外部性问题的严峻。地方政府和企业也开始认识到污染的累积将会导致区域整体发展环境的恶化,对于区域长远利益并无好处。出于上述考虑和理性自觉,他们开始积极主动投入治理活动,逐渐形成有利于解决污染问题的共同义化和信念,这种"元认同"推动治理继续演进。在第三阶段,跨域环境治理联盟逐渐形成,合作机制开始延伸至其他领域。

四 跨域治理困局破解的基本逻辑与制度特征

通过"锰三角"的案例研究,我们大致梳理出多元治理主体、二维治理网络、地方性制度资源和民间政治精英的嵌入、区域性公共论坛、多层次的制度结构及其变迁等五个制度特征。在应对跨行政区域性公共事务时,可以将这些原则作为跨域治理的基本逻辑,也可以将其作为评价现存的跨域治理结构是否有效的参照系。换言之,在面对具体的跨域公共问题时,满足这些特征的治理模式将有更大可能趋于成功。

(一)多元治理主体

我国历来的政治传统就是单一的强势政府进行公共管理,裁判员和运动员双重身份兼于一身，缺乏监督和参与的管理带来的直接后果就是低效和僵化。内含了多对制衡力量的多中心治理结构，有助于形成权力制衡的稳定治理状态，促成了政府与政府、政府与民众、政府与非政府组织之间的双向互动，从而易于衍生出许多诸如政府联动、民间政治精英参与、媒体监督等优良体制，这极大地克服了单一的政府管制模式所导致的各种弊端，有助于形成各级政府、民众、非政府组织、私营部门等多元主体共同治理区域公共事务的新格局。同时，在公共权力的运行向度上，区域公共管理依赖的是多元的、分散的、上下互动的权威，彼此间是合作网络和交叉重叠的关系，它主要通过合作、协调、谈判、伙伴关系、确立跨域行动的共同目标等方式对区域公共事务进行联合治理。这种联合治理的实质在于它是建立在市场原则、公共利益和区域认同之上的相互合作，它针对不同层次、不同类型的区域公共问题，无形中构造了包括科层制、市场机制、合作机制、组织间网络、自组织等混合机制来进行治理的模式，这种模式是灵活多变、相互制衡且作用显著的。

（二）二维治理网络

对于我国跨域治理而言，纵向的行政权威和横向的治理合作及资源共享是有显著现实意义的。相对于发达的西方国家强势的地方政府权威而言，我国地方的经济在很大程度上依赖于中央转移支付等特殊资源的倾斜，其经济的依附性决定了政治的弱势性，很多事务自治因缺乏实际的资源而流于形式。"锰三角"治理模式表明，在处理跨域公共问题时地方政府往往缺乏积极的回应，其根本原因在于其无法对跨域治理做出有利于自身的成本——收益预期，因此中央权威的参与将使地方政府的预期趋于稳定，并通过相关政策资源的注入以强化地方政府跨域治理的积极性。"锰三角"治理模式中，中央政府发挥了极大的作用，纵向行政权力主要在于加强中央政府的协调作用，由于中央政府超脱于地方政府利益博弈之外，同时享有绝对的权威与决策权，从而能在地方政府的博弈结构中起到信息沟通与冲突裁判的作用。如果仅仅只强调地方政府横向的合作而忽略中央强势介入的宏观背景，那么在"锰三角"治理模式中所谓的"横向联动机制""联席会议体制"都会由于缺乏政策资源支持和外在政治压力而失去对各主体的约束力。但同时我们也不能忽视"碎片化权威"在应对区域性公共问题时的重要价值，跨域公共事务的外溢性效应要求处理主体必须是相关的地方政府主体，在各种外在压力和资源性诱惑下①，他们最终会积极寻求相互合作，并通过合作、协调、谈判、伙伴关系、确立集体行动的目标等方式对区域性公共事务联合治理，双赢或共赢成为这种混合治理机制的基本精髓。

（三）地方性制度资源和民间政治精英的嵌入

研究表明，一些地区的族规、家训、传统和习惯，不仅维护了当地的社会稳定，而且在生态治理和灾害救治中都发挥着重要作用，处于"锰三角"交界地带的群众由于地缘毗邻和传统习俗相似，民族内部、各民族相互间都有较强的认同感，他们往往在宗教、信仰、传统和思维方式方面具有一致的看法。这也是"锰三角"民众能在短期内就成立"拯救母亲河行动代表小组"并发动了多次抗争行动的原因。因此，在处理民族地区跨域公共事务尤其是有关资源使用和配置等问题时，发掘并使其成为正式制度创设的潜在资源显然非常重要。与地方性制度资源相关的另一重要因素是民间政治精英，按照米歇尔·曼的观点，国家权力分为强制性权力和基础性权力。前者应该在统治阶层分配，而基础性权力是落实国家政策的权力，可以进行适当的合作和共享，这为地方性精英参与治理地方事务提供了充分的理论依据。民间政治精英在本土性文化的影响下，更易成为地方大众的政治代言人，他们具有较强的独立人格、荣誉感和使命感，让他们不愿无原则地依附政府，在推进某些行动时更具有号召力，也才有了"锰三角"群众发出的"只要姓华（华如启）的倒下了，我们就把厂子炸平"掷地有声的誓言。因此适当考虑吸引某些地方政治精英参与地方治理，这有助于地方性公共事物的治理和某些公共政策的执行落实，对于这种将地方精英

---

① 在2009年4月环保部在"湘渝黔交界'锰三角'地区环境综合整治座谈会"上表示将从2009年起的今后五年内，加大对该地区环境治理的支持力度，从中央财政集中的排污费资金中每年为"锰三角"花垣县、松桃县、秀山县每县安排中央投资5000万元，地方政府还将予以专项资金配套。

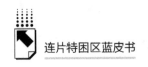

整合至公共行政中去的"吸纳型行政"模式之积极意义，已有学者做过专门的探讨。

（四）区域性公共论坛

此处的"论坛"并不是一个固定的场所，而是为解决区域性公共问题所构建的平台、渠道和机制，在行政区的合作治理中，一套能让各治理主体包括普通民众进行诉求表达、交流、共享、监督、反馈的平台、渠道和机制异常重要，这种区域性公共论坛在"锰三角"模式中具体表现为各种"联席会议""区域联动""相互监督""排污处罚"等一系列机制，甚至包括媒体报道及参与监督、民众在治理初期采取的各种抗争行动。在跨域治理中，既要注重搭建便于政府间对话协商的正式论坛，同时也要注重维护政府、民众、非政府组织、媒体之间的非正式论坛。区域性公共论坛有助于化解冲突、达成共识、共享资源、惩处违规、稳定预期，这样一方面可以建立互帮互助、互通有无的良好氛围，提高各方治理的积极性；另一方面，无形中形成了相互监督的体制，打消各方不作为的"搭便车"心理。在"锰三角"治理的第三阶段，环保部召开的环境综合整治工作座谈会也起到了"论坛"的作用，三省市从中了解到中央将继续关注支持"锰三角"治理的政策信号，这将有助于各方产生理性预期，从而做出更为积极的治理决策，并开始尝试在其他公共领域方面的合作。

（五）多层次的制度结构及其变迁

多层次的制度结构是由低级到高级逐层递进的制度系统，只有形成了低层级的制度框架并在满足一定条件后才会演进到高一层级的制度框架，高层级的制度框架变更通常比较复杂，且成本更高，但一旦形成，则会更有助于提高跨域治理主体在行动时进行相互预期的稳定性。这种结构也为解决跨域问题提供了多层级的区域性公共论坛，在由工具层向制度层及战略层不断演进的过程中，区域性公共论坛也在不断升级、拓展，从而为跨域治理提供了更为丰富的工具、政策、技术、机制和平台，最终有利于形成一个自组织的跨域治理与合作的战略联盟，这种联盟对于公共资源相对缺乏的民族地区而言是非常重要的,它将使跨域治理各主体结合成一个有机的共生体,实现资源共享、利益互惠。同时,这种结构还意味着制度变迁的可能性,只要在满足一定条件或在某些动力推动下,它会不断进行自发的"帕累托"改进,从而使跨域治理的绩效不断优化,并使跨域合作逐渐拓展到各领域,这对于毗邻地区的整体竞争力的持续提升是有积极作用的。

五 结语

现今区域性公共事务的系统性、区域性、复杂性决定了传统行政区行政已无法有效地治理。"锰三角"治理在无形中打破了行政区的限制,建立了多中心联动机制,实践证明,只有兼顾了各方利益,激励各方参与治理的积极性才能够有效地处理跨域公共问题。"锰三角"治理成功的一个重要原因在于没有完全摒弃传统行政区治理模式,在横向政府合作中,如果仅仅只是行政首长联席会议制的政府合作治理形式,没有中央的强制性与媒体的监督作用,就可能存在议而不决、决而不行甚至合作失效的问题。在当下社会环境中,中国长期以来实行的行政区行政已存在着管理惯性,这种惯性对于解决我国跨域公共问题仍十分有效,这似乎与西方截然不同。虽然"锰三角"治理模式仅代表了一地的经验,呈现的也仅是特定场景下的某一特定制度结构,但它在面对复杂的、不确定的跨域问题时,表现出的强有力性和持续有效性是不容否认的。"锰三角"的成功治理让我们有理由相信,这种模式内含了一些有助于其走向成功的逻辑或原则,这些要素虽不能成为解决所有跨域问题的基础,但对于那些在物质基础、文化传统和政治经济关系等方面与"锰三角"地区相类似的其他地区而言,却是有显著参考价值的。当然,一种仅经受了短短七年时间检验的跨域治理模式还是相当稚嫩和不完善的,我们不能妄大其事,妄尚其功,也不能苛求它成为万试万灵的跨域治理法宝,"锰三角"跨域治理模式还很不成熟,"锰三角"地区还有很多诸如尾矿处理、矿渣堆放、经济转型升级、连片脱贫等问题急需解决,旧的问题得以解决新的问题又将产生,而正是在如此周而复始的问题解决过程中,"锰三角"跨域治理模式将不断经受现实的检视,并不断得以充实完善。

Analysis on 'Manganese Triangle' Model of Solving the Dilemma of Governance across Boundary

Jiang Hui   Zhang Huaiying

Abstract: The success of 'Manganese Triangle' management is not accidental, it contains some elements helped to the success. By way of the system analysis of 'manganese triangle' experience, we generally summarizes some basic logic and institutional characteristics about governing the commons across boundary. Those based on experience and experience-transcendental will build a system of institutional framework for our predictability analysis of governing the commons across boundary, and will provide a clear picture of the theory about how to solve those problems above.

Key Words: Governance across Boundary; Environment Pollution; The "Manganese Triangle" Model

B.15
贫困村的专业化发展与多维减贫经验

——以保靖县黄金村为例

丁建军　冷志明　黄利文　曾象云*

摘　要：

本文对保靖县黄金村的专业化发展过程、多维贫困状况以及专业化发展的多维减贫效应进行了实证分析。研究发现：贫困村的专业化发展历程遵循"S"型轨迹；伴随专业化发展，农户的多维贫困呈下降趋势，而且不同类型农户的多维贫困状况存在较大差异；村域经济的专业化发展对不同贫困维度的减贫效应存在差异，但总体而言，具有较为显著的减贫效应。

关键词：

专业村　多维贫困　黄金村　减贫效应

一　引言

产业扶贫是国家促进连片特困区区域发展与扶贫攻坚的主要举措，也被普遍认为是"造血"式扶贫、提升贫困地区自我发展能力的有效途径。"一村一品，多村一品"的专业化发展模式由于其"以专取胜、以特见长"的优势备受青睐，专业村模式正在贫困地区农村经济发展中逐步推广。作为贫困地区产

*　基金项目：教育部"新世纪优秀人才支持计划"基金项目、国家社科基金项目（12CJL069）、教育部人文社科基金项目（11YJA790070）、教育部人文社科基金项目（12YJC790204）、湖南省重点社科基金项目（11ZDB072）和国家发改委项目"新时期集中连片特困区扶贫思路及对策研究"（2012 - 30 - 13）。

曾象云，吉首大学 2011 级硕士研究生。

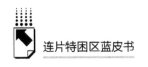
业扶贫的重要模式，专业村对于促进连片特困区多维减贫和提升自我发展能力具有十分重要的意义。因而，深入探索贫困地区专业村的发展规律，特别是其减贫效应就显得十分必要。基于这一背景，本文以武陵山连片特困区内保靖县的黄金村为例，讨论了茶叶产业专业化发展进程及其多维减贫效应。

二 黄金村茶叶产业专业化发展进程

黄金村作为茶叶生产专业村，其发展过程既是对传统种茶项目的拓展，又是在科技推动下对资源优势的开发和挖掘，从而具有专业村发展的一般规律，又带有明显的自身特色。

（一）黄金村茶叶产业专业化发展的阶段

在综合考虑现有专业村判别标准以及住户调查和深度访谈所获得信息的基础上，本文选择以"茶叶专业户数量的变化"作为黄金村茶叶产业专业化发展阶段判别的首要指标。具体地，茶叶专业户指种茶收入占家庭总收入一半以上的农户。图1描绘了黄金村茶叶专业户累计户数的时序变化过程。不难发现，黄金村茶叶产业专业化发展过程具有明显的阶段性，并呈现出典型的"S"型发展规律。即早期只有很少的传播者，之后接受该项目的农户快速增加，后期多数农户参与其中。

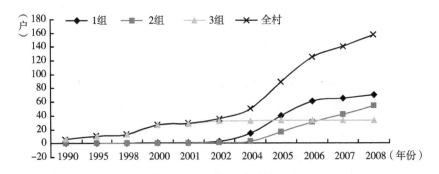

图1 黄金村茶叶专业户累计户数时序变化

由图 1 可知，黄金村的专业化发展大体上经历了近 20 年，到 2008 年农户专业化率达到了 100%。① 其中，2000～2002 年和 2005～2006 年是两个重要的节点年份。2002 年前，茶叶种植专业户主要集中在 3 组，而且发展较为缓慢，1998～2000 年，3 组内部出现了第一个快速增长潮，并且 2 组也开始出现个别专业化农户。不过，这一时期黄金村的茶叶专业户仅为 27 户，占比为 17.19%，而第 3 小组则基本实现了种茶专业化，专业户占比达 78.78%。2002 以后，第 1、2 村民小组先后进入专业化快速发展阶段，并在 2005～2006 年达到新增专业户的又一峰值。到 2006 年，1、2、3 组的种茶专业户数达到 61、32 和 33 户，专业户占比分别为 87.14%、57.40% 和 100%。可见，到 2006 年黄金村已成为名副其实的专业村了。黄金村的专业化发展过程不仅具有明显的 "S" 型轨迹，而且在三个村民小组间也存在类似于产业转移（扩散）的雁形模式，其中，3 组为领头雁，1 组、2 组则相继追随，前期扩散较慢，后期则呈几何级数增长。

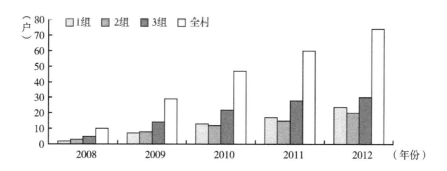

图 2　黄金村拥有茶叶生产机器农户数量时序演变

　　此外，由图 2 还可以看出，2008 年以后，黄金村茶叶产业生产加工的机械化程度不断提高。2008 年，全村拥有茶叶加工机器的农户仅为 10 户，机械化率为 6.36%，到 2012 年，全村拥有茶叶加工机器的农户数增加到 74 户，占

---

① 需要说明的是，农户专业化率达到 100% 是指该村所有农户种茶收入的占比都超过了 50%，而不是指所有村民只从事与茶叶相关的生产活动。事实上，茶叶生产具有一定的季节性，在非农忙时期外出务工也是部分村民的选择。

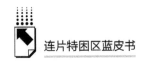

比为47.13%。其中，第3小组的机械化程度最高，达到了90.91%，第1、2小组分别为24户和20户，占比34.28%和37.03%。

（二）农户茶叶产业参与状况比较

为了进一步深入考察黄金村农户茶叶产业专业化发展的参与情况，课题组对农户的收入来源、家庭成员茶叶产业参与率以及茶叶产业的参与环节三个方面进行了调查。调查结果显示，与茶叶相关的收入是黄金村所有农户家庭收入最主要的来源，全部占到50%以上，务工收入对于部分农户来说是第二收入来源，并且这些农户主要集中在第1、2村民小组。此外，1组中还有1户农户有养蜂带来的收入，2组中有2户有财产性收入。不过，相对于与茶叶相关的收入来源而言，其他收入来源的占比都非常低。其中，务工收入占比最高的家庭其占比也不到30%。[①] 图3的家庭成员茶叶产业参与率大都集中在0.5~0.7也意味着农户的专业化程度相当高。

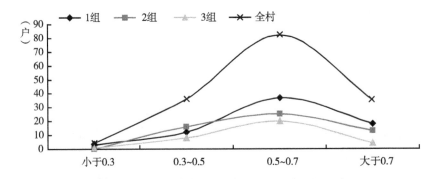

图3 黄金村农户家庭成员茶叶产业参与率调查结果

从农户参与茶叶产业环节来看，全村共有102户参与了茶叶种植、加工、销售、育苗及其他所有的环节，118户参与了前4个环节，130户参与了种植、加工和销售环节，155户参与了种植和加工环节，全部家庭都种植了茶叶。三个村民小组相比，2、3小组的全部环节参与比率高，特别是第3小组，所有

---

① 调查得知，农户并不依赖于外出务工收入，更多的是将外出务工作为增长见识的重要途径。

农户全部参与到茶叶产业的各个环节之中。而第 1 小组则仍有少部分农户不直接参与茶叶销售、育苗及其他环节。

综上，按照茶叶收入占比过半甚至 80% 的标准来衡量，黄金村已实现了茶叶产业的专业化发展，是典型的茶叶专业村。不过，三个村民小组之间还是存在一定差异，相对而言，第 3 小组的专业化程度高于第 1、2 小组。

三　黄金村农户多维贫困的时序演变

伴随茶叶产业专业化发展不断推进，黄金村也由一个落后、闭塞的贫困村发展成为远近闻名的富裕村，"黄金村"的名称也不再名不副实。2012 年，全村人均纯收入达到 14142 元，与 2002 年的 1453 元相比，几乎增长了近 10 倍。不过，贫困是一种复杂而综合的社会现象，除了收入以外，贫困还涉及教育、健康、住房以及公共物品等多个维度的缺失。

（一）经济贫困的时序演变

经济贫困虽不是贫困的唯一维度，但在贫困的各个维度中具有基础性影响，并长期以来被作为最重要甚至是唯一的维度加以考核。而经济贫困的测度指标主要有贫困发生率（贫困广度）、贫困缺口指数和平方贫困缺口指数（贫困深度）。不过，就一个特定的村而言，人均纯收入的变化和分布无疑是更直观反映经济贫困时序演变的指标。2002 年，黄金村专业化发展的第一个阶段，全村的人均纯收入很低，仅为 1453 元，三个村民小组中，率先专业化的第 3 小组最高，为 1712 元；2007 年，黄金村经历了第二个专业化快速发展期，此时，全村人均纯收入有了较大的提高，达到 5459 元，三个村民小组中，完全实现专业化的第 3 小组仍然最高，达 7530 元，其次为第 2 小组，第 1 小组则最低；2012 年，全村所有农户完全实现了专业化经营，全村的人均纯收入有了更大幅度的提高，达 14142 元，最高的是第 3 村民小组，人均纯收入为 18272 元。此外，按照最新贫困线 2300 元的标准，2002 年贫困率为 95.54%、2007 年为 9.95%、2012 年则降为 3.18%。

进一步地，图4、图5、图6给出了三个关键年份全村及各村民小组人均纯收入分布情况。[①] 不难发现，全村及各村民小组的收入分布曲线随着时间的推移在不断地往右偏移，并且分布越来越平坦。这意味着，全村不仅收入水平在不断提高，而且收入差距整体上也趋于缩小。此外，以2300元的贫困线为临界，我们也可以发现，2002年绝大部分农户均为贫困户，其中，第1、3小组呈两极分化的态势，即收入低于1196元和处于1500～2300元的贫困户最多，而处于1196～1500元的贫困户较少，第2小组则不同，收入越低的贫困户数量越多。2007年，贫困户已急剧减少，而且大部分贫困户的收入处于1500～2300元。三个小组间，第1组农户间的收入差距最大，第3组最小，但都近似服从正态分布，第2组则呈现出了与2002年完全相反的分布特征，收入越高的农户数越多。2012年，贫困户的数量继续减少，不过，在为数不多的贫困户中，收入低于1196元的户数反而较多。[②] 三个小组间，第1组农户间的收入差距仍最大，第2组次之，都近似服从正态分布，第3组则呈收入越高的农户数越多的递增分布。可见，黄金村农户人均收入呈你追我赶的波浪式推进递增趋势。

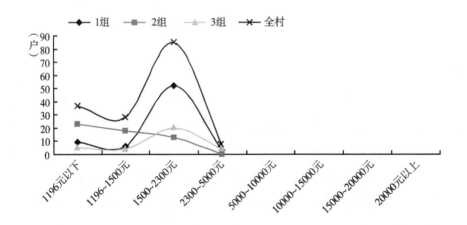

图4 黄金村人均纯收入分布（2002年）

---

① 分布图中1196元、1500元和2300元分别是我国所确定的3个贫困线。

② 调查发现，出现这一结果主要是因病返贫所致。

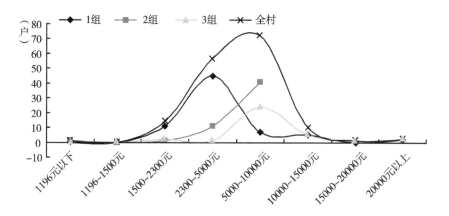

图5 黄金村人均纯收入分布（2007 年）

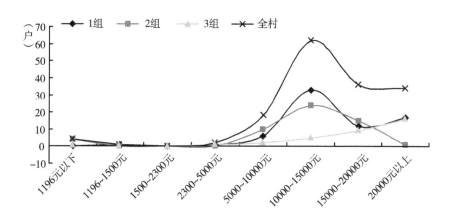

图6 黄金村人均纯收入分布（2012 年）

（二）人类贫困的时序演变

人类贫困主要从人类自身发展受剥夺的角度来揭示贫困，涉及教育、健康、住房和交通等方面。和经济贫困急剧减少、人均收入不断提升的喜人表现不同，黄金村的人类贫困则不容乐观。

1. 教育贫困

目前，黄金村有小学1所，共设1～2年级2个班，学生人数16人，教师2名（含1名来自长沙的支教人员），没有专门的幼儿园。最近的中学办在葫芦镇，路程为 20 余千米，学生平时寄宿，周末回家。这一状况多年来没有明显改变。唯一变化的是，随着村民收入水平越来越高，越来越多的村民将小孩送往吉首市上学。

此外，村民整体的教育程度不高。全村 157 户农户中，户主没有完成初中教育的有 68 户，占比 43.31%。而家庭成员中最高文化程度的调查结果显示（见图 7），文盲为 1 户，小学为 42 户，初中为 97 户，中专或高中为 13 户，大专或大学为 4 户。并且，还有 1 户家庭有适龄儿童辍学。

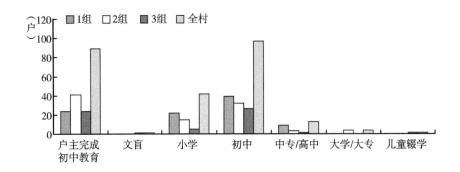

图 7 黄金村农户教育程度调查结果

三个村民小组间，第 2、3 小组的教育程度相对较高，户主完成初中教育率分别为 75.92% 和 72.72%，而第 1 小组仅为 34.28%。家庭成员中具有大专或大学学历的农户都集中在 2 组。1 组虽然整体受教育程度相对较高，但有 1 户家庭存在小孩辍学的情况。如果按照家庭最高学历低于初中作为教育贫困的判断标准，黄金村的教育贫困率仍为 27.39%。纵向来看，村民越来越重视教育，并都表示"将会让小孩读更多的书"，不过，10 余年来全村整体教育程度提升幅度仍不够明显，教育贫困率下降幅度不是太大。①

2. 健康贫困

2010 年，黄金村建立了村卫生室，由 1 名妇女专干负责，村民感冒等普

---

① 如果我们将户主未完成初中教育率与家庭成员最高学历未达初中率分别作为 10 多年前和 10 余年后的教育贫困率，则黄金村教育贫困率大约下降了 15.92%。这一估算有一定的合理性，不过显然不够精确。

通疾病基本能够医治。此外，2006年，全村所有农户都参与了新农村合作医疗项目，新农合参与率达到了100%，2011年，全村共有151户参与新农村养老保险项目，参与率为96.17%。不过，全村仍有影响劳动的慢性疾病户16户，生病不能及时医治户8户，分别占比为10.19%和5.09%。

三个村民小组之间，生病不能及时医治的农户都集中在1组，而养老保险未覆盖的7户，有5户在1组，2户在3组。另外，3个小组都有家庭成员中有影响劳动的慢性疾病户，其中，1组10户，2组5户，3组1户。

总体而言，黄金村自2006年以来健康贫困有了较大幅度的下降，特别是新农合、养老保险的覆盖率高，极大地解决了农户的后顾之忧。

3. 交通贫困

从地理区位来看，黄金村虽然远离保靖县城，但由于离湘西自治州州府吉首市仅19千米，因而区位劣势并不突出。不过，2005年以前村里没有公路，交通贫困是制约黄金村发展的重要瓶颈。2005年，村里开始修公路，2012年路面水泥硬化全面完成，交通状况得到了极大改善。① 目前，从黄金村到吉首市车程仅为半小时左右。

此外，黄金村拥有机动车（含摩托车）的农户数量也在不断增加，交通贫困进一步得到改善。目前，黄金村拥有机动车农户数已达52户，占农户总数的33.12%。其中，第1小组有20户（早在2000年和2002年各有1户购买机动车），第2、3小组分别为17户和15户。在三个村民小组中，第3小组机动车拥有农户数比率最高，为45.45%，第1、2小组则分别为28.57%和31.48%。纵向来看，2008～2012年，黄金村机动车拥有农户数以年均近10户的速度增加。而且，2010年后，增速有上升的趋势。

可见，2005年后，黄金村的交通贫困逐步改善，到2012年，黄金村交通贫困基本解决。

4. 住房贫困

黄金村是典型的苗族聚居区，民居特征是木质结构住房为主。因而，不能

---

① 不过，在通往吉首的路程中还有一处需涉水而过，仍然是一个交通障碍，因而有必要尽快修建一座可通车辆的桥梁。

直接援用非砖瓦结构住房比率来衡量住房贫困程度。具体来说，本部分采用住房年龄、住房面积、基本家电（电视机、电冰箱、洗衣机）、冲水厕所、自来水等多方面的指标来反映黄金村的住房状况。

首先，黄金村修建于 50 年前的住房有 14 户，其中，最早的住房修建于 1920 年，修建于 1930 年、1935 年的住房各 1 户，1950 年、1960 年、1970 年的住房分别为 4 户、7 户和 5 户。一般而言，大于 50 年的木结构住房多少存在一定的安全隐患，因而，住在这类住房的农户可在一定程度上看作住房贫困。这一住房比率在黄金村为 8.91%。

其次，从人均住房面积来看，黄金村人均住房面积偏低，住房面积贫困率达到 68.78%。[①] 各小组及全村农户人均住房面积的分布（见图 8）。不难发现，全村大部分农户人均住房面积都低于 33.4 平方米，其中，第 1 组有 1 户低于 10 平方米，低于 20 平方米的全村共有 40 户，占总农户数的 25.47%。三个村民小组中，1、2、3 组人均住房面积低于 20 平方米的农户数分别为 22、17 和 9 户，占比分别为 31.42%、31.48% 和 6.06%；住房面积贫困率分别为 68.57%、70.37% 和 66.67%。

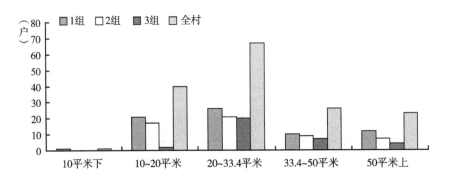

图 8　黄金村农户人均住房面积分布

第三，黄金村三类家电拥有率相对较高，其中，彩电拥有率 94.90%，电冰箱拥有率 64.96%，洗衣机拥有率 43.94%。图 9 ~ 11 描述了该村拥有三类

[①] 2010 年全国农村人均住房面积为 34.1 平方米，借鉴陈琦（2012）的做法，我们将人均住房面积低于 33.4 平方米（根据平均家庭规模适当调低了标准）的农户称为住房面积贫困户。

家电农户数的时序演变过程。2000 年，全村拥有彩电户数仅为 13 户，占比 8.28%，电冰箱拥有户数为 1 户，占比为 0.63%，洗衣机拥有户数为 5 户，占比为 3.18%。经过 10 余年的发展，三者占比分别增加了 86.62%、64.36%、40.72%。其中，2003~2005 年、2007~2010 年是彩电普及的两个加速期。电冰箱的购买则主要发生在 2007 年以后，而且增长速度非常快。2007 年前，电冰箱拥有户主要集中在第 3 组，2007 年以后，第 1 组增长最快，而第 2 组到 2009 年才开始快速增长。相对于彩电和电冰箱而言，洗衣机的拥有率相对较低，但也有两个增长相对较快的时期。第一个时期是 2004~2007 年，这一波增长主要由第 3 组拉动，而 2007~2012 年这一波增长则是三个小组共同拉动，其中，贡献最大的为第 1 组。三个村民小组间，第 3 组三类家电的拥有率都最高，分别为 100%、90.91% 和 78.78%。彩电和洗衣机拥有率第 2 组高于第 1 组，而电冰箱拥有率则第 1 组高于第 2 组。总体而言，2007 年以来，黄金村三类家电拥有率快速上升。

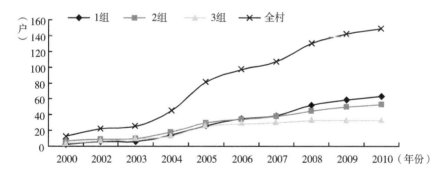

图 9　黄金村拥有彩色电视机农户数时序演变

第四，黄金村的自来水普及迅速，但冲水厕所尚处于引进和起步阶段。① 目前，全村所有农户都实现了自来水入户，生活用水较为方便。从时序演变过程来看，黄金村自来水普及呈典型的"S"型走势，大部分农户在 2003~

---

① 需要说明的是，黄金村的自来水主要是通过铺设管道接山泉水入户而实现的，这与通常意义上的经过自来水公司处理并由自来水公司统一管理的自来水供应不一样。不过，虽然是山泉，但考虑到黄金村生态环境良好，山泉水水质没有污染，我们认为这是一种安全的饮水。此外，冲水厕所普及较慢则可能与农户的观念以及长期的生活习俗有关。

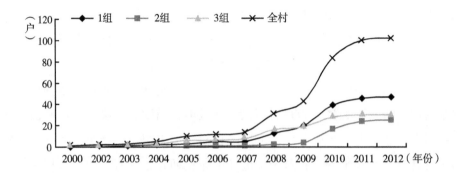

图 10 黄金村拥有电冰箱农户数时序演变

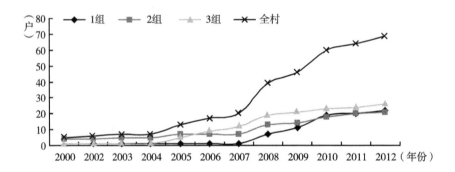

图 11 黄金村拥有洗衣机农户数时序演变

2006 年实现了自来水入户。而从三个小组的比较来看，2002 年，第 1 组就有 61 户实现了自来水入户，之后各年平稳增长；第 2、3 组虽然起步相对较晚，但普及速度很快，特别是第 2 组，到 2008 年，即实现了 100% 的农户自来水入户。不过，冲水厕所的安装尚处于起步阶段，目前，全村共有 5 户农户家里安装了冲水厕所，占比为 3.18%，其中，2 户于 2009 年安装，3 户于2012 年安装。

（三）信息贫困的时序演变

2008 年，黄金村建立了村部图书室，采购了部分茶叶科普、休闲娱乐书籍等图书资料，目前已成为村内年轻人和老年人平时阅读的主要场所。然而，村内尚没有互联网和有线电视网络，也没有建立专门的信息服务点，而且暂时没有铺设和建立的相关规划。村民主要通过卫星电视接收器接收的电视频道获取信息。不过，反映信息化程度的另一指标通讯工具（如手机）的普及率则表明近年来黄金村的信息贫困有了极大的改善。2012 年，全村仅有 4 户没有手机，手机覆盖率达 97.45%，人均手机拥有量为 0.65 部。在三个村民小组中，手机拥有率最高的为第 3 组，达 100%，第 1 组次之，为 98.57%，第 2 组最低，但也达 94.44%。从人均手机拥有量的比较来看，第 3 组最高，为 0.72 部，2 组次之，1 组最低，两者分别为 0.615 部和 0.61 部。

（四）生态贫困的时序演变

总体而言，黄金村的生态状况良好，而且近年来仍在不断改善。2000 年以前，由于茶叶种植面积少，茶叶产值低，经济十分贫困。村民主要通过卖树、挖矿（磷矿）等谋求生计，对环境造成了一定的破坏。2000 年以后，伴随茶叶产业专业化发展进程，村里所有的坡地都种上了茶叶。此外，2011 ~ 2012 年，村部对流经黄金村全境的小溪两岸进行了加固整理，村里到处张贴了爱护环境的标语，生态环境和环保观念得到极大改善。不过，黄金村尚有一些对生态环境造成不利影响的隐患，值得注意。一是绝大部分（98.72%）村民仍然使用柴草等作为生活燃料，虽然这些柴火主要来自于外村，但这种"以邻为壑"的做法仍不利于整个区域的环境保护。同时，还有不少农户用煤作为茶叶加工中的主要燃料，而作为非清洁能源，燃煤对环境也有一定的影响。二是村级公路两边由于修路造成的泥石流隐患。[①] 因而，恢复公路两边的生态植被很有必要。

四　黄金村不同农户多维贫困的比较分析

前面对黄金村及各小组四个维度贫困的时序演变进行了逐一分析。事实上，即便生活在同一村、同一个组，不同类型的群体其多维贫困状况仍会存在差异。为了进一步考察黄金村内不同群体农户的多维贫困差异，本部分将对家

---

① 在课题组调研过程中，就有一处出现了较小的滑坡。

庭规模、民族、教育程度、家庭完整性等方面不同群体的多维贫困状况加以比较，最后，分三个时间节点再次综合考察全村的多维贫困演变趋势。

（一）不同家庭规模农户的多维贫困比较

由表1可知，家庭规模不同，各维度贫困存在明显差异。经济贫困方面，家庭规模越大贫困程度越高，如5人以上家庭的经济贫困率是全村经济贫困率的3倍。教育贫困方面，则恰好相反，家庭规模越小教育贫困程度越高，这主要是因为1~2人家庭中平均年龄偏大。健康贫困方面，1~2人家庭的生病不能及时医治和有慢性疾病家庭成员的比率更高。住房贫困方面，家庭规模较大的农户住房面积未达标率和需大修住房比率相对要高，特别是2~5人规模的家庭，这两项指标的贫困率都达到79%。三大基本电器和冲水厕所普及率方面，家庭规模较小的农户贫困程度更高，交通贫困和信息贫困也有类似的规律。不过，生态贫困（生活燃料未彻底清洁化率）则没有明显差异。① 而从全部家庭来看，黄金村在教育贫困、住房面积贫困以及电冰箱、洗衣机、冲水厕所和机动车普及率、生活燃料清洁化推广方面仍有较大的改善空间。

表1　不同家庭规模农户多维贫困比较

维度 类型	经济贫困	人类贫困											信息贫困	生态贫困
		教育	健康			住房						交通		
	X1	X2	X3	X4	X5	X6	X7	X8	X9	X10	X11	X12	X13	X14
1人家庭	0	0.73	0.27	0.27	0	0	0.18	0.36	0.73	0.82	1	1	0.18	1
2人家庭	0	0.67	0.25	0.08	0	0.42	0.25	0.17	0.75	0.92	1	0.83	0.08	1
2~5人家庭	0.02	0.24	0.02	0.09	0.06	0.79	0.12	0.02	0.31	0.58	0.97	0.67	0.01	0.98
5人以上	0.09	0.09	0	0.09	0	0.71	0.15	0	0.21	0.35	0.94	0.50	0	1
全部家庭	0.03	0.27	0.05	0.10	0.04	0.69	0.14	0.05	0.35	0.57	0.97	0.67	0.03	0.99

注：X1 - 贫困发生率，X2 - 最高学历低于初中率，X3 - 生病不能及时医治率、X4 - 慢性疾病户率、X5 - 养老保险未覆盖率、X6 - 人均住房面积未达标率、X7 - 需大修住房比率、X8 - 彩电未普及率、X9 - 电冰箱未普及率、X10 - 洗衣机未普及率、X11 - 冲水厕所未普及率、X12 - 机动车未普及率、X13 - 手机未普及率、X14 - 生活燃料未彻底清洁化率。此外，自来水普及率、新农合覆盖率等指标则因为达到100%，对比的意义不大，因而没有列入。

---

① 本文仅用生活燃料未彻底清洁化率作为生态贫困的衡量指标，仅在村内不同类型群体之间具有比较意义。事实上，黄金村整体的生态状况良好，这在前文中已有分析。

（二）不同教育程度农户的多维贫困比较

通常认为人力资本或教育程度对贫困有着重要的影响。本部分按照户主是否完成初中教育以及家庭最高教育程度将黄金村所有农户分成不同教育程度的群体进行比较，以考察教育程度对各维度贫困的影响。表 2、表 3 给出了具体的结果。表 2 表明除了经济贫困和住房面积贫困以外，户主完成了初中教育的农户在其他所有维度的贫困程度都低于户主未完成初中教育的农户。其中，差距最大的是教育贫困。这意味着，户主完成了初中教育的家庭更倾向于让小孩接受更多的教育。这一结论与现有的大多数研究结果一致。表 3 对家庭最高教育程度的细分比较进一步支持了教育程度越高的家庭其多维贫困程度相对较低的结论。如表 3 中，最高教育程度为大专或本科的家庭，除了在交通和生态贫困两个维度以外，其他所有维度的贫困程度都最低。特别地，在冲水厕所普及率方面，达到了 50%，远远高于其他类农户。类似地，最高教育程度为中专和高中的家庭，也在大多数维度上较其他两类家庭有更好的表现。

表 2　户主是否完成初中教育农户多维贫困比较

类型 \ 维度	经济贫困	人类贫困												信息贫困	生态贫困
		教育	健康			住房						交通		
	X1	X2	X3	X4	X5	X6	X7	X8	X9	X10	X11	X12	X13	X14
完成初中	0.06	0.04	0.04	0.09	0	0.74	0.13	0.04	0.30	0.46	0.96	0.58	0.01	0.98
未完成初中	0	0.57	0.06	0.12	0.09	0.62	0.15	0.06	0.41	0.72	0.99	0.78	0.04	1

注：各指标的含义同表 1。

表 3　家庭最高教育程度不同农户多维贫困比较

类型 \ 维度	经济贫困	人类贫困												信息贫困	生态贫困
		教育	健康			住房						交通		
	X1	X2	X3	X4	X5	X6	X7	X8	X9	X10	X11	X12	X13	X14
小学或文盲	0	1	0.16	0.14	0.09	0.53	0.19	0.07	0.53	0.79	1	0.84	0.09	1
初中	0.05	0	0.01	0.08	0.02	0.74	0.12	0.05	0.29	0.51	0.97	0.59	0	0.99
中专或高中	0	0	0	0.15	0	0.85	0.15	0	0.23	0.46	1	0.69	0	0.92
大专或本科	0	0	0	0	0	0.50	0	0	0.25	0.25	0.50	0.75	0	1

注：各指标的含义见表 1。

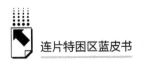

（三）专业化时间不同农户的多维贫困比较

根据参与茶叶产业专业化发展的先后顺序，我们可以大致将黄金村所有农户分为先行者（2000 年前成为专业户的农户）、紧密追随者（2000~2006 年成为专业户的农户）和追随者（2006 年后成为专业户的农户）三类，三类农户的数量分别为 27 户、98 户和 32 户。① 下面，我们对这三类农户的多维贫困进行比较分析。由表 4 可知，总体而言，先行者、紧密追随者和追随者在大多数贫困维度上都呈现出贫困程度递增的趋势，这意味着，黄金村专业化发展具有较为明显的多维减贫效应，并且具有典型的先富带动后富的特征。

表 4　专业化时间不同农户多维贫困比较

类型 \ 维度	经济贫困	人类贫困											交通	信息贫困	生态贫困
		教育	健康			住房									
	X1	X2	X3	X4	X5	X6	X7	X8	X9	X10	X11	X12	X13	X14
先行者	0	0.19	0	0.04	0.07	0.63	0.15	0	0.11	0.22	1	0.48	0	1
紧密追随者	0.02	0.26	0.03	0.12	0.02	0.70	0.05	0.08	0.34	0.60	0.96	0.70	0.02	0.98
追随者	0.09	0.41	0.16	0.09	0.06	0.69	0.41		0.59	0.78	0.97	0.72	0.06	1

注：各指标的含义见表 1。

（四）不同民族农户的多维贫困比较

黄金村农户民族构成为苗族和土家族，其中，以苗族为主，有 132 户，占 84.07%，土家族为 25 户，占比 15.93%。而且，土家族全部集中在第 3 小组。由表 5 可知，总体而言，土家族家庭的多维贫困程度低于苗族家庭。而苗族家庭在养老保险覆盖率、需大修住房比率、冲水厕所普及率和生活燃料彻底清洁化率方面略有优势。不过，土家族家庭良好的表现还可能与第 3 组整体多维贫困程度较低有一定的关系。

---

① 时间点选择的依据是黄金村专业化发展阶段的分界点。

表 5　不同民族农户多维贫困比较

维度 类型	经济贫困	人类贫困											信息贫困	生态贫困
		教育	健康			住房						交通		
	X1	X2	X3	X4	X5	X6	X7	X8	X9	X10	X11	X12	X13	X14
苗　族	0.04	0.28	0.06	0.11	0.03	0.70	0.14	0.06	0.39	0.65	0.96	0.70	0.03	0.98
土家族	0	0.24	0	0.04	0.08	0.64	0.16		0.12	0.16	1	0.52	0	1

注：各指标的含义见表1。

（五）其他划分类型农户的多维贫困比较

考虑到家庭完整性、外出务工以及患有需要长期保养且丧失劳动能力的病人对贫困的影响，本文对黄金村有无上述情形的两类农户的多维贫困进行了对比分析，结果如表6所示。不难发现，有外出务工的农户在较多的维度上贫困程度低于无外出务工农户，仅在住房贫困的部分指标上比无外出务工农户严重；而家庭完整的农户除了经济贫困、养老保险覆盖率、住房面积未达标率高于家庭不完整农户外，其他所有指标对应的贫困程度都要低于家庭不完整农户。有病人户的多维贫困程度总体上比无病人户更严重，但差别不是十分明显，如在教育、生病不能及时医治、三大电器普及率、交通、信息和生态贫困维度上有病人户要比无病人户严重，但在经济贫困、养老保险未覆盖率、住房面积未达标率、需大修住房率、冲水厕所未普及率等方面无病人户比有病人户要严重。

表 6　其他划分类型农户的多维贫困比较

维度 类型	经济贫困	人类贫困											信息贫困	生态贫困
		教育	健康			住房						交通		
	X1	X2	X3	X4	X5	X6	X7	X8	X9	X10	X11	X12	X13	X14
有外出务工	0	0.12	0.02	0.09	0	0.72	0.11	0.05	0.39	0.58	0.96	0.61	0	0.96
无外出务工	0.05	0.36	0.07	0.11	0.06	0.67	0.16	0.05	0.33	0.57	0.97	0.70	0.04	1
家庭完整	0.04	0.23	0.02	0.10	0.04	0.72	0.14	0.04	0.32	0.56	0.96	0.64	0.01	0.99
家庭不完整	0	0.65	0.29	0.12		0.41	0.18	0.12	0.59	0.71	1	0.88	0.12	1
有病人户	0	0.38	0.19	1	0	0.63		0.19	0.44	0.75	0.94	0.81	0.13	1
无病人户	0.04	0.26	0.04	0	0.04	0.70	0.16	0.04	0.34	0.55	0.97	0.65	0.01	0.99

注：各指标的含义（见表1）。此外，有无外出务工户的划分依据是家庭是否有成员外出务工；家庭是否完整的划分依据是户主是否单身、离异或丧偶；有病人户的划分依据为是否有家庭成员患有需要长期保养且丧失劳动能力的病人。

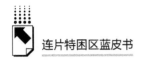

五　结论与建议

在住户调查、深度访谈的基础上，本文对连片特困区的典型专业村——黄金村的专业化发展过程、多维贫困的时序演变以及茶叶产业专业化发展的多维减贫效应进行了实证分析，得到了以下主要结论。

（1）黄金村的茶叶专业化发展过程遵循了专业村形成的一般轨迹，呈现出典型的"S"型。虽然黄金村有较长的种茶传统，但其专业化发展起步于20世纪90年代初期，快速发展于2002～2008年，并且呈现明显的由第3小组向第1、2小组梯度扩散的规律。而导致其专业化发展的因素除了种茶传统的引致之外，最主要的影响因素则是"育苗"关键技术的突破和政府的大力推动（政策导向和补贴），基于"差序格局"网络关系的能人带头和示范作用也在茶叶产业专业化发展的扩散过程中起了重要的作用。

（2）伴随茶叶产业的专业化发展过程，黄金村农户的多维贫困状况也有了明显的改善。基于经济、人类（教育、健康、住房和交通）、信息和生态贫困的时序演变分析以及不同群体多维贫困状况的综合比较表明，黄金村经济贫困、健康贫困、交通贫困、信息贫困等维度上改善明显，贫困程度较低，而在教育贫困、住房贫困（住房面积、冲水厕所）和生态贫困（清洁能源使用）等维度上仍有较大的改善空间。此外，教育程度、家庭规模、有无外出务工、家庭是否完整等不同群体之间的多维贫困状况存在较为明显的差异，因而，在深化多维减贫方面应考虑不同农户的背景，提高减贫效率。

（3）黄金村茶叶产业专业化发展对不同贫困维度的减贫效应存在一定的差异。在经济、健康和住房贫困三个维度上，茶叶产业专业化发展具有显著的减贫效应，在信息和教育贫困维度上，茶叶产业专业化发展虽对贫困概率有负向影响，但不显著。而在交通贫困维度上，茶叶产业专业化发展与交通贫困概率似乎没有直接关系。

黄金村的专业化发展无疑让同样处于连片特困区的其他贫困乡村看到了希望，也为其"脱贫致富"树立了榜样。不过，黄金村的专业化发展以及多维减贫方面仍有提升和改善的空间。具体而言，有以下几个方面值得黄金村思考。

（1）黄金村茶叶产业专业化发展提质与升级。黄金村作为黄金茶的发源地，在黄金茶的产业化发展中是最早的受益者，但随着黄金茶在"国家地理标志"范围内的推广和普及，黄金村的优势将逐步减弱。当前，黄金村村民仍以扩大规模，向周边村寨租地种茶作为下一步的发展思路。这一思路在短期内或达到一定的种植规模之前有其合理性，但着眼于更长远来看，黄金村应该思考茶叶产业专业化发展的提质与升级。提质方面应强调"黄金茶发源地"这一独特资源，提炼、保证、凸显和宣传其优秀品质，使其在价格方面具有无可替代的优势，避免未来黄金茶大规模生产后对价格造成冲击。产业转型和升级方面，同样要打"黄金茶发源地"牌，加快推进以"茶文化"为主题的乡村旅游发展，将茶叶产业链由种茶、卖茶向品茶、论茶、以茶养生等下游环节以及茶叶品种开发等上游环节拓展，真正形成完整的茶叶产业链。

（2）加大人才引进力度，规范公司管理。当前，黄金村有 3 家茶叶公司，主要负责茶叶生产与销售。但从公司的运营和内部管理来看，除了龙头企业保靖县黄金茶公司（保靖县政府和湖南省茶科所等合资）的经营管理相对规范以外，其他两家民营企业黄金茶公司和雅逸公司的经营管理还很不规范。而且，"公司＋农户"运营模式也尚不完善，散户的茶叶销售量占到了该村茶叶产量的 1/3。而散户的销售竞争以及"以次充好"等非理性行为将扰乱黄金茶的销售市场。同样，公司内部缺乏严格的科学管理，也势必制约企业的长远发展，难以形成核心竞争力。因而，加大人才引进力度以及公司员工的培训，规范公司运营管理是黄金村茶叶产业专业化发展向成熟阶段迈进的必然要求。

（3）充分发挥村部"集体行动"的优势，弥补多维贫困"短板"，实现黄金村的全面发展。黄金村虽然在经济上已是远近闻名的富裕村，但从多维贫困的视角来看，教育、住房（住房面积、冲水厕所）和生态（清洁能源使用）等维度的贫困仍相对较高，是多维贫困的"短板"。因而，弥补这些短板才能真正实现黄金村的全面发展。而有些维度的减贫对于农户个体来说，具有典型的外部性，如生态环境、公共交通等，农户个体缺乏改善的动力。对于这些具有公共物品或准公共物品性质的产品供给，需要充分发挥村部"集体行动"

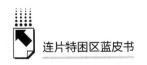
的优势。如村部可以和相邻的隘口村协商共同出资修建通往吉首必需涉水段的桥梁，可以组织村民共建茶园喷式灌溉系统等。

Poverty Villages' Experience of Professional Development and Multidimensional Poverty Alleviation

—Taking the Golden Village of Baojing County as an Example

Ding Jianjun   Leng Zhiming   Huang Liwen   Zeng Xiangyun

Abstract: This paper has analyzed the professional development process, multidimensional poverty status and the alleviation effect of Professional development to multidimensional poverty of poverty village by taking the Golden Village of Baojing County as an example. The results showed that: (1) The professional development process of poverty village followed the "S" path; (2) Accompanied by professional development, the degree of farmers' multidimensional poverty declined, and there was some difference between different types of farmers; (3) There was significant multidimensional poverty alleviation effect of professional development of village economy, but each dimension's poverty alleviation effects were not the same.

Key Words: Professional Village; Multidimensional Poverty; the Golden Village; Poverty Alleviation Effect

B.16
生态旅游的多维减贫与区域
自我发展能力培育效应
——彭水县生态旅游扶贫开发试点的启示与建议

丁建军　魏风劲　杨宗锦*

摘　要：

　　本文以彭水县生态旅游扶贫开发规划与实践为例，对其总体思路、多维减贫效应和区域自我发展能力培育效应进行了逐一分析。最后，归纳了彭水县生态旅游扶贫开发试点的三点启示，并对彭水县未来十年生态旅游产业发展提出了三点建议。

关键词：

　　生态旅游　旅游扶贫　多维减贫　自我发展能力

一　引言

　　《中国农村扶贫开发纲要（2011～2020）》提出：充分发挥贫困地区生态环境和自然资源优势，推广先进实用技术，培植壮大特色支柱产业，大力推进旅游扶贫。这意味着旅游产业将在新一轮扶贫开发中承担重要使命。《武陵山片区区域发展与扶贫攻坚规划（2011～2020）》则在扶贫产业规划中，把旅游产业摆在第一位，要求片区立足旅游资源优势，打造5大特色旅游组团、12

---

* 基金项目：生态旅游湖南省重点实验室开放基金资助项目"连片特困区生态旅游发展的多维减贫效应研究"（JDSTLY201211），国家社科基金项目"连片特困区统筹发展与多维减贫研究"（12CJL069）。此外，本文在调研过程中得到了彭水县旅游局简文相的帮助，在此一并感谢。

魏风劲，吉首大学商学院副教授，硕士生导师，北京大学政府管理学院博士生。杨宗锦，吉首大学商学院副教授，中南大学商学院博士生。

条精品旅游路线，通过改善旅游交通条件、加快景区设施建设、提升城镇旅游服务功能、推进旅游产品多元化开发，把发展旅游作为扩大就业和脱贫致富的重要途径。武陵山片区旅游资源丰富，旅游产业发展有一定的基础，但发展不平衡，而且面临同质竞争的挑战。相对于张家界、凤凰和梵净山的旅游业发展而言，渝东南板块旅游产业发展相对滞后。不过，近年来渝东南山水生态旅游发展思路日趋清晰、措施周全得力，而且在多重利好推动下，大有迎头赶上之势。其中，彭水县借助其独特的资源优势、区位优势和较强的发展后劲，在短短 5 年时间内就实现了旅游收入由零到 8 亿元的突破，在片区旅游产业发展中异军突起。目前，该县作为重庆市"生态旅游扶贫试点县"，正朝着"具有民族特色的旅游中等城市""民族生态旅游集散地"和"武陵山片区旅游扶贫开发示范县"的宏伟目标迈进。与此同时，该县"以旅游扶贫凝炼主题，与专业旅游相得益彰"的发展思路，将旅游扶贫和旅游发展有机结合起来，既立足于短期的"减贫脱贫"目标，又着眼于长远的"自我发展能力"培育。这对于贫困地区的扶贫攻坚与区域发展具有重要的借鉴意义，也充分体现了国家新一轮扶贫开发"区域发展带动扶贫开发，扶贫开发促进区域发展"的指导思想。因而，本文以彭水县为样本，对其旅游扶贫和旅游发展的思路、措施以及这些措施的多维减贫效应、自我发展能力培育效应进行综合分析，以期通过对彭水个案的立体解剖为连片特困区其他贫困县的发展提供启示与借鉴。

二 彭水县的基本概况及旅游产业发展历程

（一）彭水县的基本概况

彭水县全称为彭水苗族土家族自治县，位于重庆市东南部，居乌江下游，东临黔江区，南接酉阳县和贵州省的道真、务川、沿河等县，西连武隆县，北靠石柱县、丰都县和湖北省的利川县，面积 3903 平方千米，森林覆盖率约 42%。全县辖 39 个乡镇，300 个村（社区），户籍人口 68.3 万，73% 的人口为农业人口，境内居住着苗族、土家族等 11 个少数民族。全县属于喀斯特地貌，石漠化面积占国土面积的 1/4，石漠化较为严重，是典型的山区农业县。另外，彭水县自然灾害频发，素有"十年九灾、一年多灾、三年一大灾"之说。因而，长期以来，该县经济发展滞后，先后连续被确定为《国家八七扶贫攻坚计划》《中国农村扶贫开发纲要（2001～2010）》和《中国农村扶贫开发纲要（2011～2020）》的国家重点贫困县。经过长期的扶贫开发，该县经济社会发展取得了较大的进步。目前，该县以水、电、路为主的基础设施明显改善，以粮油、烤烟、畜牧、林业为主的基础产业逐步形成，以技能培训、创业培训和政策培训为主的劳动者综合素质全面提升，贫困人口大幅减少，人民生活水平极大改善。2011年全县实现地区生产总值75亿元，社会零售商品总额33.9亿元，实现地方财政收入12亿元，城镇和农村居民的人均收入分别达到14700元和5215元。

彭水县生态旅游资源丰富。首先，该县是重庆市7个森林资源大县之一，也是重庆市唯一的水利能源基础县，不仅拥有全国知名的自然旅游资源乌江画廊、阿依河景区以及茂云山国家森林公园，还有乌江彭水水电站"高峡平湖"景观。其次，该县历史文化璀璨、民族风情浓郁。苗族文化、盐丹文化、黔中文化以及古镇文化等极具开发价值。有资料显示，该县拥有单体旅游资源共798个，涉及6个大类和43种资源类型，且一部分旅游资源具有较高品位。如乌江画廊景区为重庆市四大旅游精品工程之一，阿依河景区为"全国民族文化旅游新兴十大品牌"，位居"巴渝新十二景"之首，鞍子乡被重庆市政府命名为"苗族民歌之乡"，是全市生态旅游集散地。

（二）彭水县旅游产业发展历程回顾与展望

自1998年彭水县提出将旅游产业发展为县域经济的六大支柱产业之一以来，彭水县旅游产业发展经历了"十五"期间的酝酿筹备和"十一五"期间的突破式发展两个阶段。

2001年，彭水县"十五"规划确立了建立"三个基地一中心一枢纽"的经济社会发展战略，明确将旅游产业作为"三基地"之一。2003年，重庆市领导在渝东南民族地区现场办公会上再次强调彭水要"大力发展旅游产业"。不过，这一时期彭水旅游产业的发展虽然得到了政府的高度重视，但进展还相对缓慢，总体上处于酝酿和筹备期。

"十一五"期间，彭水县明确提出"旅游兴县"战略，并按照"一年打基础、二年寻突破、三年见成效、四年成精品"的部署稳步推进旅游产业的发展。在创建旅游强县的统领下,彭水县以景区建设为龙头,以项目带动为重点,以文化挖掘为核心,通过强化旅游形象宣传,大力推进旅游目的地建设,使得彭水县旅游产业发展取得了实质性突破。2007 年,阿依河景区试运营,彭水县旅游收入实现"零"的突破,旅游产业正式起步。2008 年,彭水县提出构建"1+6+10"的旅游体系,培育乌江画廊核心品牌,建设 6 大景区,10 个乡村旅游示范点,大力发展农村特色产业和乡村旅游业。2011 年,实现旅游综合收入 5 亿元,在短短 5 年内,彭水县旅游产业实现了 0~5 亿元的华丽升级。到 2012 年,彭水县游客接待人数已达到 450 万人次,旅游综合收入已突破 8 亿元。除了旅游收入的井喷式增长以外,彭水县旅游产业的影响力和品牌效应也不断增强。在继阿依河景区入选"巴渝新十二景"和"全国民族文化旅游新兴十大品牌"之后,彭水县又先后荣获"中国最佳文化休闲旅游县""中国特色旅游休闲度假胜地""重庆十强宜游区县""重庆非去不可十大创新案例"等称号,并于 2011 年和 2012 年分别举办了"中国水上摩托艇联赛和国际花样滑水表演赛""中国摩托艇联赛重庆彭水大奖赛暨 2012 年中美澳艺术滑水对抗赛"等重大赛事。

2012 年,彭水县旅游局编制的《彭水自治县区域发展与扶贫攻坚规划——民族旅游产业十年发展与扶贫攻坚规划意见》再次吹响了彭水县旅游产业跨越式发展的号角。"十二五"期间,彭水县将创建 5A 级景区 1 个,4A 级景区 2 个,建成三星级酒店 10 家、四星级和五星级酒店各 5 家,接待游客突破 1000 万人次,旅游综合收入超过 30 亿元,基本实现生态旅游集散地建设目标。"十三五"期间,继续推进民族特色旅游中等城市和国际知名旅游地建设,到 2020 年,再创建 5A 级景区 1 个,4A 级景区 4 个,新增星级宾馆 20 颗星,旅游直接从业人员达到 2 万余人,游客接待量达到 5000 万人次,实现旅游总收入 150 亿元。

三 彭水县生态旅游扶贫开发的思路评析

经过近 10 年的酝酿、发展,彭水县"旅游兴县""产业富县"的思路越来越明晰。首先，彭水县确立了"具有民族特色的旅游中等城市""民俗生态旅游集散地"和"武陵山片区旅游扶贫开发示范县"的三个建设目标。其次，为了实现三大目标，彭水县旅游产业发展强调"精品旅游景区打造"和"乡村旅游发展"双管齐下、相得益彰的发展理念，并充分发挥旅游产业关联性、带动效应强的特征，积极融合相关产业形成旅游产业体系。在乡村旅游发展方面，彭水县依托连片扶贫开发，大力发展乡村生态旅游，重点突出乡村旅游扶贫开发示范区、现代农业综合开发展示区、生态产业集聚区"三区"和乡村旅游精品线、苗乡风情体验线、农耕文化感念线、生态产业观光线、盐丹文化回归线"五线"战略布局，直指"减贫脱贫"目标。在精品旅游景区打造方面，主要以乌江画廊为主轴，以摩围山、诸佛江、郁山镇为开发节点，坚持"自然生态、历史文化和民族风情"特质，实施"一线三点"产业布局，大力建设乌江画廊、大摩围山、娇阿依民俗风情和郁山盐丹文化"四大旅游区"，并着力推进中国彭水水上运动公园、摩围山国际休闲度假区、周家寨国际垂钓度假村和柯棠河生态文化旅游区建设。精品旅游景区打造则主要着眼于彭水县旅游产业的竞争力培育和长远发展。最后，为了保障生态旅游扶贫和生态旅游产业的发展，彭水县明确了生态旅游产业发展的"十大任务"和"六大保障"。其中，十大任务是实施"城市再造"、打造"四大旅游景区"、建设"三大度假村"、实施"三区五线"扶贫开发、建设文化旅游品牌、加快基础设施建设、完善旅游接待和服务设施建设、推进旅游房产与商品开发、加强行业行政管理和强化旅游市场促销。六大保障则涉及上级支持、资金筹措、战略途径探索、工作措施创新、组织领导执行力强化和生态环境保护六个方面。彭水县生态旅游扶贫开发思路归纳为图1。

由图1可知，彭水县生态旅游扶贫开发具有以下一些特征。

（1）把握了旅游扶贫与旅游产业发展之间的联系和区别，实现了两者的有机结合。旅游扶贫是指在贫困地区充分利用其旅游资源，通过发展旅游业吸引发达国家和地区的游客前来旅游和消费，并通过旅游产品的生产、交换和消费在贫困地区发生，逐步实现财富、经验、技术和产业转移，增强贫困地区的"造血功能"，进而使其脱贫致富。可见，旅游扶贫是一种有利于贫困人口的旅游开发模式，主要针对有一定旅游发展基础的经济欠发达地区。与一般的旅

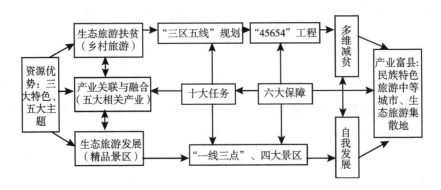

图1 彭水县旅游扶贫开发的多维减贫与自我发展能力培育思路

游开发将投资者、经营者的经济利益放在第一位不同，旅游扶贫开发主要是使贫困人口的利益最大化，且重视贫困地区经济发展机会的开发。不过，旅游扶贫开发因为对投资者和经营者的利益重视不够，往往出现投资不足。而且，由于不以实现利润最大化为目标，也容易造成扶贫旅游业的效益不高、竞争力不强，这都将影响旅游业的长远发展。而一般的旅游开发则激发了投资者的热情，并在利润最大化的驱动下，使旅游企业用心经营以创建竞争力、增强效益，从而实现旅游产业的长远发展。因而，实现两者的有机结合就显得特别重要。事实上，一般性旅游开发和旅游扶贫能够实现旅游产品互补、客源共享、宣传费用共担等，具有相互促进、相互提升的潜质。彭水县正确认识了上述关系，一方面，通过发展乡村旅游，实现旅游扶贫的多维减贫目标。另一方面，则大力打造精品旅游景区，着眼于彭水县旅游产业的自我发展能力培育，走"生态旅游扶贫促进生态旅游发展，生态旅游发展带动生态旅游扶贫"的利贫性发展之道。

（2）强调了旅游产业的关联和带动效应，实现多产业融合发展。旅游产业涉及"吃、住、行、游、购、娱"等六大环节，而每个环节又与相应产业的发展密切相关。世界旅游组织统计显示，旅游直接收入与其带动的综合收入比是1∶7，旅游业是一种投资少、见效快、收益多、带动性强的劳动密集型特殊产业。有研究表明，每增加1个床位，就能直接带动1个就业岗位，同时间接带动3个就业岗位。因而，以旅游产业发展为龙头，整合和融合相关产业的发展有利于形成立体的旅游产业体系，提升旅游产业发展效益。在生态旅游扶贫方面，彭水县将烤烟、魔芋、红薯、畜牧和油茶林果五大惠民产业融合到乡村旅游发展中，实现了旅游扶贫的立体发展。在生态旅游开发方面，彭水县则将休闲农业、创意产业、运动产业、商业零售、文化节事以及房地产业融合到精品旅游景区打造中，也促进了多产业的联动发展。

（3）准确定位，周密规划。彭水县旅游产业发展相对于片区内张家界、凤凰和梵净山的旅游发展而言，起步较晚，而且又面临着片区旅游资源同质性高、条块分割、竞争激烈的挑战。为了在挑战中脱颖而出，彭水县实行了差异化定位，依托"自然生态、苗族风情、历史文化"三大特色资源，大力发展"山、水、情、史、节"五大主题，并"借船出海、借势互补、借名发展"与周边旅游景区形成合作竞争。此外，彭水县对生态旅游扶贫和开发进行了周密规划，确立了"三区五线"的旅游扶贫空间布局和"一线三点、四大景区"的旅游发展格局，并明确了"十大任务"和"六大保障措施"。

四　彭水县生态旅游扶贫的多维减贫效应

（一）彭水县生态旅游扶贫（乡村旅游）发展现状及规划

自 2011 年启动乡村旅游扶贫示范项目以来，彭水县在鞍子镇罗家坨、长生镇长湾村、靛水乡福尔沱、太原乡麒麟村、平安镇长坪村等 5 个地方进行乡村旅游试点建设。2011 年，彭水县乡村旅游共接待县内外游客 3.7 万人次，收入 160 多万元，村民户均创收 5500 元以上。2012 年，彭水县加大了乡村旅游开发力度。首先，启动了"美丽高山、纳凉胜地"乡村旅游扶贫开发，按照"集中投入，分层打造，有序推进"的原则，寻求四个方面的突破：一是推进"双石"片区和"樱桃井"片区乡村旅游示范片建设；二是推进茂云山片区乡村旅游示范区建设；三是打造以五大主导产业和三大区域为重点的农产品产加销产业链；四是全面开发开放 5 条精品乡村旅游扶贫新干线。上半年，彭水县已新发展乡村旅游会员农户 300 户，新增床位 1500 个，新增乡村旅游日接待能力 2800 人。其次，彭水县开设了乡村旅游农家乐扶贫创业培训班，首期培训了来自9个乡镇、14个行政村的90余人。据不完全统计，彭水县全县已建立以避暑纳凉为主业的乡村旅游接待点10个，精品农家乐、农家旅馆近400家，日接待能力万人以上，其中，星级农家乐达到60余家。不过，彭水县乡村旅游发展尚处于起步阶段，在基础设施建设、乡村旅游发展观念、经营模式、经济实力和经营人才方面都存在不足，严重制约了乡村旅游产业的发展。

未来彭水乡村旅游发展将重点突出"三区五线"战略布局（见表1、表2）。通过"三区五线"的涵盖和辐射，力争到2020年形成住宿2.5万人、餐饮3万人的乡村旅游接待能力，建成名副其实的武陵山片区乡村旅游扶贫开发示范县。

表1　彭水县生态旅游扶贫（乡村旅游）的"三区五线"规划

	三区	五线
乡村旅游	乡村旅游扶贫开发示范区（乌江以南、以茂云山片区为核心）	乡村旅游精品线（县城起始的彭务二级公路主干线）
	现代农业综合开发展示区（乌江以北、郁江以东、以新田—桑柘—小厂为轴线）	苗乡风情体验线（乌江画廊、阿依河及鞍子苗寨）
		农耕文化感念线（展示现代烟草农业）
	生态产业集聚区（乌江以北、郁江以西、以渝湘高速公路和彭石公路为廊带）	生态产业观光线（以彭石公路为长廊）
		盐丹文化回归线（以郁山古镇为目的地）

资料来源：彭水县旅游局；《彭水自治县区域发展与扶贫攻坚规划——民族旅游产业十年发展与扶贫攻坚规划意见》，作者整理。

表2　彭水县乡村旅游精品项目及自驾游项目规划

序号	乡村旅游精品项目	序号	自驾游项目
1	三江口动感花海（保家镇）	1	水池坝自驾游宿营地（石盘乡水池坝、乌江河岸山顶）
2	玉泉新村（郁山镇）		
3	马岩洞垂钓休闲山庄（联湖镇）		
4	仙人洞长寿度假村（迁乔乡）		
5	长生观光度假园（长生镇和岩东乡）		
6	芦渡沟·齐梁子假日休闲区（汉葭街道和岩东乡）		
7	母子溪休闲山庄（绍庆街道的阿依河岩头坝）	2	云顶山自驾游宿营地（云顶山汉葭镇境内）
8	油麻藤山庄（黄家镇燕子村）		
9	竹板桥蔡伦部落（朗溪乡）		
10	水池坝苗寨（石盘乡）		
11	新田时新采摘园（新田镇）		
12	神龙谷观光游（新田镇）		

续表

序号	乡村旅游精品项目	序号	自驾游项目
13	青蒲垭观光游(桑柘镇)		
14	"九门十八洞"观光游(小厂乡)		
15	桐木溪原始森林探秘游(桐楼乡)	3	大字坪自驾游宿营地(靛水街道大厂坝村境内)
16	诸佛观光猎奇游(诸佛乡和鹿角镇)		
17	福尔沱茶园(靛水街道)		
18	高台狮舞山庄(靛水街道古文村)		
19	锅滩奇景游(润溪乡)		
20	珠子溪观光度假游(大垭乡)	4	三岔河自驾游宿营地(岩东乡的三岔河)
21	快活林(龙塘乡和润溪乡)		
22	团坝子休闲村(普子镇)		

资料来源:彭水县旅游局:《彭水自治县区域发展与扶贫攻坚规划——民族旅游产业十年发展与扶贫攻坚规划意见》,作者整理。

(二)彭水县生态旅游扶贫(乡村旅游)举措的多维减贫效应

为了促进乡村旅游的发展,彭水县制定了"三区五线"的乡村旅游发展空间布局,这一战略布局基本涵盖了彭水县主要的贫困乡镇,并且按照"一乡一品"的思路,规划了22个乡村旅游精品项目和4个自驾游项目。为了推进上述规划的实施,彭水县又启动了"45654"工程。这些举措不仅通过加快乡村旅游产业的发展间接地促进减贫,而且多项举措直指乡村贫困,有直接的减贫效应。图2对这一减贫路径进行了归纳。

首先,"45654"工程中"四大基础设施建设和五大产业基地打造"具有直接的减贫效应。(1)四大基础设施建设。具体包括公路建设、人饮安全、通讯和信息化建设以及危旧房改造和移民搬迁四个方面。公路建设方面,"村路通畅、组路通达,村相通、组相连"的乡村交通网络全覆盖将在很大程度上解决彭水县的交通贫困问题;人饮安全方面,将直接解决农村24.9万人和学校12.7万人饮水安全问题,减轻健康贫困,同时,基础水利和水源工程建设可以新增和改善灌溉面积,减轻生态贫困;通讯和信息化建设方面,光纤到社区、达乡镇、通行政村和无线通信信号全覆盖将全面提升彭水县信息化服务水平,减轻信息贫困;危旧房改造、移民搬迁和新建巴渝新居则直接针对住房贫困。（2）五大产业基地打造。彭水县以乡村旅游产业为龙头，整合和融合烟叶、魔芋、红薯、畜牧和油茶林果五大产业，实现规模化和生态化发展，将极大地减贫村民的经济贫困。其中，15 万亩烤烟基地实现产值 4 亿元，惠及农户 8000 户、3.2 万人；9 万亩魔芋基地实现产值 5 亿元，惠及农户 4 万户、16 万人；10 万亩改良高淀粉红薯基地实现产值 3 亿元，惠及农户 2 万户、8 万人；畜牧业基地产值 18 亿元，惠及 10 多万户农户、40 余万人；油茶基地建设、天然林保护、林产品加工则既增加农户的经济效益，又降低了生态贫困。

其次，"45654" 工程中的其他三大类举措则具有间接的多维减贫效应，[①] 即在推动乡村旅游发展的基础上，通过带动就业、更新观念、销售农副旅游产品、招商引资以及促进地区经济发展等渠道实现多维减贫。（1）完善六大要素，提升乡村旅游发展效益。通过推广大脚菌、鸡豆花等地方特色饮食文化、山区岩溶优质水源、借助山区立体气候、开办避暑纳凉农家旅舍、硬化乡村道路、开通农村客运专线、开发田园风光、推进周末度假项目，打响生态品牌、开展特色农产品自营直销，彰显生态苗乡风情、开展参与式民歌民俗表演，组建乡村旅游协会、规范行业管理、联手旅行社做好市场营销等措施，让游客在"吃、住、行、游、购、娱"各个环节都非常畅心，从而提高乡村旅游品位、增强效益，进而间接推动多维减贫。（2）统筹和整合五方面扶贫资金，加大乡村旅游开发力度。通过整合财政扶贫资金、部门项目资金、对口扶贫资金、群众投劳资金和社会投入资金，能够形成支撑旅游扶贫的强大合力，为乡村旅游开发提供充足的资金支持。同时，通过深化社会扶贫，壮大旅游扶贫队伍，也有利于促进乡村旅游的发展。最终，通过乡村旅游的发展带动减贫。（3）强化四项措施，保障旅游减贫。四项措施包括组织保障、政策保障、制度保障和技能保障四个方面。其中，组织保障主要是优化规划实施的环境，增强旅游扶贫的软实力；政策保障则是通过整合运用财税、金融、生态补偿等政策，解决旅游扶贫的资金瓶颈；制度保障主要是确保旅游扶贫项目建设的高标准、高质量；技能保障则以加强乡村旅游从业人员岗前培训，提升从业人员素质，打造乡村

---

① 事实上，这一划分并不严谨。因为，"四大基础设施建和五大产业基地打造"除了具有直接的减贫效应以外，也会通过促进乡村旅游产业发展间接地减轻贫困。本文之所以这样区分，主要是为了行文的方便。

旅游服务队伍为目标。这些保障措施都通过确保乡村旅游的高效发展来实现减贫的目标。此外，技能保障还直接提升穷人的发展能力，减轻人类贫困。

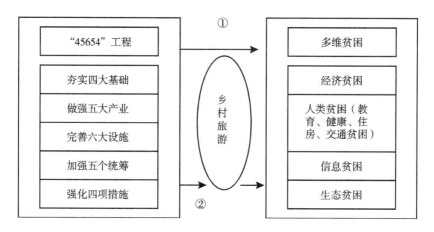

图 2　生态旅游扶贫（乡村旅游）举措的多维减贫路径

注：①、②分别表示直接和间接减贫路径。

五　彭水县生态旅游开发的区域自我发展能力培育效应

（一）彭水县生态旅游（精品景区）发展现状及规划

相对于乡村旅游而言，彭水县的景区旅游开发相对成熟、发展速度更快，旅游精品景区建设初步成型。阿依河景区、摩围山景区、鞍子苗寨和乌江画廊，均已正式营业并取得了一定的影响力。其中，阿依河景区是彭水县第一个景区，现已投入开发建设资金 3.8 亿元，2007 年正式接待游客，2009 年接待游客 4 万人次，收入 600 万元，2010 年接待游客超过 10 万人次，综合收入突破 1500 万元，2011 年接待游客 13 万人次，旅游收入 2000 余万元。该景区现已成功入选"巴渝新十二景"和"全国民族文化旅游新兴十大品牌"，极大地提升了彭水旅游的整体形象。摩围山景区则由重庆森山公司投资开发，景区位于茂云山国家森林公园核心部位，面积 10 万亩，森林覆盖率达 90% 以上。目前，该景区一期工程已建设结束，共投资 2 亿元，建成摩围山养生酒店、木屋、水晶屋、餐厅、景区停车场等旅游设施，2012年6月正式开园，全年接待人数12万人次，门票收入60万元，综合收入700万元。鞍子苗寨属于娇阿依风情旅游体验区的核心，主要由政府投资开发建设，2008年完成了盘歌堂及广场、道路等基础设施建设，2011年完成了罗家坨民族村寨保护等工程，共投入开发建设资金3000余万元，已接待自驾游客人10万余人次。乌江画廊景区由重庆旅投集团投资建设，现已投入开发建设资金2.2亿元，主要完成了万足游艇俱乐部连接公路建设、边坡治理等基础设施建设，外河坝五星级酒店征地拆迁，投放两艘游船。2011年乌江游船全年购票人数16151人次，门票收入158万元，综合收入169万元。郁山古镇盐丹文化旅游区和诸佛古苗城文化旅游区等重点旅游项目建设也稳步推进，其中，郁山古镇盐丹文化旅游区已投入开发建设资金6500万元，完成了污水处理、垃圾处理等基础设施建设。此外，旅游服务配套也快速跟进，现有旅行分社1家，旅行社服务网点3家；星级宾馆6家，各类社会旅社120余家，接待床位5000余个；出租车180余辆，旅游商品生产企业10余家。

　　未来十年，彭水县生态旅游景区建设仍将以乌江画廊为主轴，以摩围山、诸佛江、郁山镇为开发节点，实施"一线三点""四大旅游区"的发展战略，并推进"三大休闲度假区"的时尚品牌建设（见表3）。

表3　彭水县精品旅游景区建设规划

四大景区	"乌江画廊"旅游区（国际化水上游乐品牌）	乌江画廊景区、阿依河景区、中国·彭水水上运动公园、鹿角特色旅游集镇、茶林坪风情水寨
	"大摩围山"旅游区（养生休闲旅游基地）	摩围山景区、云顶寺景区、诸佛古苗城
	"娇阿依民俗风情"体验区（苗族风情旅游品牌）	鞍子苗寨(石磨岩景区)、罗家坨苗寨
	"郁山盐丹文化"旅游区（渝东南文化旅游第一品牌）	盐水养生浴、历史文化探秘、峡谷游览、特色食品等
三大度假区	摩围山国际休闲度假区	云顶生态文化度假区、大字坪国际民族狩猎场、大厂坝国际养生基地
	周家寨国际垂钓度假村	
	棣棠河生态文化旅游区	花塔卡斯特国家地质公园、凉风垭红豆杉原生地保护区、向家坝蒙古村、张飞岍历史文化探秘区、农业观光度假组团

资料来源：彭水县旅游局：《彭水自治县区域发展与扶贫攻坚规划——民族旅游产业十年发展与扶贫攻坚规划意见》，作者整理。

（二）彭水县生态旅游（精品景区）开发措施的区域自我发展能力培育效应

彭水县生态旅游发展由乡村旅游和精品景区旅游两大部分构成，前者主要服务于"扶贫攻坚"的目标，后者则主要着眼于"区域发展"，特别是区域自我发展能力构建。①贫困地区的脱贫致富需要特殊措施，如各种社会力量的"帮扶"，但最终的持久脱贫还依赖于区域的自我发展能力。而区域自我发展能力是一种集聚区域可持续发展所需要素并将其有效转化为产出竞争力的综合性能力，在中观层面上表现为产业自我发展能力、市场自我发展能力、空间自我发展能力和自我发展软实力。彭水县"旅游兴县""产业富县"以及"具有民族特色的旅游中等城市""生态旅游集散地"的建设目标都彰显着生态旅游产业发展肩负培育区域自我发展能力的历史重任，并提出了"十大任务"和"六大保障措施"以确保完成这一使命。本文将对彭水县生态旅游"十大任务"和"六大保障措施"的区域自我发展能力培育效应进行分析。

表4对彭水县生态旅游发展措施的区域自我发展能力培育效应进行了概括。（1）产业自我发展能力培育方面。"四大景区""三大度假村"及"三区五线"乡村旅游等景区建设和旅游房产、旅游商品开发通过强化旅游产品建设增强旅游产业的自我发展能力。旅游文化品牌建设和营销管理的一系列措施则旨在提升旅游产品的形象和品牌知名度、影响力，对提升旅游产业竞争力有重要影响。此外，行业管理、接待服务设施建设、环境保护和资金筹集等措施或者通过规范行业发展、增强配套能力，或者通过保证资金投入和环境承载力实现旅游产业的可持续发展。而工作措施创新和战略途径探索则以提升旅游产业的运行效率、产出效益增强旅游产业的竞争力，进而创建旅游产业的自我发展能力。（2）空间自我发展能力培育方面。以规模扩展、布局优化和特色打造的"城市再造"工程以及重要景区的空间战略布局、旅游环线等基础设施建设以及环境保护系列措施都有利于优化彭水县的空间结构，增强区域空间自

---

① 当然，就像"扶贫开发促进区域发展，区域发展带动扶贫开发"一样，乡村旅游和精品景区旅游虽各有侧重的目标，但彼此之间是相互促进、相互提升的。

我发展能力。（3）市场自我发展能力培育方面。首先，以大型节赛举办为主的旅游文化品牌建设和以旅游宣传促销手段完善为主的营销管理措施等通过增强旅游产业的品牌效应，扩大市场容量增强区域市场自我发展能力。其次，以旅游服务行业管理、旅游队伍建设为主的行业管理举措和旅游服务接待中心、旅游购物基地建设为主的接待服务设施建设将通过规范市场秩序、提高市场可接入性程度增强区域市场自我发展能力。此外，旅游管理信息系统建设、景区景点与交通部门联动举措以及区域协作共赢战略、"大旅游"产业联动战略等都有利于提升市场运行效率、市场容量，增强区域市场自我发展能力。（4）自我发展软实力培育方面城市建设、品牌建设、配套服务完善以及政策支持、组织保障、环境保护、工作机制创新、战略途径探索等方面的措施都有利于改善彭水县的发展软环境，提升区域自我发展的软实力。

表4　彭水县生态旅游发展措施的区域自我发展能力培育效应

促进生态旅游发展的主要措施				效应
十大任务	城市建设	城市再造	规模扩展、布局优化、打造特色；中国乌江苗都、国际旅游中转港和目的地	● ◆
	产品建设	四大景区	"乌江画廊"旅游区、"大摩围山"旅游区、"娇阿依民俗风情"体验、"郁山盐丹文化"旅游区	★ ●
		三大度假区	摩围山国际休闲度假区、周家寨国际垂钓度假村、棣棠河生态文化旅游区	★ ●
		"三区五线"乡村旅游精品	详见表1（乡村旅游是生态旅游的重要组成部分）	★ ●
		旅游房产、商品开发	建设生态养生、休闲避暑型旅游地产项目（8个）、民族旅游商品研发和生产（5个系列）	★
	品牌建设	旅游文化品牌建设	高水准旅游文艺演出精品、国际化傩文化品牌、乌江第一"风情水寨"、标志性民族建筑、郁山古法熬盐实景公园、创建国级和国际保护项目；中国·彭水水上运动大赛暨民族体育旅游文化节、中国乌江画廊民族旅游文化艺术节、中国武陵山·乌江流域民族旅游商品博览会暨美食节、阿依河国际漂流挑战赛、"娇阿依"糍粑节暨乌江原生态民族赛歌会、彭水旅游国际摄影大赛等	★ ▲ ◆
		营销管理	塑造"中国乌江画廊，彭水风情阿依"新形象、明确彭水旅游市场定位、完善旅游宣传促销手段、推出特色精品旅游线路	★ ▲ ◆

续表

促进生态旅游发展的主要措施				效应
十大任务	配套服务	基础设施建设	彭水旅游西环线、彭水旅游东环线、乌江画廊万石路、乌江画廊旅游码头、阿依河缆车站、阿依河应急通道	● ◆
		行业管理	景区开发建设管理、旅游景区提档升级、旅游资源普查与保护、旅游商品和纪念品研发、旅游服务行业管理、旅游队伍建设	▲ ◆ ★
		接待服务设施建设	旅游宾馆饭店建设(5家五星、5家四星、10家三星);彭水民族风情美食城、彭水旅游接待服务中心;旅游购物基地(3家)、旅游演艺和会务场所(6家)	◆ ★ ▲
六大保障		政策支持	用足用活各项优惠政策	◆
		组织保障	联席会议制度、旅游产业发展委员会;落实乡镇机构、部门密切配合	◆
		资金筹集	国家旅游业发展资金、县级旅游产业发展基金、社会资本、招商引资、景区景点开发权和经营权有偿出让	★
		环境保护	旅游开发与生态、环境和历史文化资源保护有机结合;完善生态补偿机制;控制在承载能力范围内	●★◆
		工作措施创新	景区景点与交通部门联动、建立旅游管理信息系统、完善旅游服务中心功能,建立多元文化体验和多种游憩方式等	◆★▲
		战略途径探索	乌江品牌依托战略、娇阿依品牌突破战略、节点优势强化战略、康乐休闲主导战略、特色苗乡建设战略、"大旅游"产业联动战略、区域协作共赢战略	★ ▲ ◆

注:●表示空间自我发展能力培育效应,▲表示市场自我发展能力培育效应,★表示产业自我发展能力培育效应,◆表示自我发展软实力培育效应。

资料来源:彭水县旅游局;《彭水自治县区域发展与扶贫攻坚规划——民族旅游产业十年发展与扶贫攻坚规划意见》,作者分析整理。

六 启示与建议

彭水县生态旅游产业发展在武陵山片区旅游产业开发中犹如一匹黑马,大有"后发赶超、后来居上"之势。通过对其短暂但又卓有成效的旅游发展历程回顾以及未来十年旅游产业发展规划的深入解读,我们不难发现该县生态旅游(扶贫)开发的"先行先试"实践对连片特困区贫困县的扶贫攻坚和区域发展有着重要的启示。

（1）旅游产业在连片特困区扶贫开发与区域发展中大有作为。我国 11 个集中连片特困区大都是少数民族聚居区、山区和革命老区，自然和人文旅游资源都较丰富，有发展旅游产业的基础。而旅游产业作为关联性强、就业容量大、投入相对较低、见效快且环保的朝阳产业，其多维减贫效应非常明显，可以作为连片特困区实施扶贫攻坚和区域发展的龙头产业。以旅游产业发展为龙头，积极融合其他与穷人密切相关的产业如特色农业、民族手工业等，形成一个面向穷人（金字塔底层）的产业体系能有效增强连片特困区的减贫效应。

（2）贫困地区旅游产业的发展既要关注短期的扶贫减贫效应，又要着眼于区域的长远发展，实现两者的有效结合、良性互动。如果只注重旅游产业的扶贫和减贫效应，把社会效益放在第一位，势必影响经济效益和投资者的热情，进而影响旅游产业的长远发展，最终难以实现持久减贫；如果只关心旅游产业的发展，把经济效益放在第一位，又难以实现扶贫减贫的社会目标，偏离了扶贫攻坚的主题。事实上，旅游产业的发展要处理好投资者和当地居民（特别是穷人）的利益分配关系，充分发挥旅游减贫和旅游发展的相互促进作用。

（3）贫困地区旅游产业发展一定要因地制宜、突出特色，周密规划、精耕细作。旅游产业作为"无烟工业"和朝阳产业，已被很多地方作为支柱产业发展。但是，旅游产业的市场容量又依赖于经济发展水平和区域开放程度，在一定时点上是相对稳定和有限的。因而，对游客的竞争会越来越激烈。此外，贫困地区由于自身经济发展相对落后，对外部游客市场的依赖更为严重。所以，贫困地区旅游产业的发展一定要以特色来吸引眼球，以周密规划和精耕细作来形成和强化竞争力，进而带动区域发展。

以上是彭水生态旅游扶贫开发规划与实践带来的启示。不过，就彭水县旅游产业发展自身而言，以下几点仍值得特别注意。

（1）抓好落实，并对不确定性要有充分的预期，做好备案。彭水县旅游发展规划给彭水县旅游产业发展描绘了一幅美好的蓝图，也对未来十年的十大任务进行了部署，制定了六大保障措施。但毕竟规划还有待于落实，而且未来十年经济社会发展的不确定性明显增大，旅游产业又对不确定性较为敏感。因而，彭水县一方面要抓好落实，让规划真正落地；另一方面，又要充分预期不确定性，制定备案应对可能的不确定性对旅游产业发展造成的冲击。

（2）在旅游产业扶贫开发中，务必尽可能让更多的穷人参与到旅游产业发展中，分享旅游产业发展成果，但同时又要谨防"旅游短视"，鼓励穷人全面发展。目前，"旅游孤岛"现象较为普遍，穷人和当地居民参与旅游产业发展的程度有限，而且不合理的利益分配模式让穷人难以分享旅游产业发展的红利。因而，彭水县要创新旅游产业发展模式，让穷人更多地参与发展、分享成果。此外，又要避免让穷人过度参与（如让小孩辍学参与旅游商品销售等），鼓励和支持穷人重视教育和技术培训，实现人力资本积累，进而为长远发展、持久脱贫打好基础。

（3）妥善处理与周边县市旅游产业发展之间的关系，实现合作和共赢。武陵山片区旅游资源丰富但又有较高的同质性。片区内各县市旅游产业规划与发展都在紧锣密鼓地推进，可预见未来的竞争会十分激烈。虽然，各县市也认识到合作的重要性，但由于行政分割、地方本位的客观现实，目前，片区内旅游发展合作的实际行动还十分有限。因而，创新跨省、跨县合作模式，突破行政区划，推进片区内旅游产业发展合作、避免恶性竞争是彭水县旅游产业发展必须重视的重要课题。

The Effect of Multidimensional Poverty Alleviation and Self-development Capacity Cultivation of Ecological Tourism

—Inspiration and Suggestions for Poverty Alleviation Experiment by Ecological Tourism in Pengshui County

Ding Jianjun   Wei Fengjin   Yang Zongjin

Abstract：This paper has analyzed the general thoughts, multidimensional poverty alleviation effects and regional self-development capacity cultivation effects of

Pengshui County's ecological tourism poverty alleviation plan and practice. Lastly, the author concluded some inspiration of Pengshui County's ecological tourism poverty alleviation pilot and some suggestions for the development in the following ten years.

Key Words: Ecological Tourism; Poverty Alleviation through Tourism; Multidimensional Poverty Alleviation; Self-development Capacity

B.17
民族团结进步创建与
扶贫开发的松桃实践

丁建军　张登巧　黄 炜*

摘　要：

　　松桃县是武陵山片区唯一的"全国民族团结进步活动创建示范县"，也是全国仅有的 10 个示范县之一，近年来扶贫开发成绩显著，其成功经验对扶贫开发与民族团结进步创建实践具有重要的借鉴意义。本文从民族团结进步创建举措与成绩、扶贫开发措施与成效以及扶贫开发与民族团结进步创建相互促进的经典个案三个方面对松桃县民族团结进步创建与扶贫开发实践进行了分析，最后，总结了松桃实践的三点经验与启示。

关键词：

　　民族团结　扶贫开发　松桃

一　引言

　　武陵山片区作为国家连片特困区区域发展与扶贫攻坚的试点区域，肩负着为国家其他连片特困区提供示范的使命。国务院扶贫开发领导小组办公室、国家发展和改革委员会共同编制的《武陵山片区区域发展与扶贫攻坚规划（2011~2020）》明确将该区域定位为扶贫攻坚示范区、跨省协作创新区、民

---

* 基金项目：国家社科基金项目（12CJL069）、教育部人文社科基金项目（11YJA790070）、教育部人文社科基金项目（12YJC790204）、湖南省重点社科基金项目（11ZDB072）和国家发改委项目"新时期集中连片特困区扶贫思路及对策研究"（2012-30-13）。
张登巧，教授，武陵山区发展研究中心常务副主任，湖南西部综合开发研究会秘书长，研究方向为发展伦理学。黄炜，博士，吉首大学文化产业中心副主任，研究方向为文化产业。

族团结模范区、国际知名生态文化旅游区和长江流域重要生态安全屏障。其中，民族团结模范区意味着武陵山片区不仅要率先启动扶贫攻坚、促进区域发展，而且要发扬片区内各民族团结和睦、休戚与共的优良传统，围绕各民族"共同团结奋斗、共同繁荣发展"的主题，巩固和发展平等、团结、和谐、互助的社会主义民族关系，实现扶贫开发和民族团结相互促进、相互提升的良好局面。2012 年 6 月，中央宣传部、中央统战部、国家民委联合授予贵州省松桃县"全国民族团结进步活动创建示范县"的殊荣，这既是对松桃县多年来民族团结事业发展的肯定，又寄予了国家对松桃县为武陵山片区民族团结示范区创建继续探索、创新和推广经验的厚望。作为全国仅有的 10 个示范县之一以及武陵山片区唯一的"民族团结进步活动创建示范县"，松桃县扶贫开发与民族团结相互促进的实践具有典型性和借鉴意义。本文在回顾松桃县民族团结事业发展成绩与措施、扶贫开发举措与成效的基础上，重点对该县扶贫开发与民族团结相互促进的经典个案进行解剖，以期为武陵山片区及其他连片特困区实现扶贫开发与民族团结良性互动提供启示与借鉴。

二 松桃民族团结创建的措施与成绩

松桃县全称为松桃苗族自治县，是 1956 年国务院批准成立的 5 个苗族自治县之一，全县国土面积 3409 平方千米，辖 28 个乡镇 509 个村（居）委会，总人口 73 万，其中以苗族为主体的少数民族占全县总人口的 68.1%。由于地处黔、湘、渝两省一市的交界处，与湖南的花垣、凤凰、重庆的酉阳、秀山接壤，又位于贵州省东北部的梵净山东麓，故有"一脚踏三省""黔东北门户"之称。

近些年来，围绕"共同团结奋斗、共同繁荣发展"的主题，松桃县在深入贯彻民族区域自治法、坚持和完善民族区域自治制度的基础上，以加快少数民族和民族地区乡镇发展为主线，以活动为载体，"硬件"建设和"软件"建设双管齐下，采取了切实可行的措施，在民族团结事业发展方面取得了可喜的成绩，先后获得了"全国民族团结进步模范集体""全国民族团结进步创建活动示范县"等荣誉称号（见表 1）。

表 1   松桃县获得的荣誉称号

序号	荣誉称号	时间
1	全国民族团结进步创建活动示范县	2012 年
2	中国民间绝技艺术之乡	2011 年
3	中国民族民间绝技文化研究基地	2011 年
4	中国特技表演艺术之乡	2011 年
5	全国民族团结进步模范集体	2009 年
6	全国平安建设先进县	2009 年
7	中国民间文化艺术之乡	2009 年
8	十大鸡鸣三省标志地	2009 年
9	"苗汉双语和谐环境建设"项目县	2007 年
12	中国滚龙艺术之乡	2003 年
13	省级卫生县城	2009 年
14	贵州省苗族花鼓艺术之乡	1990 年

具体地，松桃县民族团结进步创建主要采取了以下措施。

（1）加强少数民族乡镇和村寨基础设施建设，增强民族村寨经济社会自我发展能力。2006 年以来，松桃县共筹集和投入少数民族发展资金 288.9 万元，安排了民族项目 32 个、文卫体项目 29 个，新建住房面积 7920 平方米，基本解决了 112 户、601 名各族困难群众的住房问题；投入 107 万元用于民族乡镇卫生院医疗条件改善和广播电视等基础设施完善；投入 110 万元改造"苗王城"民族文化旅游景区的水电路等基础设施；交通部门修建少数民族村寨公路 152 千米、人行便桥 26 座，惠及 46 个边远少数民族村寨 4 万多人；水利部门为少数民族地区安排了饮水项目 32 个，修建大型蓄水池 11 个，铺设输水管道 10050 米，解决了 21 个村 6700 户、40400 多人、12100 多头牲畜的饮水问题以及 2 个贫困村的农用灌溉问题。

（2）不断完善相关政策法律，为民族团结进步创建提供政策和制度保障。松桃县先后制定了《松桃苗族自治县自治条例》《松桃苗族自治县关于加强民族团结若干规定》《关于进一步加强民族团结进步事业的意见》等多个单行条例和文件，完善了包括加大对民族工作及少数民族经济社会各项事业经费投入在内的民族工作政策措施。并于 2006 年起，设立县级少数民族发展资金 70 万元、少数民族教育专项补助资金 100 万元的县级财政预算，规定两项资金每年

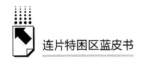

分别递增 10 万元。

（3）大力培养和选拔少数民族干部，建立了以苗族干部为主体的领导队伍。近年来，松桃县切实把培养、选拔、使用少数民族干部作为管根本、管长远的大事来抓，大力培养和选拔少数民族干部，把更多的优秀少数民族干部选拔到各级领导岗位上来。目前，松桃县已形成了一支以苗族干部为主体的干部队伍。2012 年，全县共有副县级以上在职干部 36 名，其中苗族干部 21 名，占 58.33%；乡科级在职干部 623 名，其中苗族干部 451 名，占 72.39%。

（4）积极传承和开发民族传统文化，设立了苗族语言环境建设示范区。松桃县开展了大量民族传统文化保护、传承和开发工作，实施了民族文化进校园项目，编撰了《苗族四面鼓》、《苗族民间剪纸》、《苗族刺绣》等读物，开辟了民族文化长廊，抢救搜集整理了 156 种少数民族古籍，传承了"刀梯队""下火海""四面鼓"等各类民间绝技绝活。近年来，相继被文化部、中国民协授予"中国民间文化艺术之乡""中国民间绝技艺术之乡""中国特技表演艺术之乡""中国民族民间绝技文化研究基地"等称号。此外，2007 年被联合国教科文组织和国家民委评为"苗汉双语和谐环境建设"项目县，确立了 5 个示范乡镇、12 个示范村、130 个示范户和 12 所示范学校，并每年投入建设经费 100 多万元。

（5）充分发挥舆论导向作用，营造了良好的民族团结进步氛围。松桃县将每年 10 月作为"民族团结进步宣传教育月"，在该月隆重开展"肩并肩·爱国情""心连心·鱼水情""心连心·兄弟情"等主题活动，实现机关、学校、军营、社区、乡村、企业等全覆盖。同时，通过举办苗族"正月十四""四月八""六月六"等传统节庆活动，积极推进各民族之间情感文化交流，增强民族团结。此外，还通过开展相关专题研究活动，如"松桃苗族自治县民族团结进步研讨会""黔东地区苗族履刀文化人类学调查"等加强民族之间的交流与了解。近 5 年来，松桃县组织开展以民族风俗为主要内容的民族传统节日活动 45 次、大型民族体育运动会 4 次、民族团结进步交流与讨论会 5 次，并投资 90 万元建立了一个县民族团结进步陈列室，该陈列室现已成为了解松桃民族团结进步创建的一个重要窗口，党员干部、青少年教育基地。

（6）积极推进与周边民族县市的交流与合作，形成了良好的省界边区协作关系。松桃县立足于"一脚踏三省"的县情，积极发展与周边花垣、秀山、碧江、江口、印江等周边少数民族县区关系，开创了黔湘渝边区民族和谐、社会稳定、经济发展的良好局面，惠及三省40余万人。目前，松桃县迓驾镇与周边省市乡镇签订了《迓驾镇、边城镇、洪安镇共同维护边区社会稳定协作书》，创建了联防、联控、联合调解、联合处置的"四联"协调机制和司法协作"六大机制"。另外，每年与花垣县、秀山县共同举办春节团拜会，就经济发展、社会治安、和谐边区建设等问题进行广泛的交流。

三　松桃县扶贫开发的举措与成效

松桃县距贵阳市500多千米，是贵州最偏远的县，长期以来，由于"边远落后"，松桃县是贵州最贫困的县之一。近年来，松桃县围绕"优化环境、塑造形象，融入湘渝、扩大开放，整合资源、讲求质效，抢抓机遇、建设小康"的发展思路，在"环境立县、工业强县、城镇兴县、农业稳县、旅游活县"战略的指导下，加快了工业化、城镇化、农业现代化和文化旅游产业化的发展，实现了由贵州最穷县之一向经济实力较强县的华丽转身。2012年，松桃县被贵州省确定为"推进整县产业化扶贫试点县"，要求"调整结构、突出重点、规模发展、推进产业化"，争取年底实现"减贫摘帽"。在扶贫开发过程中，松桃县主要采取了如下举措，取得了明显成效。

1. 大力发展特色产业，产业扶贫成效显著

产业化扶贫是松桃县扶贫攻坚的重中之重，立足自身资源、发挥比较优势、实现规模化连片开发则是其基本思路。目前，松桃县形成了现代工业、现代农业和文化旅游产业三大类特色产业。

（1）现代工业方面。以工业园区为载体，大力发展锰深加工产业为主的现代工业体系。松桃是全国最大的锰矿基地，拥有储量1.2亿吨，和花垣（湖南）、秀山（重庆）合称为"锰三角"。近5年来，积极配合国家"锰三角"污染治理，松桃县采取法律、经济、技术等多种手段，在"锰污染"治理中实现了锰深加工产业的跨越式发展。目前，松桃县涉锰企业27家，占规模以上企业的82%，年采矿能力达150万吨，锰粉年加工能力达120万吨，电解金属锰年设计能力达 32 万吨，各涉锰企业都安装了压滤机、冷却塔、沉淀池等环保设施和在线监控系统，设备经费达 1 亿多元。随着秀山、花垣锰资源逐渐枯竭，松桃已成为全国最大的锰加工基地。此外，政府非常重视工业结构调整、产业链延伸，现已初步成了以锰资源加工为龙头，化工、冶金、建材、农副产品加工等为主体的工业经济体系。

（2）现代农业方面。以连片开发的形式，大力实施"8 带 3 区"战略①，重点发展草地生态畜牧业、茶叶、油茶、核桃、中药材等主导产业和楠竹、食用菌、葡萄、蔬菜等特色产业。2009 年，松桃县引进新西兰高效农业发展模式，大力发展草地生态畜牧业，现已建成高标准人工草场 3.3 万亩、万头肉牛基地 1 个、种羊繁育场 6 个、肉牛养殖场 2 个、种兔场 2 个，成功打造了最美黔东草海生态畜牧万亩草场。茶叶方面，松桃县利用自身的传统优势，发展茶园 15 万亩，并打造出"松桃翠芽""武陵剑兰""东太万吨茶场"等知名品牌。油茶方面，自被列入"省级油茶核心示范县"和"全省油茶采穗圃基地"后，已启动 30 万亩油茶基地项目，预计 2020 年，将形成 30 万亩油茶、20 万亩绿茶规模。核桃和中药材则是松桃重点和优先发展的产业，拟发展核桃 20 万亩，已种植百合、白术、金银花、黄连、厚朴等 20 多种中药材共计 8 万多亩，产值可达 5 亿多元，并引进了安徽杰峰药业、贵州恒霸药业等 5 家药业龙头企业。此外，已种植核桃等经果林 5.7 万亩、葡萄 1.3 万亩、烤烟 1.7 万亩、蔬菜 8.7 万亩，培育香菇 3.2 万段。全县拥有农产品加工省级龙头企业 1 家、地级龙头企业 13 家、县级龙头企业 12 家，农村经济合作组织 167 个。

（3）文化旅游产业方面。以保护、传承和开发民族传统文化为契机，"四位一体"地推动文化旅游产业发展。松桃县民族传统文化资源丰富，而且自然旅游资源也颇具特色。一方面，松桃县以"中国民间绝技艺术之乡""中国特技表演艺术之乡""中国民间文化艺术之乡"等国字号招牌为平台，通过举办各种赛事、表演，带动当地民族文化旅游、民俗村寨旅游的发展；另一方面，围绕"梵净山文化旅游经济圈"产业体系，加快中国梵净山桃花源、苗

---

① "8 带 3 区"指生态茶叶产业带、油茶产业带、中药材产业带、优质烤烟产业带、经果林产业带、香菇产业带、无公害百合产业带、优质粮油产业带和绿色通道经济区、立体观光农业经济区、旅游经济区。

王城景区建设，构筑"梵净山东线古道环线旅游区、云落屯休闲度假旅游区、大兴苗族风情旅游区、松江画廊水上游览区、石梁红色文化旅游区"等五大旅游板块。在开发模式上，则初步形成了政府引导推动、市场主体开发、农民自主参与、部门协助配合等"四位一体"的旅游扶贫综合开发模式。2010年，松桃县共接待旅游人数85.93万人次，实现旅游收入2.26亿元，分别是2005年的1368.9倍和1367.6倍，年均分别增长273.78%和273.52%。

2. 优化城市空间规划，城乡建设快速发展

松桃县通过城镇规划和园区规划共同推进，实现了城乡建设的快速发展。全县投入规划资金3000多万元，完成规划面积61.45平方千米，具体包括城东新区、城北工业园区、城南教育园区、"一江一河"两岸风光带、县城丹霞地质公园以及18个乡镇的总体规划。为了突破城镇建设资金瓶颈，松桃县建立了"政府引资、开发商投资、社会捐资、银行融资"的投融资机制，筹集资金3.5亿多元，并引进签约资金50多亿元，近5年来，全县新增建筑面积142.7万平方米，旧城改造面达86%，建成区面积扩展到9.8平方千米，完成城区绿化面积174万平方米，绿化率提升至31.6%。而且，随着大兴、迓驾、乌罗、孟溪、盘信、盘石、大坪、平头等10多个乡镇规划的推进，小城镇建设取得实质性进展，城乡统筹发展步伐加快。2011年，全县城镇化率达到32.5%。此外，城北工业园区、城南轻工业园区、孟溪建材物流产业园、正大特色农产品加工产业园、迓驾边贸和矿产品深加工产业园等五大工业园区的规划布局，优化了松桃县的产业发展空间，这五大工业园区现已分别入驻企业62、80、3、6、4家，实现产值共30多亿元（见表2）。目前，松桃县由原来"脏、乱、差第一"的县城转变成为贵州最美的县城之一，获得了"省级卫生县城"的荣誉称号。

3. 争取各项帮扶项目，整合资金改善民生

近年来，松桃县抓住西部大开发和国家扶贫攻坚的机遇，争取到"全国100个喀斯特石漠化综合治理试点县""全国小型农田水利重点县""中央财政现代农业建设项目示范县"和"省级油茶核心示范县""全省油茶采穗圃基地""全省草地生态畜牧业产业化科技扶贫项目示范县"等多项示范基地指标（见表3），获得了多方面的资金支持。同时，通过整合资金，将扶贫开

表2 松桃县五大工业园区基本情况

序号	名称	企业数	代表性企业	备注
1	城北工业园区	62	金瑞、三和、汇丰、武汉凯迪、香港玖鑫制鞋、贵州西部制鞋等	产值近20亿元
2	城南轻工业园区	80（4年内入驻）	浙江商会投资，投入资金40亿元，打造中国西部制鞋基地	重点发展劳动密集型的制鞋、制衣和电子工业
3	孟溪建材物流产业园	3	高力水泥厂等	余热发电，年产值达2.4亿元
4	正大特色农产品加工产业园	6	梵净山翠园茶叶、嘉盛茶叶、东太万吨茶叶、湖南三农科技、大鲵养殖基地、华源药业公司	
5	迓驾边贸和矿产品深加工产业园	4	中国节能环保集团、金钒科技、东升长途客服、液化气储备公司	

表3 松桃县争取到的示范基地项目

序号	示范基地名称	时间
1	国家扶贫开发重点县	2011年
2	全国100个喀斯特石漠化综合治理试点县	2008年
3	国家科技富民强县项目示范县	2010年
4	国家大鲵自然保护项目县	2011年
5	全国小型农田水利重点县	2009年
6	中央财政现代农业建设项目示范县	2009年
7	全国科普示范县	2007年
8	全国茶叶科技示范基地县	2009年
9	全国粮食生产先进县	2009年
10	全国林业标准化建设示范县	2006年
11	推进整县产业化扶贫试点县	2012年
12	全省农村公益事业建设"一事一议"财政奖补项目试点县	2010年
13	省级油茶核心示范县	2011年
14	全省油茶采穗圃基地	2011年
15	全省草地生态畜牧业产业化科技扶贫项目示范县	2009年

发、基础设施建设和产业发展有效结合起来，在推动产业发展的同时，极大地改善了民生问题。近5年来，松桃县投入基础设施建设资金累计40.1亿元，新增二级公路里程100.1千米，实现了油路通乡率100%，公路通村率95%；

农网改造不断推进，实现了户户通电的目标；完成农村危房改造9238户，建成城镇廉租住房2487套；实施安全饮水定点工程607处，惠及31.15万人；开发公益性岗位3784个，新增城镇就业8323名；投入扶贫资金2.04亿元，减少农村贫困人口10.26万人；农民合作医疗参合率、城镇居民基本医疗保险覆盖率分别达到98.2%和95%，享受最低生活保障的人数达15.7万名；教育"两基"、"普实"工作全部达标。人民生活水平不断提高，2011年城镇居民人均可支配收入和农民人均纯收入分别达12996元、3680元，同比增长20.0%和28.6%。2012年上半年，松桃县又争取到省、市批复财政扶贫项目15个，项目资金4853.1万元，县级有关部门共投入减贫摘帽项目资金6399.6万元。

四　松桃扶贫开发与民族团结创建相互促进的经典个案

松桃县扶贫开发与民族团结进步齐头并进，在短短数年内实现了"丑小鸭变小天鹅"的传奇式发展。这不仅得益于民族团结进步创建措施和扶贫开发举措，同时也得益于松桃县将扶贫开发与民族团结进步事业有机结合，实现了两者协调发展。本文将从众多实例中选择3个案例进行分析。

（一）松桃苗绣：在民族文化传承与开发中团结致富

"松桃苗绣"是以贵州省松桃为中心具有武陵山苗族文化特色的苗族刺绣产品的总称，是苗族民间群体记忆传承的手工刺绣技艺。由于缺乏文字，苗族刺绣和苗族歌舞就是苗族文化的主要载体。然而，随着经济社会的发展，苗绣这项传统的民族手艺面临着"后继无人"的尴尬局面。为了传承民族文化和技艺，"以发展促传承"是一条合适的传承之路。事实上，松桃苗绣的观赏价值、使用价值和珍藏价值使其广受消费者欢迎，具有可观的经济开发价值，可以开发为民族工艺品和文化旅游产品，进而带动当地及周边少数民族居民脱贫致富。

而借助"多彩贵州""两赛一会"活动成长起来的松桃梵净山苗族文化旅游产品开发公司就是传承和开发松桃苗绣传统技艺的排头兵。该公司成立于

2008年，现已投入2000多万元建立了松桃苗绣产业基地。该公司不仅凝聚了一批松桃苗绣技艺传承人，培训了一大批继承人，而且在传承中继续开发苗绣技艺，提升了松桃苗绣的知名度和美誉度，带动了松桃苗绣产业的发展和周边大量苗族妇女脱贫致富。目前，公司采用"公司＋基地＋农户"的运行模式，聘有专业刺绣职工260多名，平均月薪4000～5000元，带动周边28个乡镇3100多名苗族妇女就业，平均月薪1000多元，培训苗绣、服装和银饰加工技术人员2500多名，开发花鼓、鸽子花、梵净山风光、鱼龙图腾、生活习俗、民间故事等六大系列苗绣产品220多个品种，产品远销欧美、日本、东南亚及港澳台等国家和地区。2011年销售收入达895.6万余元，实现利润133.4万余元。

文化产业是国家"十二五"规划中国民经济发展的支柱产业，这无疑给以"松桃苗绣"为代表的民族旅游文化产业的发展提供了重要"机会窗口"。依托梵净山等核心资源，深度挖掘松桃的文化旅游发展潜力，融合当地独特的文化元素，开发具有排他性的旅游商品，做大做强文化旅游产业，不仅是对民族文化的传承、保护和发展，更是与扶贫开发、民营经济和县域经济结合最紧密的朝阳产业，具有带动周边苗族群众脱贫致富的巨大潜力。一方面，松桃县在"十二五"期间每年从中小企业发展资金中拿出150万元支持松桃梵净山苗族文化旅游产品开发有限公司扩大生产规模，为满足不同消费者的需求，进一步拉动少数民族县域经济发展、提供更多的就业岗位、带动更多的农村妇女脱贫致富。预计到2015年，该公司将完成产值1亿元，带动2万苗族妇女就业。另一方面，还将鼓励和培育更多的从事苗绣等民族文化开发的中小企业，形成产业集群，把松桃打造成武陵山区苗绣基地，带动至少10万名妇女就业。

（二）苗王城：民族古村寨整治与旅游扶贫

"苗王城，穷山头，全城老少住茅棚"，这曾是苗王城人贫困生活的真实写照。2003年，这座建于明洪武初年，集政治、经济、文化、军事和建筑为一体的苗疆古军事城被评定为贵州省省级风景名胜区和国家旅游局扶贫景点，开始走上民族古村寨整治与旅游扶贫开发之路。2005年，松桃县政府通过对外招商、立项争资、部门整合、民间募集等多种方式筹集近亿元资金对苗王城古村寨进行了综合整治，建成了一条长 4000 米宽 7.5 米的景区旅游公路、一个占地 1.8 万平方米的停车场、三个总面积为 14600 平方米的广场，对苗王府、城门楼、雕楼进行了修复，新建了一道长 84 米高 0.9 米的"百苗图"及"苗族五千年迁徙图"木雕长廊、两座观景吊脚楼及一根 8.1 米高直径 81 厘米宽的神柱，初步完善了苗王城旅游基础设施和景观布局。之后，又成立了苗王城旅游开发公司，对苗王城乡村旅游深度开发，开发项目涉及苗王峡谷观光、拦河抽水坝、人工瀑布、特色苗族建筑群落、苗族传统民间文化、地方特色产品和扶持村民进行与旅游相关的农业产业开发等建设内容。目前，苗王城景区先后荣获贵州"2009 年十大魅力旅游景区""贵州魅力民族村寨""中国西部苗王城影视拍摄基地"等称号，2011 年上半年，接待游客 12 万人次，实现旅游收入 500 多万元。

苗王城旅游扶贫开发，带动了当地经济的发展，加快了农民增收步伐。全村农民人均纯收入由过去不足 700 元提高到 1 万元以上，开旅社、开餐馆、当导游、卖民族服饰、为游客表演绝技绝活、为游客照相留影等直接带动就业 300 余人。同时，旅游扶贫开发带来了周边村寨基础设施改善。在推进旅游业发展中，结合扶贫开发整村推进，坚持以改善农村水、电、路等基础设施建设为突破口，多渠道整合扶贫乡村旅游项目资金、招商引资资金、"一事一议"项目资金、县财政投入资金、县农办、农业、水务、交通、畜牧、电力、旅游等部门的扶贫项目资金共 8110 万元，对基础设施建设、支柱产业开发、科技推广应用等方面进行专项扶持。其次，配合乡村旅游开发，因地制宜地实施了农业产业结构调整，扶贫部门积极协助村民以"滚雪球"的方式发展金秋梨、美国黑李、水晶葡萄、西瓜等多元化种植业，大力发展畜牧养殖业，已建成特色水果生产基地 1450 多亩，每年出栏生猪 800 头以上，养殖白鹅 3700 余只，出栏 3000 余只，养殖肉鸭 5800 余只，出栏 5200 余只，并成立了西瓜种植协会、生猪养殖协会、农家乐协会等专业协会 8 个。此外，为了提高村民的素质，相关部门先后多次组织村干部及部分村民代表、能人大户外出取经学习，开展了形式多样的农业适用技术培训和旅游从业知识培训。先后在苗王城村举办培训班 26 期 1800 余人次，培养了一大批有文化、懂技术、会经营的专业大户和旅游接待户。

苗王城旅游扶贫开发也推进了民族团结进步创建工作。首先，民俗旅游文化开发建立在民族文化保护、传承、发展和利用的基础上，这有助于民族团结和民族文化资源共享；其次，民族村庄民居环境改造，基础设施完善，增进了民族和谐；再次，民族文化历史挖掘、推介和交流，有利于增进民族之间的理解和认同，提升共同的归属感。

苗王城只是贵州省"百村试点"之一，松桃县在苗王城旅游扶贫开发经验的基础上，正在积极推进地级试点蓼皋镇巴坳村，县级试点村大兴镇星光村、正大乡新桥村、盘信镇柳浦村、太平营乡石榴村、迓驾镇迓驾村等 10 余个村的扶贫开发和民族团结进步创建工作。

（三）黔东草海：石漠化民族聚居村镇的扶贫开发创新

松桃县虽然有天然草场 148 万亩，但天然草场石漠化严重，草场品种单一、草质较差、可利用量小，不能满足现代畜牧业发展的需要。2009 年，草地生态畜牧业产业化科技扶贫发展示范项目启动后，松桃县借助国家投入种草养畜科技扶贫项目资金 1500 万元，集中人力、物力，整合石漠化治理、国土整治、一事一议、小水窖建设、通村公路、农网改造等项目资金 5600 万元，在全省极贫民族乡镇盘石、大兴、长坪、盘信、蓼皋、大坪、长兴、甘龙等乡镇，高标准打造草地生态畜牧业，开创了一条石漠化民族聚居村镇连片扶贫开发的"黔东草海"模式。该模式具有以下特征。

（1）直面扶贫攻坚中的难点，因地制宜，科学规划，连片开发。在深入访谈和调研的基础上，松桃县确定了以全省 100 个极贫乡镇之一的盘石镇为中心，重点对周边石山区、深山区的少数民族聚居村镇实行连片开发。依托于独特的自然环境，因地制宜地制定了《松桃苗族自治县 2010～2015 年草地生态畜牧业五年发展规划》，计划直接扶持种草养畜户 7606 户，滚动扶持 34600户，使项目区 42206 户贫困户就业有保障，户均增加纯收入 6900 多元。项目建设期间，将累计增加产值 99656 万元，实现 8.5 万贫困人口的持久脱贫。

（2）坚持"农民增收益，生态有效益"的发展理念，在发展中治理生态贫困。石漠化严重导致了生态脆弱、生态贫困。以盘石镇为重点，在全县连片开垦荒山、改良草场和人工种草，发展牛、羊养殖，在草场套种果树、油茶，以草养畜、以畜带禽，形成良性生态食物链。计划到 2020 年，拟改良和种植人工草场 120 万亩，可涵养水源 280.5 万立方米，防止水土流失 34.65 万吨，并且采用多种牧草混播，形成高山峡谷坡典型喀斯特地区岩溶绿毯和保水、保土、保肥四季常青的生态绿色牧场，实现经济效益与生态效益良性循环。在增加农民收入的同时，实现石漠化治理。

（3）以人为本，以创新和服务确保贫困人口多维减贫、全面发展。首先，松桃县对项目区实行统一规划、统一种草、统一建圈、统一引种、统一防疫、统一管理、统一指导的"七统一"模式，对贫困山区水、电、路等基础设施全面改造，解决了农民交通、饮水和用电等生活条件贫困问题。其次，采用"财政出一点、部门帮一点、群众筹一点、社会捐一点"的多元项目投资方式，不仅保障了项目的及时启动，而且给贫困户参与分红、获取财产性收入提供了机会。如湖南省宏达畜牧有限公司在盘石镇投资时，鼓励当地老百姓以闲置土地、荒山、进养殖场务工等方式加入公司，公司与农户按 4:6 入股分红，仅盘石村就有 173 户加入该股份制公司，户均增收 1 万元以上。此外，松桃县采用请专家现场培训、组织外出考察学习先进经验、招聘种草养畜辅导员等方式提高贫困户的种草养畜技能，实现贫困户的可持续发展。最后，为了提高种草养畜的科技含量，松桃县采用了引进良种补贴、标准化生产奖励等方式提高贫困户科技种草养畜热情。

（4）不断创新，以现代农业发展模式提质增效。松桃县积极探索多元化发展的立体综合养殖和观光旅游现代农业发展模式，大大提高了草地生态畜牧业的发展质量和经济效益，增强了该项目的减贫致富效应。目前，该县已初步形成了"草＋果＋畜配套模式""常规畜禽＋特种畜禽配套模式""集中成片开垦＋分散连线发展模式""围栏放牧＋林下放养＋舍饲圈养模式"和"养殖＋旅游＋餐饮＋休闲配套模式"等五种独具特色的发展模式。这些发展模式不仅考虑了各种畜禽的生活习性、草果的成长规律，而且很好地利用了食物链和生态循环原理，实现了产业价值的最大化发掘。

（5）在连片开发的实惠中促进民族融合与团结进步。长期以来，由于地界、山林、水利、婚姻等问题经常导致村民之间、村组之间、民族之间发生争执，甚至发生群体性械斗，民族矛盾较为突出。自连片开发草地生态畜牧业之后，由于基础设施更加完善、村民收入水平提高、村民素质提升、生态环境改

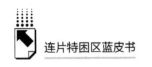

善、各族群众在种草养畜中加深了交流沟通，村民之间、村组之间、民族之间冲突的根源基本消除，大家感受到了和谐带来的发展以及发展带来的实惠，民族关系不断和谐。

五 松桃实践的启示

在短短的数年内，由一个偏远落后的极端贫困县摇身一变发展成为武陵山片区的经济较强县，而且扶贫开发和民族团结齐头并进，成为武陵山片区唯一的"全国民族团结进步活动创建示范县"。松桃县的成功无疑对武陵山片区乃至其他连片特困区内贫困县的发展具有重要的借鉴意义。本文对松桃县民族团结进步创建、扶贫开发的措施与成效以及民族团结进步创建与扶贫开发相互提升的经典个案进行了分析和总结，并得到了以下几点启示。

（1）民族团结进步创建需要"软""硬"两手抓。经济基础决定上层建筑。民族关系作为上层建筑的重要组成部分，依赖于民族地区经济发展能否给各族人民带来实惠，能否消除导致民族冲突的根源。因而，贫困地区民族自治县要以少数民族和少数民族乡镇发展为主线，加大"硬件"建设，改善其生产生活条件，提升民族村寨的自我发展能力，缩小与汉族及其他地区的差距。此外，民族团结进步还离不开"软件"的完善，保护、传承和开发民族传统文化，完善民族自治和民族发展的政策法律制度，提升少数民族干部数量的比例，形成民族交流、互信的舆论导向都有利于实现民族之间的平等和互信，进而实现民族融合与团结进步。

（2）产业扶贫和产业发展有机结合是扶贫开发的核心，而不断创新则是提升扶贫开发绩效的关键。产业是一个地方经济社会发展的基础和载体，没有产业的发展不可能有经济社会的发展。对于贫困地区，产业发展有着除发展本身以外的特殊使命，即产业主要面向低收入群体，吸收他们就业，为他们提供收入和产品。但要实现持久减贫，产业必须发展壮大，并在激烈的市场竞争中盈利。因而，实现产业扶贫与产业发展的有机结合非常重要。一方面，贫困县要整合各项扶贫资金，发展有利于穷人的产业，同时也要长远规划产业的发展，使其具有竞争力。此外，产业扶贫的绩效还取决于产业发展的模式，包容性发展理念虽然明确了扶贫产业发展的要求，但取得多维减贫效果需要产业发展模式创新。松桃县 5 工业园区规划、"8 区 3 带"战略以及"黔东草海""松桃苗绣"和"苗王城"个案都是产业扶贫模式创新的例子。

（3）民族团结进步创建和扶贫开发可以相互促进、相互提升。民族团结和脱贫致富是贫困地区民族自治县的双重目标，不过，这两个目标具有相容性。以产业扶贫为核心的包容性发展能为民族团结进步创建提供物质基础，而民族团结则能为扶贫开发、经济发展创造良好的社会环境。因而，整合扶贫资金和民族文化资源，实现扶贫开发与民族团结进步创建有机结合可以在扶贫开发中加强民族团结，也可以在民族团结进步中加快脱贫致富。松桃县"黔东草海""松桃苗绣"和"苗王城"3 个个案都对这一相互促进、相互提升过程进行了生动的描述。

Practices of National Unity and Poverty Alleviation in Songtao County

Ding Jianjun   Zhang Dengqiao   Huang Wei

Abstract：Songtao County is one of the only demonstration counties in Wulingshan contiguous destitute area, and one of only 10 demonstration counties in the whole country that seeking for national unity and progress. As well as, its poverty alleviation performance was significant. So, its successful experience has important reference value for other counties' poverty alleviation and national unity. This paper has analyzed Songtao County's national unity and progress activities and poverty alleviation practice from the following aspects: the countermeasures and achievements for national unity progress and poverty alleviation, the classic cases of promoting each other between national unity progress and poverty alleviation. Lastly, some experience and enlightenment from Songtao practice was summarized.

Key Words：National Unity; Poverty Alleviation through Development; Songtao

权威报告·一手数据·特色资源

皮书数据库
ANNUAL REPORT(YEARBOOK)
DATABASE

当代中国经济与社会发展高端智库平台

所获荣誉

- 2016年，入选"'十三五'国家重点电子出版物出版规划骨干工程"
- 2015年，荣获"搜索中国正能量 点赞2015""创新中国科技创新奖"
- 2013年，荣获"中国出版政府奖·网络出版物奖"提名奖
- 连续多年荣获中国数字出版博览会"数字出版·优秀品牌"奖

成为会员

通过网址www.pishu.com.cn或使用手机扫描二维码进入皮书数据库网站，进行手机号码验证或邮箱验证即可成为皮书数据库会员（建议通过手机号码快速验证注册）。

会员福利

- 使用手机号码首次注册的会员，账号自动充值100元体验金，可直接购买和查看数据库内容（仅限使用手机号码快速注册）。
- 已注册用户购书后可免费获赠100元皮书数据库充值卡。刮开充值卡涂层获取充值密码，登录并进入"会员中心"—"在线充值"—"充值卡充值"，充值成功后即可购买和查看数据库内容。

社会科学文献出版社
SOCIAL SCIENCES ACADEMIC PRESS (CHINA)
皮书系列

卡号：473262837151
密码：

数据库服务热线：400-008-6695
数据库服务QQ：2475522410
数据库服务邮箱：database@ssap.cn
图书销售热线：010-59367070/7028
图书服务QQ：1265056568
图书服务邮箱：duzhe@ssap.cn

基本子库
SUB DATABASE

中国社会发展数据库（下设 12 个子库）

全面整合国内外中国社会发展研究成果，汇聚独家统计数据、深度分析报告，涉及社会、人口、政治、教育、法律等 12 个领域，为了解中国社会发展动态、跟踪社会核心热点、分析社会发展趋势提供一站式资源搜索和数据分析与挖掘服务。

中国经济发展数据库（下设 12 个子库）

基于"皮书系列"中涉及中国经济发展的研究资料构建，内容涵盖宏观经济、农业经济、工业经济、产业经济等 12 个重点经济领域，为实时掌控经济运行态势、把握经济发展规律、洞察经济形势、进行经济决策提供参考和依据。

中国行业发展数据库（下设 17 个子库）

以中国国民经济行业分类为依据，覆盖金融业、旅游、医疗卫生、交通运输、能源矿产等 100 多个行业，跟踪分析国民经济相关行业市场运行状况和政策导向，汇集行业发展前沿资讯，为投资、从业及各种经济决策提供理论基础和实践指导。

中国区域发展数据库（下设 6 个子库）

对中国特定区域内的经济、社会、文化等领域现状与发展情况进行深度分析和预测，研究层级至县及县以下行政区，涉及地区、区域经济体、城市、农村等不同维度。为地方经济社会宏观态势研究、发展经验研究、案例分析提供数据服务。

中国文化传媒数据库（下设 18 个子库）

汇聚文化传媒领域专家观点、热点资讯，梳理国内外中国文化发展相关学术研究成果、一手统计数据，涵盖文化产业、新闻传播、电影娱乐、文学艺术、群众文化等 18 个重点研究领域。为文化传媒研究提供相关数据、研究报告和综合分析服务。

世界经济与国际关系数据库（下设 6 个子库）

立足"皮书系列"世界经济、国际关系相关学术资源，整合世界经济、国际政治、世界文化与科技、全球性问题、国际组织与国际法、区域研究 6 大领域研究成果，为世界经济与国际关系研究提供全方位数据分析，为决策和形势研判提供参考。